21世纪高等院校经济学系列教材

省级精品课程教材

International Economics

国际经济学

尹晓波 主 编
王 巧 杨 晔 副主编

东北财经大学出版社
Dongbei University of Finance & Economics Press
大连

图书在版编目（CIP）数据

国际经济学 / 尹晓波主编．—大连 ：东北财经大学出版社，2021.8
（21世纪高等院校经济学系列教材）
ISBN 978-7-5654-4197-4

Ⅰ．国… Ⅱ．尹… Ⅲ．国际经济学-高等学校-教材 Ⅳ．F11-0

中国版本图书馆CIP数据核字（2021）第085322号

东北财经大学出版社出版
（大连市黑石礁尖山街217号　邮政编码　116025）
网　址：http://www.dufep.cn
读者信箱：dufep@dufe.edu.cn
大连东泰彩印技术开发有限公司印刷　东北财经大学出版社发行

幅面尺寸：185mm×260mm　字数：500千字　印张：21.25
2021年8月第1版　2021年8月第1次印刷
责任编辑：蔡　丽　责任校对：蓝　海
封面设计：冀贵收　版式设计：冀贵收

定价：52.00元

教学支持　售后服务　联系电话：（0411）84710309

如有印装质量问题，请联系营销部：（0411）84710711

Preface

前　言

“国际经济学”作为西方经济学的一个分支学科，是当今经济学类专业学生掌握国际经济理论与政策的必修课，对理解经济全球化时代背景下的市场运作规律有着重要的现实意义。同时，当下国际经济关系复杂，国际现实问题频频涌现，国际经济中全球金融危机、各国贸易冲突、新冠肺炎疫情等不确定性挑战明显增多。世界经济总是在克服问题的过程中螺旋式前行，国际经济的发展也步入了一个新阶段，使得各高等院校更加有必要通过此门课程培养一批国际经济与贸易领域的复合型人才，研究并协助解决诸如此类的问题，以应对当前的国际形势。

基于此，我们组织了多名具有丰富的“国际经济学”课程教学经验的高校教师以及银行和相关政府机构的高级商务师，结合教学、实践中所积累的经验和体会，并根据国际经济学最新的发展动态，编写了本教材。本教材在内容上主要包括国际贸易理论与政策和国际金融理论两大部分。由于国内外理论研究和实践已趋成熟，我们选择了保留大部分传统理论。但是在案例分析中，我们在一些经典案例的基础上，尽可能地选择了一些较新的案例来供读者分析。我们引入了近年来国际上一直关注的一些热点经济问题（如中美贸易战），希望通过这些案例让学生们把理论知识与当今经济问题结合起来，充分培养学生的问题分析能力和理论应用能力，跟上国际经济发展的步伐。

一直以来，我们学习的都是西方主流的国际经济体系，但在第一章中，我们首次提出了发展有中国特色的国际经济学体系这一思想，并将有中国特色的国际经济学与西方国际经济学做比较，指出了前者的进步之处以及后者的不足之处。

在结构安排上，本教材的每章通过“引例”引入主题，在正文中通过“专栏”“案例窗”栏目介绍必要的背景知识和提供相关案例，以帮助学生加深对知识的理解和强化应用能力；每章设置了“思政窗”栏目，使习近平新时代中国特色社会主义思想进教材、进课堂、进头脑，更好地完成“立德树人”的教育根本任务；每章末配有“本章小结”“关键术语”“基本训练”，以便学生们通过训练更好地掌握各章节的概念和知识重点。本教材中带有星号的标题，表示该部分是选学内容，由任课教师灵活安排。

本教材由尹晓波、王巧、杨晔对全书进行总纂、修改和最终定稿，并由尹晓波担任主编，王巧、杨晔担任副主编。参加编写的人员有：郭丽燕（第1、2章）、王巧（第3章）、武治彤（第4章）、尹晓波（第5章）、罗仪（第6章）、李星潭（第7章）、杨晔（第8章）、郑雅丽（第9章）、陶文妹（第10章）、刘静（第11章）、陆洋（第12章）、沈力（第13章）。本教材配有电子课件，以适应多媒体教学的需要。电子课件和各章章后习题答案请到东北财经大学出版社官网（http://www.dufep.cn）注册会员后免费下载。

在编写本教材的过程中，我们参阅了大量国内外国际经济学的相关文献，在此对作者们表示由衷的感谢！也感谢东北财经大学出版社编辑对本书进行的细致安排和策划工作！当然，国际环境错综复杂，新现象层出不穷，加之时间有限，本教材难免有不尽如人意之处，我们真诚地欢迎广大读者和专业人士提出宝贵的意见，以便日后修订此书时能够提高质量！

本教材是福建省精品课程建设的成果之一。

编 者

2021年5月

Preface

Contents
目录

目录

Contents

目 录

Contents

目录

Contents

Contents

目 录

Contents

第1篇　国际贸易理论与政策

第1章
绪　论

学习目标

学习目标

学完本章，你应该能够：

◎认识国际经济学的主要研究对象、特点以及与一般经济学的关系和区别；

◎了解国际经济学有哪些研究方法，以及国际经济学的理论发展的过程。

引例

中兴通讯再遭美国贸易制裁

2018年4月16日，美国商务部以“欺骗、虚假陈述、一再违反美国法律”为由，宣布重启对中兴通讯及其子公司的制裁禁令，时间长达7年，至2025年3月13日。禁令内容包括：中兴通讯、中兴康讯及其相关代理公司和关联公司均需接受管制；中兴通讯不能直接从美国进口零部件、商品、软件和技术等；任何企业或个人不能协助中兴通讯间接从美国进口产品，也不能将进口自美国产品转手卖给中兴通讯；对于中兴通讯已成功引进的美国产品，美国相关人员也不得为其提供调试、维修、售后等任何服务等。美国商务部工业和安全局还对中兴通讯处以可暂缓支付罚款，金额为3亿美元。至此，中兴通讯遭美国全面封杀，陷入无技术可支撑、无零件可购买的尴尬境地，相关业务不得不暂时“停摆”。中兴通讯的股票自2018年4月17日起在中国香港联合交易所停牌，据估计，截至6月初，中兴通讯已损失超过30亿美元。

为了保护本国通信企业在美国发展的权益，帮助中兴通讯度过危机，中国政府与美国政府对此事件进行了多次贸易磋商。2018年5月25日，美国商务部向美国国会提出了解除对中兴通讯公司销售禁令的通报。6月7日，美国商务部与中兴通讯达成协议，将暂停这一长达7年的禁止令。为此，中兴通讯需向美国政府支付10亿美元罚款，并另行拨付4亿美元代管资金，同时在30天内更换管理层和董事会。如果中兴通讯不履行协议内容或再次违规，美国将重启制裁，并没收托管资金。与美国这一协议的达成，意味着中兴通讯在美国的相关业务恢复，同时其近几年的利润也将全部用于缴纳罚款。

资料来源　张亚军. 中兴通讯遭遇美国两次贸易制裁的原因及提供的重要启示 [J]. 对外经贸实务，2018（7）：7-10.

中兴通讯事件只是中美贸易冲突的众多产物之一，美国为何要对中兴通讯进行制裁，又为何要发起此次中美贸易战？这对美国的经济有何帮助？各位读者接下来可以从国际经济学课程的学习中得到自己想要的答案。

1.1 国际经济学的产生与发展

国际经济学的理论源远流长。对国际经济学的研究可以追溯至以亚当·斯密（Adam Smith）、大卫·李嘉图（David Ricardo）为代表的古典经济学说中的国际贸易理论，其比较优势的思想是现代国际经济分析的起点，古典经济学说之后的“边际革命”在一定程度上为现代国际经济学的形成提供了重要方法。

现代意义上的国际经济学是在传统的国际贸易和国际金融理论的基础上发展起来的系统的和独立的理论。它的出现大约在20世纪40年代，即以凯恩斯主义学派兴起后不久。多年来，国际经济学研究吸引了西方许多经济学者的关注并得以不断发展，新的方法和学说层出不穷。国际经济学的一般理论包括国际贸易理论和政策（贸易基础、贸易条件以及贸易利益的分配）、国际金融理论和国家货币政策（汇率理论与制度、国际收支调节理论与政策和国际货币体系）、国际生产要素（简称要素）流动（资本和劳动力的国际流动以及跨国公司理论）等。最近几十年来，在经济学家的推动下，国际经济学一般理论在各个方面均获得了长足的发展。

1.1.1 国际贸易理论的发展

国际贸易理论经历了古典贸易理论、新古典贸易理论、新贸易理论3个发展阶段。这一过程是伴随着对现实经济发展现象的解释而不断向前推进的。

1.古典贸易理论

古典贸易理论是在批判重商主义的基础上产生的。重商主义出现并流行于15世纪末至17世纪，其将金银货币看作财富的唯一形态，国家的一切经济活动的目的就是赚取金银。但是由于任一时点上金银总量是固定的，所以一个国家获利就意味着另外一国受损。18世纪末，重商主义的贸易观点受到了古典经济学派的挑战。以英国资产阶级经济学家亚当·斯密为奠基人的古典自由贸易理论认为国际分工可以提高生产率，如果每个国家都生产并出口自己最具竞争力的商品，则参与国际贸易的国家都可以获利，提高社会福利。这也有力地批判了重商主义者的贸易互损性，提出了分工贸易的互利性观点，这就是绝对优势理论。

绝对优势理论的缺陷在于无法解释一国在任何商品生产上都不具有绝对优势却和别国发生贸易的情况，即无法解释贸易的普遍存在性。其后，英国经济学家李嘉图在绝对优势理论的基础上提出了比较优势理论，这一理论扩展了国际贸易的基础，赋予了古典贸易理论新的活力，提出了分工与贸易普遍存在性的观点。

2.新古典贸易理论

比较优势理论虽然指出比较优势的产生源于各国劳动生产率的差异，但并没有解释产生这种差异的原因。瑞典经济学家伊·菲·赫克歇尔（Eli F. Heckscher）和伯特尔·俄林（Bertil Ohlin）对古典贸易理论进行了进一步探索，分析了比较优势的来源，形成了目前我们所熟知的赫克歇尔-俄林理论（即要素禀赋理论），使国际贸易理论进入新古典阶段。该理论研究了比较优势产生的基础以及在此基础上形成的分工与贸易格局。在要素禀赋理论的基础上，经济学家们反过来分析了分工与贸易对要素收入的影响，形成了一些重要理论和推论，如要素价格均等化定理、斯托尔珀-萨缪尔森定理、罗布津斯基定理等，使国家的要素禀赋与分工贸易的相互关系更加明了清晰，从而推动了国家贸易理论更深入发展。

值得注意的是，古典贸易理论和新古典贸易理论都是建立在严格的假设前提之下的，如市场完全竞争、规模报酬不变、要素在国家间不能自由流动而在国内部门间可以自由流动等，这些假设明显与社会经济发展现状不符。

3.新贸易理论

在对古典贸易理论以及新古典贸易理论的基本假设不断放松的基础上，经济学家又分析了规模经济、不完全竞争、技术差距等对国际分工与贸易的影响，形成了如产业内贸易理论、产品生命周期理论等新贸易理论，更好地解释了国际经济交往中新的分工与贸易现象，完善并发展了国际贸易理论。但需要指出的是，新贸易理论是对传统分工贸易理论的补充与完善，并不是对传统分工贸易理论的否定或替代。两者只是在解释对象和理论基础上有些区别，它们之间并不能相互替代，而是体现出互补性。古典贸易理论、新古典贸易理论和新贸易理论相关问题会在后面各个章节中具体阐述。

1.1.2 国际金融理论的发展

国际贸易理论的演进具有清晰的线条和路径，而国际金融涉及问题广泛，金融衍生产品种类繁多，所以国际金融理论发展的路径较为复杂。在长期的理论与实践过程中，国际金融理论不断推陈出新，特别是近30年来，成为国际经济学的重要领域之一。

大卫·休谟（David Hume）的理论在一个相当长的时期内是国际金融领域内的主导理论。在金本位时期，人们极其自然地把没有金银的国际流动作为国家经济外部平衡的重要标志。在两次世界大战的间隔期间，为取得外部平衡，许多国家对浮动汇率和直接控制国际收支进行了广泛的实验；与此同时，国际金融领域内关于国际资本流动的讨论日益增多，但大多数观点认为，国际资本流动附属于古典的国际收支调整机制。两次世界大战间发生的事件使得国际金融理论明显避开了对构成古典模型基础的国际收支调节机制的关注，而将重点转移到国际收支平衡与国内经济条件之间的相互作用上。

20世纪60年代初，罗伯特·蒙代尔（Robert Mundell）更新了国际收支调整的观点。在蒙代尔的模型中，货币部门被放在了首要位置，国际收支中的资本和金融账户占据了重要位置。他提出了当国内外平衡目标冲突时资本流动性的存在，并指明了在固定汇率制下可能发生的政策两难问题及解决办法，即同时采用针对外部平衡的货币政策和针对内部平衡的财政政策就能够增加产出，但对国际收支资本和金融账户有不同的效应：货币扩张引起资本流出，而财政扩张引起资本流入。因此，借助于这两个独立的工具能够同时达到内外部平衡。

伴随20世纪70年代货币主义的兴起，涌现了一些极有价值的开放经济的动态模型。其中，国际收支货币分析方法强调平衡效果和长期国际收支平衡；资产组合平衡模型阐明了货币与经济增长的关系，指出了财富积累中资产的存量与流量的不同，并吸收了宏观经济学中理性预期的一些基本思想。

在这些模型中，外部平衡的内在动态机制由财富推动，其中财富不仅包括实际货币余额，也包括外国资产，可能还涉及物质资本与人力资本。在充分就业与价格弹性的前提下，每一种国际资产存量结构决定一个短期均衡，而这个短期均衡由资本市场和商品市场的均衡条件决定。均衡财富水平和实际利率决定国内外的消费水平，但是不一定需要国际收支经常账户的短期平衡。

20世纪80年代，研究者借助于储蓄和投资理论中所使用的跨期分析方法，对开放经济动态变化过程的分析已日益普遍。这一新发展的动力主要来源于20世纪80年代的债务危机所引发的有关发达国家与发展中国家之间贸易资产形式这个极其重要的问题，因为无论是古典分析还是凯恩斯主义分析，都不能为这个问题提供合理的解释。特别是第一次石油危机后，外国银行对发展中国家的贷款激增，引起了对这些国家将无法承受外债负担的担忧。重新估量发展中国家债务水平的需要，自然引出了不同时期最优国际收支经常账户逆差这一概念。在有关外部平衡的跨期模型中，一国随时间转移而不断变化的消费和投资机会由跨期预算约束来描述，这些约束确定了一国能够向国外借款和贷款的条件。在这类模型中，外部平衡被定义为维持与预期的跨期预算约束相一致的、稳定的最佳消费水平的国际收支经常账户状况。

国际金融理论的发展一直是围绕着“外部平衡”这一核心问题展开的。在古典贸易理论中，贸易平衡被看作一个先决条件，但在现实中国际贸易不平衡现象普遍存在，所以国际金融理论的发展反映了时代发展的要求。随着理论研究的目标和分析方法的演变，国际金融理论不断向前发展并逐步完善。

1.2 国际经济学的研究对象与内容

任何一门独立的经济学分支学科，都应有自己特定的研究对象，国际经济学也不例外。根据普遍的看法，国际经济学的研究对象是国与国之间的经济活动与经济关系。[①]从宏观的角度看，国际经济学研究资源在国家间的配置以及随资源配置变化而产生的社会福利变化；从中观的角度看，国际经济学研究国际经济的相互依存性，分析一国与他国之间商品、服务和资金流向的格局，分析约束这些流向的政策，以及这些政策对国家福利产生的影响；从微观的角度看，国际经济学分析诸如贸易价格的确定、最优以及次优状态的获得等。

具体来说，国际经济学的研究对象主要包括：

第一，商品国际流动的根源、原则、特征、方式及规律，以及商品流动所导致的各参与方的福利状况，这些内容构成国际贸易纯理论。

第二，各国政府对国际贸易的态度、政策和措施，即指政府采取的是自由贸易政策还是保护贸易政策，具体的政策措施是什么。

第三，国际贸易与经济增长的关系。

第四，外汇市场的功能、构成和运作，即外汇市场如何实现各国之间货币的交换、如何服务于国际经济交易。

第五，国际收支平衡与国际收支调整问题，即国际收支理论，是研究国际宏观经济学的门槛，其研究国际收支失衡的原因、平衡的方法，国际收支平衡和国内不平衡的关系，开放经济下国民收入、价格和利率的变动，以及实现内外均衡所实施的宏观经济政策等。

第六，汇率决定的过程，汇率决定、变动的原因，以及汇率制度和汇率政策的选择（即汇率理论），是国际金融理论的中心内容。

第七，国际金融体系和国际金融危机，研究世界范围内金融交易关系的机制、货币兑换机制、体系矛盾、冲突与危机的形成与解决机制等。

① 萨尔瓦多. 国际经济学［M］. 杨冰，译. 北京：清华大学出版社，1998：4.

第八，跨国公司在全球配置资本的动因、原则、目标和方法，跨国公司与主权国家的关系，主权国家政府对跨国公司的政策等。

1.3 国际经济学的特点与研究方法

1.3.1 国际经济学的特点

国际经济学作为一门新兴又相对独立的学科，与西方经济学、国际贸易学、国际金融学和世界经济学既有密切的联系，也有显著的区别。

1.国际经济学与西方经济学的关系

国际经济学是从西方经济学中发展出来的一门分支学科，是微观经济学和宏观经济学发展到一定阶段的产物，这决定了二者之间必然存在密切的联系：

第一，从学科体系上看，两者基本上都由宏观和微观两大部分组成。

第二，从研究方法上看，西方经济学的基本观点和分析方法同样适用于国际经济学。

国际经济学与西方经济学有明显的区别：

第一，从研究对象上看，西方经济学研究的是稀缺资源的配置问题；国际经济学则运用西方经济学的原理与分析方法研究资源在国际范围内的配置以及随资源配置而产生的福利变化。

第二，从资源配置上看，西方经济学体现了经济学的一般特征，但国际经济学研究的是两个经济体之间的经济活动与国际经济关系。

第三，从研究范围上看，西方经济学中的微观部分以单个经济单位的经济行为作为研究对象，主要研究单个生产者、消费者的经济活动和单个行业、单个市场的经济状况的变化；国际经济学的微观部分，即国际贸易理论与政策分析部分，主要研究国际贸易的起因、贸易利益、贸易格局以及贸易政策制定的依据及影响。西方经济学中的宏观部分主要研究国民经济的总量问题，如经济增长速度、社会就业量、物价水平、经济周期波动等问题；国际经济学中的宏观部分主要研究开放经济条件下宏观经济政策协调问题。

2.国际经济学与国际贸易学、国际金融学的关系

国际贸易理论与政策和国际金融理论是国际经济学的两大组成部分，所以国际经济学同这两门学科之间存在较为密切的联系。可以说，国际经济学是国际贸易学和国际金融学这两门学科的理论综合。

国际经济学与国际贸易学、国际金融学是不同的学科，因而又有着显著的区别。国际经济学的研究内容虽然包括国际贸易理论与政策和国际金融理论，但与国际贸易学、国际金融学又有所不同。国际贸易理论主要研究国际贸易的产生、发展、贸易利益以及分配问题，以揭示其中的特点与运动规律。国际金融学研究的是开放经济条件下国与国之间的金融活动，研究货币资本在国家间周转与流通的规律、渠道及方式，是一门理论与实务相结合的学科。两者研究的内容主要侧重国际贸易与国际金融某些领域的经济关系运行特点与规律以及国际贸易与国际金融的一些具体业务。从某种意义上讲，国际经济学属于理论经济学科，而国际贸易学、国际金融学属于应用经济学科。①

① 李天德．国际经济学［M］．成都：四川大学出版社，2002：13-16.

3.国际经济学与世界经济学的关系

国际经济学与世界经济学同属于理论经济学，都是从西方经济学中发展出来的分支学科。它们均以国际分工和世界市场的形成与发展为背景，研究国家间的经济关系。在研究内容与研究方法上，两者有许多相似之处和相互交叉的部分，但国际经济学与世界经济学的区别也是明显的。

第一，从研究对象上看，国际经济学研究的是国与国之间的经济活动与经济关系；世界经济学研究的是国际生产关系。

第二，从研究内容上看，国际经济学主要涉及国际贸易理论与国际金融理论，研究的主题比较集中；世界经济学研究的内容比较宽泛，除了研究国际贸易理论与国际金融理论外，还涉及世界市场问题、国别经济问题、世界能源问题、世界环境问题等。

第三，从研究方法上看，国际经济学侧重于现代经济学的数量分析；世界经济学则侧重于定性分析，研究方法比较抽象。

1.3.2 国际经济学的研究方法

1.宏观分析与微观分析相结合

按照不同的出发点，西方经济学可以分成微观经济学和宏观经济学。微观经济学以单个经济主体为考察的出发点，研究单个消费者、单个厂商、单个要素所有者的经济行为，并通过单个经济主体行为的叠加，研究单个行业、单个市场以至整个国民经济状况的变化。宏观经济学是以整个国民经济为独立的考察出发点，研究社会就业量、物价水平、经济增长、经济周期波动等全局性问题。

国际经济学的微观部分主要涉及国家市场的生产分工、商品交换、价格形成、贸易利益分配以及福利变化等内容；在研究方法上，主要采用微观分析工具，如边际分析、供求曲线、生产可能性曲线、无差异曲线等。

国际经济学的宏观部分主要涉及分析国际收支与国民收入的关系、国际收支的调节、开放经济条件下宏观经济政策的协调、国际货币体系等；在研究方法上，主要采用宏观分析工具，如国民收入恒等式、货币方程式等。宏观分析与微观分析的结合，体现出国际经济学所具有的基本理论特征。

2.实证分析与规范分析相结合

实证分析是在观察事实的基础上，运用科学的抽象法，通过分析推理，对经济现象的因果关系进行客观的揭示，分析经济体系运行机制，得出理论命题。其研究目的在于揭示经济过程本身，主要回答经济过程“是怎样的”的问题，而不过问其结果的可取性和不可取性。

实证分析并没有试图设立一些标准来决定什么好或什么坏、什么应该或什么不应该，避开了伦理和价值判断。实证分析只涉及一些客观或正面的陈述，这些陈述可以被事实证实。国际贸易的纯理论分析基本上属于实证分析。

规范分析是在实证分析的基础上，根据一定的价值判断，提出评价体系运行的标准，并研究怎样才能符合这些标准。它力图说明“应该是什么”的问题。当经济学家说什么应该或什么不应该时，他说出的是一些主观意见，而这些意见常常被称为规范的说明或“价值的判断”。在当代西方国际经济学者中，许多人致力于“政策探讨”，偏重政策分析和评价，这就具有较强的规范研究特色。国际经济学的各种理论本身大多具有很强的政策含义，构成许多国际经济政策的理论基础。

实证分析独立于规范分析，而规范分析基于实证分析和社会价值判断。因而，在国际经济学关系的实际研究中，这两者往往是无法分清的。这是因为在对国际经济关系的研究中，往往既要说明某些事物是怎样的，也要说明应该怎样。实证分析说明某种理论，规范分析则是用已叙述的理论来为其提出的政策提供理论依据。例如，李嘉图的比较优势理论，既可以说是在客观地阐述国际贸易的基础和过程，当属于实证研究之列，也可以说是在论证自由贸易的好处，为当时英国的自由贸易政策提供理论依据，从而有规范研究的色彩。

3.定性分析与定量分析相结合

国际经济学的定性分析主要强调经济中事物的结构性联系。例如，比较优势理论中比较利益分为得自贸易的利益和得自分工的利益。国际经济学的定量分析主要是对事物数量关系的交换进行分析。例如，定量分析关税的有效保护率。国际经济学综合运用理论经济学和计量经济学的定性分析法与定量分析法。注重实证分析是国际经济学的一个突出特点。在定性分析的基础上，现代国际经济学的研究注重通过建立数量经济模型来验证理论假设，并评价政策的有效性。

4.静态分析与动态分析相结合

静态分析指不考虑时间因素，不考虑达到均衡和均衡变动的过程，只在一定假设前提下分析达到均衡和均衡变动的条件。静态分析是一种状态分析。国际经济学中比较优势理论分析就属于静态分析。动态分析则引入了时间因素，分析达到均衡和均衡变动的过程。动态分析是一种过程分析。国际经济学中的技术差距论、产品生命周期理论就属于动态分析。国际经济学正逐步以静态分析为起点，尽量使得理论自身动态化，以适应国际经济现实。

5.局部均衡分析与一般均衡分析相结合

国际经济学中的局部均衡分析是指只进行针对单个市场、单个商品、单一要素的价格与供求的考察。例如进口关税的局部均衡分析，它是在局部均衡的基础上分析征收关税对进口国产生的经济效应和福利的变化。国际经济学中的一般均衡分析强调考察全部市场、全部商品的价格与供求的变化。如进口关税的一般均衡分析，它分析总体的福利变化。[①]

6.理论分析与政策应用相结合

国际经济学是集理论分析与政策应用于一体的经济学科。国际经济学中的国际贸易理论分析总是要结合国际贸易政策进行，国际收支理论分析也要结合外部经济失衡的调整进行。国际经济学的各种理论本身大多具有很强的政治取向，是许多国际贸易政策的基础。因此，理论联系实际是国际经济学最重要的标志之一。

1.4 发展有中国特色的国际经济学体系

中国在改革开放40多年里取得了令世界瞩目的成就，已成为世界第二大经济体和第一贸易大国。中国在选择性地学习美国、欧洲、日本等发达国家和地区经验的基础上，进

① 黄卫平，彭刚. 国际经济学教程［M］. 北京：中国人民大学出版社，2012：9-10.

行了自我创新，从而使发展道路具有鲜明的对外开放特色。中国的改革开放进程是独立自主的，在应对起源于美国的全球金融危机中，中国政府表现出了远比发达国家更有效的应对能力。中国实践中的这些成就使我们意识到，中国的发展不仅需要基于科学研究范式的技术性突破，而且需要实事求是地对理论与政策进行创新。①

20世纪末，新技术革命和全球化运动改变了全球经济格局，东亚经济迅速崛起，而欧美强国相对衰落。然而，针对这一现实，西方主流国际经济学的理论范式并没有改变，只在政策实施过程中不断做出有利于发达国家的政策框架调整，这就意味着现实世界新的突破因素仍在旧的理论框架内循环。对不断崛起的发展中国家来说，旧的理论范式和倾斜的政策使其很难在全球分工中获取“真实利益”。重构国际经济学体系，使其能够解释中国等发展中国家国际贸易和金融的快速发展，并使之为中国乃至世界经济服务就成为当务之急。不同于旧有的国际经济理论体系，新的体系绝不只对强国或强势集团有利，它旨在构筑“多赢”的经济格局。所以，新旧体系的思维论战从来不基于某种意识形态，也不突出某种民族主义，它旨在从多赢的视角来解释和指导国际经济现象，从而在现实中构筑有利于全人类的贸易、金融和国际协调机制，进而提高全人类的福利。

1.理论体系应注重宏观和微观的平衡

以前对马克思主义国际经济理论的继承和推动，大都是由马克思主义创始人、社会主义国家的领导人承担的。与纯粹的学者和理论家不同，这些人大多是出于社会现实和历史责任来研究国际经济问题的，其研究对象大多是关于世界和国家的全局性问题或现实热点问题，导致宏观和微观内容严重不平衡，微观内容少之又少。这就要求有中国特色的国际经济学体系的内容构建应注重微观和宏观的平衡，既要阐述全局性问题，又要对具体的贸易、金融、要素流动、区域合作等领域的内容做科学、微观的分析。

2.研究方法要比西方主流国际经济学更加科学

有中国特色的国际经济学体系将坚持马克思主义的唯物历史观，始终坚持历史与逻辑的统一、具体与抽象的统一、分析与综合的统一、归纳与演绎的统一。恩格斯说：“历史从哪里开始，思想进程也应当从哪里开始。”因此，有中国特色的国际经济学体系应更加科学地研究国际经济的发展规律。西方主流国际经济学把资本主义市场范式作为既定的前提，割裂了历史与逻辑的内在统一，采用静止的、孤立的和违背历史的方法进行研究。在几乎所有的西方国际经济学教材中，开篇对分工和贸易问题的研究都只是从贸易利得和劳动生产率的角度着手，只专注于分工和贸易的自然属性，而忽视了历史的存在，没有指出资本主义国家资本积累的历史，也没有指出由于早期对世界其他不发达国家的剥削，资本主义发达国家劳动生产率的绝对优势要远远超过其他国家。有中国特色的国际经济学体系首先强调的是分工和贸易现象的历史性，揭示分工和贸易的历史规律，更加严密地论证国际分工和贸易的范畴，为落后国家争取公平待遇提供宝贵意见，体现历史与逻辑的内在联系。

3.应加强从制度角度解释国际经济现象

单纯从技术范畴解释国际贸易或金融政策的效应已显得不够充分，还应当从制度的角度进一步探讨。比如，西方一些经济学家认为，单纯依靠货币政策就能很容易地推进结构调整。于是，在西方主流经济学的影响下，2008年上半年，我国同时提高利率、汇

① 武斐婕. 构建有中国特色的国际经济学体系的思考［J］. 高等财经教育研究，2015（1）：22-26.

率和最低工资水平，而政策的实施只不过是加速了中国沿海制造企业的破产潮，并没有使中国免于全球金融危机的影响。鉴于这种情形，中国政府果断地调整了2008年下半年的政策，着重用财政政策刺激中国产业结构的调整和技术更新，从而比西方国家更好地抵御了金融危机对实体经济的负面冲击。可见，如果没有公共部门的社会支撑，私有部门的技术或市场优势就不可持续。此外，金融危机爆发之后，以美国为首的西方国家并没有坚持自己一贯主张的自由贸易政策，反而采取了更严厉的政府采购等贸易保护措施。

4.要研究中国的经验，探索中国经济发展的逻辑

中国对外贸易和利用外资的成就令人瞩目，研究其成功路径和经验对发展中国家乃至世界各国的对外经贸发展都具有重要意义，其研究价值显而易见，因此具有中国话语权的国际经济学体系，应该把中国外贸快速增长的典型化事实作为经验研究对象。国外越来越多的经济学家都开始关注中国模式和中国经验，中国经济学家更应捷足先登，根据在国内感受到的最深刻的东西，利用更全面的数据和资料，提出有中国特色的理论。

5.应注重发展中国家或经济体真实利益的获得

依据发达国家的利益得失而改变语调，是主流经济学的一贯做法。全球化的运行规律近乎钟摆运动，于是，为之服务的主流国际经济学范式也总在主张构建社会公平和主张自由市场机制之间摇摆。当全球经济高涨时，发达国家便四处宣扬自由市场机制的好处，要求世界各国的大门为其优势商品和投资敞开；当全球经济衰退时，为了保护其国内利益集团，这些国家也会非常迅速地实施保护性贸易和投资政策。进入21世纪以来，以中国和印度为代表的发展中国家，通过顺应全球化潮流，积极参与全球分工体系，承接了国际产业转移，国内经济高速发展，产业结构得以升级。但是，随着产业的持续向外转移，发达国家制造业的空心化现象日益严重，制造业部门的失业率持续上升，自由贸易和投资给发达国家带来的似乎更多的是国民的反对和政治压力。因此在理论和政策上，政府干预和贸易保护主义将取代自由主义。然而，这种钟摆运动必然造成发展中国家不能持续地从全球化中获取真实利益。

传统的国际经济学教材主要侧重个体研究和纯粹的经济技术研究，把资本主义制度看作静止不变的，从而撇去了国际分工和国际贸易与资本主义生产方式之间的直接联系。此外，西方学者以均衡和平等思想研究资本主义生产方式下的资源配置等自然属性问题，也掩盖了发展中国家受到剥削的本质。面对这种状况，新的国际贸易体制要着重于高效和开放，要更加注重公平。这种贸易体制要摆脱过去被少数强国控制的局面，其治理全球的目的是使参与全球分工的国家和地区都获得比较均衡的利益，而不是使利益只流向某几个国家。当前处于工业化中期的中国和印度等国家，在获得全球化红利的同时也在不断地付出环境、人口、政策等代价，为世界经济做出了巨大贡献，发达国家有责任给予一定的包容和补偿，而这需要在新的国际贸易体制下实现。

6.应该建立新的国际贸易评价体系

当前全球化加速进程中的分工与贸易现状，使全球贸易的评估体系严重滞后。众多学者指出，国际贸易的性质和形态已被产品分工所造成的紧密的生产链条所改变，投资对象国和母国之间的不平衡投资状况势必引起贸易的严重失衡，而这种不平衡并没有直接反映到经常账户核算中，原产地规则等评价方法成为上述错漏的根源。因此，为了避免很多国家在失真的评估结果上做出被误导的政治和经济决策，并因此带来全球经济运行风险，修正和调整旧的国际贸易评价体系势在必行。

7.互利共赢原则是国际经贸关系健康发展的根基

无论是古典还是新古典国际贸易理论，其核心思想都是通过国际贸易使贸易双方都获利；无论其分工基础是基于劳动生产率、要素禀赋的区别还是规模经济的不同，都模糊了贸易双方的利益分配格局。显然，在现有的国际分工格局中，贸易双方的利益分配很不平衡。目前普遍的现象是，发展中国家在国际贸易中获得的利益远远低于发达国家。这是因为我们所处的世界为现代资本主义世界体系所支配，是一个不平等的世界。它的基本特征是中心地区从周边榨取利益用于自身的发展。正是这种不平等的支配和剥削关系，造成了世界各国之间以及中国各区域之间的发展不平衡。

同任何事物的发展进程一样，在两国经贸发展过程中，利益和谐与利益冲突并存，合作与斗争并存，这是事物发展的普遍规律。问题的关键在于，在利益冲突和摩擦面前，要采取友好协商的态度，站在互利共赢的战略高度，摒弃零和博弈的重商主义思想。一国经济的发展不仅需要兼顾本国利益和对象国的利益，而且要考虑到世界经济的健康发展，要防止制裁、报复等两败俱伤的局面发生，以实现构建和谐世界的目标。所以，各国应牢固树立利益共同体意识，寻找更多的利益契合点，深化经济合作，推动经济全球化朝着普惠共赢的方向发展。

第1章思政窗

本章小结

1.现代意义上的国际经济学是在传统的国际贸易和国际金融理论的基础上发展起来的一门系统的和独立的理论。国际经济学的理论内容主要包括贸易基础、贸易条件以及贸易利益的分配，汇率理论与制度，国际收支调节理论与政策，以及国际货币体系、资本和劳动力的国际流动、跨国公司理论等。

2.国际经济学的研究对象是国与国之间的经济活动与经济关系。

3.国际经济学作为一门新兴又相对独立的学科，与西方经济学、国际贸易学、国际金融学和世界经济学既有密切的联系，也有显著的区别。

4.国际经济学的研究方法多种多样，应该结合具体情况使用某种或多种研究方法。

关键术语

国际经济学　经济全球化　局部均衡分析　一般均衡分析　实证分析　规范分析

基本训练

一、简答题

1.什么是国际经济学？其研究对象是什么？

2.国际经济学与其他学科相比有什么特点？

3.简述国际经济理论的发展历程。

4.国际经济学都有哪些研究方法？

二、案例分析题

美国的对华科技战与舆论战

2020年7月31日，时任美国总统特朗普在“空军一号”上对记者表示，他将禁止TikTok在美国运营，最早于8月1日实施，并且暗示他不会支持美国公司去收购TikTok。此前，美国国务卿及多位议员表示，将禁止TikTok在美国的运营，因此有消息传出，微软可能会以500亿美元的价格收购TikTok美国业务。

但在特朗普表态后，据美国媒体报道，微软已暂停与字节跳动关于收购TikTok美国业务的谈判。另有报道称，双方谈判并未因此终止，两家公司正努力弄清白宫的立场。不过，TikTok美国总经理8月1日在社交媒体上回应此事时表示，TikTok将在美国长期运营，“哪里也不打算去”，并计划在美国创造更多的就业机会。

1.美国5条“战线”对华施压

不管结局如何，TikTok在美国遭受打压，已成为持续下行的中美关系进一步紧张的例证。特朗普政府执政以来，随着美国《国家安全战略报告》历史上首次将中国定位为首要“战略竞争者”，美国开始不断以“国家安全”的名义对华施压，在5条“战线”上对中国发起了大规模、“全政府”的攻势，即贸易战、外交战、科技战、舆论战及意识形态战。

此番对TikTok的打压，虽然其理由仍然被冠以老掉牙的“国家安全威胁”，却是特朗普政府对华遏制的最新升级版，因为其第一次将科技战与舆论战结合了起来，认为TikTok的崛起是对美国以科技为核心的硬实力和以话语权为核心的软实力的双重挑战，暴露出当下的美国在对华问题上已近乎歇斯底里。

2.美国对其科技创新优势丧失的担忧

打压TikTok是美国对华科技战的案例之一。第二次世界大战结束以后，由于美国在第二、三次技术革命中处于领跑位置，积累了显著优势，因而其霸权地位十分稳固。近年来，随着中国的迅速崛起及在以移动互联网、5G和人工智能等为代表的即将到来的新一轮技术革命中处于同美国并驾齐驱的地位，美国感受到越来越大的竞争压力。

面对中国科技发展和技术进步持续加速的现实，美国的战略选择不是与中国公平竞赛，而是利用霸主优势百般打压，力图阻止中国的创新步伐。例如，特朗普执政以来美国以国家安全为名对华为、中兴和海康威视等中国科技企业的制裁和打压，就反映出这种霸权式傲慢，也表明美方对自身硬实力的核心——科技创新优势丧失的担忧。

由此观之，特朗普政府对TikTok这一中国移动互联网创新企业的限制，同样反映出其在科技创新领域对华遏制的一贯政策逻辑。尤其是考虑到美国相关企业在其本土和全球范围内存在重大利益的现实，特朗普政府对TikTok这一中国成功“走出去”科技企业的防范便成为其政策制定的逻辑基础。

3.美国将对华舆论战矛头指向高科技企业

打压TikTok还是美国对华舆论战的重要组成部分。与其他的科技成果形式不同，TikTok作为移动手机软件具有受众广、接收度高和影响力大的特点，亦即更“接地气”。例如，当前该软件在全球范围内的下载量已经超越脸书和推特，成为排名第一的热门应用。

TikTok在全球范围尤其是美国取得的成功，使得美国精英层在技术创新之外也开始防范其软实力的核心——话语权旁落的风险。当前，美国对华舆论战的重点已不再像过去那样采取攻势（如造谣抹黑中国），因为事实证明这一策略很难收到令其满意的实际效果，而是转为采取守势，即防止中国国际话语权和软实力超过自己。在这一背景下，美方对华舆论战矛头指向TikTok等移动互联网平台的做法，本质上反映出其话语权已不可避免走向衰落的现实。

4.美国对华科技战与舆论战结合应引起充分关注

将对华科技战与舆论战结合起来，防止中国在硬实力和软实力两方面超越自己，构成了特朗普政府打压TikTok的主要动因，也是我们理解这一事件的核心所在。此外，如果我们延续这一思路，将该事件置于特朗普政府对华政策整体中进行进一步思考，就不能不联想到美国国内政治因素的作用。

对华政策是2020年美国大选的重要议题之一，这一点在疫情背景下被急剧突显了出来。为了为自身抗疫不力甩锅推责，对华强硬成为特朗普动员自身选民和谋求连任的政治策略，因而在实践中美国在涉华问题上的非理性反而成为特朗普个人政治理性的体现。

基于此，不断给中国制造麻烦成为特朗普树立个人国内政治形象，尤其是因疫情而“惩罚”中国的“爱国主义”形象的最佳策略选择。正是这一国内政治逻辑的作用，使得中美在围绕包括TikTok在内的一系列双边博弈过程中面临的变量更为复杂，也更难应对。可以预见，美国国内政治对中美关系当前和未来的走向将构成持续且日益明显的影响，需要对此引起充分关注。

2021年6月9日，美国现任总统拜登签署一项新的行政命令，取消他的前任特朗普于2020年发布的两项禁止中国公司开发的应用程序抖音（TikTok）和微信（WeChat）的行政命令，并由本届政府对与中国相关的应用程序进行有关美国国家安全风险的评估。

资料来源 王浩. 抖音国际版“替罪羊”还是“出气筒”?[EB/OL].（2020-08-02）[2020-10-29]. http://www.kankanews.com/a/2020-08-02/0039480388.shtml.

问题：

（1）结合全球经济发展趋势及已有案例，分析美国打压TikTok事件的真实动因。

（2）当今时代已被标注为新经济时代，互联网经济或者数字经济作为其中的典型，为各国所重视。实际上，被美国“盯上”的中国科技企业不止字节跳动，在此之前，中兴、华为、大疆、海康威视等都陷入过类似漩涡。这些科技公司的遭遇表明，如果没有新的规则，又不愿恪守旧的秩序，那么因为新经济发展阶段不同、市场结构不同，势必加大某些企业或经济体遭遇风险甚至被政治化操弄的压力。结合美国打压TikTok事件，试分析如何发展有中国特色的国际经济体系，以确保我国在全球分工中获取“真实利益”。

第2章
古典贸易理论

学习目标

学完本章，你应该能够：

◎了解重商主义的贸易思想；

◎掌握亚当·斯密的绝对优势贸易理论；

◎重点掌握李嘉图的比较优势贸易理论；

◎理解贸易理论所要回答的3个基本问题，即贸易的原因、贸易的模式、贸易利益的来源与分配；

◎了解古典贸易模型的扩展与检验。

引例

无可争议的油气核心区域——中东

中东地区油气资源储产量极为丰富。根据BP能源统计，中东地区原油证实储量为8 135亿桶，占全球原油证实储量的47%；产量为3 178万桶/日，占全球原油产量的34.5%；原油储采比为69.9。天然气证实储量为79.4万亿立方米，占全球天然气证实储量的42.5%；产量为6 378亿立方米，约占全球天然气产量的20%；天然气储采比为124.5。优质的资源禀赋使中东地区油气资源开发在全球范围内保持了较大的成本优势。

IHS报告则显示，尽管本轮低油价期间，石油行业通过多种技术和管理手段“降本增效”，使得北美页岩油、海上深水原油和加拿大油砂等资源的单桶平均完全成本均出现较大幅度的降低，但中东地区原油与之相比仍占据较大优势：2017年中东地区原油生产的单桶平均完全成本仅18美元/桶，而同期美国页岩油、海上深水原油和加拿大油砂的单桶平均完全成本则分别为41美元/桶、39美元/桶和50美元/桶。

资料来源　陈颖．中东油气资源的机遇与挑战［J］．能源，2018（8）：77-79.

关于国际贸易发生的原因与影响，最早是以亚当·斯密和李嘉图为代表的古典经济学派在劳动价值学说的基础上提出的。在亚当·斯密等之前，英国重商主义盛行，重商主义认为对外贸易是一种“零和博弈”，你之所得即我之所失，这种观点受到了古典经济学派的批判，李嘉图的研究使对重商主义的挑战达到顶峰，其理论在国际贸易理论中占据核心地位。为了了解国际贸易理论的历史发展过程，本章简要介绍重商主义的一些主要观点，利用生产可能性曲线、社会无差异曲线等分析工具，对古典贸易理论进行一般均衡分析，同时辅以局部均衡分析，以古典贸易理论解释国际贸易的动因。

2.1 重商主义的贸易思想

15到17世纪，西欧处于资本原始积累时期。当时封建主义自然经济基础逐渐瓦解，资本主义商品经济迅速发展，货币成为全社会各个阶层普遍追求的东西，成为财富的代表形态。当时商业资本与高利贷资本占据统治地位，商业成为利润和财富的源泉。因而在这一社会背景下，以流通领域为研究对象，认为利润来自流通领域，而与生产过程无关的重商主义（Mercantilism）应运而生。

2.1.1 早期的重商主义

早期的重商主义又被称为货币差额论，其强调绝对的贸易顺差，主张多卖少买或不买，并主张采取行政手段来控制商品进口，禁止货币输出，以积累货币财富。正如恩格斯所指出的那样：这个时期的重商主义者就像“守财奴一样，双手抱住他心爱的钱袋，用嫉妒和猜疑的目光打量着自己的邻居”①。

为增加货币和限制货币输出，当时西欧各国都采取了极为严格的行政限制措施。例如，英国将输出金银定为大罪，政府通过法令规定，外国商人必须将出售货物所得的全部货币用来购买当地的商品。英国还规定本国和外国商人在指定的市场进行交易，其目的是控制进出口贸易，进而保证能积累货币财富。通过各种行政手段，早期重商主义者力图在国内把货币以储藏货币的形式保存起来，以达到积累财富的目的。

2.1.2 晚期的重商主义

晚期的重商主义被称为贸易差额论，其强调总体和长远的贸易顺差。为此，开展对外贸易应遵守这样一个原则：购买外国商品的货币总额，必须少于出售本国商品所取得的货币总额。为了获得贸易顺差，国家应该允许将货币输出国外，以便扩大对国外商品的购买。

为了实现贸易顺差，晚期重商主义者支持一些西欧国家采取扶植和鼓励工场手工业发展的政策。

托马斯·孟是英国晚期重商主义的杰出代表人物之一。他在1664年出版的著作《英国得自对外贸易的财富》中，全面系统地阐述了重商主义思想。他认为对外贸易是国家的致富之道，但其基本原则是保持贸易的长期顺差。他认为，对外贸易是增加我们的财富和现金的通常手段，在这一点上，我们必须时时遵守这一原则：在价值上，每年卖给外国人的货物，必须比我们消费他们的多。这样，因为遵守这一原则，就能使对外贸易中的顺差以货币的形式输回本国。②

托马斯·孟提出并论证了为使贸易保持顺差应采取的途径和手段。

1.缩减外国货物的进口，扩大本国商品的出口

①他建议充分利用荒地，借以保证原来向外国购买的原材料及其他商品的供应，制止这类外国商品的进口。

① 马克思，恩格斯．马克思恩格斯全集：第1卷［M］．中共中央马克思恩格斯列宁斯大林著作编译局，译．北京：人民出版社，1956：596．

② 孟．英国得自对外贸易的财富［M］．袁南宇，译．北京：商务印书馆，1959：14．

②他主张厉行节约，在食品和服饰方面减少外国货的消费。

③在扩大本国商品出口的措施方面，他不但强调输出多余的东西，而且强调要生产在国外市场上容易推销的商品。为了保证本国商品能在国外市场上站稳脚跟，必须降低商品价格，并提高商品质量。

2. 坚决要求取消限制货币输出及使用等法令，主张在输出商品的同时输出货币

他批评了早期重商主义者严禁出口的主张，并以西班牙为例，指出该种做法的严重后果，即断送贸易及利润。他提出“货币产生贸易，贸易增多货币”的论断，并论证了货币的意义不在于保存，而是为了将其投入具有“生殖力”的流转中，换回比以前更多的货币。

3. 主张取消限制和妨碍贸易的禁令和措施，提倡转运贸易

他批评了早期重商主义者的种种限制贸易的做法，认为那些做法是增加现金的绊脚石，而出超是获得现金的唯一途径。他鼓励商人到世界各地去进行贸易，主张大力发展远处贸易和转运贸易。他认为远处贸易可以带动行业的发展，获得运费和保险费等收入，还可获得工资、食物、地区差价、利息、关税征得以及其他收入。他指出，国家应设贸易货栈以利运转，这样便可以增加航运、贸易、现金和国王的关税收入。

2.2 绝对优势理论

重商主义者认为国际贸易是一种零和博弈，因而国际贸易活动不具有可持续性；但事实上国际贸易活动发展迅速。那么使得国际贸易蓬勃发展的动力究竟何在？有没有可能存在一种使双方都得利的贸易模式呢？

在经济思想史上，英国经济学家亚当·斯密被尊称为古典经济学派的创始人。他提出了绝对优势理论（Absolute Advantage Theory），对国际贸易的根本动力进行了初步的解释。他在《国民财富的性质和原因的研究》（简称《国富论》）一书中提出了国际贸易并不是一种零和博弈，通过分工和国际贸易双方都可以获得额外的收益。这一理论开创了国际贸易分工理论的辉煌时代。

2.2.1 绝对优势理论提出的背景

18世纪末，英国的经济力量已超过欧洲大陆的两个对手——法国和西班牙。英国的工业革命运动开始展开，经济实力不断增强，新兴的资产阶级迫切要求在国民经济各个领域迅速发展资本主义。当时在重商主义制度下建立起来的经济特权和垄断制度已经暴露出效率低下和严重浪费等弊端：仍存在于乡间的行会规章制度，严重限制了生产者和商人的正常活动；重商主义提出的极端保护主义则从根本上阻碍了对外贸易的扩大，使得新兴资产阶级很难从海外获得生产所需的廉价原料及商品，也难以占领更大的海外市场。

亚当·斯密站在新兴资产阶级的立场上，在1776年出版的《国富论》一书当中批判了重商主义，创立了自由主义经济理论。在国际分工和国际贸易方面，他提出了以绝对优势为基础的自由贸易，认为国际贸易并不是一种零和博弈，国际贸易能使双方都获益。

2.2.2　绝对优势理论的主要内容

1.国际分工和国际贸易

亚当·斯密在《国富论》一书中对重商主义思想进行了深刻的批判。他指出，衡量一国财富的标准不是其所拥有的贵金属数量，而是这些贵金属所能购买的商品数量。一国拥有的贵金属再多，如果可供消费的商品的数量和种类少得可怜，那么该国人民的实际生活水平不会高，可供消费的商品增加才意味着一国财富的增加。

如何增加一国的财富，亚当·斯密认为扩大生产才能提高本国的生活水平，而生产的扩大在于提高劳动生产率，劳动生产率的提高是以劳动分工为前提的。简而言之，财富增加依赖劳动分工，这就是亚当·斯密的劳动分工学说的基本思想。

亚当·斯密进一步将劳动分工学说应用于国际贸易，认为国与国之间的贸易可以使每个国家都增加财富。国际贸易可以通过市场的拓展，将社会分工由国内延伸到国外，国内分工演变为国际分工，社会分工范围进一步扩大，专业化程度进一步提高，劳动生产率不断提高，最终促进实际收入意义上的财富增加。

2.居于绝对优势的贸易

（1）绝对优势

亚当·斯密用绝对优势理论来说明国际分工和国际贸易的基础。所谓绝对优势，是指在某一商品的生产上，一国所耗费的劳动成本绝对低于另一国，在生产效率上占有绝对优势。

如果一国相对另一国在某种商品的生产上效率较高，但在另一种商品生产上效率较低，那么两国就可以通过专业化生产自己有绝对优势的商品，并用其中一部分来交换其有绝对劣势的商品。[①]这样，资源可以被最有效地使用，而且两种商品的产出会增长。这种增长可以用来测度两国专业化生产所产生的收益，这种收益通过国际贸易在两国间进行分配。

绝对优势实际上是在比较各国在同一商品上的生产成本，因此亚当·斯密的绝对优势理论也被称为绝对成本说。

（2）绝对优势的分析

有两个国家A国和B国，分别生产两种商品X和Y。A国生产每单位X商品需要2小时的劳动，B国则需要4小时的劳动，A国的生产效率较高，因此A国在生产X商品上具有绝对优势。B国生产每单位Y商品只需1小时的劳动，A国则需要4小时的劳动，B国的生产效率更高，因此B国在生产Y商品上具有绝对优势。如果两国专门生产自己拥有绝对优势的商品，即A国专门生产X商品，B国专门生产Y商品，然后进行交换，那么两个国家都可以获益（见表2-1）。

表2-1　**A和B两国的分工情况表**

项　目	A国	B国
每单位X商品所需要劳动（小时）	2	4
每单位Y商品所需要劳动（小时）	4	1

① 斯密. 国富论：下册［M］. 杨敬年，译. 增订本. 西安：陕西人民出版社，2001：503.

如果两国间有交换活动，情况则完全不同。比如，A国用1单位X商品向B国换取1单位Y商品。由于A国自己生产1单位Y商品所需要4小时的劳动，而生产1单位X商品只需要2小时的劳动，所以通过交换A国相当于节约了2小时的劳动，而用这个节约出来的时间，A国可以生产出1单位X商品，也就是说通过交换A国可以获利2小时的劳动或者1单位X商品。对B国同样如此，B国将获得额外的3小时的劳动或者3单位Y商品。这表明进行贸易活动后，A国多消1费单位X商品，B国多消费3单位Y商品。

2.2.3 对绝对优势理论的评价

亚当·斯密的绝对优势理论第一次运用劳动价值论，说明国际贸易的基础和利益所在，说明经济主体之间的利益关系，并非重商主义所说的非赢即输，而是可以实现“双赢”，从而为科学的国际贸易理论建立提供了良好的开端。

亚当·斯密的绝对优势理论又有很大的局限性。该理论所提出的交换模式只适用于贸易双方至少各拥有一种居于绝对优势的商品对外国进行贸易。如果一国在所有商品的生产成本方面相对于另一国的同种商品都处于绝对劣势地位，这时如何分工和贸易，双方还能否从贸易中获得利益，各国还能否实现自由贸易政策，绝对优势理论都无法解决这些问题。针对这些绝对优势理论无法解决的问题，李嘉图在劳动价值论的基础上，提出了比较优势理论，来探讨分析以上问题。事实上，绝对优势理论可以被看成一般化的比较优势理论的特殊情况。

专栏2-1

2.3 比较优势理论

2.3.1 比较优势理论提出的历史背景

在李嘉图所处的时代，英国新兴资产阶级和地主阶级的斗争主要体现在《谷物法》的废除上。《谷物法》是维护地主贵族阶级利益的法令。该法令规定必须在国内谷物价格上涨到限额以上时才准进口，而且这个价格限额要不断地提高。《谷物法》限制了英国对谷物的进口，使国内粮价和地租长期保持在很高的水平上，这对英国工业资产阶级非常不利。因为一方面国内居民对工业品的消费因粮食开支增加而相应减少；另一方面，工业品成本因谷价上涨而提高，削弱了工业品的国际竞争力。同时，限制谷物进口会招致国外报复，这不利于英国工业品的出口。李嘉图站在新兴资产阶级立场上，主张废除《谷物法》，取消对谷物进口的限制。他继承了亚当·斯密的国际贸易思想，倡导自由贸易。

李嘉图于在1817年的《政治经济学及赋税原理》中提出了比较优势理论，进一步扩大了国际贸易的基础。根据比较优势理论，几乎所有国家都可以从自由贸易中获利，从而为废除《谷物法》提供了理论基础。

比较优势理论（Comparative Advantage Theory）又称比较成本理论，弥补了亚当·斯密的绝对优势理论留下的理论空白。它的提出是西方传统国际贸易理论体系建立的标志，具有划时代的意义。李嘉图也因此被称为资产阶级古典经济学集大成者。

2.3.2 比较优势理论的内容

亚当·斯密认为由于自然禀赋和后天条件的不同，各国均有一种商品的生产效率高于他国而具有绝对优势，按绝对优势原则进行分工和交换，各国均获益，证明了贸易的互利性。但事实上我们发现，很多商品的出口国在该种商品的生产上可能并不具有亚当·斯密所描述的那种绝对优势。李嘉图发展了亚当·斯密的观点，认为即使一国在所有商品的生产上都不具有绝对优势，仍可参加国际分工，从国际贸易中获利。

即使一国在两种商品的生产上都效率较低，没有任何绝对优势，仍可能存在互利的贸易：该国可以专门生产并出口其绝对劣势相对小的商品（这就是其具有比较优势的商品），同时进口其绝对劣势较大的商品（这就是其具有比较劣势的商品），这一原理就是比较优势理论。其核心是“两优取其重，两劣取其轻”。[①]

1.李嘉图模型的假设条件

比较优势理论是在一系列严格的假定前提下展开说明的。基本的李嘉图模型在古典经济学范式下有一系列假设条件：

①世界上只有两个国家（A国和B国），两种商品（X和Y）；

②模型中采用劳动价值论，商品的相对价值仅取决于它们的相对劳动投入量；

③生产要素在一国国内可以在不同的行业中自由流动，而在国与国之间不能自由流动；

④生产成本不变，即当产量发生变化时商品的生产成本不会发生变化；

⑤虽然不同国家之间存在技术水平差异，但各国的技术水平都是给定的；

⑥两国进行自由贸易，运输成本为零；

⑦经济在充分就业状态下运行；

⑧生产要素市场和商品市场是完全竞争市场，政府对经济活动没有任何干预。

在这个模型中只有两个国家、两种商品，是为了便于分析说明，这很容易推广到多个国家、多种商品。采用劳动价值论意味着只有劳动这一种生产要素，不考虑自然资源资本的影响，而且劳动是同质的。后面几条假设意味着，随着时间的推移，两国的比较优势不会发生变化，不存在垄断势力和政府运行的干扰和影响。

2.比较优势的分析

比较优势理论可以用表2-2分析。表2-2和表2-1的区别在于B国生产1单位X商品的时间从4小时变成1.6小时，生产1单位Y商品的时间从1小时变成0.8小时。现在B国在两种商品的生产上都具有了绝对优势。从绝对优势理论的角度看，两国间不存在贸易基础；但是，比较优势理论认为两国间仍可以进行贸易。

分析两国的生产率可以看出，A国生产X商品的劳动生产率是B国的4/5，生产Y商品的劳动生产率是B国的1/5。可见A国在X商品的生产上劣势较小，在Y商品的生产上劣势较大，因此A国在X商品的生产上具有比较优势。同时，B国在Y商品的生产上优势更

① 李嘉图. 政治经济学及赋税原理［M］. 周洁，译. 北京：华夏出版社，2005：94.

大，因此B国拥有生产Y商品的比较优势。根据比较优势理论，A国应专门生产并出口X商品，B国应专门生产并出口Y商品，这样两国都可以获得收益。

表2-2　　比较优势下两国的分工情况表

项　目	A国	B国
每单位X商品所需要劳动（小时）	2	1.6
每单位Y商品所需要劳动（小时）	4	0.8

为了说明这一点，我们先讨论自给自足的情况下国内商品的相对价格。在A国，1单位的X商品可以换取0.5单位的Y商品，即1X=0.5Y，在B国有1X=2Y。在开放经济条件下，假设A国用1单位的X商品和B国交换1单位的Y商品，那么A国将获利0.5单位Y商品或者2小时的劳动，B国获利0.5单位X商品或者0.8小时的劳动。

实际上，只要两国的交换比率符合0.5Y<1X<2Y，就可以实现互惠贸易。交换比率越接近1X=0.5Y（A国国内交换比率），B国的贸易所得就越多，A国的贸易所得就越少；交换比率越接近1X=2Y（B国国内交换比率），A国的贸易所得就越多，B国的贸易所得就越少。

3.比较优势的例外

当两个国家的内部交换比率相同时，与另一国相比，其中一国在两种商品上的比较劣势将相等，此时就不存在比较优势。

例如，将上例改为B国生产1个单位X商品需1个小时，生产1个单位Y商品需2个小时，那么B国在生产两种商品上的效率都是A国的2倍，我们无法在“两优取其重”，也无法在“两劣取其轻”。因为在两种商品上两个国家的优劣程度一样，这两个国家在没有贸易时两种商品的交换比率也相同，将无法通过分工与贸易模式节约劳动。

但这只是比较优势的一个例外，只具有理论上的意义。在现实世界中，一个国家生产成千上万种商品，不同国家之间的这些商品的相对价格都相同的概率几乎为零。因此，在现实世界中，一个国家与其他国家相比，必然在一些商品上处于相对优势地位，而在另一些商品上有相对劣势。

4.比较优势理论的货币模型

比较优势理论的论述是以物物交换为前提的，但是在现实生活中商品都以货币结算。当商人和消费者在选择来自不同国家的商品时，并不是考虑哪个国家在哪种商品上具有比较优势，而是在同等质量的前提下选择价格最低的商品。实际上，我们只要将前面例子中的劳动时间转化成货币模型就可以解决这个问题。假如，在A国每小时工资为20元人民币，B国为10美元，两国情况如表2-3所示。

表2-3　　比较优势下两国的分工情况表

项　目	A国（人民币）	B国（美元）
X商品的价格	40	16
Y商品的价格	80	8

当美元和人民币的比价维持在2.5元人民币<1美元<10元人民币时，A国出口X商品、进口Y商品，B国出口Y商品、进口X商品，两国具有贸易的基础。而当1美元兑换少于2.5元人民币时，B国X商品的价格以人民币表示的价格要低于40元人民币，Y商品的价格要低于20元人民币，即A国在两种商品上的价格都要超过B国，A国只进口不出口，B国只出口不进口，这种汇率是无法持续的。而1美元能兑换超过10元人民币时，情况正好相反，B国X商品的价格要高于160元人民币，Y商品的价格要高于80元人民币，A国的两种商品的价格都低于B国，A国只出口不进口，B国只进口不出口，这种汇率也无法持续，就失去贸易的基础。因此，两种货币的比价满足2.5元人民币<1美元<10元人民币时，两国才可能贸易。例如，在1美元兑换5元人民币时，B国的X商品和Y商品的价格用人民币表示分别为80元和40元，则在A国具备比较优势的X商品的价格低于B国，而在B国具备比较优势的Y商品的价格低于A国。最终，两国出口其具备比较优势的商品，进口其不具备比较优势的商品。

2.3.3　基于机会成本理论对比较优势理论的进一步分析

1.用机会成本理论证明比较优势理论

机会成本是指每生产1单位某种商品所必须放弃的另一种商品的最大生产量。用机会成本理论解释的比较优势理论，也被称为比较成本理论。它说明了当一国在一种商品的生产上有较低的机会成本时，该国在该商品的生产上就有比较优势，而在另一种商品上有比较劣势。

从上文所举的例子中我们可以看出，贸易前两国生产同一种商品的绝对成本（即劳动生产率的倒数——生产1单位商品所需要消耗劳动力的小时数）并不能决定一国的贸易模式，贸易模式和贸易所得最终取决于生产每种商品的机会成本。A国每生产1单位X商品必须放弃0.5单位Y商品，而B国每生产1单位X商品必须放弃2单位Y商品，A国生产X商品的机会成本更小，因而分工生产并出口X商品，这个结论和我们刚才基于劳动价值论得出的结论一致。

实际上引入机会成本的概念，可以使我们放松李嘉图模型的第二个假设。由于劳动既不是生产中唯一投入的生产要素，也常常不是同质的，因此，放松这个假设可以大大增强比较优势理论的适用性与说服力。

2.生产可能性曲线

机会成本可以用生产可能性曲线加以说明。生产可能性曲线（production possibility curve，PPC）也称生产可能性边界（production possibility frontier，PPF），是指一国以最高的生产率充分利用其资源时所能生产的不同产量的所有组合。任何一个国家的资源都是有限的，生产可能性曲线上各点表示的是在有限资源约束下，一国可能生产出的两种商品的最大产量组合。图2-1表示的是两国的生产可能性曲线和贸易后的消费可能性曲线。

在既定的技术要素水平下，如果A国只生产X商品，那么其可以生产出200单位X商品；如果只生产Y商品，那么其可生产出100单位Y商品。A国也可以两种商品都生产，如果A国生产100单位X商品，那么其将可以利用其余资源生产50单位Y商品。以此类推，这些商品组合构成了图2-1（a）中的A国生产可能性曲线。同理，图2-1（b）中的B国生产可能性曲线也可以照此得出。在生产可能性曲线以内的点代表尚有资源未被充分利用，而在生产可能性曲线以外的点表示超过了既定的资源条件下所允许的生产范围，因此，厂商必然在生产可能性曲线上生产。

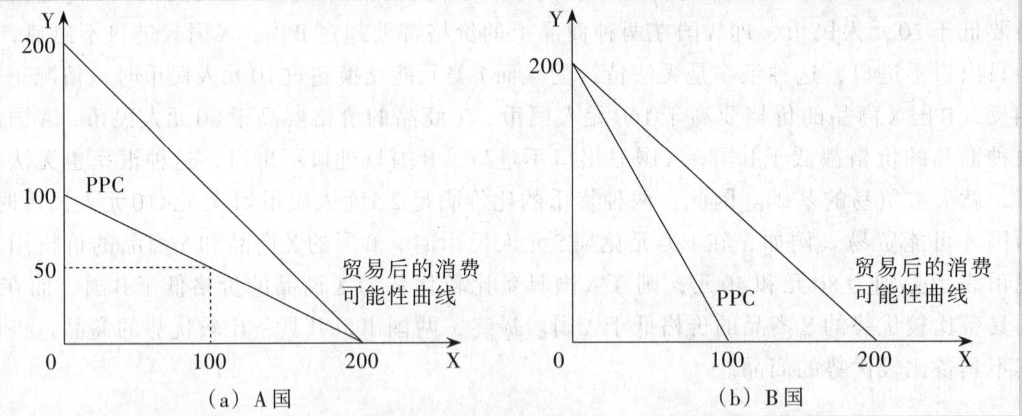

图2-1　A国和B国的生产可能性曲线和贸易后的消费可能性曲线

生产可能性曲线斜率的绝对值表示生产每单位X商品的机会成本。由于生产的机会成本一直保持不变，所以两国的生产可能性曲线都是直线，这和李嘉图模型中假设（4）对应。另外，A国的生产可能性曲线斜率比B国更加平缓，表明A国生产每单位X商品的机会成本小于B国。

在没有国际贸易的情况下，一国可以消费商品的组合要受到该国生产能力的限制，因此，一国的生产可能性曲线也是其消费可能性曲线。但是，当开展国际贸易以后，按照比较优势理论，A国专门生产X商品，B国专门生产Y商品。A国最多可以生产200单位X商品，B国可以生产200单位Y商品。这意味着如果按照1∶1的比例进行交换，A国最多可以消费200单位Y商品，而不是贸易前的100单位；B国最多可以消费200单位X商品，而不是贸易前的100单位。国际贸易使两国的消费可能性曲线外移，超过了生产可能性曲线可以提供的消费组合，表明通过专业化生产，两国的福利都得到提高。

2.3.4　贸易时商品价格的确定

在之前的分析中我们只是假设了一个可行的交换比例，而并没有讨论两国的交易价格是如何确定的。由于两国市场都是完全竞争的，所以生产成本就构成了商品的价格。因此，两国的交换比例就是世界均衡相对商品价格P_X/P_Y，而这可以利用供求曲线来确定。

图2-2（a）显示的是X商品的世界供求曲线。当X商品的相对价格P_X/P_Y小于1/2时，两国对X商品的供给均为0；当P_X/P_Y大于1/2而小于2时，B国不会提供X商品，A国供给200单位X商品；当P_X/P_Y大于2时，B国将提供100单位X商品，此时世界供给量为300单位X商品，这也是世界最大供给量；当P_X/P_Y等于1/2时，A国对生产持无所谓态度，可能提供0~200单位X商品；当P_X/P_Y等于2时，B国对生产持无所谓态度，可能提供0~100单位X商品。这些条件构成了世界供给曲线S_X。S_X曲线与由A、B两国需求共同构成的世界

需求曲线 D_X 相交于均衡点E，决定了X商品的均衡价格为 $P_X/P_Y=1$，世界均衡产量为200单位，且都由A国生产。

对图2-2（b）中Y商品的总供给、总需求的分析也是如此，最终均衡交换价格为 $P_X/P_Y=1$，均衡产量为200单位，且都由B国生产。

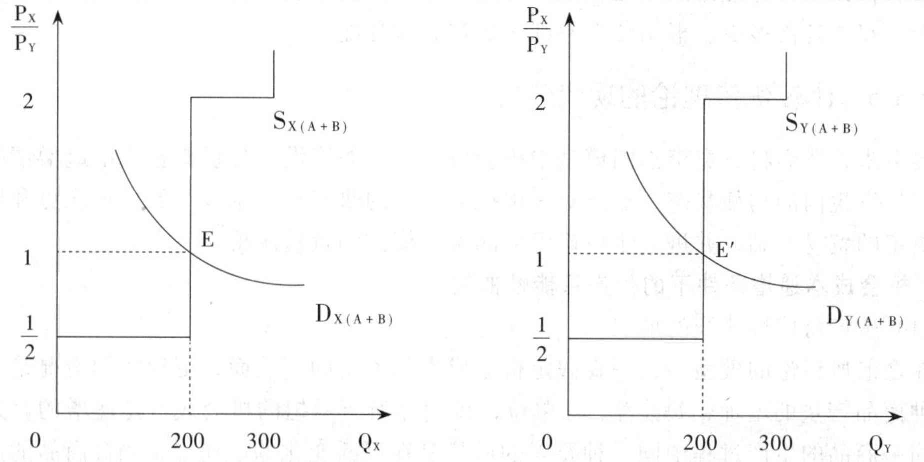

（a）X商品的世界供求曲线　　（b）Y商品的世界供求曲线

图2-2　利用供求曲线确定世界均衡相对价格

2.3.5　对比较优势理论的评价

1.比较优势理论的贡献

比较优势理论的提出奠定了国际贸易理论分析的基本框架，后出现的各种国际贸易理论大都可以视为对比较优势理论的继承和发展。

首先，比较优势理论提出了各国可以普遍遵循的参与国际贸易的依据。绝对优势理论无法说明当一个国家在所有的商品上生产效率都低于别国时能否参加国际贸易，而比较优势理论认为只要国际生产商品的相对成本存在差异，任何一个国家都有参与国际贸易的基础。一个国家无论多么落后，总能找到成本比较低的生产部门，从而可以把这样的商品推向国际市场，获得进口商品的能力。这为发展中国家参与国际贸易并从中获取利益提供了理论依据。从发达国家的角度讲，一个国家无论怎么先进，总存在相对落后的部门，把资源集中到有相对优势的生产部门，然后进行国际交换，也会获得比自给自足条件下更高的福利。

其次，从历史上看，比较优势理论对推动英国走向自由贸易起了巨大的作用。李嘉图的比较优势理论提出后，在社会上产生了很大的影响，最终促成了英国国会废除《谷物法》，这为英国日后成为世界经济中心奠定了重要的基础。

2.比较优势理论的局限性

比较优势理论当然也具有某些局限性：

首先，比较优势理论的假设条件之一就是完全的自由贸易，而现实中实行完全的自由贸易几乎没有可能。①

其次，比较优势理论只是假定比较优势的存在，并没有去探讨比较优势是如何决定的；将比较优势看作静态不变的，没有考虑技术进步、要素转移及规模经济等动态问题对比较优势的影响。

最后，比较优势理论虽然证明了国际分工和国际贸易能够带来利益，但没有说明利益是多少、双边各占多少、根据什么原则来确定利益分配。

2.3.6 比较优势理论的现代分析

接下来，我们将放宽李嘉图模型中机会成本固定的假设，分析机会成本递增情况下一国在贸易发生前的均衡状态，通过对一国孤立均衡的研究来揭示该国的比较优势和比较优势所决定的贸易基础，并进一步讨论可能的贸易模式和贸易所得。

1.机会成本递增条件下的生产可能性曲线

（1）生产可能性曲线的形状

在之前所讨论的模型中，一直假定机会成本是不变的。然而，更现实的情况是，随着某一种商品产量的增加，每多生产1单位，该商品所要承担的机会成本是递增的。这是因为在同一商品的生产过程中同一种要素的质量是在不断变化的。比如，当X商品的产量较少时，投入X商品生产中的要素是效率最高、最适合生产X商品的要素，此时增加1单位X商品的生产要求从Y商品的生产中转移出的要素较少。当X商品的产量已经很大时，最适合生产X商品的要素已经被用完，这时将不得不开始使用效率较低并且不太适合的要素来生产X商品，这要求更多要素从Y商品的生产转向X商品的生产。因此，随着X商品的产量增加，每增加1单位X商品的生产要求放弃的Y商品就会增加。此外，当X商品的产量较小、Y商品的产量较大时，在Y商品的生产上一定使用了效率较低和不太适合的要素，这时要素的转移对Y商品产量的影响较小。而当Y商品的产量较小时，用来生产Y商品的要素是效率较高且比较适合该商品生产的要素，这时要素转移对产量的影响较大。这就表明，当生产越来越多的X商品时，每增加1单位X商品的生产所要放弃的Y商品会越来越多。递增的机会成本反映在以X商品的产量为横轴、以Y商品的产量为纵轴的坐标平面上就是一条凹向原点的生产可能性曲线。

（2）生产可能性曲线的基本特征

在前面我们已经了解生产可能性曲线切线斜率的绝对值就等于生产X商品的机会成本，那么凹向原点的生产可能性曲线就表明生产X商品的机会成本是递增的。如图2-3所示，在一国凹向原点的生产可能性曲线上，从点A到点B的移动过程中，随着X商品的产量增加，切线的斜率越来越大；同时，每增加1单位X商品的生产所放弃的Y商品的数量也不断增加。

基于所有市场都是完全竞争的这一假设，可知厂商的利润为零，从而商品的价格都等于生产成本，故生产X商品的机会成本等于X商品与Y商品的相对价格（P_X/P_Y），且等于生产可能性曲线切线斜率的绝对值。

2.社会无差异曲线

社会无差异曲线也叫消费无差异曲线，表示可以使一个社会和国家产生同等满足的两

① 湛柏明. 国际经济学［M］. 上海：复旦大学出版社，2010：24.

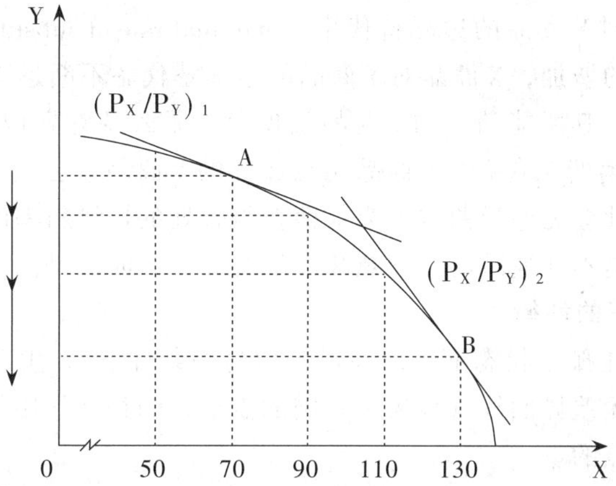

图2-3 生产可能性曲线

种商品的各种消费组合。不同的国家因为需求偏好不同，它们的社会无差异曲线的形状也不同。同一个国家内部不同的社会无差异曲线之间互不相交。但是如果将不同国家的无差异曲线放在同一坐标系内，那么两国的不同的无差异曲线是可能相交的。

图2-4给出了A国的3条无差异曲线。曲线Ⅲ位置最高，它代表了最高的满足程度；曲线Ⅱ次之；曲线Ⅰ在3条无差异曲线中离原点最近，代表的满足程度最低。观察这组无差异曲线上的各点可知，A国在N点和A点得到了同等的满足，因为这两点都在同一条无差异曲线Ⅰ上。T点和H点代表更高的满足水平，因为这两点都落在更高的无差异曲线Ⅱ上。

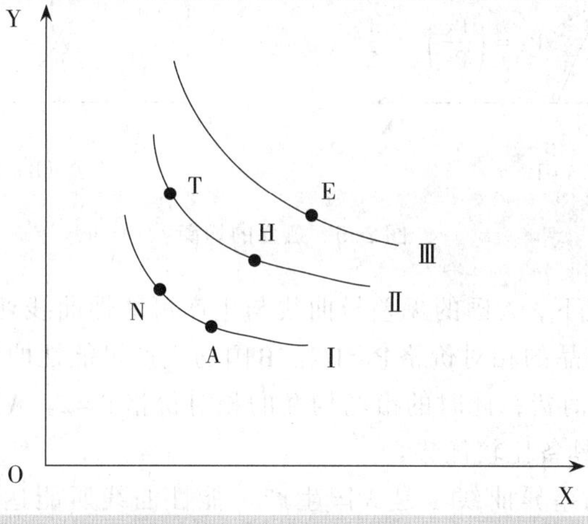

图2-4 社会无差异曲线

另外值得注意的是，图2-4中的社会无差异曲线向下倾斜且凸向原点，斜率为负。社会无差异曲线向下倾斜是因为如果这个国家要获得相同的满足水平（即保持在同一条无差异曲线上），那么在消费更多的X商品的同时，就必须减少Y商品的消费。所以，随着A国在无差异曲线上的消费点从N点向A点移动，它就不得不消费更少的Y商品。

一国为保持在原来的社会无差异曲线上，增加1单位X商品的消费而必须放弃的Y商品的数量就是X商品对Y商品的边际替代率（marginal rate of substitution，MRS）。随着消费组合中X商品数量的增加，X商品对Y商品的边际替代率不断递减。这是因为当一个国家消费的X商品越多，其所能消费的Y商品就越少，那么多消费1单位Y商品的效用就会越来越大，该国为了消费1单位的X商品愿意放弃的Y商品就会越来越少。X商品对Y商品的边际替代率等于社会无差异曲线上当前消费组合处的切线斜率的绝对值。因此，无差异曲线切线的斜率也是不断递减的，这意味着社会无差异曲线是凸向原点的。

3.一国孤立状态下的均衡

现在来讨论一国在孤立状态下（即在没有贸易的条件下），生产可能性曲线（代表了一国的供给）和社会无差异曲线（代表了一国的需求）的相互作用是怎样决定其国内均衡点或社会福利极大化点的。

在没有贸易的情况下，如果一国的生产点达到了在资源和生产力约束下所可能达到的最高水平的无差异曲线，该国就达到了均衡状态。此时，在均衡点社会无差异曲线与生产可能性曲线相切，两条曲线共有切线的斜率就是该国国内商品的均衡相对价格。A国和B国在贸易发生前的均衡状态如图2-5所示。

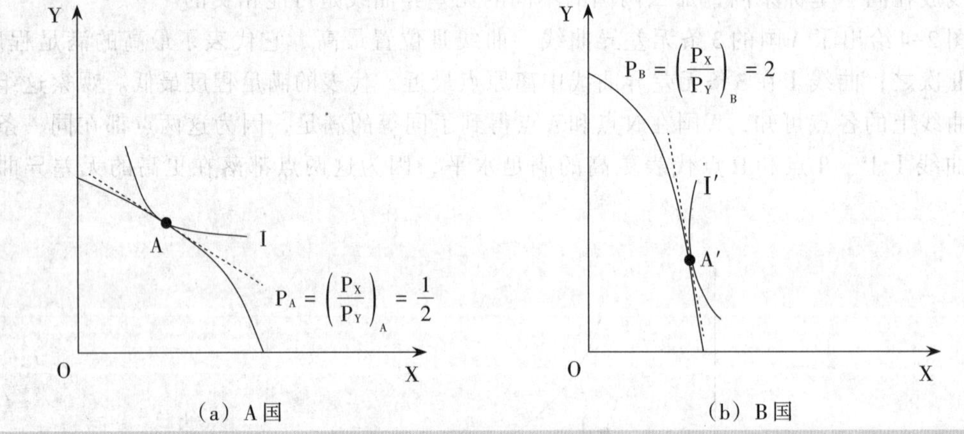

图2-5 孤立的均衡

在没有贸易的情况下，A国的无差异曲线与生产可能性曲线切于点A，A国在点A生产并消费，此时两种商品的相对价格$P_A=1/2$。B国的生产可能性曲线与无差异曲线切于点A′，B国在点A′生产和消费，此时的市场均衡的相对价格$P_B=2$。A国在X商品上具备比较优势；B国在Y商品上具备比较优势。

如图2-5所示，无差异曲线Ⅰ是A国生产可能性曲线所能达到的最高无差异曲线。因此，在没有贸易的情况下，当A国在切点A生产和消费时，该国就处于均衡状态，并实现了社会福利最大化。无差异曲线与生产可能性曲线共同切线斜率的绝对值就是A国的孤立均衡相对价格，即$P_A=(P_x/P_y)_A=1/2$。同样，B国在切点A′实现了均衡，这时$P_B=(P_x/P_y)_B=2$即为国内均衡相对价格。

因为社会无差异曲线凸向原点并且互不相交，因此在生产可能性曲线上只存在唯一这样的切点。更低的无差异曲线上的均衡点是可能的，但没有实现社会福利的最大化。此外，该国在现有资源和技术条件下，也不可能达到更高的无差异曲线。

4.成本递增条件下贸易的基础

通过分析一国孤立状态下的均衡，我们发现在A国X商品对Y商品的均衡相对价格是$P_A=(P_X/P_Y)_A=1/2$，在B国是$P_B=(P_X/P_Y)_B=2$。两国商品相对价格的差异反映了它们各自所具备的比较优势，形成了国际贸易的基础。与B国相比，A国的X商品更便宜，从而具有比较优势；与A国相比，B国的Y商品更便宜，从而B国在Y商品上具有比较优势。

在没有贸易的情况下，A国和B国国内X商品对Y商品的相对价格的差异构成了两国贸易的基础。在开放贸易后，各国将增加生产并出口本国具有比较优势的商品。如图2-6所示，A国将沿生产可能性曲线从点A向右移动，B国从点A′向左移动。贸易使得两国国内价格趋于一致。当最终价格确定在$P_{A'}=P_{B'}=1$时，A国在点B生产，B国在点B′生产，两国消费者分别在点E和点E′消费。这时，A国出口X商品的数量CB正好等于B国进口X商品的数量C′E′，A国进口Y商品的数量CE正好等于Y国出口Y商品的数量C′B′。

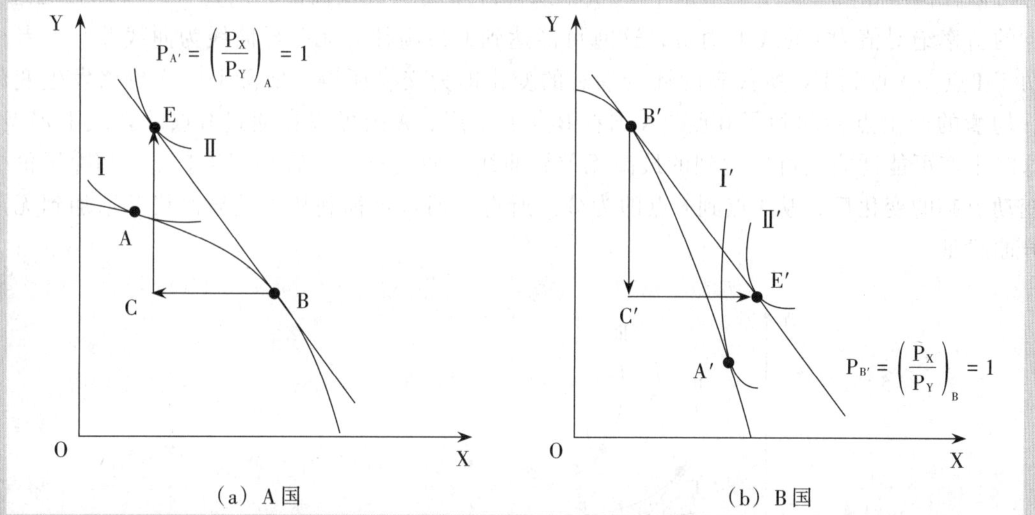

图2-6　成本递增条件下的贸易基础和贸易利益

在两国贸易后，A国将出口X商品，B国将出口Y商品。这种贸易行为将导致A国国内的X商品价格上升而Y商品价格下降，同时导致B国国内的Y商品价格上升而X商品价格下降。A国厂商将沿着生产可能性曲线增加X商品的生产，并减少Y商品的生产；B国厂商将增加Y商品的生产，并减少X商品的生产。

最终，A国将专业化生产X商品，B国将专业化生产Y商品，这种分工直到两国相对价格相等时才会停止。当最终的相对价格确定在$P_{A'}=P_{B'}=1$时，A国厂商在点B生产并达到均衡，此时A国生产了更多的X商品，而减少了Y商品的生产。B国的生产组合从原来的点A′转向点B′，该国在贸易后生产了更多具备比较优势的Y商品，而减少了不具备比较优势的X商品的生产。

在贸易前，如图2-6所示，A国在生产可能性曲线上的A点生产和消费，达到的社会福利水平为无差异曲线Ⅰ所代表的水平，国际贸易后A国在B点生产。因为存在贸易，A

国可以用在点B上所生产出来的商品组合以$P_{A'}=1$的价格与B国交换，因此它可以在通过点B的斜率为1的切线上消费。该切线可以达到更高的无差异曲线Ⅱ，这时它与无差异曲线的公切点为E，即消费者将在点E消费，此时消费效应高于贸易之前。

可见，贸易使得A国可以在生产可能性边界以外的区域消费，并获得更高的效用水平。从无差异曲线Ⅰ到无差异曲线Ⅱ所表示的福利增加，即A国所获得的贸易利益。同样，B国一开始在点A′上生产消费，在贸易后在点B′生产，并可以在点E′消费。从无差异曲线Ⅰ到无差异曲线Ⅱ的移动，表明贸易后B国消费者也获得了更高的满足程度。因此，贸易使两国的福利水平都获得了提高。

5.交易所得和分工所得

A、B两国所获利益实际上由两部分构成：交易所得和分工所得。交易所得指的是贸易后商品的相对价格发生变化所引起的消费量的增加。分工所得为专业化生产所引起的消费量的增加，它等于贸易的总利益减去交易所得。

我们以A国为例，如图2-7所示，当价格发生变化后，假定A国仍然在A点生产。因为可以在国际市场上以$P_{A'}=P_{B'}=1$的价格从国际市场上交换商品，所以A国可以在通过A点的斜率绝对值为1的线上消费，这时可能达到的最高社会无差异曲线为曲线Ⅱ，二者相切于T点。A点到T点所代表的社会福利的变化即为交易所得。实际上，当价格发生变化后均衡的产出点移动到了B点。A国在B点上生产，A国可以在通过B点的切线上消费，这时生产可能性曲线可以达到的最高无差异曲线为曲线Ⅲ，二者相切于E点。扣除了价格变动引起的变化后，从T点到E点即为分工所得，消费者福利从无差异曲线Ⅱ增加到无差异曲线Ⅲ。

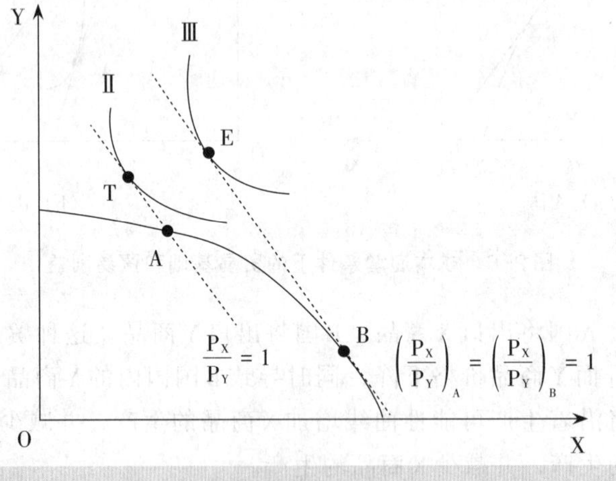

图2-7　交易所得与分工所得

专栏2-2

2.4 古典贸易模型的扩展与检验*

2.4.1 李嘉图模型的拓展——多产品模型

在前面分析比较优势时，我们的模型只针对两种产品，在这里，我们分析两个国家、多种产品的情况。

1.建立模型

先假定世界上只有两个国家——本国和外国。与前面模型不同的是，假设每一个国家都能生产和消费N种不同产品，我们对每种产品从1到N进行编号。

设本国某种产品的单位产品劳动投入为a_{L_i}，其中i是这种产品的编号，用$a_{L_i}^*$表示相应的外国产品的单位产品劳动投入。

我们将每一种产品的本国和外国的单位产品劳动投入之比计算出来，并按比值重新编号。比值越低，产品编号就越小，我们将产品按下面的不等式进行编排：

$$a_{L_1}/a_{L_1}^* < a_{L_2}/a_{L_2}^* < a_{L_3}/a_{L_3}^* < \cdots < a_{L_N}/a_{L_N}^*$$

2.相对工资和专业分工

设本国的工资率为w，外国的工资率为w^*，两国的工资率之比为w/w^*。根据比较优势理论，产品总是在生产成本最低的地方进行生产。根据我们的假设，我们知道产品i在本国的生产成本为$w \cdot a_{L_i}$，在外国的生产成本为$w^* \cdot a_{L_i}^*$，如果：

$$w \cdot a_{L_i} < w^* \cdot a_{L_i}^*$$

或者 $a_{L_i}^*/a_{L_i} > w/w^*$

那么在本国生产产品i的成本较低；反之，在外国生产产品i的成本较低。

从以上分析可以知道：任何符合$a_{L_i}^*/a_{L_i} > w/w^*$条件的产品将在本国生产；任何符合$a_{L_i}^*/a_{L_i} < w/w^*$条件的产品将在外国生产。

我们已经将产品根据$a_{L_i}^*/a_{L_i}$的大小进行编号，根据两国的工资率将编号排序的产品从中分开，则左边的所有产品由本国生产，右边的所有产品由外国生产（如果第m种产品的$a_{L_m}^*/a_{L_m} = w/w^*$，那么两个国家都可以生产第m种产品）。

为了让分析更加具体，我们给出具体的5种产品及其单位劳动投入来进行具体分析（见表2-4）。

假设$w/w^* = 5$，那么，本国会生产苹果和香蕉，外国会生产梨、红枣和西瓜。假设$w/w^* = 3$，那么，本国会生产苹果、香蕉和梨，外国会生产红枣和西瓜。

我们分析了两个国家多种产品的分工，紧接着我们就来分析一下双边的贸易利益。假设$w/w^* = 3$，那么本国会进口红枣和西瓜，外国会进口苹果、香蕉和梨。生产1单位红枣需要12单位的外国劳动，$w/w^* = 3$，换算成本国劳动成本，则相当于4单位本国劳动，4单位的本国劳动成本低于本国直接生产1单位红枣需要投入的6单位本国劳动。生产1单位苹果需要1单位的本国劳动，按照工资率之比换算，相当于需要投入3单位的外国劳动，3单位的外国劳动成本低于外国直接生产1单位苹果需要投入的10单位的外国劳动。

表2-4 **本国和外国的单位产品劳动投入**

产品	本国的单位产品劳动投入 (a_{L_i})	外国的单位产品劳动投入 ($a^*_{L_i}$)	本国的劳动生产率的相对优势 ($a^*_{L_i}/a_{L_i}$)
苹果	1	10	10
香蕉	5	40	8
梨	3	12	4
红枣	6	12	2
西瓜	12	9	0.75

2.4.2 比较优势理论的经验检验

对李嘉图模型的经验检验，最具有代表性的是麦克杜格尔（G. D. A. MacDougall）所做的检验。①1951—1952年，麦克杜格尔使用1937年英、美两国25个产业的生产率和出口数据，对李嘉图的贸易模型进行了第一次经验检验。

根据麦克杜格尔的估计，在1937年，美国的平均工资水平是英国的2倍，如果生产效率在美国的一些产业中能达到英国的2倍以上，则美国这些产业的生产成本将低于英国。美国的这些产业相对英国将有比较优势，在第三市场（即世界其他地方），美国将以比英国更低廉的价格出售这些产业的产品。在一些英国产业的生产率达到并超过美国产业的生产率的1/2时，英国将具有比较优势，这些产业的产品的销售价格也将低于美国。

麦克杜格尔在检验中排除了美、英两国的贸易，因为两国不同产业间的关税差别很大，抵消了两国的生产率差别。同时，两国在第三市场中一般会面对同一关税，因此，将美、英两国间的贸易排除在外并不会使检验产生偏差，因为两国相互间的出口额还不到其出口总额的5%。

麦克杜格尔共计算了25个产业的两国劳动生产率的比值和出口比值，其中部分结果如表2-5所示（表中仅列出19个产业的结果）。

麦克杜格尔的检验结果显示，在25个产业中，有20个产业服从假设检验，即美国生产率比英国高的产业有着更高的出口比率，其研究结果是支持比较优势理论的。

此后，贝拉·巴拉萨（Bela Balassa）用1950年的数据、罗伯特·斯特恩（Robert Stern）用1950年和1959年的数据也证实了这种劳动生产率和出口间的正相关关系，但这一关系到1959年有所减弱。

以上检验结果为古典贸易理论提供了有力的证据，但还不能说明古典贸易理论具有广泛的适用性。

① [1] MACDOUGALL. British and American exports: A study suggested by the theory of comparative costs (Part Ⅰ) [J]. The Economic Journal, 1951, 61 (244): 697-724. [2] MACDOUGALL. British and American exports: A study suggested by the theory of comparative costs (Part Ⅱ) [J]. The Economic Journal, 1952, 62 (247): 487-521.

表2-5　　麦克杜格尔对李嘉图模型的检验结果

产　业	美国劳动生产率/英国劳动生产率	美国出口/英国出口
	>2	
收音机		8
生铁		5
容器		4
罐头		3.5
机械		15
纸		1.5
	1.4~2	
烟卷		0.5
油毡		0.33
针织品		0.33
皮鞋		0.33
可乐		0.2
化纤		0.2
棉制品		0.11
人造丝		0.09
啤酒		0.06
	<1.4	
水泥		0.09
男用毛制品		0.04
人造奶油		0.03
毛衣		0.004

资料来源　李坤望. 国际经济学［M］. 2版. 北京：高等教育出版社，2005：51.

第2章思政窗

本章小结

古典贸易理论起源于亚当・斯密，后经李嘉图发展和补充，日趋完善。亚当・斯密从各国生产成本的绝对差异角度解释了国际贸易的基础，李嘉图则更进一步从一般意义上论证了各国依据劳动成本的相对差异（比较优势）进行国际分工和国际贸易，可以改善各自的福利。古典贸易理论从本质上讲是从生产技术差异的角度来解释国际贸易的起因与影响的，只不过在古典生产函数中劳动是唯一的生产要素，因此，生产技术差异就具体化为劳动生产率的差异。在这种情况下，劳动生产率差异就是国际贸易的一个重要起因。

关键术语

重商主义　绝对优势　绝对优势理论　比较优势理论　生产可能性曲线　社会无差异曲线　交易所得　分工所得　机会成本　商品的均衡相对价格

基本训练

一、简答题

1. 重商主义产生的背景是什么？
2. 绝对优势理论有哪些局限性？
3. 简述比较优势理论。
4. 比较优势理论的假设条件是什么？
5. 比较优势理论有没有例外？普遍性如何？

二、案例分析题

材料一　　　　　　泰格·伍兹应该自己修剪草坪吗？

泰格·伍兹把大量时间用于在草地上走来走去。他是当代最具天赋的高尔夫球手之一，他可以在大多数非职业高尔夫球手只能做梦的路上击球并打入洞内。假设伍兹能迅速地修剪草坪，那么他应该这样做吗？

为了回答这个问题，我们可以用机会成本和比较成本的概念。比如说伍兹能用2个小时修剪完草坪。在这同样的2小时中，他能拍一部电视商业广告，赚到10万美元。与他相比，住在他隔壁的佛瑞斯特·古姆普能用4个小时修剪完伍兹家的草坪。在这同样的4个小时中，他可以在麦当劳店工作并赚20美元。

在这个例子中，伍兹修剪草坪的机会成本是10万美元，而古姆普的机会成本是20美元。伍兹在修剪草坪上有绝对优势，因为他可以用更少的时间干完这件活；但古姆普在修剪草坪上有比较优势，因为他的机会成本低。

也就是说，贸易的好处是巨大的。伍兹不应该修剪草坪，而应该去拍商业广告片；他应该雇用古姆普修剪草坪。只要他支付给古姆普的钱多于20美元而少于10万美元，双方的状况都会更好。

材料二　　　　　　美国应该与其他国家进行贸易吗？

个人可以从专业化和相互贸易中获益，不同国家的人也可以这样。美国人喜欢的许多物品是外国生产的，而美国生产的许多物品也在国外销售。

为了说明各国如何能从贸易中获益，假设有两个国家——美国和日本，生产两种物品——食物和汽车。假设两国汽车同样好：美国工人和日本工人每人每月能生产一辆汽车。与此相比，由于美国的土地更多、更好，它生产食物更有利：美国每个工人每月能生产2吨食物，而日本每个工人每月只能生产1吨食物。

比较优势理论说明，每种物品应该由生产这种物品机会成本较少的国家生产。由于美国一辆汽车的机会成本是2吨食物，但日本只是1吨食物，所以，日本在生产汽车上有比较优势。日本应该生产多于自己使用需要的汽车，并把一些汽车出口到美国。同样，由于日本1吨食物的机会成本是一辆汽车，而美国只是0.5辆汽车，所以美国在生产食物上有比较优势。美国应该生产多于自己消费需要的食物，并把一些食物出口到日本。通过专业化和贸易，两国都可以有更多食物和更多汽车。

当然，在现实中各国之间贸易所涉及的问题比我们这个例子所说明的要复杂得多。在这些问题中最重要的是每个国家都有许多具有不同利益的公民。即使国际贸易可以使国家作为一个整体状况变好，但也会使一些人的状况变坏。当美国出口食物而进口汽车时，对美国农民和对美国汽车工人的影响是不同的。但是，与政治家和政治评论家有时所说的观点相反，国际贸易并不像一场战争，在战争中有些国家是胜利者，其他国家是失败者，而贸易使所有国家都可以实现更大的繁荣。

资料来源　曼昆. 经济学基础［M］. 梁小民，梁砾，译. 5版. 北京：北京大学出版社，2010.

问题：结合上述材料，试分析假设世界上打字最快的打字员恰好是脑外科医生，他应该自己打字还是雇一个秘书？

第3章

新古典贸易理论

学习目标

学习目标

学完本章，你应该能够：

◎了解要素禀赋、要素密集度和要素丰裕度的含义；

◎掌握要素禀赋理论；

◎掌握要素价格均等化定理；

◎了解要素禀赋理论扩展的内容；

◎解释里昂惕夫之谜。

引例

英国《谷物法》的出台与废除

1809年英国农业再度歉收，国内市场严重萎缩。1812年美国正式向英国宣战，并对英国实行禁运。此外，在1789年法国资产阶级革命初期和1815年拿破仑滑铁卢战役的失败之前，英国几乎一直与法国处于战争状态。法国私掠船（战时获外国政府批准的海盗船）公然袭击英国货船，法国也企图封锁英国的货物供应。战争影响了英国的经济与贸易。由于英国出口制成品、进口农产品，经济封锁导致英国粮食的相对价格提高，制成品价格下跌。因此，英国的土地所有者在战争中获取了大量利润，而制成品厂商的利益受损。但是英国的农业进口不仅面临着被封锁的危险，法国大量囤积的粮食以低价倾销进英国市场而导致英国农业市场崩溃的可能性同样存在。在1814年法国向英国倾销粮食的举动也证实了这种可能性，英国粮食价格大幅下跌。为了避免自身利益受损，颇具政治影响力的英国土地所有者设法让政府制定了向进口谷物征收费用的法律，即《谷物法》(Corn Laws)，以限制谷物的进口。而李嘉图的理论正是反对《谷物法》的。

李嘉图认为，废除《谷物法》会使资本所有者获益，而土地所有者受损。从他的角度来看，这件事是好事。作为伦敦的商人，他更偏向辛勤工作的资本家，而不是闲散的地主贵族。但是他选择一个回避内部收入分配的模型来表明自己的观点。

这是为什么？答案无疑带有一定的政治色彩。实际上，李嘉图代表了某一利益集团的利益，但他强调的必须是整个国家的收益，而不能只强调本利益集团的收益，这是一个聪明的现代策略，它是将经济理论作为一种政治工具来使用的先驱。

《谷物法》的颁布使得英国暂时缓解了粮食危机，但是19世纪30年代末的工业萧条，又一次导致粮食价格的波动和新一轮的粮食危机，加之反谷物法联盟的诱导，人们将矛盾的焦点集中于《谷物法》。人们认为粮食危机和工业萧条是这项法令造成的，于是在1846年《谷物法》遭到废除。大部分学者认为其废除是多方面原因引起的，更多的是政治方面的因素，而非经济方面的。但是不容忽视的是，《谷物法》被废除之后，英国确实成功地度过了粮食危机，工业也得到了复苏。这一事实被主导废除《谷物法》的人们认为是支持他们观点的有力证据之一，但是没有直接的证据表明《谷物法》的实施与英国的工业萧条有必然的联系；相应地，《谷物法》的废除对英国的工农业复苏起到了多大的影响，也有待考证。但是《谷物法》的废除被认为是英国历史上具有划时代意义的事件，标志着资产阶级对土地贵族的胜利，从而使英国走上自由贸易的道路。

资料来源　刘成. 英国废除《谷物法》刍议 [J]. 史学集刊，2013（1）：104-111.

现实世界中，古典贸易模型所假设的各国劳动生产率的不同并非产生比较优势的唯一原因，各国资源禀赋的不同也会产生比较优势。例如，中东向其他国家出口石油，并不是因为中东石油的劳动生产率高，而是因为中东的石油储量比其他国家丰富。因此，贸易理论不仅要看到劳动生产率的不同，还要考虑要素禀赋的因素。用各国之间资源禀赋差异来解释国际贸易产生原因的学说是由瑞典经济学家赫克歇尔和俄林提出的，因此通常称之为赫克歇尔-俄林理论（简称H-O理论）。这一理论强调了不同国家要素资源的丰裕程度与不同产品的生产中所投入的要素比例之间的相互作用，因此又被称作要素禀赋理论。

3.1　要素禀赋理论

为了阐明要素禀赋理论，我们首先需要了解一些基本概念，然后通过图形推导该理论，进而在此基础上分析国际贸易发生后对一国收入分配的影响。

3.1.1　要素禀赋理论的相关概念

1. 要素禀赋

要素禀赋是指一国所拥有的两种要素的相对比例。这是一个相对的概念，与一国所拥有的要素的绝对数量无关。例如，假定A国拥有的资本数量为$\bar{K}$，劳动数量为$\bar{L}$，那其相对要素禀赋为资本总量与劳动总量之比（$\bar{K}/\bar{L}$）。为了简便起见，后面都用“要素禀赋”替代“相对要素禀赋”。

在要素禀赋存在差异的情况下，如果一国的要素禀赋（$\bar{K}/\bar{L}$）大于他国，则称该国为资本丰富或劳动稀缺的国家，另一国为劳动丰富或资本稀缺的国家。如图3-1所示，E_A、E_B两点分别表示A国和B国拥有的资本和劳动总量的组合，E_A、E_B两点与原点的连线的斜率ρ_A、ρ_B分别表示A、B两国的要素禀赋。从图3-1中可以看出$\rho_A>\rho_B$，故A国是资本丰富的国家，B国是劳动丰富的国家。

假定要素只有资本和劳动，一国的要素禀赋通常用人均资本存量来估算，但是在具体测算时，会碰到很多困难。例如，各国大多没有资本存量的统计数据，需要进行复杂的计算，而且进行国际比较时还涉及汇率的问题等。

2. 要素密集度

要素密集度（factor intensity）是指生产某种产品所投入的两种要素的比例。这是一个相对的概念，与要素的绝对投入量无关。

影响要素投入比例的主要因素有两个，即生产技术条件和要素的相对价格。假定生产

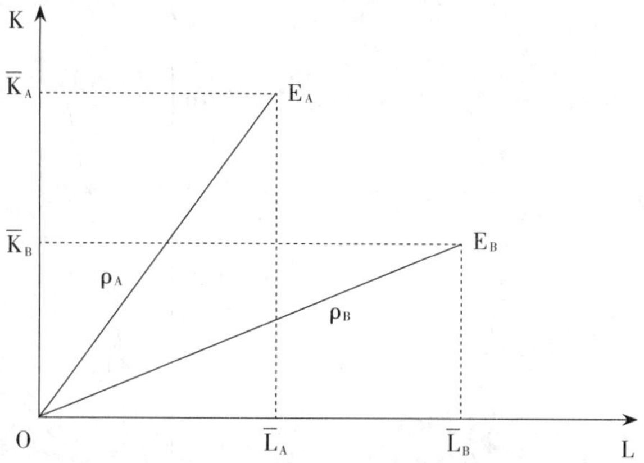

图3-1　A、B两国的要素禀赋差异

技术条件既定，影响要素投入比例的只剩下要素的价格。根据微观经济学理论，两种要素可以相互替代，假定资本的相对价格上升，则生产中会减少资本的使用量，增加劳动的使用量，故两种要素资本和劳动的投入比例会随之下降；同时，当劳动的相对价格上升时，各部门资本和劳动的投入比例会上升。

因此，假如两种商品（X和Y）和两种要素（资本K和劳动L），如果生产Y商品的资本/劳动比率大于生产X商品的资本/劳动比率，我们就说Y商品是资本密集型商品，X商品是劳动密集型商品。

假如生产1单位Y商品需要2单位资本和2单位劳动，则生产Y商品的K/L=2/2=1。如果生产1单位X商品需要1K和4L，则生产X商品的K/L=1/4，我们就说Y商品是资本密集型商品，X商品是劳动密集型商品。

衡量两种商品的资本密集度和劳动密集度，是看生产两种商品时K/L的大小，而不是看生产两种商品所消耗的劳动和资本的绝对数量。

我们通过图3-2来进一步进行说明。我们用纵轴表示资本K，横轴表示劳动L，生产沿着一条从原点出发的射线进行，该射线的斜率就是生产该种商品的资本/劳动比率（K/L）。

在图3-2中，国家1生产X商品的K/L为1/4，生产Y商品的K/L为1，那么在国家1，X商品是劳动密集型商品，Y商品是资本密集型商品。

国家2生产X商品的K/L为1，生产Y商品的K/L为4，那么在国家2，X商品是劳动密集型商品，Y商品是资本密集型商品。

尽管对国家1和国家2来说，X商品均为劳动密集型商品，Y商品均为资本密集型商品，但我们会发现，对生产X商品，国家1的K/L比国家2的低；对生产Y商品，国家1的K/L也比国家2的低。这说明，国家1不管是生产X商品还是Y商品，均使用了较多的劳动，而国家2使用了较多的资本。那么为什么国家1较多地使用劳动而国家2较多地使用资本呢？可能国家1的劳动相对便宜，国家2的资本相对便宜。为什么国家1的劳动相对便宜而国家2的资本相对便宜呢？这需要考虑两国的要素禀赋及要素的价格。

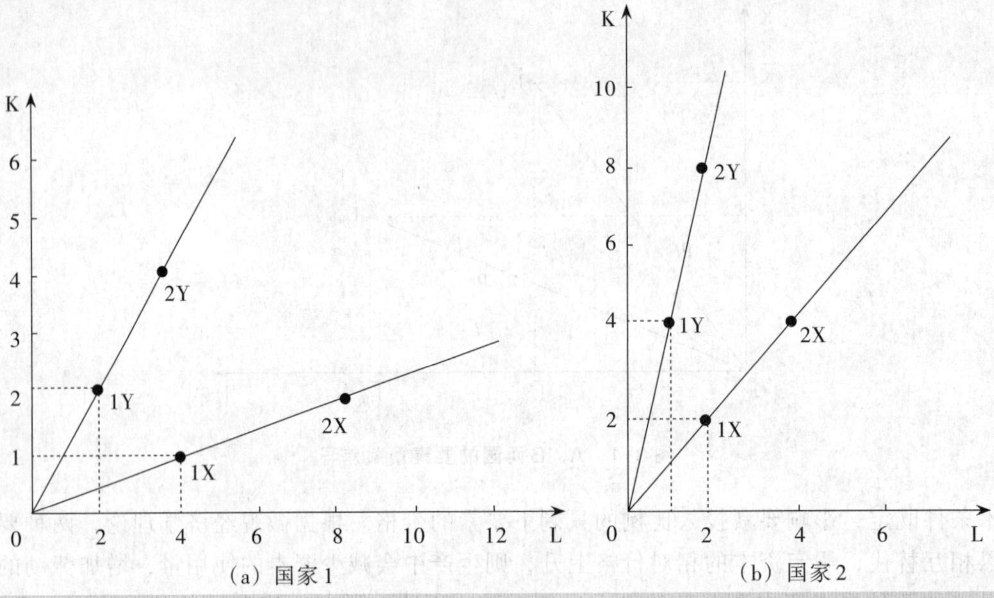

图3-2　国家1和国家2的X商品和Y商品的要素密集度

对一个国家来说，如果劳动相对于资本便宜，那么生产者为了减少成本，会用更多的劳动来代替资本，结果使得该国生产的两种商品更加劳动密集化。对另外一个国家，如果资本相对于劳动便宜，那么生产者为了减少成本，会用更多的资本来代替劳动，结果使得该国生产的两种商品更加资本密集化。

专栏3-1

3.要素丰裕度

对要素丰裕度（factor abundance）可以从两个角度来衡量：

（1）实物衡量法

这是指用各国所有可以利用的资本和劳动的总和来衡量。一个国家总的资本量用TK表示，总的劳动量用TL表示，如果国家2的TK/TL大于国家1的这一比率，那么就说国家1是劳动丰裕的，国家2是资本充裕的。

（2）相对要素价格（relative factor prices）衡量法

这是指用每个国家的资本租用价格和劳动时间价格来衡量。一国的资本租用价格用P_K表示，一国的劳动时间价格用P_L表示，如果国家2的P_K/P_L小于国家1的这一比率，那么我们就说国家1是劳动丰裕的，国家2是资本充裕的。一般来说，资本的租用价格就是利率（r），劳动时间价格就是工资率（w），则$P_K/P_L = r/w$。那么如果国家2的r/w小于国家1的这一比率，那么国家1是劳动丰裕的，国家2是资本充裕的。

如果采用实物衡量要素丰裕度，仅仅考虑了供给因素，而没有考虑需求因素；如果用相对要素价格来衡量要素丰裕度，则同时考虑了供需两方面的因素，一般情况下，这样更为科学。

商品和要素价格由供求双方共同决定，对一种要素的需求是派生需求（derived demand），即从最终产品的需求中派生出来。

我们假设两国的需求偏好相同，如果国家2的TK/TL大于国家1的这一比率，在相同的需求条件下（同样的生产技术），国家2的P_K/P_L也就较小。这样，在实物衡量和相对要素价格衡量上，国家1都是劳动丰裕的，国家2都是资本丰裕的。

我们假设两国的需求偏好不同，假如国家2对Y商品（资本密集型）的需求较大，并由此产生的对资本的派生需求远远大于国家1，从而使国家2的资本相对价格高于国家1（尽管国家2的资本供给大于国家1）。在这种情况下，采用实物衡量法，国家1是劳动丰裕的，国家2是资本丰裕的；采用相对要素价格衡量法，则国家1是资本丰裕的，而国家2是劳动丰裕的。

专栏3-2

3.1.2 要素禀赋理论的具体内容

1.模型的假设

如同任何理论一样，为了简化分析和方便掌握，要素禀赋理论做出了如下的一系列假设：

①贸易中只有两个国家（A国与B国）、两种产品（X与Y）和两种要素（资本K和劳动L）；

②两国在产品生产中都使用相同的技术，这样两国同一产品的生产函数相同；

③两国对同一产品的需求偏好相同，这样就可以用同一组无差异曲线来表示两国的消费偏好，排除了因需求偏好差异引致贸易的可能性；

④两国在生产中均为不完全分工，也就是说，两国在进行贸易以后，仍然会同时生产两种产品，只是此时国内两种产品的生产比例已经发生了变化；

⑤两国的市场都是完全竞争的，即指两国的要素市场和产品市场都具有完全竞争的市场结构；

⑥两国的资源都得到了充分的利用；

⑦两国间的贸易是平衡的，即每一国的进口总额都刚好等于其出口总额，不存在贸易逆差或顺差；

⑧要素在一国国内各部门间可以自由流动，但在国与国之间不能自由流动；

⑨没有运输成本、关税或任何其他影响国际贸易自由进行的障碍；

⑩两国两种产品的生产都是规模报酬不变的；

⑪不存在要素密集度逆转，即若产品X在A国是劳动密集型的，则在B国也是劳动密集型的，Y产品也同样。

在以上假设中，假设1和假设11都分别涉及两个重要的概念——要素丰裕度和要素密集度，这两个概念对理解要素禀赋理论是十分关键的。

2.模型的分析

（1）要素禀赋理论的一般均衡框架

在以上假设的基础上，要素禀赋理论是指一国应该出口该国相对丰裕和便宜的要素密集型的产品，进口该国相对稀缺和昂贵的要素密集型的产品。

要素禀赋理论强调国家间的要素禀赋条件是导致国与国之间产品相对价格差异原因之一，所描述的要素禀赋差异最终决定贸易模式的过程可以用图3-3进行说明。

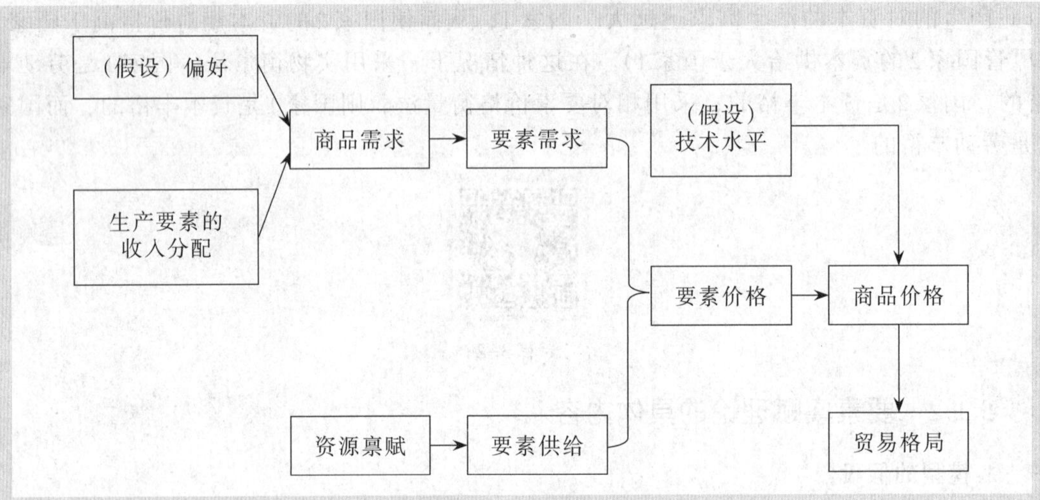

图3-3　要素禀赋差异决定贸易模式的过程图

从逻辑框架可以发现，作为一国比较优势体现的产品相对价格决定于要素价格和生产技术。若假定生产技术相同，则要素价格成为产品价格的决定因素。而要素价格决定于要素的市场需求和供给，其中，对要素的需求是对产品最终需求的派生需求，对产品的最终需求决定于社会对产品的需求偏好和要素的收入分配情况。若假定需求偏好相同，则要素的市场供给成为决定要素价格的因素，而要素供给体现了一国的资源禀赋状况。因此，要素禀赋理论就是分析不同国家的要素供给如何决定国家间的分工与贸易的。

实际上，上述分析过程也可以简化为：在给定相同的产品外部需求偏好和生产技术条件下，不同国家在资源相对丰裕度上的差异决定了产品的相对价格，从而决定国家间的分工与贸易模式，这就是要素禀赋理论的核心观点。

（2）要素禀赋理论的数理证明

为了简化分析，用一个具体的例子来证明该理论的正确性。假设A国和B国以相同的投入比例使用K和L两种要素生产X和Y两种产品。由于A、B两国的初始要素禀赋存在差异，这种差异将决定两国的分工。两国的具体要素投入比例和要素价格情况如表3-1所示。

因为到目前为止，我们已经学习了比较优势理论，所以首先利用比较优势理论来判断两国的分工与贸易格局。

表3-1　　A、B两国要素投入比例和要素价格情况　　金额单位：美元

项　目		要素投入比例		要素价格		单位产品成本
		K	L	K	L	
A国	X产品	1	3	5	1	8
	Y产品	7	1			36
B国	X产品	1	3	1	2	7
	Y产品	7	1			9

在A国生产产品X和Y的成本分别为：

$P_X = 1 \times 5 + 3 \times 1 = 8$（美元）

$P_Y = 7 \times 5 + 1 \times 1 = 36$（美元）

在A国生产X、Y两种产品的相对成本为：

$$\left(\frac{P_X}{P_Y}\right)_A = \frac{8}{36} = \frac{2}{9}$$

同样在B国生产两种产品的相对成本为：

$$\left(\frac{P_X}{P_Y}\right)_B = \frac{7}{9}$$

显然有：

$$\left(\frac{P_X}{P_Y}\right)_A < \left(\frac{P_X}{P_Y}\right)_B$$

根据比较优势理论，A国应该分工生产并向B国出口X产品，同时B国应该生产并出口Y产品。

那么根据要素禀赋理论所得出的结论是否与根据比较优势理论所得出的结论一致呢？下面进行判断。

在A、B两国两种要素的相对价格分别为：

$$\left(\frac{r}{w}\right)_A = 5$$

$$\left(\frac{r}{w}\right)_B = \frac{1}{5}$$

显然有：

$$\left(\frac{r}{w}\right)_A > \left(\frac{r}{w}\right)_B$$

根据国家要素丰裕度的判断可知，A国是劳动力丰裕型国家，B国是资本丰裕型国家。

对生产X产品来说，其要素投入比例为：

$$\left(\frac{K}{L}\right)_X = \frac{1}{3}$$

生产Y产品的资本与劳动投入比例为：

$$\left(\frac{K}{L}\right)_Y = 7$$

显然有：

$$\left(\frac{K}{L}\right)_X < \left(\frac{K}{L}\right)_Y$$

根据产品要素密集度的判断可知，X产品是劳动密集型产品，Y产品是资本密集型产品。按照要素禀赋理论得出，劳动丰裕的A国应该分工生产并向B国出口X产品，同时B国应该分工生产并出口Y产品。这一结论与利用比较优势理论得出的结果一致。

（3）要素禀赋理论的解释证明

要素禀赋理论也可以比较方便地用图形来解析说明，在前面的一系列假设条件下，资本丰裕型国家的生产可能性曲线会相对偏向代表资本密集型产品的坐标轴，而劳动丰裕型国家的生产可能性曲线相对偏向代表劳动密集型产品的坐标轴。现在可以将这两条形状各异的生产可能性曲线与两个国家相同的需求偏好（可以用相同的一组无差异曲线来表示）结合起来。生产可能性曲线代表了两个国家的产品供给条件，无差异曲线代表了两国对产品的消费需求，二者相结合就可以得到两组在没有任何国际贸易发生的情况下的各国国内相对价格。

如图3-4所示，A国的生产可能性曲线和消费无差异曲线相切于A点，A点就是A国产品的生产点和消费点，经过该点的切线斜率的绝对值可以看作A国X产品对Y产品的相对价格$(P_X/P_Y)_A$。同样，B国的生产可能性曲线和无差异曲线相切于B点，B国在B点处组织生产，经过该点切线斜率的绝对值就等于B国X产品对Y产品的相对价格$(P_X/P_Y)_B$。可以看出，A国的切线斜率绝对值小于B国的切线斜率绝对值，其国内劳动密集型X产品的相对价格$(P_X/P_Y)_A$小于B国国内的相对价格$(P_X/P_Y)_B$，这就产生了进行国际贸易的基础。由于$(P_X/P_Y)_A < (P_X/P_Y)_B$，即$(P_Y/P_X)_B < (P_Y/P_X)_A$，所以A国在X产品上具有比较优势，而B国在Y产品上具有比较优势。根据比较优势理论，A国可以分工生产X产品，B国可以分工生产Y产品，然后A国用一部分X产品和B国的Y产品进行交换。由于发生贸易后，A国Y产品的供给将增加，于是在A国Y产品的相对价格下降，B国X产品的相对价格将下降，两国产品的国内价格将在交换的过程中逐渐趋近。这种有利于双方的贸易将一直进行至两国产品的相对价格等时为止。由于假设世界上只有两个国家，所以此时的交换价格就是国际价格。

图3-5就说明了A、B两国进行国际贸易后的状况。由于我们假设发生贸易时两国的贸易是平衡的，且两国在生产中均为不完全分工，所以此时A国在生产相对较多X产品用于国内消费和出口的同时也生产一部分Y产品，B国也同时生产两种产品。在图3-5中就表现为A国从A点出发达到A′点为止，B国从B点出发达到B′点为止，此时两国的生产可能性曲线和同一条相对价格线相切。A国出口A′C的X产品与B国交换B′C′的Y产品。图中A′C代表A国对X产品的出口，C′E代表B国对X产品的进口；A′C=C′E；B′C′代表B国对Y产品的出口，CE代表A国对Y产品的进口，B′C′=CE。两国的最终消费组合为与相对价格线相切的那条无差异曲线上的切点，即无差异曲线Ⅱ上的点E。由于无差异曲线Ⅱ的位置比无差异曲线Ⅰ的位置更高，所以国际分工和贸易使A国和B国的消费相对贸易前都得到了改善。

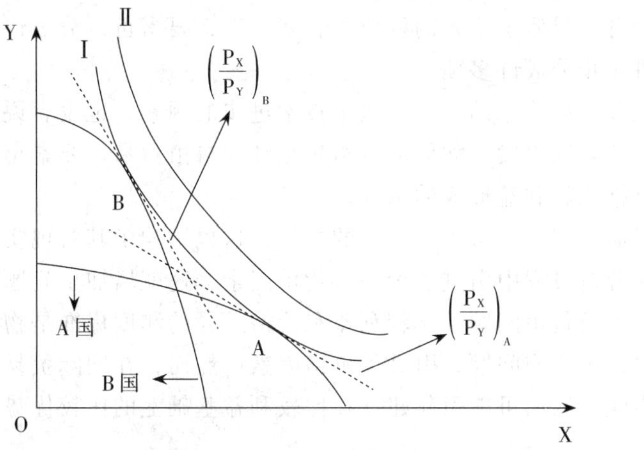

图3-4 A、B两国国内相对价格的差异提供了国际贸易的基础

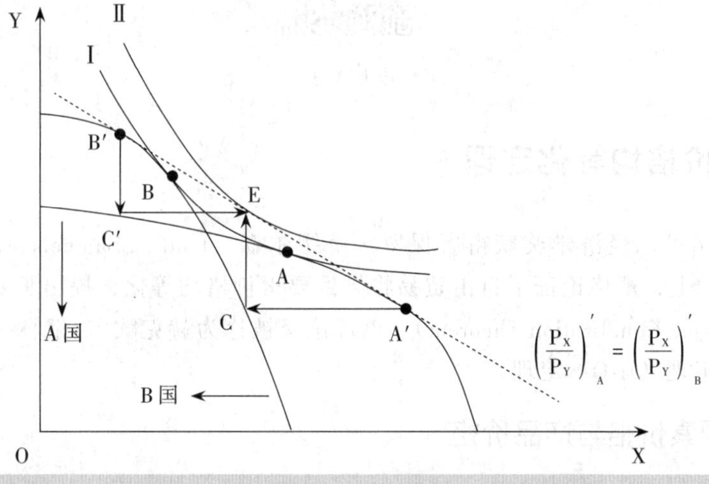

图3-5 分工与贸易使两国达到更高的消费水平

3.1.3 对要素禀赋理论的评价

要素禀赋理论建立在比较优势基础之上，要素流动假设也基本与比较优势理论相一致。要素禀赋理论从两个方面发展了比较优势理论。

首先，要素禀赋理论是以两种要素的投入为分析前提的。因此其理论是建立在多种而不是一种要素投入的基础上的。这一点与现实更加接近。因为在现实中，生产某种产品时，一般都是两种以上要素的组合。

其次，李嘉图的比较优势理论是建立在各国劳动生产率差异基础上的；要素禀赋理论假设各国生产同一产品的技术水平是相同的，各国间生产同一产品的成本差异是由各国不同的要素禀赋从而是生产成本的差别造成的。[①]

① 孙定东，杨逢珉，张永安. 国际经济学［M］. 上海：上海人民出版社，2010：22-23.

要素禀赋理论也有一些不完善的地方：

①该理论的分析只假定投入两种要素，实际上，要素可以分成许多种类，即使是某一类要素也可以进一步分成许多项。

②该理论比较强调静态结果，排除了技术进步的因素，也没有说明一国在特定的要素禀赋下，从动态的角度出发，如何从自给自足转向自由贸易。要素禀赋理论实际上是从现有的贸易结构反推比较利益形成的基础。

③该理论对需求因素并未予以充分的重视，这也影响了其对现实问题的分析。

④该理论在分析过程中引进了价格或货币因素，这就增加了问题的复杂性。在我们前面的分析中没有涉及货币问题，比较利益和价格差异的测度标准是物质产品间的比价；在要素禀赋理论中，为说明问题，引进了价格因素。然而，在国际贸易中，产品价格的形成受多种因素的影响，因而可能引起建立在比较利益基础上的比较优势和价格竞争优势之间的差异或脱节。

专栏3-3

3.2 要素价格均等化定理

1976年，诺贝尔经济学奖获得者保罗·萨缪尔森（Paul A. Samuelson）在赫克歇尔-俄林理论的基础上，严格论证了自由贸易将导致要素价格均等化，提出了要素价格均等化定理（Factor-Price Equalization Theorem）。该理论又被称为赫克歇尔-俄林-萨缪尔森定理，简称赫-俄-萨定理（H-O-S定理）。

3.2.1 要素价格与产品价格

在完全竞争假设条件下，要素在每一部门的报酬等于其边际产品价值，即等于其边际产出与产品价格的乘积；在生产均衡时，要素在所有部门的报酬是相同的。设产品X是劳动密集型产品，产品Y是资本密集型产品，则在均衡状态下劳动和资本的价格分别为：

$$w_X = P_X \cdot MP_{LX} = P_Y \cdot MP_{LY} = w_Y \tag{3-1}$$

$$r_X = P_X \cdot MP_{KX} = P_Y \cdot MP_{KY} = r_Y \tag{3-2}$$

如果产品X的相对价格上升，则产品X生产部门资本和劳动的报酬与Y部门不再保持一致，于是长期内要素将从资本密集型行业Y向劳动密集型行业X流动。作为劳动密集型产品X需要的劳动要素较多、资本要素较少，但是从资本密集型行业释放出来的要素中资本要素较多、劳动要素较少，与生产X产品所需求的要素比例不匹配，于是要素市场上就出现了劳动的超额需求与资本的超额供给状况，所以劳动价格将会上升，而资本价格将会下跌。由于劳动变得比较昂贵，资本变得相对便宜，于是各行业在生产中所使用的资本、劳动投入比例也将发生变化，将会用相对便宜的资本要素替代一部分变得相对昂贵的劳动要素。

从上述分析中可以看出，产品X相对价格的上升会导致它所密集使用的资本要素的名义价格下降。但是劳动的名义价格的上升，同时引发另外一种要素价格不能说明实际价格的变化，只有将要素名义价格的变化与产品价格加以对比之后才能说明要素实际价格的变化，从式（3-1）、式（3-2）可以得出实际价格表达式：

$$\frac{w}{P_X} = MP_{LX} \qquad \frac{w}{P_Y} = MP_{LY} \tag{3-3}$$

$$\frac{r}{P_X} = MP_{KX} \qquad \frac{r}{P_Y} = MP_{KY} \tag{3-4}$$

产品X相对价格上升使两个行业投入的资本对劳动比率上升。根据边际收益递减规律，当资本对劳动比率上升时，由于劳动相对于资本的投入减少，劳动的边际生产力MP_L提高，同理，资本的边际生产力MP_K降低，即产品X的相对价格上升后，劳动的实际价格或报酬上升，资本的实际价格或报酬下降。于是可以得出斯托尔珀-萨缪尔森定理（Stolper-Samuelson Theorem）：某个产品相对价格上升将导致生产这一产品密集使用要素的实际价格或报酬增加，而另一种要素的实际价格或报酬下降。

斯托尔珀-萨缪尔森定理中某产品相对价格上升的原因可以是多方面的，但是从H-O理论视角来看，则可以引出另一个重要结论：国际分工与贸易会使一国产品相对价格上升，从而会提高该国丰裕要素的实际收入，降低稀缺要素的实际收入。

本书3.3.1部分将继续介绍斯托尔珀-萨缪尔森定理。

3.2.2 国际贸易与要素价格均等化

由上述分析可以看出，A国与B国进行贸易后，A国产品X的相对价格上升，生产X产品所密集使用的劳动要素的价格也上升，而资本的价格下降；同理，在B国，贸易后X产品的相对价格趋于下降，于是与A国相反，B国的资本价格上升，劳动价格下降。随着贸易的进行，两国间要素的价格差异会不断缩小，最终达到均等。这就是萨缪尔森在赫克歇尔-俄林理论基础上得出的重要结论——要素价格均等化定理。[①]

要素价格均等化定理：国际分工与贸易会导致贸易各国同质要素获得相同的相对与绝对收入。

理解该定理时我们必须注意该定理是在H-O定理的基础上提出的，所以要素价格均等化定理也必须遵守H-O定理所有的假设条件。

要素价格均等化定理表明，在自由贸易条件下，参与贸易的两国不仅产品的相对价格相等，而且同质要素的相对价格和绝对价格都会相等。也就是说，两国工人会获得同样的工资，资本（或土地）获得同样的利润（或地租），其间接推论是产品的国际流动可以替代要素的国际流动。

如图3-6所示，以A、B两国为例，在贸易之前，A国X产品的相对价格低于B国，B国Y产品的相对价格低于A国，构成了两国间贸易的基础。当两国开展贸易后，A国分工生产X产品，并减少Y产品的产量，因此对生产X产品时密集使用的劳动要素的相对需求会上升，从而工资有所提高，对资本的相对需求下降，从而利率降低。B国所发生的一切恰好与A国相反，B国分工生产Y产品，减少X产品的生产量，以至于生产Y产品密集使

① SAMUELSON. International factor-price equalization once again［J］. The Economic Journal，1949，59（234）：181-197.

用的资本要素相对需求上升，使利率提高，对劳动要素相对需求的减少导致工资下降。因此，国际贸易提高了原本价格较低的要素的价格，降低了两国国内原本价格较高的要素的价格，缩小了同质要素的价格差异，为要素价格的均等化提供了空间。

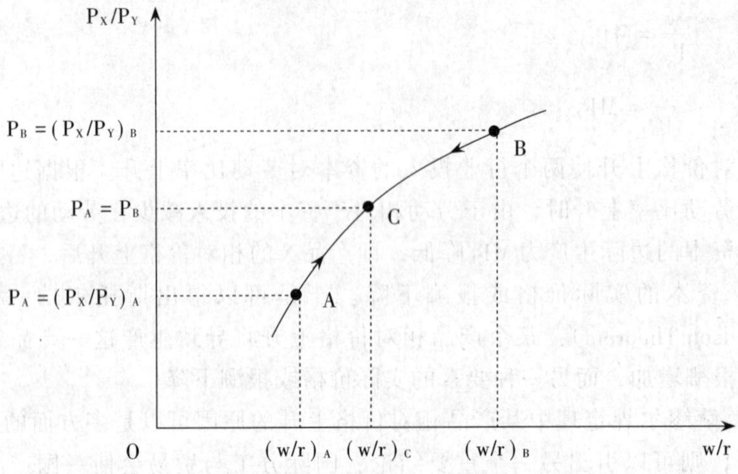

图3-6　国际分工与贸易使两国要素价格均等化

贸易发生后，产品相对价格趋近，并最终在C点相等，此时相对要素价格也相等。这个过程可以简单地用图3-7表示。

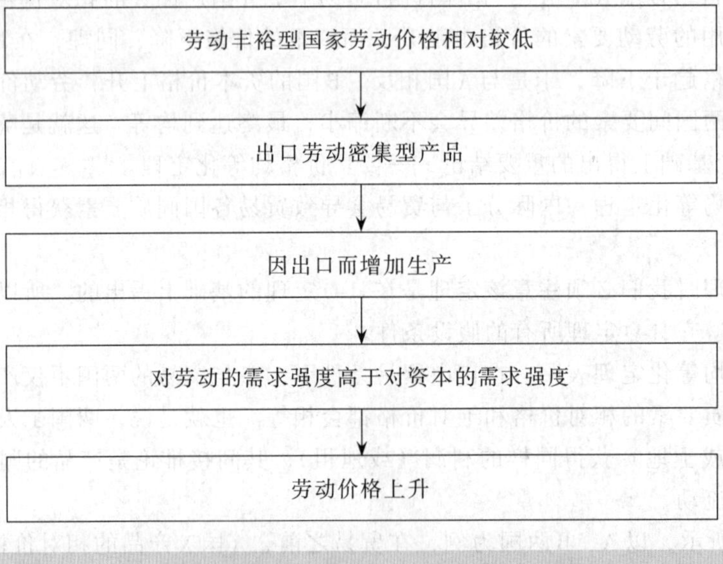

图3-7　劳动丰裕型国家的产品出口导致其劳动价格上升演进图

在各国增加出口产品产量的同时，出口产品的相对价格也在发生变化，如图3-6所示：横轴表示劳动与资本的价格比w/r，纵轴是X、Y两种产品的价格比P_X/P_Y。A国劳动丰裕，劳动的价格——工资率w比较低，因此w/r也比较低。其分工生产X产品的价格主要由生产X密集使用的劳动要素的价格决定，因此当劳动价格上升时，X产品的相对价格也会上升，也就是说w/r与P_X/P_Y呈现出如图3-7所示的正比关系。在图中，A国的w/r与P_X/P_Y位于曲线较低的A点，B国的w/r与P_X/P_Y位于曲线上较高的B点。贸易发生后，$(P_X/P_Y)_A$上升，$(P_X/P_Y)_B$下降，两国产品的相对价格最终在C点相等，此时要素相对价格也相等。

要素价格绝对均等意味着贸易会使两国同质的劳动实际工资率相等，两国同质的资本实际利率相等。

3.2.3 对要素价格均等化定理的评价

如果要素价格均等化定理真的能实现，则各国要素就没有必要进行国际流动，只要通过自由贸易，各国的劳动、资本和土地就都可以获得完全相等的报酬，这样一来国际贫富差距，比如美国、日本、印度、越南等国间的劳动者收入水平的差距将会消失，这无疑对世界经济发展有着重要的意义。但国际经济发展的现实并非如此，这是为什么呢？

要素价格均等化定理是H-O理论的一个重要推论，这一推论成立的前提也受到H-O理论各个假定的制约，其中比较重要的3个假设有：

一是各国拥有完全竞争的市场结构，并且国家间也是完全竞争的；

二是国家之间没有任何贸易壁垒；

三是国家间具有相同的生产技术。

上述3个假设在现实经济生活中很难满足。

首先，大量垄断和寡头出口企业的存在打破了国家间完全竞争的假设。

其次，受自然和技术条件的约束，运输成本对贸易有阻碍作用。各个国家参加国际贸易的产品并不是该国全部产品，而是部分产业的部分产品，并没有实现完全分工。

再次，国际的贸易保护主义严重破坏了“自由贸易”的假定。关税、配额、补贴、倾销等关税和非关税贸易壁垒都对产品的成本造成影响，从而导致最终贸易的价格也不会相等。

最后，现实中各国家在技术上的差异根本无法满足“生产技术相同”的假定。研发（R&D）与一国国力有很大的关系，国力较强的政府重视研发并进行大量投资，促进技术进步与创新，国力较弱的国家则没有这样条件，再加上一些国家的技术垄断，国家间技术相同的可能性几乎不存在。

根据要素价格均等化定理，随着贸易的发展，资本丰裕的国家由于进口劳动密集型产品，会减少对劳动的需求，从而降低了工资率。但是现实中，资本丰裕国家由于经济和贸易的发展，人们的收入水平提高，对服务业的消费越来越多。而服务业的劳动生产率提高相对缓慢，因此吸收劳动力较多，于是在这些资本丰裕的国家里，工资率又有上升的趋势。劳动力价格下降与上升趋势同时存在，是对要素价格均等化定理的挑战。

虽然要素价格均等化定理在现实世界中很难实现，但这毫不影响这一定理的正确性，如同俄林所坚持认为的：要素价格均等化是一种趋势。各种阻碍世界要素价格均等化的因素的存在，刺激了要素的国际流动，为研究国际要素流动留下了空间。

专栏3-4

3.2.4 要素价格绝对相等的证明

要素价格绝对相等意味着贸易使得两国劳动的实际工资率相等，资本的实际利率也相等。要证明此结论需要用到欧拉定理和克拉克法则。

欧拉定理指的是规模报酬不变并且一切产品刚好被完全消费的条件下，某种产品的产量等于投入的各要素的数量与边际生产力乘积之和。如产品X的产量等于劳动的投入量与劳动的边际生产力的乘积加上投入的资本量与资本的边际生产力的乘积，即

$$X=MP_L \cdot L+MP_K \cdot K \tag{3-5}$$

式中：MP_L是劳动的边际生产力；MP_K是资本的边际生产力。

克拉克法则指的是要素报酬与其边际生产力相等，即劳动的实际工资率与劳动的边际生产力相等，资本的实际利率与资本的边际生产力相等，即

$$w=MP_L \tag{3-6}$$

$$r=MP_K \tag{3-7}$$

则有：

$$X = w \cdot L + r \cdot K$$

整理可得：$w=\dfrac{X}{L}-\dfrac{r \cdot K}{L}=\dfrac{X}{L}-\dfrac{r \cdot K}{L \cdot w} \cdot w$

移项可以得出：$w\left(1+\dfrac{r \cdot K}{w \cdot L}\right)=\dfrac{X}{L}$

于是有：$$w=\frac{X/L}{1+\dfrac{r}{w} \cdot \dfrac{K}{L}} \tag{3-8}$$

可以看出，决定工资率w的有X/L、r/w和K/L，其中X/L是X产品的产量与劳动数量的比率即劳动生产率，H-O理论假设中有两国生产技术与规模报酬不变，所以劳动生产率在两国是相等的，即$(X/L)_A=(X/L)_B$；r/w即两种要素的相对价格，前面已经证明贸易会使两国相对要素价格相等，所以$(r/w)_A=(r/w)_B$；K/L是生产X产品所投入的资本与劳动比例，由于两国技术相同，生产X产品需要的资本与要素的比率也相同，即$(K/L)_A=(K/L)_B$。既然决定工资率的3个方面X/L、r/w和K/L在两国都相等，则可以得出两国的劳动绝对价格最终相等。同理，可以证明资本要素绝对价格在两国贸易中最终也相等。

3.3 要素禀赋理论的扩展

赫克歇尔和俄林创立国际贸易的要素禀赋理论以后，西方经济学家纷纷效仿，在其基础上进行了大量的理论研究，做了多方面的补充和完善，先后提出了诸多与各国要素的自

然禀赋及其相对差异相关联的贸易理论观点。其中比较著名且对国际贸易理论界产生较大学术影响的是斯托尔珀-萨缪尔森定理和罗布津斯基定理。由于斯托尔珀、萨缪尔森和罗伯津斯基所论述的理论问题都是以要素禀赋理论的基本命题作为理论基础和出发点，故将以他们的名字命名的两大命题合称为要素禀赋理论的拓展命题（The Extended Theorems of Factor Endowment Theory）。

3.3.1　斯托尔珀-萨缪尔森定理

美国经济学家斯托尔珀和萨缪尔森在要素禀赋理论的基础上，研究了关税对收入分配的影响，并把其研究结果扩大到一般国际贸易对收入分配的影响，总结提出了斯托尔珀-萨缪尔森定理。斯托尔珀-萨缪尔森定理可以概括为：在贸易前和贸易后都能达到充分就业的情况下，贸易使丰富要素的价格上升和稀缺要素的价格下降。这意味着丰富要素的所有者实际收入增加，而稀缺要素所有者的实际收入减少。①

斯托尔珀-萨缪尔森定理成立的必备条件为：

①要素禀赋理论的全部假设条件；

②假设两种产品都是最终产品。

在完全竞争的条件下，要素的价格由其边际生产力决定。在均衡状态时，要素在所有生产部门的报酬相等，即劳动在生产X产品和Y产品的部门获得的报酬（工资）相等，资本在生产X产品和Y产品的部门获得的报酬（利息）相等。

我们用X、Y分别表示产品部门中劳动要素的边际产出，则在均衡状态下：

劳动的价格（工资率）$w = P_X \cdot MP_{LX} = P_Y \cdot MP_{LY}$　（3–1）

资本的价格（利率）$r = P_X \cdot MP_{KX} = P_Y \cdot MP_{KY}$　（3–2）

如果X产品的相对价格上升，则该部门的要素的报酬与Y产品部门不相等，要素将从要素报酬低的部门流向报酬高的部门。X产品为劳动密集型，Y产品为资本密集型，在生产过程中劳动和资本的配合比例不同，即K_X/L_X小于K_Y/L_Y。因此，在生产过程中，Y产品部门释放出来的劳动供给不能满足X产品部门生产对劳动的需求，而Y产品部门释放的资本供给超过了X产品部门生产对资本的需求。由于供求关系的变化，在要素市场上，劳动的价格将上涨，资本的价格将下跌。由于资本和劳动的价格发生变化，各部门生产的资本与劳动的比率也会进行调整，即厂商将采用便宜的要素替代更昂贵的要素，两部门的资本与劳动的比率都上升。因此，一种产品相对价格变化，会导致其密集使用的要素名义价格变化，另一种要素名义价格发生相反的变化。

由于P_X上升，两部门的资本与劳动的比率都上升。根据边际报酬递减规律，资本的边际生产力下降，劳动的边际生产力上升，即MP_{LX}和MP_{LY}上升，MP_{KX}和MP_{KY}下降。根据式（3–3）和式（3–4）有：

$$\frac{w}{P_X} = MP_{LX} \qquad \frac{w}{P_Y} = MP_{LY} \tag{3–3}$$

$$\frac{r}{P_X} = MP_{KX} \qquad \frac{r}{P_Y} = MP_{KY} \tag{3–4}$$

由式（3–3）和式（3–4）我们可以知道，劳动的实际报酬w/P_X、w/P_Y上升，而资本的

① STOLPER，SAMUELSON. Protection and real wages［J］. Review of Economic Studies，1941，9（1）：58–73.

实际报酬r/P_X、r/P_Y下降。

如果国家采取改变关税的方法来提高受保护产品的相对价格，将增加该受保护产品密集使用的要素的收入。如果关税保护的是劳动密集型产品，则劳动要素的收入趋于增加；如果关税保护的资本密集型产品，则资本要素的收入趋于增加。这一结论表明，国际贸易虽然能提高整个国家的福利水平，但是并不对每一个人都有利，在一部分人收入增加的同时，另一部分人的收入却在减少，国际贸易会对一国要素收入分配格局产生实质性的影响。

3.3.2 罗布津斯基定理

要素禀赋理论是建立在一国拥有的要素是固定不变的基础上的。但是在现实中，由于各种原因，如人口的增长、自然资源的开发等，一国的要素的数量经常发生变化。英籍波兰经济学家塔德乌什·罗布津斯基（Tadeusz Rybczynski）在要素禀赋理论的基础上，提出了罗布津斯基定理（Rybczynski Theorem），回答了在产品相对价格不变的前提下，一国要素数量发生变化对生产和国际贸易的影响。①

如图3-8所示，AA′为国家1原来的生产可能性曲线，偏向X轴。AA′与相对价格线P_w相切于E点，则国家1在E点进行生产和消费。现在劳动要素增加，其他条件不变，生产可能性曲线的形状和位置发生变化，国家1的生产可能性曲线由AA′外移到BB′，BB′曲线与P_w'线相切于E′点（由于产品价格不变，P_w线与P_w'线平行）。此时，E′点与E点相比，X产品的产量明显增加，Y产品的产量明显减少。为什么呢？劳动要素的增加必然导致密集使用劳动要素的产品的生产增加，为了使新增加的劳动力实现充分就业，需要一定的资本要素。而资本要素是固定的，此时就必须减少Y产品的生产，从Y产品中抽出一定的资本要素。但是，由于Y产品的资本要素减少，Y产品必然要释放出部分劳动力，这部分劳动力也要转移到X产品的生产部门中去。所以，X产品产量的增加幅度大于劳动要素的增长幅度。

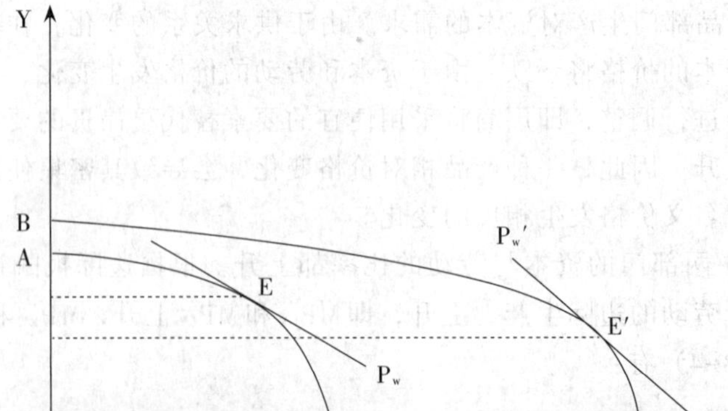

图3-8 罗布津斯基定理示意图

① RYBCZYNSKI. Factor endowment and relative commodity prices [J]. Economica, 1955, 22 (88): 336-341.

在产品相对价格不变的前提下，某一要素的增加将导致密集使用该要素的产品的生产规模扩大，而密集使用的另一要素的生产规模减小。如果密集使用的增长要素的产品是出口产品，将促使出口规模增大，该国贸易条件将恶化。

3.4 里昂惕夫之谜

赫克歇尔和俄林的要素禀赋理论创立之后，很长时间内成为国际贸易理论的主流。第二次世界大战结束后，贸易理论的主要发展方向是运用经验资料对贸易模型进行检验，以进一步论证理论的正确性。1951年，里昂惕夫第一次对要素禀赋理论进行经验检验，也是最具有代表性的一次。验证的结果与要素禀赋理论的结论相反，出现了里昂惕夫之谜。

3.4.1 对要素禀赋理论的检验

根据要素禀赋理论，资本相对丰裕的国家应该出口资本密集型产品，进口劳动密集型产品；劳动相对丰裕的国家应该出口劳动密集型产品，进口资本密集型产品。里昂惕夫利用美国1947年的数据进行检验。由于美国是世界上资本最丰裕的国家，里昂惕夫期望能得出美国出口资本密集型产品、进口劳动密集型产品的结论。但里昂惕夫的检验结果令人震惊，美国进口替代品的资本密集度比美国出口产品的资本密集度高出大约30%，这意味着美国进口的是资本密集型产品，出口的反而是劳动密集型产品。这一检验结果与要素禀赋理论的预测完全相反，这就是著名的里昂惕夫之谜。①

里昂惕夫利用美国经济的投入产出表，计算美国1947年每百万美元出口产品和进口替代品的资本和劳动需求，对出口产品的资本与劳动比率和进口替代品的资本与劳动比率进行比较（见表3-2）。

表3-2 **1947年美国每百万美元出口产品和进口替代品的资本和劳动需求**

项　目	出口产品	进口替代品	进口替代品/出口产品
资本（美元）	2 550 780	3 091 339	
劳动（年人工）	182	170	
资本/劳动	14 010	17 180	1.30

资料来源　萨尔瓦多. 国际经济学［M］. 杨冰，译. 9版. 北京：清华大学出版社，2008：117.

注意，里昂惕夫采用的是美国进口替代品的资本与劳动比率，而不是美国进口产品的资本与劳动比率。所谓进口替代品就是美国可以自己制造（由于不完全的专业化生产），也可以从国外进口的产品。里昂惕夫采用进口替代品的数据，是因为美国进口的外国产品数据不全，即使采用进口替代品的数据，也不影响检验结论。因为如果要素禀赋理论成立，尽管美国进口替代品比美国实际进口产品的资本密集度更高（因为美国的资本比其他国家便宜），其密集程度仍将低于美国的出口产品。此外，采用进口替代品的数据代替实际进口的数据，也消除了像香蕉、咖啡这些美国根本就不生产的产品的影响。

在表3-2中，1947年，美国每百万美元出口产品的资本与劳动比率为14 010，每百万

① LEONTIEF. Domestic production and foreign trade: The American capital position re-examined［J］. Proceedings of the American Philosophical Society, 1953, 97 (4): 332-349.

美元进口替代品的资本与劳动比率为17 180，美国的进口替代品的资本密集程度比美国出口产品的资本密集程度高出大约30%，检验结果与要素禀赋理论的预测完全相反。

里昂惕夫之谜产生后，里昂惕夫尝试解释这个结果，而不是推翻要素禀赋理论。他认为在1947年，美国工人的劳动生产率是外国工人的3倍，如果把美国劳动数量乘以3，再与国内可用资本进行比较，那么美国其实是一个劳动丰裕型的国家。但这一解释并没有被广泛接受，里昂惕夫自己后来也否定了它。因为当美国的劳动生产率比他国的高时，资本的生产率也比他国的资本生产率高，从而使美国的资本相对丰裕度变化不会太大。

3.4.2 对里昂惕夫之谜的解释

里昂惕夫之谜产生后，在西方经济学界产生极大震动，引起了许多经济学家的注意，他们就此提出了许多不同的解释和意见。下面介绍几种比较普遍的解释。

1.统计误差说

最早解释里昂惕夫之谜的是统计误差说。由于里昂惕夫使用的是美国1947年的数据，有人认为离第二次世界大战结束太近，贸易数据不够典型。后来里昂惕夫使用美国1951年的数据又进行了计算，结论仍然是美国出口的是劳动密集型产品。此外，美国经济学家鲍德温用1958年和1962年的数据验证，其他国家的经济学家纷纷对本国数据进行检验，大多数都存在里昂惕夫之谜。

2.自然资源说

自然资源说认为里昂惕夫没有考虑自然资源的因素。任何产品的生产都要求有特定的资源投入，资源消耗本身既直接是成本的一个部分，又对生产技术的选择有重大的影响。当一个国家某种自然资源的供给较为短缺时常常就不得不大量使用资本或劳动来替代。例如，阿拉伯地区的石油资源丰富，开采方便，并不需要很大的投资。而在其他矿藏条件差的地方，开采石油就需要高强度的投资。不少人指出，美国进口的产品中有相当一部分是自然资源含量大的产品，由于美国的资源条件不同，因此，这些进口产品在美国进行生产时就需要大量的资本投入。如果在进口竞争产品组中把自然资源密集的产品去掉，那么里昂惕夫之谜就可能不存在了。

3.人力资本说

里昂惕夫所定义的资本仅仅包含实物资本（如机器、厂房、设备等），完全忽视了人力资本。受里昂惕夫的有效劳动解释的启发，后来一些学者在要素禀赋理论框架下引入人力资本因素。由于质量上的差异，一般劳动可以区分为熟练劳动和非熟练劳动。熟练劳动是指具有一定技能的劳动。这种技能不是先天具备的，而是通过后天的教育和培训而积累的。这种后天的教育和培训能让工人提高劳动生产率，这种投入类似物质资本的投资行为，我们把它称为人力资本。

直到1961年西奥多·舒尔茨（Theodore W. Schultz）和1964年加里·贝克尔（Gary S. Becker）的研究工作之后，人力资本分析才得到充分发展并流行起来。在无数基于人力资本分析方法的研究中，最重要的是克拉维斯（J. B. Kravis）、凯南（P. B. Kenen）、基辛（D. B. Keesing）和罗伯特·鲍德温（Robert E. Baldwin）的研究。

1956年，克拉维斯发表文章指出，在1947年和1951年，美国出口产业的工资水平比美国进口竞争产业的工资水平高15%。他认为美国出口行业的高工资反映了美国出口行业比美国进口替代行业有较高的劳动生产率和较多的人力资本。

1965年，凯南在其研究中实际估计了美国出口和进口竞争产品中人力资本的含量，并将其加在实物资本需求之上，然后重新计算美国出口和进口替代品的资本与劳动比率。使用1947年的数据，不排除需要大量自然资源的商品，凯南成功地解释和消除了里昂惕夫之谜。

1966年，基辛在其发表的文章中指出：1957年美国出口产品的技能密集程度比其他9个工业国家出口产品的技能密集程度高。这表明美国拥有最训练有素的劳动力，与其他国家相比，包括了更多的人力资本。

1971年，鲍德温在其研究中使用的是美国1958年的投入产出表和1962年的贸易数据，他发现仅仅除去自然资源产业并不能完全消除里昂惕夫之谜，只有把人力资本包括进去之后，才能彻底消除里昂惕夫之谜。①

4. 要素密集度逆转

要素禀赋理论假定不存在要素密集度转变的情况，产品X在国家1和国家2都是劳动密集型的，产品Y在国家1和国家2都是资本密集型的。

要素密集度逆转（factor intensity reversal）是指同一种产品在资本丰富的国家是资本密集型产品、在劳动丰裕的国家是劳动密集型产品的情况。例如，如果产品X在国家1（低工资国）是劳动密集型产品，在国家2（高工资国）是资本密集型产品，要素密集度逆转就发生了。

要了解要素密集度逆转什么时候发生、为什么发生，我们要引入生产要素替代弹性的概念。替代弹性是指当一种要素价格下降时，一种要素可用来替代另一种要素的程度。例如，假设在生产产品X时劳动对资本的替代弹性大于生产产品Y时劳动对资本的替代弹性，这意味着生产产品X时用劳动替代资本比在生产产品Y时用劳动替代资本更为容易。

我们通过图3-9来分析要素密集度逆转。

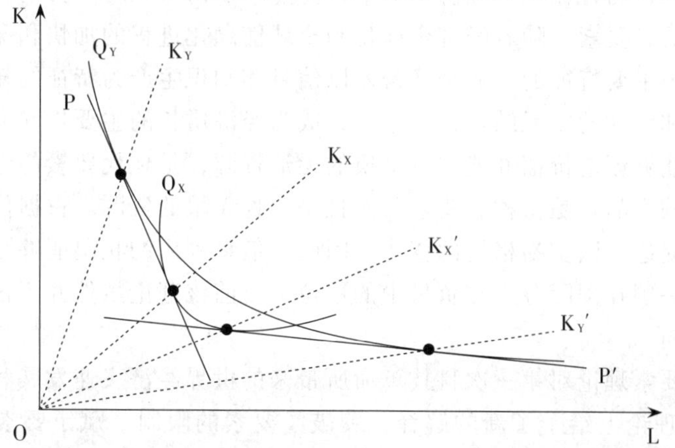

图3-9　要素密集度逆转

① BALDWIN. Determinants of the commodity structure of U.S. trade [J]. American Economic Review, 1971, 61 (1): 126-146.

图3-9中，Q_X为产品X的等产量线，Q_Y为产品Y的等产量线，Q_X的弯曲程度大于Q_Y，X产品的要素替代弹性大于Y产品的要素替代弹性。当要素相对价格为P时，$K_X < K_Y$，即产品X的劳动密集度大于产品Y的劳动密集度；当要素相对价格为P′，$K_X' > K_Y'$，即产品X的劳动密集度小于产品Y的劳动密集度时，两个产品的要素密集度发生逆转。

两种产品生产中劳动对资本的替代弹性差异越大，要素密集度逆转越容易发生。如果在生产产品X时劳动对资本的替代弹性很大，国家1就会用劳动密集型技术生产产品X，因为该国的工资水平低；国家2将会用资本密集型技术生产产品X，因为国家2的工资水平高。如果在同一时间生产产品Y的劳动对资本的替代弹性很低，尽管两国的相对要素价格差异很大，两国仍将被迫使用同样的技术生产产品Y。结果造成产品X在国家1是劳动密集型产品，在国家2是资本密集型产品，要素密集度逆转就发生了。

5.贸易保护说

贸易保护说被认为是解释里昂惕夫之谜的另一工具。H-O模型结论和推论的假设前提是自由贸易，但是现实中，由于运输成本、关税壁垒以及其他非关税壁垒的影响，各国的贸易模式有别于H-O模型的结论。美国是资本丰裕型国家，自由贸易将会提高资本所有者的实际收入，降低劳动所有者的实际收入，因此劳动所有者更倾向贸易保护政策。美国对劳动密集型产品的进口所实行的贸易壁垒，降低了进口产品的劳动密集度，这在一定程度上解释了里昂惕夫之谜。

6.信息要素说

所谓信息要素是指来源于生产过程之外的并作用于生产过程的能带来利益的信号总称。信息要素是无形的、非物质的，它区别于传统要素，是要素观念上的大变革。西方经济学家认为，股票是财产的象征符号，而信息是一种重要的要素。随着现代社会的发展，市场在世界范围内拓宽，各种经济贸易交往活动日益频繁，社会每时每刻都在产生大量的信息。这些信息都在不同的方面、不同的程度上影响社会经济活动，影响企业生产经营的决策和行为方式，甚至有时还决定企业的命运。

西方经济学家认为，在现代经济生活中，企业除了需要土地、劳动和资本这些传统要素以外，更需要信息要素。随着经济全球化和全球信息化进程的加快和深入，世界经济正在从以物质生产为主要特征的工业经济跨入以信息和知识生产为特征的知识经济。要素不再是只包含资本和劳动的二元结构，信息要素成为经济增长的主要推动力之一。

信息是一种能够创造价值并能进行交换的无形资源，是现代要素的组成部分，其本身同时是可以交换的产品，是一种软要素，而且是一种无限的资源。占据信息意味着比较优势的改变，可以促进一国贸易格局的变化。因此，信息利用的状况能够影响各国家的比较优势，从而改变一国在国际分工和贸易中的地位。目前该理论虽然并不很完善，但它代表着重要的发展方向。

国际贸易新要素理论对第三次科技革命所带来的世界经济飞速发展和世界贸易格局的革命性改变，在理论上给予了新的解释，突破了要素的限制，赋予要素以更丰富的新含义，并扩展了要素的范围，使对国际贸易的分析更接近现实，也进一步促进了世界经济的发展。

专栏3-5　　第3章思政窗

本章小结

本章主要介绍了要素禀赋理论的相关内容。要素禀赋理论表明，一国倾向于出口其国内丰裕要素密集型产品，进口其国内稀缺要素密集型产品。要素价格均等化定理表明，在理想模型中，国际贸易会导致两国要素价格均等化。实际上，由于资源差异、贸易壁垒和技术差异，完全的要素价格均等化是不存在的。斯托尔珀-萨缪尔森定理说明，贸易导致了相对价格的改变，有强大的收入分配效应，一国相对充裕要素的所有者获益，稀缺要素的所有者受损。罗布津斯基定理则表明，在产品相对价格不变的情况下，一种要素的供给增加该要素密集型产品的产出，另一种产品的实际产出会下降。最后，对里昂惕夫之谜的探讨产生了种种新贸易理论。

关键术语

要素　要素价格　要素禀赋　要素密集度　要素丰裕度　要素禀赋理论　斯托尔珀-萨缪尔森定理　罗布津斯基定理　里昂惕夫之谜　要素密集度逆转

基本训练

一、简答题

1.简述要素禀赋理论的模型假设。

2.要素禀赋理论的核心观点是什么？

3.简要评价要素禀赋理论。

4.简述要素价格均等化定理的主要内容。

5.简述里昂惕夫之谜提出的意义。

二、案例分析题

要素禀赋理论：中美贸易

表3-3为中美1990年的贸易数据，这些数据来自一项旨在验证要素禀赋理论的研究。研究者根据技术密集度将131个样本产业分为10组。第1组中的产业技术含量最高，第10组的产业技术含量最低。

美国对中国的出口集中在高技术产业。第1组至第3组占美国对中国出口的77.8%。相反，中国对美国的出口集中在低技术产业，中国对美国出口的40.7%集中在第9组和第10组。

表3-3 中美1990年的贸易数据

项 目	技术组（关键产业）	中国对美国出口（%）	美国对中国出口（%）
高技术	杂志、办公和计算机设备	4.8	7.7
↑	客机及零部件和工业无机物	2.6	48.8
	机械、涡轮机、油脂和石油	3.9	21.3
	水泥、非电力探测锤和加热设备	11.5	4.3
	手表、计时器、玩具和运动品	18.9	6.3
	木制品、鼓风炉和生铁	8.2	1.3
	造船和修船、家具和设备	4.1	2.8
	香烟、摩托车和钢铁铸造	5.2	1.8
↓	编织、羊毛、皮革加工和制成品	17.2	0.4
低技术	童装和非橡胶鞋	23.5	5.2

资料来源 凯伯. 国际经济学［M］. 原毅军，陈艳莹，等译. 英文8版. 北京：机械工业出版社，2005：72.

问题：分析上述材料，试验证要素禀赋理论的结论。

第4章
现代贸易理论

学习目标

学完本章，你应该能够：

◎理解产业内贸易的含义和原因，掌握产业内贸易的分类；
◎了解技术差距论，掌握产品生命周期理论；
◎了解需求偏好相似理论；
◎理解规模经济和不完全竞争及其如何影响国家贸易；
◎了解新新贸易理论；
◎理解国际贸易是如何依托规模经济展开的；
◎理解什么是不完全竞争下市场的均衡。

引例

中国-东盟产业内贸易规模的发展

自20世纪90年代以来，随着中国与东盟的政治互信不断加强，经济合作逐步深化，中国与东盟之间的贸易往来呈现出明显的上升趋势。

根据联合国贸易商品统计数据库发布的统计数据，2003—2019年，中国-东盟产业内贸易取得了较高水平的发展（如图4-1所示）。整体而言，中国-东盟产业内贸易总量呈现明显的提升趋势，除受到1997年亚洲金融危机的影响，致使后一年产业内贸易额下降了6.91%，以及2009年受到全球金融危机的影响，产业内贸易总额较前一年下降了7.72%外，其他各年份基本保持了较为稳定的增长幅度，各年度较前一年增长率平均为11.81%，并且其中有17个年份的增长率超过了10%。

自2002年中国-东盟自由贸易区启动，并签署相关框架协议后，双方的贸易额持续增长，此后的5年时间双边产业内贸易额达到了年均31.87%的高速增长。近些年来随着中国-东盟产业内贸易额达到了较高水平，增速有所放缓。

2010年1月1日，中国-东盟自由贸易区全面启动，这一亚洲地区最大的自由贸易区的成立进一步加深了双方的经贸往来。自此，中国-东盟双边产业内贸易额实现了年均6.07%的增速，并在2014年达到了4 603.26亿美元的最高点。目前，东盟超越欧盟成为中国第一大贸易伙伴。

随着中国-东盟自贸协定“升级版”于2019年年初开始全面实施，中国与东盟之间的经济融合无论在规模上还是在质量上都已提升到了更高水平。

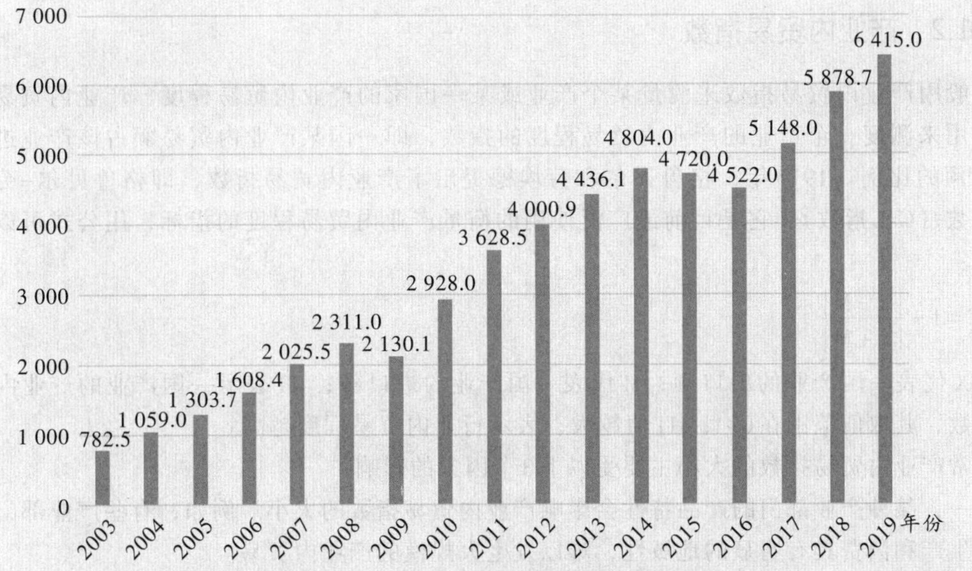

图 4-1 2003—2019 年中国-东盟产业内贸易额（单位：亿美元）

4.1 产业内贸易理论

4.1.1 产业内贸易的含义

古典与新古典贸易理论认为贸易的基础是各国之间产品生产的比较优势，即国际贸易的根源在于各国不同产品生产方面的差异，包括技术的差异（比较优势理论）或固有的资源禀赋的差异（要素禀赋理论）。按照这些理论，国家之间技术和资源禀赋的差异越大，它们之间的贸易量也应该越大；反之亦然。也就是说，各国之间的贸易主要是不同产品之间的贸易，即产业间贸易（inter-industry trade）。

第二次世界大战以来，许多国家不仅出口工业产品，也大量进口相似的工业产品。工业国传统的进口初级产品—出口工业产品的模式逐渐改变，出现了许多同一行业既出口又进口的现象。例如，美国每年要出口大量的汽车，但同时从日本、德国、韩国等地大量进口汽车。这种既进口又出口同一类产品的贸易模式被称为产业内贸易（intra-industry trade）。①

一般来说，产业内贸易具有以下几个特点：

第一，产业内贸易是同类产品的贸易，而产业间贸易是不同类产品的贸易。

第二，产业内贸易的产品是双向流动，而产业间贸易基本上是单向流动的。

第三，产业内贸易的产品具有多样化特点。这些产品中既有资本密集型产品，也有劳动密集型产品；既有高技术产品，也有标准技术产品。

第四，产业内贸易的产品必须具备两个条件：一是消费品能够相互替代；二是在生产中需要相近或相似的要素投入。

① 胡静寅. 国际经济学［M］. 北京：机械工业出版社，2017：67.

4.1.2 产业内贸易指数

一般用产业内贸易指数来测量某个产业或某一国家的产业内贸易程度。产业内贸易指数是用来测度一个产业的产业内贸易程度的指数，即一国某产业内贸易额占该产业进出口总额的比例。1975年，格鲁贝尔和劳埃德提出了产业内贸易指数，即格鲁贝尔-劳埃德指数（G-L指数）。它是目前最广泛使用的衡量产业内贸易程度的指标，用公式可以表示为：

$$IIT = 1 - \frac{|X - M|}{|X + M|}$$

式中：X代表一国产业的出口额；M代表一国产业的进口额；IIT表示一国产业的产业内贸易指数，其取值范围在0~1，IIT值越大，表示行业内贸易程度越高。

通常产业内贸易指数的大小主要受以下3个因素的影响：

第一，某种产业部门的产品特性会影响产业内贸易指数的大小。例如，有些产业部门的产品生产和消费具有明显的地域性，难以发生大规模的产业内贸易。

第二，产业部门的成熟程度会影响产业内贸易指数的大小。高度发达成熟的产业部门容易发生产业内贸易，幼稚产业部门就难以发生产业内贸易。

第三，产业部门的划分会影响产业内贸易指数的大小。如果产业部门的划分细致，产业内贸易指数就比较小；如果产业部门的划分很粗略，产业内贸易指数就比较大。

4.1.3 产业内贸易的分类

在比较优势理论和要素禀赋理论中，一国不可能同时既进口又出口同一种产品。然而，美国加利福尼亚州既是法国葡萄酒的主要进口地，又大量出口本州产的葡萄酒；新西兰既进口德国斯蒂芬布朗啤酒，又出口自己生产的喜力啤酒。大多数产业内贸易发生在工业化国家之间，尤其是资源禀赋相似的发达国家之间。生产这些产品的企业多为寡头企业，整个产业中只有少数几家大企业。我们一般把产业内贸易分为同质产品的产业内贸易和差异化产品的产业内贸易两大类。

1.同质产品的产业内贸易

产品同质性或相同产品是指产品间可以完全相互替代，即产品需求的交叉弹性极高，消费者对这类产品的消费偏好完全一样。这类产品在一般情况下大多属于产业间贸易的对象，即用它们交换其他产品。但由于种种原因，现实中也存在相同产品间的贸易。

（1）大宗原材料的国际贸易

这种大宗货物之间的产业内贸易的典型案例包括水泥、木材、煤炭、石油等产品。这类产品由于重量较大，运输成本在总成本中占较大的比重，一国会出于运输成本的考虑而既出口又进口同一种产品。例如，美国和加拿大之间有着数千公里的边境线，为了实现运输成本的最小化，美国纽约州奥尔巴尼的一个购买者可能会从加拿大魁北克省蒙特利尔的企业进口水泥，而美国华盛顿州西雅图的一个制造商也可以把水泥卖给加拿大不列颠哥伦比亚省范库弗峰的某一买主。这种贸易之所以会发生，是因为把水泥从蒙特利尔运到奥尔巴尼的运输成本要比从西雅图到奥尔巴尼的运输成本更低。

（2）季节性产品贸易

人们为了调剂市场的供求而在不同的时间进出口同类产品。例如，南北半球的季节是相反的，正因为如此，巴西可能会在一年的某些月份向美国出口季节性的产品（农产品），但在同一年的其他月份又从美国进口同种产品。电力的供应同样受到时间差异的影响。由于电力生产固定成本巨大，发电商总试图使设备能够接近满负荷运转。在国内需求不能够消费全部生产能力的非高峰期，出口电力比较划算，而在用电高峰期会进口电力。

（3）转口贸易

转口贸易是指进口国并不是最终的消费者，而是将进口的产品进行再出口，这样便会形成进出口统计上的产业内贸易。比如，新加坡每年都进行大量的转口贸易。

（4）经济合作和经济技术因素产生的产业内贸易

这类产业内贸易如在金融全球化和服务贸易自由化的背景下，各国银行业、保险业等金融部门“走出去”“引进来”的情况。尽管各国金融机构都可以在本国提供全方位的金融服务，但各国之间的外资金融机构仍然重叠建立与运营。

此外，跨国公司的内部贸易、政府干预造成的价格扭曲也会形成产业内贸易。

2.差异产品的产业内贸易

尽管一些产业内贸易发生在同质产品之间，但资料显示，大多数的产业内贸易发生在差异产品之间。差异产品或产品的异质性是指产品相似但又不完全一样，存在一定的差异，产品彼此之间不能完全替代但可进行一定程度的替代，交叉弹性小于同质产品。产品差别可具体表现为同类产品的质量性能差别、款式造型差别、商标牌号差别等。我们所讲的产业内贸易的产品大多数属于这类产品。在制造业，产业内贸易水平明显偏高的是机械、化学制品和运输机械设备。属于同一产品大类的差异产品在现代经济的产出中占有很高的比率。例如，福特汽车公司和大众汽车公司都生产轿车，但福特牌轿车和大众牌轿车无论在性能、款式、能耗、颜色还是广告宣传上都存在差别。它们生产的是差异产品，而不是同质产品。由于生产者特殊的生产工艺和产品质量引起的产品差异属于客观差异，而由营销手段（广告、展销、销售网点等）造成的消费者感觉上的不同属于主观差异。在国际经济学中，产品的异质性被认为是产业内贸易发生的基础，这种差异在产品中体现为水平差异和垂直差异。

（1）水平差异

水平差异是指具有同样质量，但其特色和特质不同的产品。比如一些化妆品、服装、家电等，它们处于大致相同的质量水平，但是存在款式、造型、颜色、性能方面的差异。从水平差异看，产业内贸易产生的原因主要在于消费者偏好的差别和需求的多样性。产业内贸易扩大了各国消费者的选择范围，同时加剧了每个国家同类产品的生产商之间的竞争程度。对工业化国家来说，如果每个国家的生产者在淡季只考虑本国大多数消费者的偏好，而忽视少数人的偏好，差异化的制成品就会经常发生产业内贸易，其中未满足的消费者需求由进口产品弥补。例如，对丰田汽车和宝马汽车，日本消费者倾向购买丰田汽车，但也有一些消费者愿意购买宝马汽车，因此日本可能进口一些宝马汽车，丰田汽车也出口到德国。

(2) 垂直差异

垂直差异是指产品质量方面的差异。从供给方面来说，厂商需要不断提高产品质量以求在竞争中获得先机；从需求方面看，一国的消费者，由于存在收入的差距，不会都处于同一个消费档次。因此，发达国家在出口高质量产品的同时，也会从发展中国家进口中低质量的同类产品来满足国内不同的需求。比如，不同国家的不同收入阶层对汽车质量的需求有很大的差异：高收入阶层为了显示身份，高档豪华车型是其首选；对中低收入阶层来说，廉价、耐用则是其考虑的重点。

4.1.4 产业内贸易产生的原因

1.同类产品的异质性

同类产品的异质性是产业内贸易形成的重要基础。产业内贸易理论摒弃了传统贸易理论完全竞争的假设，认为大多数制成品不是同质的。从实物形态来看，同类产品可以由于款式、规格、商标、牌号、包装等方面的差异而被视为异质产品。即使实物形态相同，也可能由于付款条件、交货时间、广告宣传和售后服务等方面的原因而被视为异质产品。这种同类的异质性产品可以满足不同消费层次、消费心理、消费欲望的消费者的需要。产品的异质性使得市场呈现出垄断竞争的特性，同类产品的生产者可以根据自己的优势市场具有一定垄断性的产品以满足消费者的需求，从而导致不同国家之间产业内贸易的产生。

2.规模经济与不完全竞争

产业内贸易理论认为，由于规模经济效应，要素禀赋相同或相似的国家之间同样可以进行国际分工，并产生国际贸易。一国的企业可以通过大规模专业化生产取得规模经济利益，使得该国企业的生产成本具有比较优势，本国的产品具有相对竞争优势，在国际市场上具有更强的竞争力，扩大产品出口。这样，产业内部的分工和贸易也就形成了。

3.需求偏好相似与经济发展水平

需求偏好相似理论从需求方面解释了产业内贸易发生的原因。产业内贸易理论认为，经济发展水平是产业内贸易的重要制约因素。经济发展水平越高，产业部门内异质产品的生产规模就越大，产业内部分工就越发达，从而形成异质产品的供给市场。同时，经济发展水平越高，人均收入水平也越高，消费者的需求就会变得更加复杂和多样化，呈现出对异质产品的强烈需求，从而形成异质产品的需求市场。当两国之间收入水平趋于相等时，其需求结构也趋于接近，产业内贸易的倾向就越强。

4.2 技术差距论与产品生命周期理论

古典、新古典国际贸易理论有一个共同的假设条件，即两国的生产技术是给定不变的。但是在现实中，生产技术并不是一成不变的。随着研发与技术创新活动的开展，如果两国国家的研发投入和成功率不同，或者技术创新速度存在差异，那么随着时间的推移，两个国家之间的技术差距将不断变化。技术差距的不断变化影响产品的可获得性，进而导致贸易的产生和贸易格局的变化。

4.2.1 技术差距论

美国经济学家波斯纳在1961年发表的《国际贸易与技术进步》一文中首次提出技术差距论，该理论把技术作为独立于劳动和资本的第3种要素，探讨了技术差距或技术变动对国际贸易的影响。

技术差距论认为，创新产品总是最先在工业发达国家问世，经过一段时间后进入国际市场，创新国获得了初期的比较利益，得到了高利润。在创新产品问世之初，尽管其他国家也想对新产品进行模仿，但由于与先进国家之间存在技术差距，这些国家需要经过一段时间的努力才能生产出新产品。由于新技术经专利权转让、技术合作、对外投资、国际贸易等途径流传至国外，新技术最终为技术模仿国所掌握，模仿国可自行生产并减少进口，创新国渐渐失去了该产品的出口市场，因技术差距而产生的国际贸易逐渐缩小。①波斯纳将一种新产品在创新国投产上市到模仿品在其他国家投产上市的时间定义为模仿时滞。模仿时滞又包括3个阶段，即需求时滞、反应时滞和掌握时滞。

1.需求时滞

当创新国完成某项技术创新，研制出某项新产品，并将该项新产品出口到其他国家，在一定时间内，在其他国家进口的新产品还不能取得进口国生产的同类老产品。这段时间就是需求时滞。影响需求时滞的主要因素有两个国家的收入水平差异、模仿国收入分配的公平程度、信息传递的速度以及创新国与模仿国的市场开发情况。

2.反应时滞

随着进口国的消费需求从本国的同类“老”产品转移到进口“新”产品，进口国厂商感受到市场压力，开始放弃陈旧的生产技术，并通过各种途径取得新技术生产新产品。从进口国的厂商对进口新产品后的生产变化做出反应，到其仿制出同进口产品相类似的产品需要一段时间，这段时间被称为反应时滞。反应时滞取决于模仿国企业家的投资意识、风险意识、规模效益、贸易壁垒、后进国的收入水平和市场规模。

3.掌握时滞

模仿国从开始模仿生产到完全掌握相关技术，达到与创新国同一技术水平的时间，就是掌握时滞。掌握时滞取决于创新国的技术转移意愿、后进国的国内需求强度、研发经费、技术基础和生产条件。

波斯纳的技术差距论可用图4-2形象地表示出来。

在图4-2中，横轴表示时间，纵轴表示创新国、仿制国的生产和出口数量。t_0为创新国开始生产的时间，t_1为仿制国开始进口的时间，t_2为仿制国开始生产的时间，t_3为仿制国开始出口的时间。

4.2.2 产品生命周期理论

1.产品生命周期理论的内容

产品生命周期是指一种新产品从开始进入市场到被市场淘汰，要经历的导入、成熟和标准化的整个过程。产品生命周期原本是营销学概念，后被引入国际贸易理论，成为第二次世界大战后最有影响力的国际贸易理论之一。它将技术变化作为国际贸易的又一个决定

① POSNER. International trade and technical change [J]. Oxford Economic Papers, 1961, 13 (3): 323-341.

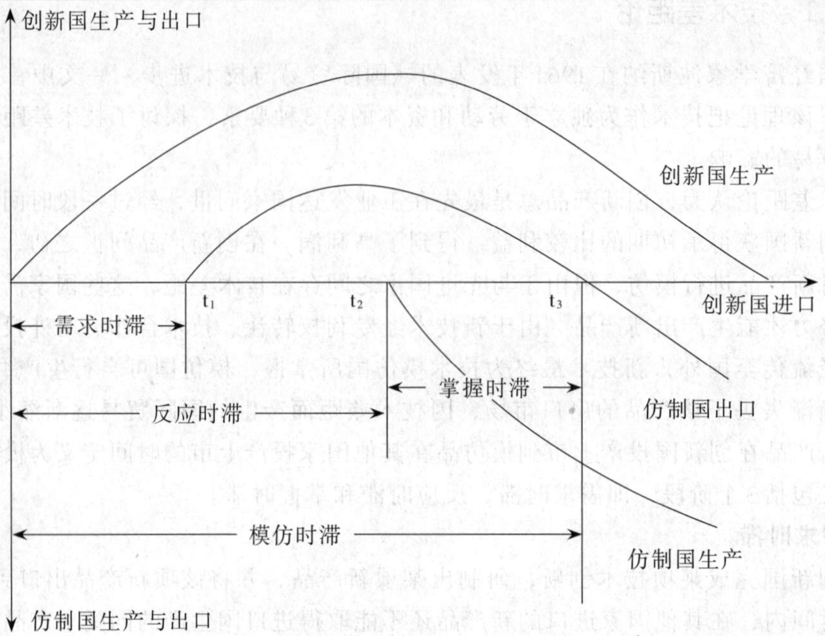

图4-2 技术差距论

因素，试图解释国际贸易形态的动态变化特征。美国哈佛大学教授雷蒙德·弗农（Raymond Vemon）于1966年在《产品周期中的国际投资与国际贸易》一文中首次提出这一思想。①

弗农认为，产品所经历的导入、成熟和标准化的生命周期在不同形态技术水平的国家之间会存在一个较大的差距和时差，同一产品在不同国家市场的竞争地位会有差异，从而决定了国际贸易格局的动态变化。

产品生命周期理论主要关注“新产品”及其对国际贸易的影响。新产品具备两个主要特征：

第一，它要迎合高收入者的需求，因为美国是个高收入的国家；

第二，它的生产过程是一个节约劳动的过程，因为美国通常被看作劳动力稀缺的国家。

产品生命周期理论把新产品的生命周期划分为3个阶段。

（1）产品导入阶段

这是新产品的开发、试制和试销阶段。在这一阶段，产品的技术尚未成型，研究与开发费用在成本结构中占据最大比重。弗农认为，产品生命周期的第一阶段总是在美国发生，这是因为美国科研力量强、科研经费充足、企业创新能力强，又有大的市场做支撑。新产品在美国生产和消费，厂商可以贴近市场，以便观察消费者反应，不断调整产品特征和生产过程。

① VERNON. International investment and international trade in the product cycle [J]. Quarterly Journal of Economics, 1966, 80 (2): 190-207.

（2）产品成熟阶段

当产品进入成熟阶段以后，该产品及其特征方面的一般标准开始出现，且开始使用大批量生产的技术。随着生产过程的标准化，规模经济得以实现。在这一阶段，资本成为最主要的构成成本。技术已经扩散，美国与日本、西欧发达国家之间的技术差距基本消失，国外市场逐步扩大。一旦市场大到足以使当地生产获得规模经济，日本、西欧企业开始模仿生产。由于不需要支付大量的研发费用，模仿国有成本优势，美国本土生产的新产品在发达国家竞争力下降，美国开始在这些国家设立子公司在当地生产。这时，美国对发达国家的出口放缓甚至下降。

（3）产品标准化阶段

在这一阶段，产品以及生产过程的特征都已经广为人知，原材料和劳动工资是最重要的成本。日本和西欧发达国家以低成本为基础开始大量生产，进口逐渐减少，美国失去了对该种产品的垄断地位，出口大幅度下降。美国、日本和西欧发达国家开始对发展中国家投资，以利用发展中国家充裕的劳动力；发展中国家也开始模仿或引进这种技术，生产这种产品。

在产品周期的整个过程中，国际贸易的演变可用图4-3来描述。在图4-3中，横坐标表示时间，纵坐标上端表示净出口。在初始时刻（t_0），新产品刚刚由创新国研制开发出来。在初始阶段，由于产品的技术尚未成型，生产规模小，消费仅限于国内市场。到t_1时刻，开始有来自国外的需求，于是创新国开始出口。由于产品的品质和价格较高，进口国主要是一些收入水平与创新国较接近的其他发达国家。随着时间的推移，进口国逐渐掌握了生产技术，能够在国内进行生产，并逐渐取代一部分进口品，于是进口开始下降。到了某一阶段之后，由于一小部分发展中国家的需求扩大，创新国的产品也开始少量出口到一些发展中国家。到t_2时刻，生产技术已成型，产品达到了标准化，由技术密集型转化为资本密集型。这时，其他发达国家开始大量生产和出口该产品，原来的创新国随后（t_3时刻）成为净进口国。最后，当产品转变为非熟练劳动密集型时（t_4时刻），发展中国家成为净出口国。

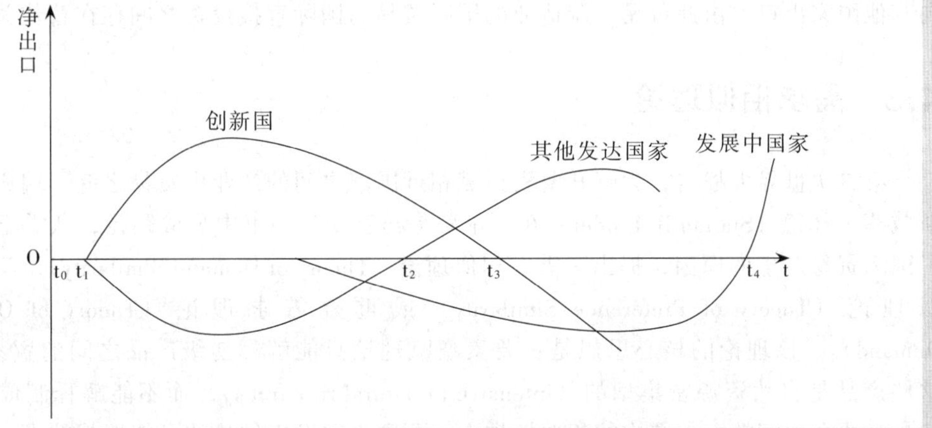

图4-3　产品生命周期理论

专栏4-1

2.对产品生命周期理论的评价

(1) 产品生命周期理论是对要素禀赋理论动态化的扩展

如果说要素禀赋理论解释的是静态的比较优势，产品生命周期理论则试图解释新产品或新工艺的动态比较优势。对一个技术创新的产品来说，生产这种产品的投入要素的比例会随其生命周期发生规律性的变化。在创新阶段，它具有技术和资本密集的特点，使它具有比较优势的要素是大量的研发费用和高素质的人力资源如科学家、工程师和高技术工人的劳动。在成熟阶段，它是资本密集型的，必须依靠资本投入扩大生产规模才能获得竞争优势。在衰退阶段，它成为劳动密集型产品，低工资的劳动是其具有比较优势的关键。由于各国要素的特点不同，它们在产品生命周期各个阶段的比较优势并不一样，新产品主要的生产、贸易与投资就是随着比较优势的变迁而发生转移的。

(2) 产品生命周期理论受到重叠需求理论的影响

产品生命周期理论在研究产品生命周期与国际贸易的动态变化时，接受了需求相似理论的基本思想。例如，该理论分析技术创新的产品为什么会在美国率先开发并生产，模仿者为什么首先会是日本、西欧等国，美国对外进行的防御性投资为什么选择在发达的工业国家等问题时，都注意到了一国的收入水平与需求结构对新产品产生与发展的影响。

(3) 产品生命周期理论研究了国际贸易与国际直接投资的关系

产品生命周期理论认为，与要素投入比例在产品生命周期不同阶段上的规律性变化相对应，制造业厂商在国际化过程中依次经过一系列与贸易和投资相关的经济活动，顺序一般是：在国内进行生产与销售→通过国内外代理向国外销售→公司总部的出口部门通过非股权参与形式进入国外生产→在一国或多国建立生产设施直接进行生产→国外子公司开始向其他国家出口。由此可见，制造业的国际贸易与国际直接投资之间存在替代关系。

4.3 需求相似理论

第二次世界大战后，为解开要素禀赋相近国家之间的产业内贸易之谜，瑞典经济学家斯戴芬·林德（Staffan B. Linder）在《论贸易与转变》一书中另辟蹊径，从需求方面探讨了国际贸易产生的原因，提出了需求相似理论（Theory of Demand Similarity），又称偏好相似理论（Theory of Preference Similarity）或重叠需求理论（Theory of Overlapping Demand）。[①]该理论的核心思想是：要素禀赋理论只能解释初级产品之间的贸易，通常，这些产品是自然资源密集型的（intensive in natural resources），而不能解释制成品之间的贸易。两个国家的需求结构的相似性越大，两国之间发生贸易的可能性就越大，产业内贸易的产生同两国之间收入水平和消费结构的相似性有很大关系。

① LINDER. An essay on trade and transformation [M]. New York: John Wiley & Sons, 1961: 102.

4.3.1 需求相似理论的基本命题

传统的国际贸易理论假设国内的需求偏好是完全相同的。林德通过对制成品贸易的研究指出：在国内部不同收入阶层的需求偏好是不同的——收入水平高的消费者偏好奢侈品，收入水平低的消费者则偏好生活必需品。因此，同类商品可以划分为不同的质量等级。不同国家的消费者如果收入水平接近，则其消费偏好和需求结构也相似或相同。①

需求相似理论是建立在以下3个基本命题的基础上的：

1.国内市场的需求决定企业潜在的出口产品

假定一国企业生产的产品首先是以满足国内市场需求为条件的，其次才考虑出口到国际市场满足国际市场的需求。当国内市场制约了企业生产规模的扩大时，生产企业便会开拓相对不熟悉的国际市场，通过产品出口来扩大生产，增加盈利。

2.一国人均收入水平决定了其需求结构

假定影响一国需求结构的决定因素是人均收入水平。不同收入阶层的消费者消费偏好不同，收入高的消费者偏好质量高的商品，收入低的消费者偏好质量差的商品（或称生活必需品）。任何一个国家的收入水平都不是绝对平均的，这种收入水平的差异反映在需求水平上，就表现为一国或一个经济体对同一类商品的需求呈现多层次性、多样性。假定世界不同国家的消费者如果收入水平相同，其偏好也相同。根据此假定，人均收入水平不同的国家，其需求结构也不同。人均收入水平高的国家对商品和服务的质量要求也高。

3.人均收入水平越接近的国家的贸易基础越雄厚

由于本国的潜在出口商品由本国的消费结构决定，本国的消费结构又由本国的人均收入水平决定，因此，两国人均收入水平越接近，两国的需求结构就越相似，两国的商品结构就越相似，两国的相互需求就越大，由此产生的贸易量就越大。

4.3.2 重叠需求与国际贸易

解决上文中所述矛盾有两条途径：

一是国内的生产者专门为那些特殊消费者生产些非代表性需求的产品，但这是以消费者付出较高的价格为代价的；同时，这种选择不符合经济学最佳分配资源的原则。

二是开展国际贸易。这样不仅可使上述矛盾得到解决，而且本国代表性需求的产品的生产规模会随之扩大，从而规模经济的效果更加明显。但是，这种国际贸易不是没有条件的，它只有在收入水平相近的国家之间才可能存在，因为它们有相近或重叠的需求部分。所谓重叠需求，是指在收入水平相近的国家之间消费者需求的商品档次相同的那部分需求。这种重叠需求是两国开展贸易的基础。

我们用图4-4来说明这一理论。图中横轴表示一国的人均收入水平，纵轴表示消费者所需的各种商品的品质等级，所需商品越高档，则其品质等级越高。人均收入水平越高，则消费者所需商品的品质等级也就越高，两者的关系如图中的OP线所示。假设有A与B两个国家，A国的人均收入水平高于B国。因此，根据以上的分析，A国的需求结构肯定

① 湛柏明. 国际经济学［M］. 上海：复旦大学出版社，2010：69.

要位于B国之上。假定这两个国家的国民收入分配的结果相同，即都形成了5个不同收入水平的社会阶层，但由于它们的人均收入水平是不同的，故而这两个国家对商品的需求范围也就有所不同。我们假设A国的人均收入水平为Y_A，则A国所需商品的品质等级处于上限点为Q_6、下限点为Q_2的范围内；假设B国的人均收入水平为Y_B，则其所需商品的品质等级处在上下限点分别为Q_5和Q_1的范围内。对两国来说，落在各自范围之外的商品不是档次太高就是太低，是其不能或不愿购买的。在图4-4中，阴影之外的商品均只有各国国内需求，没有来自国外的需求，所以不可能成为贸易品。但在阴影之中的商品，在两国都有需求，即存在重叠需求。有重叠需求的这部分是两国开展贸易的基础。品质处于阴影范围内的商品，A、B两国均可输入或输出。图中，A国的代表性需求为Q_4，而在B国中为Q_3。因此，A国专业化生产Q_4，B国专业化生产Q_3。最后，两国通过贸易来完成Q_4与Q_3的交换。这样，A国和B国的生产者和消费者都可以从专业化生产中享受到规模经济带来的好处。至于Q_4与Q_3以外的商品，或者可以通过放松只有两个国家的假设，引进第3个、第4个或更多个国家来加以解决；或者分别由A、B两国用其具有规模效应的产品的富余部分来满足市场的需求。从图中我们可以发现，A、B两国的人均收入水平越接近，重叠需求的范围就会越大，相互之间的贸易关系可能就越密切。如果A、B两国的人均收入水平悬殊，则两国重叠需求的商品可能很少，因此，两国贸易的基础就薄弱，甚至根本不会发生贸易。

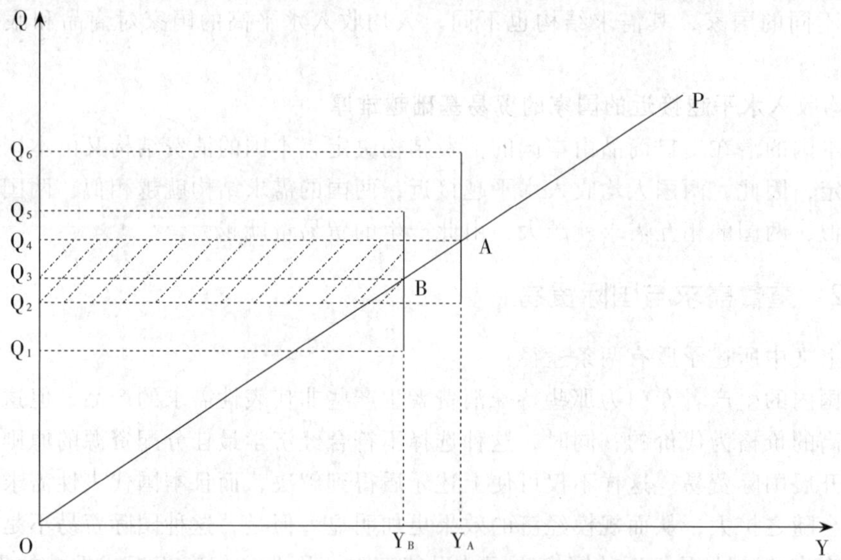

图4-4 需求相似理论的图示

4.3.3 需求相似理论的意义

需求相似理论从需求的角度对产业内贸易加以概括和解释，对解释第二次世界大战以来迅速发展的发达国家之间的产业内贸易具有特别的意义。该理论的核心内容是收入水平相近国家的需求水平相似或重叠，这是对国际贸易理论的一个重要贡献。随着各国收入水平的不断提高，新的重叠需求的商品会不断涌现。根据需求相似理论，国际贸易的规模也会相应地不断扩大，不断会有新的贸易商品出现。此外，林德认为，初级产品的贸易是由自然资源的禀赋不同造成的，对初级产品的需求与收入水平无关，可以在收入水平差距很大的国家之间进行，要素禀赋理论用来说明这一类贸易是适用的。而需求相似理论主要是针对工业产品或制成品，因为这类产品的品质差异较明显，其消费结构与收入水平有很大关系。由于发达国家人均收入水平较高，它们之间对工业品的重叠需求范围较大，因此，工业品的贸易应主要发生在收入水平比较接近的发达国家之间。概括来说，需求相似理论与要素禀赋理论各有其不同的适用范围。要素禀赋理论主要解释发生在发达国家与发展中国家之间的产业间贸易，而需求相似理论适合解释发生在发达国家之间的产业内贸易。

4.4 规模经济、不完全竞争与国际贸易

4.4.1 规模经济与国际贸易

传统国际贸易理论是在规模不变的假定下开展的。在以初级产品生产为主的前工业化时代，这个假定是基本接近现实的。但随着世界经济的发展和社会生产力水平的提高，规模报酬递增在经济生活中日益成为普遍的现象。以高速公路和电视台两个规模报酬递增的行业为例，美国两亿多人共用三四个全国电视网，而澳大利亚2 000万人共用4个全国电视网，结果澳大利亚平均每人负担的电视台固定费用要高得多。不仅如此，随着经济全球化的发展，许多跨国公司纷纷利用外部资源减少生产成本，把公司规模扩展到世界范围。例如，日本和德国的照相机往往是在印度尼西亚组装的，以利用那里的廉价劳动；美国公司花费1 000亿美元寻求外部资源，从而节约10%~15%的成本。如今，外部资源占日本公司总制造成本的1/3还多，这为它们节约了超过20%的生产成本。同时，很多厂商自身的规模十分庞大。

1.规模经济的内涵

规模经济（scale economy）又称规模利益（scale merit），是指由于生产专业化水平提高等原因，企业的单位成本下降，从而形成企业的长期平均成本随着产量的增加而递减的经济。[①]规模指的是生产的批量，具体有两种情况：一种是生产设备条件（即生产能力）不变情况下的生产批量变化；另一种是生产设备条件变化时的生产批量变化。规模经济概念中的规模指的是后者，即伴随着生产能力扩大而出现的生产批量的扩大，而经济含有节省、效益、好处的意思。按照权威解释，规模经济指的是：给定技术的条件下（指没有技术变化），对某一产品（无论是单一产品还是复合产品），如果在某些产量范围内平均成本下降或上升，我们就认为存在规模经济（或不经济）。同边际收益一样，在某一区域里才满足此规模经济性，具体表现为长期平均成本曲线向下倾斜。从这个意义上说，长期平均成本曲线便是规模曲线，长期平均成本曲线上的最低点就是最小最佳规模（minimum optimal scale，MOS）。

从另一个角度来说，规模经济是指是指平均成本随着产出的增加而递减。在比较优

① 克鲁格曼，韦尔斯. 微观经济学［M］. 黄卫平，丁凯，王晓畅，等译. 北京：中国人民大学出版社，2009：251.

势理论中，我们讲到过机会成本变化的问题。机会成本变化有3种情况：机会成本不变、机会成本递增和机会成本递减，规模经济实际上就是机会成本递减。当生产规模太小时，劳动分工和生产管理的效率不会太高，产品的平均成本会比较高；随着规模的扩大，可以进行更有效的劳动分工和专业化生产，每个工人可以专门从事一项简单的重复性工作，使得劳动生产率提高，平均成本下降，这一阶段即为规模经济或规模报酬递增。当平均成本下降到最低点时，生产达到最佳规模。其后，如果生产规模继续扩大，平均成本还会因为管理和合作效率下降而上升，这一阶段被称为规模不经济或规模报酬递减。如图4-5所示，图中企业的长期平均成本曲线随着产量的增加先降后升，形成一个U字形。

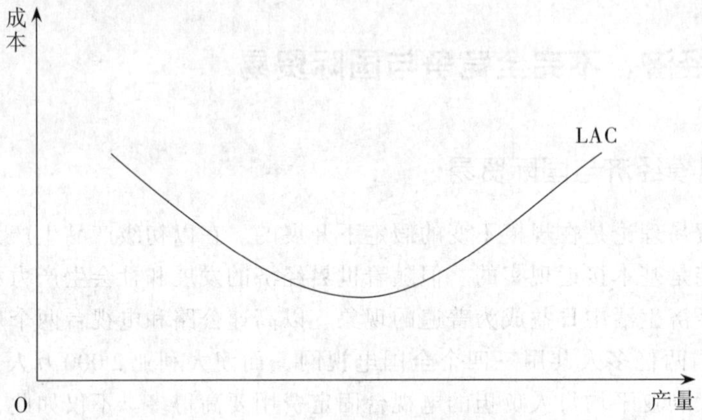

图4-5　长期平均成本曲线

规模经济又分为内部规模经济和外部规模经济。

(1) 内部规模经济

内部规模经济（internal scale economy）是指企业自身规模的扩大会使其平均成本下降。单产品的厂商通过自身生产规模扩大，可以提高生产率，降低平均成本，从而规模报收益递增。较大规模的厂商能更好地克服技术设备的不可分性，使生产能力得到更充分的利用；同时，较大的生产规模和产量使分排在每单位产品上的各种研发成本、管理费用、营销成本等降低。从本质上来说，这种规模经济主要来自厂商所具有的生产要素的不可分割性和其内部的专业化分工。此外，内部规模经济还表现为多产品的企业生产多种产品所产生的规模报酬递增。它是指单个企业联合生产两种产品，其产量超出两个各自生产一种产品的企业所能达到的产量之和。这种规模经济可能产生于固定投入。例如，以不致造成完全拥塞的方式共享或使用的物质资本和人力资本，有些固定投入可能不能完全分割、不易从一种生产转移到另一种生产，因此，某些商品的生产可能会在生产的某些阶段留下过剩的生产能力。另一种可能是，某些投入可能具有半公共品的特征，当为一个生产过程的使用而购置时，能够至少部分地用于其他商品的生产。规模报酬递增还可能来源于统一管理生产过程的优势或产品的相互关联性。内部规模经济往往与不完全竞争的市场结构相联系。为了获得内部规模经济，各厂商纷纷扩大企业规模，形成垄断竞争寡头或完全垄断的不同市场结构。内部规模经济反映在很多制造业和信息产业的企业中，如汽车、飞机、钢铁等大型企业。

（2）外部规模经济

外部规模经济（external scale economy）也称外在经济，即平均成本与单个厂商的生产规模无关，但与整个行业的生产规模有关，所以又被称为行业规模经济。它是假定在厂商规模报酬不变的情况下，单个厂商从整个行业的扩大中获得生产率的提高和成本的下降，它来自厂商没有能力利用的知识或信息。或者说，外部规模经济意味着，尽管各个厂商的平均成本及边际成本可能会由于其产出的扩大而上升，但它们还可以因为同一行业内其他厂商产出下降而降低。对厂商来说，其在长期内可以调整固定要素。当长期平均成本的下降是作为行业发展的结果而出现时，可以说有外部规模经济；反之，就说有外部规模不经济。外部规模经济常常由于集聚效应而产生。在发达国家，大部分拥有国际竞争优势的产品或产业的生产活动集中在本国的某一地区。例如，美国钢铁工业集中在匹兹堡，飞机制造工业集中在西雅图，计算机工业集中在明尼阿波利斯，电影业集中在好莱坞，金融业集中在纽约；法国的酿酒业集中在南部的地中海沿岸；瑞士的钟表制造业集中在苏黎世，而制药业集中在巴塞尔。

早在19世纪，英国经济学家阿尔弗雷德·马歇尔（Alfred Marshall）就注意到了“行业地带”所产生的外部经济效应。为什么众多企业集聚会产生外部效应呢？马歇尔解释其原因有以下几个方面：

首先，专业化供应商的形成。随着经济的发展，商品和服务的生产及新产品的开发都需要使用专门的设备和配套服务。如果分布过于分散，单独厂商很难生产和供应整个产品生产所需的全部设备，这会使下游厂商的生产设备难以配齐，或需要从其他国家或地区进口其余的专用设备而增加产品的成本。但大量厂商集中在一起，可以联合起来提供一个足够大的市场，使各种各样的专业化供应商得以生存。专业化的供应降低了生产设备的价格，使用这些设备的企业就能降低生产成本，从而更容易发展起来。

其次，共同要素市场的形成。厂商的集中能为拥有专业技术的工人创造出一个完善的具有充分流动性的劳动力市场。这个市场不仅有利于厂商解决劳动力短缺的问题，同时工人会较少面临失业。

最后，知识外溢。同一个部门内的生产企业越多，新技术的交流和促进就越多。行业集中能够使厂商通过正式或非正式渠道获取大量信息，这对那些高度创新的行业尤为重要。很多跨国公司在硅谷设立研究中心甚至建厂的主要目的并不是获取利润，而是希望跟上科技的最新发展。

产业在地域上的集中可使社会分工深化、企业联系加强和区域资源利用率提高，带来外部规模经济。产业集群内各个企业之间相互依存、相互制约，形成一定的自适应、自组织、自激励和自约束的组织机制，从而形成超越单个企业的资源配置和价值创造能力。集群内部不仅可以分享分工细化带来的高效率，而且产业价值链上下游企业之间可以彼此共享信息，特别是共享动态变化的最终消费信息，减少信息的扭曲、不对称以及市场摩擦，大大降低供需之间的不确定性，减少在制品、半成品和制成品的库存和流动资金的占用，降低产品库存中可能发生的失效和损耗情况，消除不必要的商品转运、积压和倒运，节约企业的生产成本、物流成本和财务成本。

专栏4-2

2.内部规模经济与国际贸易

利用规模经济获得市场定价权，实现超额利润，这是企业的追求。但是，当企业生产规模还不足以大到可以影响同类产品价格时，企业可以通过生产差异产品来获得价格控制权。所谓差异产品，指的是同一产业或产品集团内的众多企业生产的有差异的产品。

不仅厂商追求差异产品，消费者也追求差异产品。同一类产品的品种、设计、品牌越多，满足不同消费者需求的可能性就越大。随着消费者收入水平的提高，他们趋于追求个性化消费，这种消费的排他性实际上就是“消费权的垄断”。产品的差异化和多样化程度的高低从一个侧面反映了一个国家的精神生活和物质生活的享受水平。如果一个国家或地区的市场上产品花样繁多、品种齐全，能满足人们的不同需求，则这个国家人民的生活水平和福利水平较高；反之，则较低。因此，无论是生产者为获得垄断定价权还是消费者满足需求，各种差异产品都能因其自身有价值而存在。

然而，很明显地，追求差异产品是与大规模生产的经济性相矛盾的。规模经济要求生产规模大、批量大、标准化，从而达到节约成本的目的。产品差异化则要求小批量、多品种、多样化，从而减少价格参照系，这意味着单位产品的成本比较高，难以达到规模报酬递增的效果。要使现代生产和消费同时满足规模经济和差异产品生产与需求的要求，只能进行国际贸易和国际分工。国际贸易能够扩大厂商的市场规模，从而大规模生产有市场保障。国际贸易将大批量生产的产品分散到各国的市场上去，在每一国市场上表现为各种产品的小批量供应。对消费者来说，小批量的差异产品价格是比较低的，因而消费者的需求能够得到更大程度的满足。这种国际贸易是建立在差异产品的基础上的。因此，只要各国之间产品有差异，无论这种差异表现为何种形式，都可以成为国际贸易的基础。

通过以上分析，新贸易理论认为，规模经济是现今国际贸易产生的一个重要因素，一国某种产品的价格优势或成本优势可以既不是由技术水平差异所引起的，也不是由要素禀赋不同所引起的，而是由生产该产品的生产规模所造成的。

通过下面的模型分析可以更直接地了解如何在规模报酬递增的基础上进行互利贸易。如图4-6显示，假设甲、乙两国在生产技术、偏好等各个方面完全一样，我们用相同的生产可能性曲线和相同的无差异曲线来表示两国的情况。设X、Y产品均具有规模报酬递增的性质，故生产可能性曲线凸向原点。

在封闭经济条件下，由于生产可能性曲线和无差异曲线完全相同，各国产品的均衡价格也相同，均为$\frac{P_X}{P_Y}=a$。由一般经济学理论我们知道，a也是两国生产可能性曲线和无差异曲线的公切线P的斜率。此时，两国的消费组合可以达到C点。

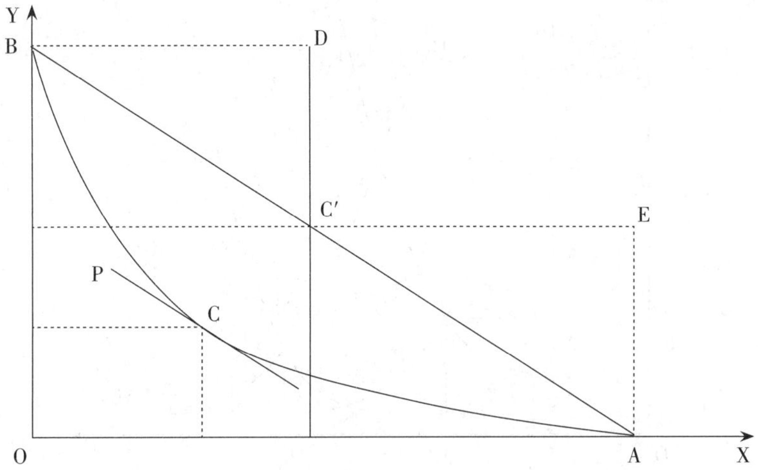

图4-6 内部规模经济与国际贸易

在开放经济条件下，如果甲国试图增加X产品的生产，哪怕开始时只比乙国扩大一点，生产X产品的厂商就会因为规模经济作用获得成本优势，促使其进一步扩张。这种扩张反过来又强化了它的优势（正反馈），出现了一种滚雪球式的发展倾向，推动甲国专业化生产X产品，外国也会专业化生产Y产品。在完全分工的情况下，甲国将在A点专业化生产X产品，而乙国将在B点专业化生产Y产品，然后通过彼此交换，各国的消费水平通过贸易都有所提高，经济福利也随之得到增进，达到了位置更高的社会无差异曲线的C′点。此时，甲国出口C′E的X产品，进口AE的Y产品，乙国出口C′D的Y产品，进口BD的X产品。需要补充说明的是，图4-6所表示的模型只是为了研究问题的方便，两国在要素禀赋等各方面并不完全一致的情况下，同样可以利用规模报酬递增进行互利贸易。

3.外部规模经济与国际贸易

同厂商的内部规模经济一样，国家产业水平上的规模报酬递增在国际贸易中也发挥重大作用。与前者不同的是，外部规模经济不是通过企业规模扩大来实现的，行业中单个厂商的规模可能很小，但通过行业或部门规模扩大，仍然可以使单个厂商的平均成本下降。当存在外部规模经济且其他条件相同时，行业规模大的国家将比行业规模小的国家在行业中更有效率，因而在国际市场上具有更多的竞争优势，各个具有不同产业优势的国家之间就产生了贸易的动机。可以用图4-7来表示外部规模经济对国际贸易的作用。

图4-7反映的是某一具有外部规模经济的行业市场供求情况。该行业中单个厂商规模不大，生产同质产品，该行业是完全竞争的。假设初始阶段该行业在国际市场上并不具有竞争优势，D_1表示贸易前本国的需求曲线，是没有贸易时本国该行业的总供给曲线。整个行业以P_1的价格向国内供给Q_1产量的产品。由于具有外部规模经济，该行业的长期平均成本曲线LAC向右下方倾斜，这说明随着行业规模的扩大，行业内各厂商的平均成本下降。

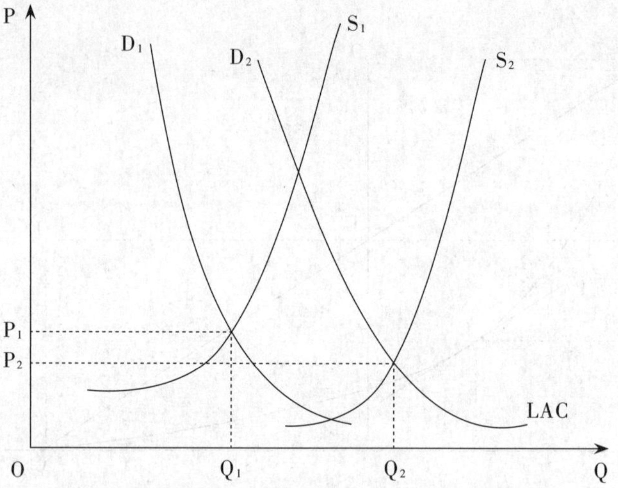

图4-7 外部规模经济与国际贸易

现在考察行业规模扩大时的情况。行业规模扩大意味着更多厂商进入，总供给曲线由S_1移至S_2。由于存在规模经济，行业规模的扩大同时带动了行业内所有厂商的平均成本的下降，这使得原本不具有竞争优势的厂商具有成本优势，从而贸易开始出现。贸易的存在使需求增加为原来的国内需求和国外部分消费者的需求之和，需求曲线移至D_2，与该行业总供给曲线S_2相交于新的均衡点。与原来的均衡点相比，此时的价格和平均成本都下降为P_2，产量却增加至Q_2。从贸易所得来看，本国该行业厂商由于贸易的产生，平均成本下降，这可能会带来短期的经济利润；本国消费者由于价格下降增加了消费者剩余，福利水平提高。

外部规模经济推动下的国际分工和国际贸易形式可以是两个起步时间相近的国家为避免资源的浪费，互相协调，分别发展两种产品的生产，然后进行交换。但根据克鲁格曼（P. R. Krugman）等人的观点，现实经济生活中存在的各种不确定性，如政府政策、各种历史的或偶然的因素，对一国利用外部规模报酬递增而产生比较优势的过程有重要影响。很多情况是：某国率先进入某一具有外部规模经济的行业，具有生产成本较低的先发优势，强烈的外部规模经济会巩固其作为大生产者的地位。虽然其他国家存在更廉价生产这种产品的可能性，但由于无力超过该国的生产规模，即无法达到更低的成本水平，因此进入该行业仍是相当困难的。外部规模经济可能会带来不利的专业化生产和贸易模式，使分工锁定在某一特定国家。我们通过下面的例子进一步说明。

假设美国和日本均能生产某种产品，如汽车，且日本企业的生产成本更为低廉。假设汽车的成本为产量的函数，两国的汽车行业均由许多完全竞争的企业构成，生产汽车的规模经济对单个企业来说是外部性的，其价格等于平均成本（如图4-8所示）。

图4-8中，AC_J和AC_A分别表示日本和美国企业的平均成本；D_W代表世界市场对汽车的需求，D_J表示日本国内市场对本国汽车的需求。由于历史的原因或偶然事件的发生，如新发明的诞生、专利保护、战争等，早期汽车行业在美国率先发展起来，不断发展壮大并首先进入国际市场，获得了“先行者优势”（first-mover advantage）或“领先一步”的优

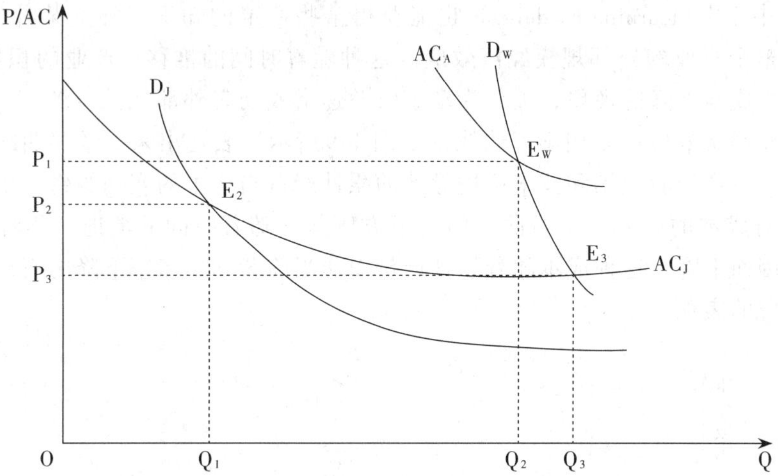

图4-8 外部规模经济对贸易模式及福利的影响

势，美国成为汽车的出口国。世界汽车市场的均衡点在E_W，均衡产量为Q_2。从图中看，日本企业的平均成本AC_J小于美国企业的平均成本AC_A，如果日本汽车企业能够进入世界市场，世界市场的均衡点将移动到E_3点的位置，价格将下降到P_3，产量将增加到Q_3。日本汽车企业进入世界市场晚。在日本汽车行业尚未完全建立并进入世界市场之前，日本汽车企业面临的初始成本高于P_1，成本上处于劣势。因此，虽然日本在汽车行业具有潜在的优势，可是美国汽车行业具有先期建立起来的外部规模经济优势，日本汽车企业难以跻身世界市场。所以，规模行业中不确定事件引起的某国产业先期建立和市场先期进入，可使该国在贸易中赢得比较优势。从历史的角度看，很多国家在国际分工格局中的地位都与这种先行者优势有着密切的关系。在自由贸易的情况下，这种外部规模壁垒可有效地阻止其他企业进入。

值得思考的是，与内部规模经济带动的国际贸易不同，基于外部规模经济的贸易对国家福利的影响是不确定的。最初，行业的集聚使成本较低，并不断巩固现有的贸易模式，会为本国带来福利的增加；但是，当别的国家可能提供更低廉的产品，而原来的生产国依然被“锁定”在固有的专业化模式之中的时候，可能会出现福利减少的不利趋势。仍以上例来说，由于日本汽车进入世界市场困难，它可能采取贸易保护政策，禁止美国汽车进入本国市场，而由本国自行生产。从这个角度来说，出于对外部规模经济的考虑，一国政府有时候会为了某些国内产业长期发展和本国社会长远利益而产生保护主义的动机。而由日本国内汽车需求曲线D_J决定的产量仅为Q_1，远小于由世界市场的汽车需求曲线D_w决定的均衡产量Q_2，且国内均衡价格P_3也比世界市场价格P_1低了许多。显然，重新回到贸易前状态会使该国的社会福利遭受损失。

需要特别指出的是，行业的规模优势是一个历史积累的结果。由于行业中不断改进技术、提高生产效率，因而规模经济应该是动态的。从微观上说，当某个厂商通过经验积累而提高其产品质量或生产技术时，其他厂商就有可能对该技术加以模仿并从中受益。从宏观产业上说，知识外溢效果使该行业的各个厂商的生产成本下降。后起步的国家经过一段时间的“干中学”（learning by doing）也能获得某些特定的知识，加上某种外力的作用，也会积累起整个行业的外部规模经济效应。这种随着时间的推移，产业的积累产量增加，从而造成平均成本下降的现象，被称为动态收益递增或动态外部规模经济。

动态规模经济效应可以用学习曲线（如图4-9所示）表达出来。学习曲线是描述由劳动技能提高、生产经验积累和技术增进导致的累计产量与成本的变动关系。由于通过生产获取的经验对成本的影响，学习曲线向右下方倾斜，随着时间的流逝，累计产量不断增加，成本也因而下降。这种成本随着累计产量而非当前劳动生产率下降的情形就是所谓的动态规模效应的表现。

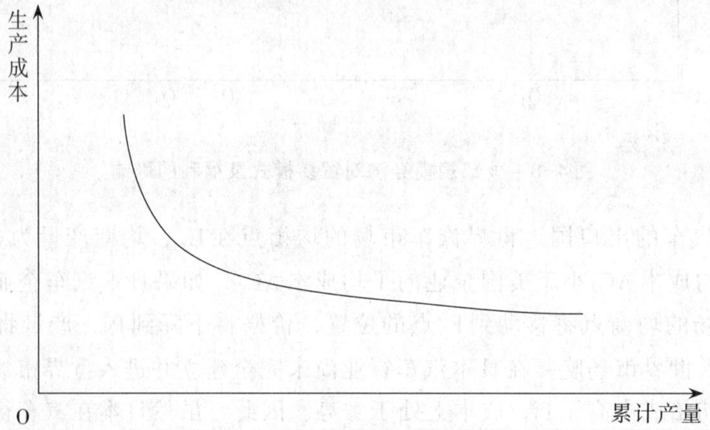

图4-9　学习曲线

我们也可以用进步比率（progress rate）来阐明动态规模经济效应。某一生产过程的进步比率可以通过计算平均成本随着累计产出增加而下降的幅度而得到。我们用累计产出来代替在给定时间段内的产出，以区分学习效应与其他规模效应。假设厂商的累积产出为Q，平均生产成本为AC_1；进一步假设厂商的累积产出增加到2Q，这时的平均生产成本为AC_2，则进步比率为AC_2/AC_1。如果进步比率小于1，则动态规模经济效应就产生了。人们已经在数千种产品中估计出平均进步比率约为0.8。这意味着，如果企业把它的产出增加1倍，单位成本将下降20%。但是，估计的进步比率只代表在一定产出范围内的平均水平，并不一定代表动态规模经济效应在某一时刻会被充分地利用。

规模经济贸易理论是新贸易理论的很重要的部分。它揭示了在规模经济和不完全竞争情况下，即使两国经济情况相似，即传统比较优势不明显，两国也可以实现国际分工和国际贸易。将规模经济作为贸易收益的重要来源，这是对传统贸易理论的一个必要补充；反过来，国际贸易也促进了各国对规模经济的利用。国际贸易扩大了市场规模，减少了国内市场规模对产品多样化及生产规模化的限制，使消费者能享受到低价格、差异化的商品和服务，消费者福利增加。同时，国际竞争能够促使一国规模报酬递增行业中的厂商提高效率、降低价格，进而导致规模行业的扩张。因此，假定其他情况不变，则规模经济、国际分工和国家贸易之间构成了一种良性循环。

4.4.2 不完全竞争与国际贸易

1.国际贸易中的不完全竞争

无论是古典还是新古典贸易理论，在分析国际贸易时都假定产品市场是完全竞争的。其关于贸易的解释和讨论都是建立在这一基础之上的。

根据微观经济学理论，完全竞争的产品市场有两个重要特征：

一是产品的同质性，即各个厂商生产的产品都是一样的，如矿产品、农产品等，这些产品虽有差别，但其基本效用差不多。

二是单个厂商不具备市场力量，它面临的需求曲线是一条水平线，是价格接受者。

但是国际贸易的现实离完全竞争的假设已经越来越远。首先是差异产品的存在。其次是各国制造品生产者的规模以及市场影响力很大。例如，在美国，几乎所有的汽车都是由通用、福特和克莱斯勒这三大公司生产的；在法国和意大利等国家，有近60%的汽车是由一两家大公司生产和销售的。

由此可见，古典和新古典贸易理论无法解释当代国际贸易中许多现象的原因之一是有关完全竞争的假设。当代国际贸易理论则在不完全竞争（包括垄断竞争、寡头和垄断）的基础上研究国际贸易。

2.垄断竞争与国际贸易

一个垄断性的竞争市场存在众多厂商且新厂商进入不受限制，各厂商销售在质量、外观或名声方面有差异的产品，各厂商是其特有产品唯一的销售者。对消费者来说，这些厂商的产品尽管可以相互替代，但是不能完全替代，产品的差别使得每家厂商在该产业中对它所特有的产品拥有垄断地位，因而在这个市场中，各厂商面临的是向右下方倾斜的需求曲线。

（1）垄断竞争市场的长期均衡

在短期内，垄断竞争市场中的厂商可以赚取超额利润，但是由于不断有新厂商进入该市场，从而将利润压低至零。因此，在长期中，垄断竞争市场中的厂商利润为零，其产品价格恰好等于其平均成本。图4-10说明了这一点。

图4-10是有关垄断竞争市场的标准模型。图中的D曲线是某一代表性厂商所面对的长期需求曲线，它也是厂商的平均收益（AR）曲线。由于该厂商是自己所特有产品的垄断者，所以其面对的需求曲线是向右下方倾斜的；同时，由于许多其他厂商提供同类产品，所以该厂商所面临的需求曲线具有较大的价格弹性（因此需求曲线较为平缓），这意味着价格的较小变动会导致厂商销售量的较大变动。需求曲线向右下方倾斜，则边际收益（MR）曲线也向右下方倾斜，且在需求曲线之下，即MR<P。

由于存在规模经济，所以该代表性厂商的平均成本曲线AC是向右下方倾斜的，即当其产量增加时平均成本会下降。当平均成本随着产量的增加而下降时，边际成本（MC）一定是低于平均成本的，即MC<AC，所以边际成本曲线在平均成本曲线之下。当边际收益等于边际成本（MR=MC）时，该厂商实现利润最大化，即边际收益曲线和边际成本曲线的交点所对应的产出水平Q_0是该厂商的最优产量。从需求曲线上可以看出，该产量（相应的销售量）所对应的价格水平为P_0，恰好等于该产量所对应的平均成本（平均成本曲线此时恰好经过A点，并且和需求曲线相切），这表明该厂商刚好弥补成本，即它只能

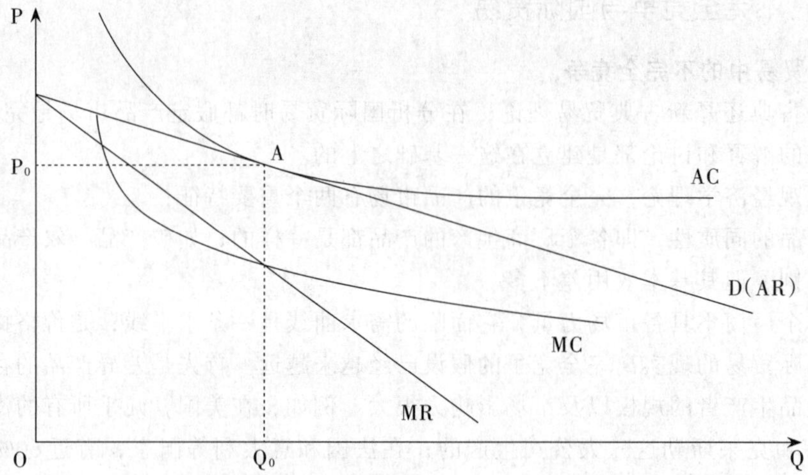

图4-10　垄断竞争市场的标准模型

赚取平均利润。

在长期中，垄断竞争厂商的需求曲线之所以恰好和其平均成本曲线相切，原因在于市场份额和销量下降（或上升），即使原有厂商的需求曲线向左下方（或右上方）移动，最终当垄断竞争厂商的平均成本曲线和其面对的需求曲线相切时，该厂商的产品价格恰好等于其平均成本，既没有超额利润，也没有亏损，此时厂商的进出停止，该市场达到垄断竞争条件下的长期均衡，厂商数目也随之确定。相应地，垄断竞争市场的长期均衡条件为：

$$MR = MC$$

$$P = AR = AC$$

（2）垄断市场规模与厂商产量、厂商数目

首先，市场规模越大，则其所能容纳的厂商数目（n）就会越多；其次，厂商数目越多，与单个厂商平均成本曲线相切的需求曲线就越平坦。

在图4-10中，AC曲线的位置固定不变，D曲线越平坦，其与AC曲线的切点就越偏向右下方，这意味着厂商的均衡产量会随着市场规模的扩大而上升。由于所有厂商的条件均完全相同，所以均衡时，所有厂商的产量与产品价格也均相同。若用M表示整个市场规模，那么均衡时每个厂商的产量（q）均为$q=M/n$。图4-11中的曲线RC描述了均衡时厂商数量与厂商产量之间所有可能组合的轨迹。RC曲线向右上方倾斜，曲线上离原点越远的点表示市场规模M越大，因而对应的厂商数量与厂商产量就越大。

（3）开放条件下垄断竞争市场的均衡

假设世界上只有两个国家：A国与B国，两个国家除了市场规模存在差异（如人口规模的差异导致了市场规模的差异）外，在生产技术条件、要素禀赋及消费者偏好等诸多方面都完全相同。我们假设A国是小国，B国是大国。

根据这些假设，A、B两国的RC曲线完全相同，从而可以图4-11为例说明两国的情况。由于A国国内市场较小，在封闭条件下，A、B两国的市场均衡分别为A点与B点。同时，我们可以很容易地推断出，在封闭条件下，A国产品的价格要高于B国。市场开

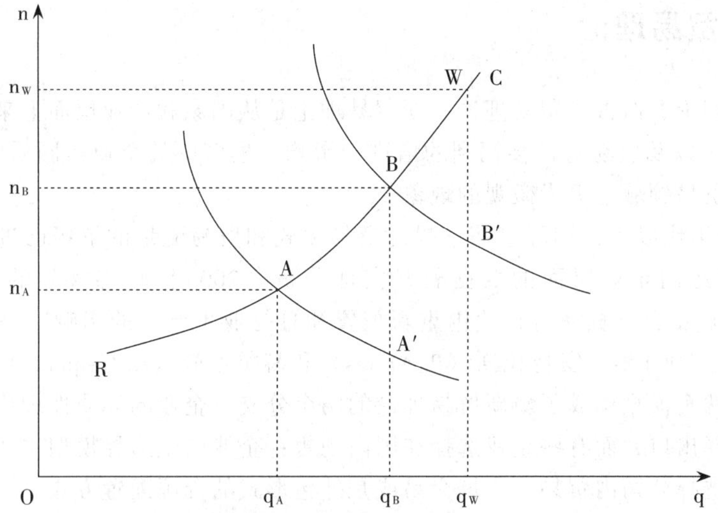

图4-11　市场规模与厂商数量

放后，两国市场结合成统一的世界市场。由于市场规模扩大，整个世界所能容纳的厂商数量和产量均扩大。在图4-11中，开放后的世界均衡点为W，厂商数量为n_W。无论是A国厂商还是B国厂商，所有厂商的均衡产量均为q_W。在自由贸易情况下，各国市场均衡均发生变化。各国厂商的产量均为q_W，与封闭情形相比，厂商的产量扩大了。但由于假设该垄断竞争行业的要素使用总量是固定的，对各国来说，厂商产量的扩大必然意味着厂商数量的减少，所以两国开放后的市场均衡点应处于原来均衡点的右下方。在图4-11中，A′、B′分别表示A、B两国开放后的新均衡点，而AA′与BB′两条向下倾斜的曲线分别表示A、B两国在要素使用总量不变的条件下，行业内厂商数量与厂商产量有可能组合的轨迹。

对应于新的均衡点，A、B两国的厂商数量之和等于n_W，即开放后两国所生产的差异产品的数量之和等于n_W。很显然，$n_W > n_B > n_A$，所以，开放后两国消费者可选择的产品品种要比各自在封闭状态下多。另外，由于厂商间所生产的产品都是有差异的，因而两国在开放后所生产的产品品种不会重复。开放后其消费品一部分由本国厂商提供，另一部分则来自国外，由于这种贸易是发生在具有差异产品的同一行业内，所以贸易形态是一种产业内贸易。

因此，在规模经济存在的情况下，国际贸易的作用在于使一国市场扩大。

市场扩大可产生两种积极效应：

一是通过厂商产量的提高实现规模经济效益；

二是增加产品的品种数量。

从整个社会福利提高的来源看，贸易利益体现在两个方面：

一是生产成本降低，使消费者可以以更低的价格购买消费品；

二是产品品种的增加使消费者可有更多的选择，从而带来更多的满足。

4.5 新新贸易理论

古典贸易理论、新古典贸易理论、新贸易理论是从国家和产业层面上来解释贸易的发生、贸易结构，以及贸易对社会福利的增进和影响，模型中的企业是同质的、无差异的，无法解释国际贸易领域中更为微观的现象。

20世纪90年代以来，国际经济学界对贸易模式和贸易流量的解释已进入企业层面的微观研究，并运用企业层面的数据展开实证分析。2003年哈佛大学的马克·梅利兹（Marc J. Melitz）发表《贸易对行业内重新配置和总行业生产率的影响》一文，提出异质企业贸易模型。2004年，安特拉斯（P. Antras）和赫尔普曼（E. Helpman）提出企业内生边界模型。这两个模型构成了新新贸易理论的两个分支。企业的异质性理论主要解释为什么有的企业选择出口，而有些企业选择在国内销售：企业内生边界模型主要解释是什么因素决定企业会选择公司内贸易、市场交易或是外包形式的资源配置方式。二者都研究了什么因素决定企业是选择出口还是对外直接投资（foreign direct investment，FDI）进入国际市场。本部分将主要对企业异质性模型的内容做简单的介绍。

梅利兹建立的异质性企业模型以克鲁格曼和Hpenhayn动态产业模型为基础，同时引入企业生产率差异，来解释国际贸易中企业进口和出口决策行为。

梅利兹模型在生产方面假定每个企业都生产水平差异产品中的一种，并具有一定的垄断能力；劳动是唯一的要素，劳动使用量与产量成正比，与生产率成反比；企业的生产率是外生决定的，企业会根据自己的生产水平做出前瞻性决策。该模型在消费方面假定消费者对各种产品的偏好是对称的，喜欢产品的多样性，产品种类越多，效用则越大。①

在封闭经济条件下，企业有两种策略可供选择，即生产或不生产。存在一个生产率水平使得企业利润为零，这个生产率水平被称为临界生产率水平。当企业的生产率水平大于临界生产率水平时，企业选择生产；当企业的生产率水平小于临界生产率水平时，企业则不会进入这个市场，或已经生产的企业会退出市场。除了生产率水平可以影响企业生产决策外，固定成本也是个影响企业生产决策的变量。当固定成本升高时，更多的企业退出市场，因为只有那些达到或者超过临界生产率水平的企业才会继续生产。而当固定成本降低时，更多的企业进入市场，因为原来不生产的企业也会发现进入市场有利可图，于是开始生产。因此，异质企业的生产型决策是一个自我选择的过程。

在开放经济条件下，企业有3种策略可供选择：不进行生产；进行生产但不进入国际市场；生产且进入国际市场。企业进入本国市场面临固定的生产成本，进入国际市场有贸易成本和沉没成本。当企业选择进入国际市场时，它所面临的成本为生产成本、贸易成本与沉没成本的加总。与封闭经济条件下的情况不同，开放经济条件下存在3种临界生产率水平：封闭经济临界生产率、开放经济临界生产率与国际市场临界生产率。国际市场临界生产率最高，开放经济临界生产率次之，封闭经济临界生产率最低。当企业的生产率水平低于封闭经济条件下的临界生产率水平时，企业会退出所在行业；当企业的生产率水平介

① MELITZ. The impact of trade on intra-industry reallocations and aggregate industry productivity [J]. Econometrica, 2003, 71 (6): 1695-1725.

于封闭经济条件下的临界生产率水平与开放经济条件下的临界生产率水平时，企业会被迫退出市场；当企业的生产率水平高于开放经济条件下的临界生产率水平但低于国际市场临界生产率水平时，企业只能服务于国内市场；对那些生产率水平高于国际市场临界生产率水平的企业来说，它们将获得国际市场份额，利润水平大大提高。

梅利兹模型强调了贸易自由化对资源在不同企业间的配置和行业生产率变动的影响。贸易自由化使得要素和经济资源进一步向生产率高的企业集中，效率低下的企业被迫淘汰出局，整个行业的效率都会因此得到提升。

新新贸易理论的核心观点是自由贸易通过市场份额的重新配置和行业生产率水平的提高而提高社会福利。当然，自由贸易会引起国内企业数量的降低，但这并不会降低国内消费者的福利，因为国外企业可以提供价格更低且种类更丰富的产品。

第4章思政窗

本章小结

1.我们一般用产业内贸易指数来衡量产业内贸易程度，$IIT = 1 - \frac{|X - M|}{|X + M|}$，由公式可看出产业内贸易程度主要通过一国产业的进出口额的大小来反映。

2.技术差距论认为技术创新国和模仿国的技术差距会逐渐缩小，并且这一时间段被称为模仿时滞。其主要包括需求时滞、反应时滞和掌握时滞。

3.需求相似理论与要素禀赋理论各有其不同的适用范围。前者适合解释发生在发达国家之间的产业内贸易；后者主要解释发生在发达国家与发展中国家之间的产业间贸易。

4.规模经济贸易理论揭示了在规模经济和不完全竞争的情况下，即使两国经济情况相似，即传统比较优势不明显，两国也可以实现国际分工和国际贸易。

关键术语

产业内贸易　技术差距模型　产品生命周期理论　需求相似理论　内部规模经济　外部规模经济　垄断竞争　市场均衡　自由贸易

基本训练

一、简答题

1.新新贸易理论与传统贸易理论有什么区别和联系？

2.请用产品生命周期理论来解释一些传统行业的兴衰，如零售业、通信业。

3.试比较需求相似理论和要素禀赋理论的异同。

4.试用需求相似理论分析美日两大汽车生产国在汽车行业的贸易往来。

5.解释下面几个例子中，哪些属于外部规模经济，哪些属于内部规模经济：

（1）英特尔生产了世界上半数以上的CPU；

（2）福建泉州大量生产服装和鞋；

（3）深圳华强北手机商城；

（4）中国香港作为亚洲的金融中心；

（5）苹果公司。

二、案例分析题

小米集团的运营

小米公司成立于2010年，最初从事智能手机和互联网业务，历经数年发展，逐渐形成了“硬件”“互联网服务”“新零售”相协作的“铁人三项”商业模式。小米公司于2013年开启了生态链投资计划，通过投资有潜力的企业，实现产品开发的协同，迅速丰富和扩充了公司产品矩阵。小米公司的产品已从智能手机拓展到手机配件、智能电视、笔记本电脑、AI音箱、白色家电、生活消费品等多个品类。从2014年起，小米公司由印度开始逐步拓展海外业务，陆续在多个海外市场取得较好成绩。公司成长迅速，成立两年后，年销售额就已突破10亿美元，到2014年又突破了100亿美元。2018年7月，小米公司赴港IPO上市。2020年，小米公司被《财富》杂志评选为世界500强企业的第422位，成为最年轻的世界500强公司。

硬件是小米公司的基础，包括手机、电脑、电视、音箱、路由器等自营产品，以及生态链企业研发生产的其他硬件品类。通过“线上+线下”的新零售模式，小米公司向消费者出售各类硬件及生活消费品，并借助硬件操作系统为用户提供互联网服务，最终公司可以获取硬件产品零售收入以及互联网服务收入。

对于自营产品，小米公司根据预测生产计划从供货商处采购生产自营产品所用原材料和组件，然后将自主设计产品的组装外包予外包伙伴，生产模式更接近OEM模式。2015年、2016年和2017年，小米自营产品的前五大供货商的采购额分别约占其相应期间采购总额的41.7%、37.6%和42.0%，最大供货商分别占其相应期间采购总额约11.8%、13.8%和14.3%。这些供应商主要提供的是系统芯片、电子组件、存储器及触控屏幕组件。小米与这些主要供应商有5~8年的稳定合作关系。

小米公司的绝大部分自营产品由中国的外包伙伴组装，部分产品按相关地方性法规在印度及印度尼西亚组装。小米公司委聘中国外包伙伴组装自主研发硬件产品，包括富士康（为小米生产产品的组装工厂，位于河北省）及英华达（为小米生产产品的工厂，位于江苏省）。小米公司在中国组装的产品在非印度及印度尼西亚的市场销售。小米公司在印度销售的产品则主要依赖印度的外包伙伴富士康组装。

从具体的产品来看，小米公司是以手机为核心，通过“自营+投资”的方式不断向外扩展。小米公司涉及的产品大致分为4个圈层：最核心层是智能手机；其次是由手机衍生出的配件产品；再次是智能硬件设备；最后是生活消费品。其中，小米公司自营的产品主要有智能手机、智能电视、笔记本电脑、人工智能音箱和智能路由器，其他产品主要是由小米生态链的企业提供。

目前向小米公司供应成品的主要生态链企业包括智米、华米、紫米技术、石头科技、纳恩博、云米、万魔等。小米公司与生态链企业的协同生产模式相对独特，并非传统意义上的代工或者自主生产。小米公司采用一种“投资+孵化”的方式构建生态链，与生态链企业共同设计及研发硬件产品，生态链企业直接向小米公司供应成品。小米公司对生态链企业持股但不控股的投资方式，使它在与生态链企业的协作过程中既有影响力，又不使生态链企业丧失自主权。合作中，小米公司将品牌授权予生态链企业使用，但知识产权仍归属于生态链企业。早期孵化阶段，小米公司会更多地介入设计、生产制造的过程，甚至输送团队帮助完成各项职能，而随着生态链企业的成长，其自主权也会不断提升。

资料来源　艾媒金融科技产业研究中心. 2019小米集团运行状况及行业趋势研究报告［EB/OL］.（2019-10-22）［2021-04-25］. https://www.iimedia.cn/c1000/66451.html.

问题：根据上述材料，试分析产品生命周期理论对企业生产战略的影响。

第5章

贸易保护政策的理论依据

学习目标

学习目标

学完本章，你应该能够：

◎掌握最优关税与最优关税税率的确定；
◎理解李斯特幼稚产业保护理论；
◎掌握幼稚产业的主要判定标准；
◎理解普雷维什的中心-外围理论；
◎理解战略性贸易理论及其有效性；
◎理解贸易政策的政治经济学的主要观点。

引例

空中客车公司——由国家提供产业发展补贴的战略贸易政策的例子

欧洲的空中客车公司成立于1970年，是一个由来自法国（拥有38%所有权）、德国（拥有38%所有权）、英国（拥有20%所有权）及西班牙（拥有4%所有权）等国的厂商共同策划的财团项目。所有4个国家的政府都为该财团项目提供过资金。尽管没有确切的办法来询问补贴究竟到了什么地步，美国商务部在1993年估计说，空中客车公司在这一时期获得的补贴数额大概在260亿美元（Coleman，1993）。1996年，当合伙公司都同意将空中客车公司由一个松散的财团组织转变成一个集团、统一的公司，以更好地降低成本，并使空中客车公司能从外部投资者处寻求资金来资助一项新的、更大型的喷气式客机的研制计划时，空中客车公司的实力得到了加强。

空中客车公司最有力的竞争对手是美国的波音公司，后者占据了世界飞机市场60%的份额。波音公司是美国所有行业中最大的出口商，许多年来民用飞机一直是一个获得很大净收益的出口商品类别。波音公司及其他的美国厂商对空中客车公司获得的补贴提出过抱怨，尽管到1993年，估计波音公司、通用动力公司及麦道公司已通过美国政府的军事与太空开发合同得到过410亿美元的“间接补贴”。为了对补贴进行控制，美国与欧共体在1992年签署了一份协议，双方同意将补贴限定为飞机开发成本的33%。然而，到了1997年，欧洲的不满情绪已极其明显，因为欧盟的贸易官员们认为，欧洲的直接补贴相对于美国的间接补贴而言，给他们带来了更大的负担。此外，波音公司和空中客车公司竞争的一些其他事件也刺激了欧盟，特别是波音公司与麦道公司的合并及两家公司订立的协定，使波音公司成为美国航空公司与德尔塔航空公司喷气式客机的独家供应商。

最后，据理查德·鲍德温估计，由于对空中客车公司进行补贴，欧洲的福利可能遭受了一定的损失，美国的福利也有所减少。因为波音公司利润的减少超过了飞机购买者从降价中得到的好处，唯一的获利者看来只能是其他国家了。它们的航空公司及乘客都从飞机价格的下跌中受益匪浅。或许，“战略贸易政策”仅使那些未进行战略规划的国家获利。

资料来源　[1] 雷兴长，葛林. 中国飞机制造业战略性贸易政策和产业政策理论分析 [J]. 社科纵横，2010，25（10）：51-54. [2] 丁赛赛，谭鸿益. 避免战略产业贸易冲突的分析——以欧美大飞机补贴冲突为例 [J]. 对外经贸实务，2011（1）：43-45. [3] 张超汉，刘静. WTO框架下美国大飞机补贴实证研究——以“欧盟诉美国大飞机补贴案”为例 [J]. 国际经贸探索，2020，36（4）：89-99.

古典贸易理论、新古典贸易理论以及现代贸易理论都论证了自由贸易是好的，能够提高世界福利。但自重商主义以来，许多国家的贸易保护实践在一定程度上反映了国际贸易发展的事实。既然自由贸易能够提高国家福利，为什么有些国家在实践中还要限制贸易呢？经济学家和政治学家从不同角度提出了一些保护贸易的观点，这些观点大致可分为两类：一类认为自由贸易是最佳选择。这种观点仅限于理论分析，它的成立以完全竞争市场、不存在外部经济性等一些苛刻的假设为前提。但在现实中，这些条件往往难以满足，通常这些贸易保护主义以国内扭曲为由倡导实行贸易保护政策，如幼稚产业保护理论。另一类从收入分配的角度出发，把贸易政策的制定视为不同利益集团活动的结果，通常这类观点被统称为贸易政策或贸易保护的政治经济学。本章将介绍几种主要的贸易保护理论及其评价。

5.1 最优关税论

在大国情形下，关税可以改善本国的贸易条件，这意味着关税有可能改善本国的福利水平，即实施贸易保护可以获得更多的利益，这一点正是最优关税论的核心思想。

5.1.1 最优关税的含义

最优关税（optimum tariff）又称最佳关税，是指一国贸易条件改善相对其贸易量减少的负面影响的净所得最大化的关税税率。在小国情形下，由于关税全部由国内消费者承担，所以最佳关税就是零关税。然而在大国情形下，征收关税，一方面由于贸易条件改善而得益，另一方面因为生产扭曲和消费扭曲而导致损失。因此，大国的最佳关税将取决于两者的比较。确定最优关税的条件是进口国由征收关税所引起的额外损失（边际损失）与额外收益（边际收益）相等。但最优关税不会是禁止性关税，因为在禁止性关税下，进口国不能得到任何因贸易而带来的经济利益，进口关税高并不意味着收益高。[①]最优关税也不会是零关税，因为零关税也不能是进口国获得贸易条件改善带来的经济利益。因此，最优关税应该处于禁止性关税和零关税之间。在这个范围内的进口关税商品可使外国出口商承担一部分关税。

在进口需求弹性一定的情况下，最优关税水平决定于外国出口商商品的供给弹性。外国出口商品的供给弹性越大，最优关税水平就越低；反之，最优关税水平就越高。因此，进口国政府确定的最优关税水平与出口国厂商向进口国提供商品的供给弹性成反比，在进口国的需求弹性较大且出口国的供给弹性较小的情况下，征收关税可明显改善本国的贸易

① 梁军，马宁，赵效娟. 国际经济学 [M]. 北京：电子工业出版社，2013：137-138.

条件，从而可能使本国福利增加。因此，最优关税成为大国采取贸易保护政策的理论依据之一。

由于最优关税是在零关税和禁止性关税之间存在的某一最佳点，在这一点上，贸易条件改善，而额外获得的收益恰好抵消了因征税而产生的生产扭曲和消费扭曲所带来的额外损失。

最优关税的确定可由图5-1来说明。图5-1中的横坐标表示关税税率，纵坐标表示征收国的福利水平，曲线AB表示关税水平对本国福利的影响，A点的位置高于B点的位置，表明B点的福利水平低于A点。A点对应的关税税率为零，即OA代表自由贸易状态下的社会福利水平。T_2表示禁止性关税，对应于该关税水平，国内经济又回到了封闭状态，所以当关税水平大于或等于T_2时，社会福利水平要低于自由贸易下的福利水平。曲线AB在C点的切线斜率为零，即在这一点，进口国的福利达到最高水平，对应于这一点的关税税率为T_1，该税率即为最优关税税率。

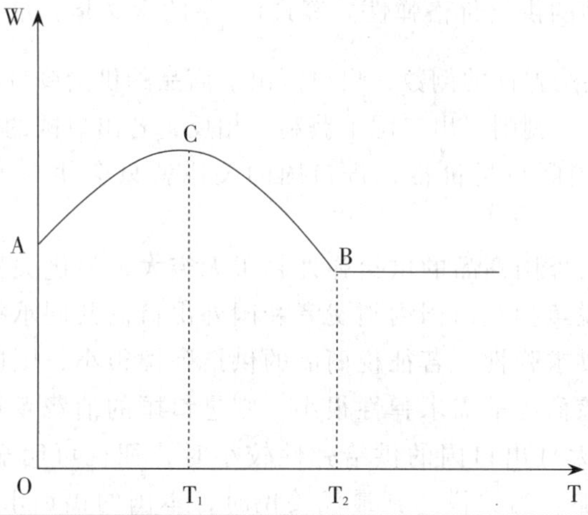

图5-1　最优关税

5.1.2　最优关税税率的确定

贸易大国由于可以影响国际市场价格，征收关税既可能享有国民利益，也可能承担国民损失。而最优关税税率所要讨论的问题是怎样才能使关税在起到充分保护作用的同时，又不至于发生国民利益的净损失。

最优关税税率（optimum tariff rate）是指这样一种税率，它使本国由于征收关税所获得的国民利益超过贸易量减少所造成的国民福利损失，使该国所获得的净收益达到最大化。这一最优关税税率的选择原则是在此税率上的任何变化所引起的额外收益与额外损失正好相等。若以t表示最优关税税率，则此选择原则可以表述如下：

$$M\cdot\frac{dP}{dt}-t\cdot P\cdot\frac{dM}{dt}=0$$

式中：M表示商品的进口量，它是t的减函数；P表示价格，它是t的增函数；$\frac{dP}{dt}$表示关税税率变动引起的世界市场价格的变动率；$\frac{dM}{dt}$表示关税税率变动造成的进口量的变动率；$t \cdot P$表示单位商品关税额。

$M \cdot \frac{dP}{dt}$中，若提高t，则该式表示由于提高t而增加的由外国出口商支付的政府税收，对本国来说就是增加收益，即关税的边际收益；若降低t，则该式表示额外损失。

$t \cdot P \cdot \frac{dM}{dt}$中，若提高t，则该式表示贸易量减少造成的税收损失，即关税的边际成本；若降低t，则该式表示额外收益。

依据边际收益等于边际成本的原则，上式可推导如下：

$$t = (M \cdot \frac{dP}{dt}) / (P \cdot \frac{dM}{dt}) = \frac{M}{P} \cdot \frac{dP}{dM} = \frac{1}{S_m}$$

即 $t = \frac{1}{S_m}$

式中：S_m表示进口商品的供给价格弹性。等式$t = \frac{1}{S_m}$的含义是：最优关税税率等于出口国向进口国供应商品的供给弹性的倒数。出口国出口商品的供给弹性越低，最优关税税率就越高，进口国就越能从“剥削”出口国中获利。相反，若出口国的供给弹性无限大，使进口国面临一种固定的国际市场价格，进口国的关税就只会使本国受损，最优关税税率为零。

贸易小国所面临的外国商品的供给弹性趋于无穷大，最优关税税率就等于零。在贸易大国的情形下，关税负担是由国内消费者和国外出口商共同承担的，而双方承担的程度取决于征税商品的供求弹性。若征税商品的供给弹性很小，则国外出口商将承担更多的关税；若进口国对该商品的需求弹性很小，则进口国的消费者将承担更多的关税。当进口国的需求弹性较大且出口国的供给弹性较小时，征税可明显改善进口国的贸易条件，使进口国福利增加。当关税达到最优关税时，本国的福利水平达到最大化。此时，征税国因贸易条件改善而带来的边际收益正好等于征税而产生的生产扭曲和消费扭曲所带来的边际损失。

由于贸易小国在国际市场上面临的供给曲线是完全富有弹性的，即$S_m \to \infty$，因此，贸易小国的最优关税税率为零；由于贸易大国面临的供给曲线是有弹性但不是无限的，因此，它的最优关税税率大于零。一个进口大国可能会由于征收进口关税而得益，但同时，若关税税率高到阻止了贸易的开展，该国必然受损。因此，在自由贸易（零关税）和禁止性关税之间必然有一个能使进口国福利增加的关税税率，称之为最优关税税率。最优关税税率就是能使贸易条件得益与效率损失之间的差达到最大的关税。

5.1.3 最优关税利益的来源

如果出口商在进口国市场上具有垄断力量，那么进口国对进口商品征收关税可迫使垄断厂商放弃一部分垄断利润，而这部分利润转移到了进口国，即进口国政府从出口厂商那里抽取了部分垄断资金。因此，最优关税的利益实际上来源于垄断厂商的一部分垄断利润。这里借助图5-2来说明垄断租金的抽取。

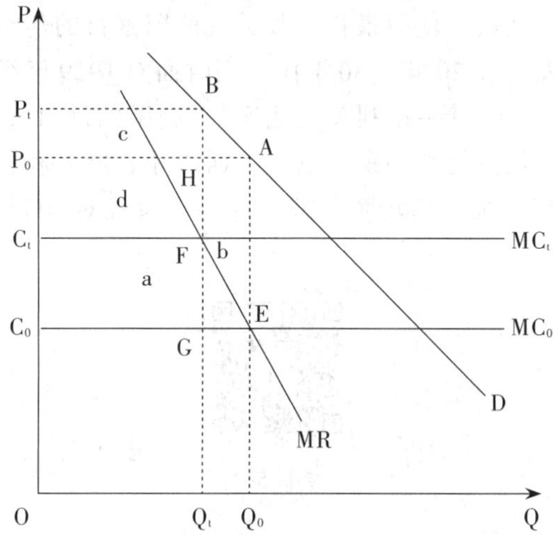

注：图中a部分为C_tFGC_0，b部分为HAEG，d部分为P_0HFC_t。

图5-2 最优关税与垄断租金

假定在进口国市场上没有其他生产者生产同类商品，因而出口商是进口国市场某种商品的唯一供应者（垄断者）。图5-2中进口国国内需求曲线为D（这也是出口商在进口国面临的需求曲线），边际收益曲线为MR。为简便起见，假设出口商的平均成本与边际成本相等，且为常数，故平均成本曲线与边际成本曲线是同一条直线。

在进口国征收关税之前，出口商根据利润最大化条件决定其在进口国市场的销售量和价格，图中边际收益曲线MR与边际成本曲线MC_0的交点决定了销售量和销售价格，分别为Q_0和P_0。此时，出口商获得的垄断利润为P_0AEC_0（即a+b+d）部分。征税后，出口商的成本由C_0升至C_t。现在出口商出于利润最大化的考虑，会重新确定其销售量和销售价格。由图可知，它将以更高的价格P_t出售低于原先销售量的产品Q_t。由于边际收益曲线比需求曲线更陡，所以征收关税后，进口商品价格的上涨幅度要低于出口商品成本的上涨幅度。

由于征税后国内市场进口商品价格上涨，且消费减少，所以消费者福利遭受损失。如图所示，消费者剩余的减少部分为P_tBAP_0，但政府财政收入增加了C_tFGC_0部分。此时，关税的净福利效应取决于P_tBAP_0部分与C_tFGC_0部分的比较。因为价格上涨的幅度小于关税，即$P_tP_0 < C_tC_0$，所以，$P_tBAP_0 < C_tFGC_0$。如果进口需求弹性比较大（即需求曲线比较平坦），那么BAH的面积会很小；此时，关税就有可能改善进口国的福利。在这种情况下，可以确定最优关税使进口国的福利达到最大。

另一方面，征税后，出口商的利润要减少。如图5-2所示，出口商的利润减少部分=$C_tFGC_0 + HAEG - P_tBHP_0$，即（a+b−c）部分的面积，也就是关税“抽取”的垄断利润。

5.1.4 政策的有效性分析

最优关税虽然指出贸易保护可能使一国获得比自由贸易更多的利益，但这种利益的获得是以他国利益的牺牲为代价的。因为征收关税在改善进口国贸易条件的同时，它的贸易伙伴国的贸易条件恶化了，所以贸易伙伴国的利益会遭受损失。这种“以邻为壑”的做法自然容易遭到受害一方的报复。如果贸易伙伴国进行报复，反过来对来自原征税国的进口商品征收报复性关税，那么就会使得最初征收关税的国家目的落空，甚至引发关税战。历史上最为著名的关税战发生在20世纪30年代。当时面对1929年经济大萧条，美国国会在1930年6月17日通过了《斯姆特-霍利关税法案》。美国的进口关税税率在1929—1933年提高了近50%，并开始征收报复性关税。以后，西班牙、意大利、加拿大、澳大利亚、法国等也提高进口关税税率，加入这场关税战。这场关税战对20世纪30年代的大危机产生了极大的消极影响。

专栏5-1

5.2 幼稚产业保护理论

5.1部分所论述的最优关税论以福利最大化作为实施贸易保护政策的标准，该理论仅适用于大国情况。现实世界中许多发展中的小国也通过征收进口关税的措施实施贸易保护主义政策。显然，小国征收关税的目的并非通过征收最优关税来获得福利的最大化，那么发展中的小国实施贸易保护政策的目的是什么呢？这就是本部分要讨论的幼稚产业保护理论。

当第一次工业革命在英国、法国深入发展时，欧洲、北美经济不发达的国家的国内资本主义工业还处于萌芽时期，这些国家的资产阶级要求保护幼稚产业，于是形成了与自由贸易学说相对立的贸易保护学说，其中最具代表性的就是美国和德国的贸易保护实践。

5.2.1 美国学者汉密尔顿的贸易保护思想

汉密尔顿是美国独立后的首任财政部部长。独立战争胜利后，美国在政治上虽然取得独立，但经济上仍属殖民地经济形态，国内产业结构以农业为主，工业方面仅限于农产品加工和手工业的制造，处于十分落后的水平。美国北方工业资产阶级要求实行保护关税政策，以独立地发展本国经济。南方种植园主则主张实行自由贸易政策，继续向英国、法国、荷兰等国出口小麦、棉花、烟草、木材等农林产品，用以交换这些国家的工业品。美国于1789年制定第一个关税税则，平均税率为8.5%，此后多次提高关税税率。汉密尔顿代表工业资产阶级的利益，在1791年12月向国会提出的《关于制造业的报告》中指出：对幼稚产业征收保护关税，提高本国商品的竞争力。汉密尔顿认为，一个国家要在消费廉价产品的“近期利益”和本国产业发展的“长远利益”之间进行选择。一国不能只顾追求近期利益而牺牲长远利益。他在报告中系统地阐述了保护和发展制造业的必要性和重要性，指出一个国家如果没有工业的发展，就很难保持其独立地位。美国工业起步晚，基础薄弱，技术落后，生产成本高，根本无法同英、法等国的廉价商品进行自由竞争，因此，美国应实行保护关税制度，以使新建立起来的工业得以生存、发展、壮大。1816年，美国国会通过《关税法》，正式将贸易保护政策作为《关税法》的基本原则加以确立，强调对进口商品征收高关税，以保护国内市场，因此使当时美国许多新兴的制造业生存、发展和壮大起来。

为了保护和促进制造业的发展，汉密尔顿提出了一系列具体的政策主张，主要有：

①向私营工业发放贷款，扶持私营工业发展；

②实行保护关税制度，保护国内新兴工业；

③限制重要原料出口，免税进口本国急需原料；

④给各类工业发放奖励金，并为必需品工业发放津贴；

⑤限制改良及其他先进生产设备输出；

⑥建立联邦检查制度，保证和提高工业品质量；

⑦吸收外国资金，以满足国内工业发展需要；

⑧鼓励移民迁入，以增加国内劳动力供给。

汉密尔顿的贸易保护思想和政策主张反映了经济发展水平落后的国家独立自主地发展民族工业的要求和愿望，对美国制造业的发展产生了积极的影响，开创了后进国家保护新兴产业的先河。汉密尔顿只是向政府提出了保护制造业（可视为幼稚产业）的主张，并未系统阐述自己的理论，但他的这一积极主张被以后的经济学家加以系统化、理论化，为幼稚产业保护理论的形成打下了基础。

5.2.2 李斯特的贸易保护学说

19世纪中期的德国还是一个政治上分裂、经济上落后的农业国。那时英国已经完成了从工厂手工业向机器大工业的过渡，法国的近代工业也有了长足的发展，它们竭力提倡在国际市场上开展自由竞争，以大量廉价的商品冲击德国的市场。当时，德国内部对实行什么样的贸易政策的意见尖锐对立：一派主张实行自由贸易政策，反对保护关税制度，其理论依据是亚当·斯密的绝对优势理论和李嘉图的比较优势理论；另一派则主张实行关税保护制度，主要是代表德国工业资产阶级的利益，但缺乏强有力的理论依据。

1.李斯特的幼稚产业保护理论的主要内容

德国经济学家弗里德里希·李斯特（Friedrich List）是德国的关税保护政策的首倡者。1827年在美国出版的《美国政治经济学大纲》一书中，李斯特首次系统地表述了他的贸易保护主张，又于1837年在法国出版了《政治经济学的自然体系》，于1841年出版了《政治经济学的国民体系》，发展了汉密尔顿的关税保护学说，建立了一套以生产力理论为基础、以保护关税制度为核心，为后进国家服务的贸易保护理论——幼稚产业保护理论。[①]

李斯特是在与当时的流行学派即英国古典学派的论战中系统地提出自己的贸易保护理论的。他指出，最大限度的国际自由贸易，其结果甚至能使国家陷于奴隶地位。英国宣扬自由贸易的实质是要组成一个以英国为首的国家体系。因此，他指出国际自由贸易的有利性是有条件的，必须以各国不同的经济发展水平和国情为出发点，国家对经济必须实行强有力的干预，以保持其经济利益。

李斯特认为，古典学派国际贸易理论主要存在以下缺点：

①无边无际的世界主义，不承认国家原则，也不考虑如何满足国家利益。

① 李斯特. 政治经济学的国民体系［M］. 陈万煦，译. 北京：商务印书馆，2009：99.

②只考虑交换价值，而没有考虑到国家的精神和政治利益、眼前和长远的利益以及国家生产力。

③混淆了私人经济原则和国家经济原则，完全抹杀了国家和国家利益的存在。国家为了民族的最高利益，不但有理由而且有责任对商业也加以某种约束和限制。古典学派错误地把单纯价值理论与生产力理论混淆在一起，李斯特认为国家限制贸易的目的不在于直接增加国内的交换价值的量，而是在于增加生产力的量。

李斯特的生产力理论是其贸易保护理论的基础。他认为传统的自由贸易理论只重视交换价值和财富，而忽略了生产力。据此，李斯特主张经济落后国家应实行贸易保护政策，以抵御外国竞争，促进国内生产力的成长。根据德国的生产力状况及国民经济各部门应平衡或协调发展的原则，李斯特具体提出了幼稚产业保护理论，并认为实行关税制度是保护国内市场的主要手段。为了进一步论证保护贸易的必要性，他把各国的经济划分为原始未开化时期、畜牧业时期、农业时期、农工业时期和农工商业时期5个阶段，认为在不同经济发展阶段上一国要采取不同的贸易政策。一个单纯的农业国难以从自由贸易中获得长期稳定的利益，也不能获得强大的政治势力，因为他在经济上、政治上总是要或多或少处于从属地位的。因此，农业国都将致力于发展工业，迈入农工业时期。在这一时期，由于本国工业刚刚起步，国外还存在更先进的工业国家的竞争力量，若处于这样的形势，在自由竞争下，一个毫无保护的国家要想成为一个新兴的工业国已经没有可能，自由竞争的结果将会是该国从农工业时期退回到农业时期，因此应实行贸易保护政策，以便建立和发展自己的工业，并向农工商时期迈进。当一国工业已经有了相当力量，处于优势地位，没有任何理由害怕国外竞争时，保护贸易政策就开始对它不利了，所以应转而实行自由贸易政策。

李斯特的幼稚产业保护理论主要有以下3个特点：

①着眼于资源的动态优化配置，考虑经济成长的长远利益，根据经济发展的需要进行调整；

②为保护国内经济结构调整的平稳性，维护本国经济运行的稳定性，对不同部门实行不同的贸易政策；

③将静态贸易利益与动态贸易利益（对国民经济和工业今后发展的影响）结合起来，考虑到贸易利益的分配以及贸易对各利益集团的收入分配的影响，从而制定相应的贸易政策。

2.李斯特幼稚产业保护理论的政策主张

（1）保护对象

李斯特提出选择保护对象的原则是：

①农业不需要保护，只有那些刚从农业阶段跃进的国家，距离工业成熟期尚远，才适宜保护。

②一国工业即使幼稚，但在没有强有力的竞争时，也不需要保护。

③只有刚刚开始发展且存在强有力的外国竞争的幼稚产业才需要保护。他在论著中反复强调工业发展会给一国带来巨大的利益，并从国民经济协调发展的角度阐明保护工业成长的重要意义。

（2）保护手段

李斯特认为关税可以作为保护国内工业的主要手段。但关税的征收应因时间、产业而异，并主张逐步实现关税税率。因为突然征收过高的关税会隔断原来存在的与各国的商业联系，对国内市场造成冲击，反而对本国生产产生不利的影响。总之，一国的保护关税税率应当由低到高，然后再到低。

（3）保护程度

李斯特认为，对不同行业要采取不同程度的保护。对奢侈品只需征收较低的保护关税，因为这类产品的进口量不大，影响较小，关税税率过高反而刺激走私。生活必需品需要通过高关税给予充分保护。生活必需品的生产部门对国民经济的发展有着重要的意义，其建立与经营需要大量的资本、技术和人力的投入。对国内不能生产的各种复杂机器的进口应当免税或征收很低的关税，对这类产品的过分限制会影响国内工业的快速发展。

（4）保护时间

李斯特认为，对国内工业的保护不能永久地持续下去，保护只能在一定的期限内进行。当国内工业已经有了相当力量，已经没有任何理由害怕国外竞争时，就应该放弃保护。保护期限应当以30年为限，在这个期限内仍然不能成长起来的工业，政府就不应当继续保护下去。李斯特提出，如果任何技术工业在40%～60%的保护税率上无法建立起来，不能靠在20%～30%的税率的不断保护下持久存在，那就缺少工业力量的基本条件，因而不应该给予保护。

5.2.3　幼稚产业的判断标准

幼稚产业保护的论点通常是以尚未实现的内部规模经济或外部规模经济的存在为前提的，因此判断幼稚产业必须比较该产业现在与未来的发展。关于幼稚产业的判断，历史上许多学者提出了各种各样的标准，归纳起来，主要的判断标准有以下5种：

1.穆勒标准——潜在竞争力标准

穆勒标准强调被保护产业未来的成本优势。根据这一标准，当某一产业规模较小，其生产成本高于国际市场价格时，无法与国外同类型产业进行竞争。如果政府对这类产业给予一定的保护，促进其发展壮大，充分实现规模经济效应，降低生产成本，最终能参与国际竞争并获得利润，那么该产业就应该作为幼稚产业予以保护。[①]穆勒提出，确定幼稚产业应注意以下几点：

①正当的保护应该只限于从外国引进的产业的学习掌握过程，过了这个期限就应取消保护；

②引进的产业应完全适合该国国情（生产上的各种便利条件）；

③因为个人不愿意负担学习掌握期间的损失和风险，所以要靠保护关税之类的社会（国家）手段来促进其实现。

2.巴斯塔布尔标准——现值标准

该标准引进经济分析的现值概念。巴斯塔布尔认为，判断一个产业是否为幼稚产业，不能仅仅看它将来是否具有竞争优势，还应将保护成本与该产业未来预期利润的贴现值加以比较。只有在其未来预期利润的贴现值大于保护成本时，对其保护才是必要的。巴斯塔布尔标准和穆勒标准是一致的，只是前者比后者的要求更高，要求被保护的产业在经历一段时间的保护后，不仅要具有竞争优势，而且这种优势必须达到一定的强度，能够补偿保

① 赫国胜，杨哲英，张日新. 新编国际经济学［M］. 北京：清华大学出版社，2003：111.

护期间的损失和保护成本。

3. **肯普标准——外部经济标准**

肯普认为，存在内部规模经济时，即使某一产业符合穆勒标准和巴斯塔布尔标准，也不一定需要政府的保护。因为对投资者来说，决定是否投资的依据不是当前的利益，而是未来的预期利益。如果未来预期利益的贴现值能够补偿保护成本，那么投资者就会投资，而不需要政府提供支持和保护。但是，在存在外部规模经济的情况下，私人利益与社会利益的偏离将导致该产业私人投资的萎缩，这样产业的持续发展就会受到影响，对这类产业，政府就应该扶持和保护。

4. **小岛清标准——总体经济发展标准**

小岛清认为，前面的判断标准都是根据个别企业或个别产业的收益与成本的比较，这是不合理的。合理的做法是：将要素禀赋比率和比较优势的动态变化作为幼稚产业的判断标准。只要有利于国民经济整体的发展，某些幼稚产业即使不符合前面的标准，也是值得保护的。他认为有利于国民经济整体发展的幼稚产业应能够带来经济增长，即生产可能性曲线的扩张。[①]具体来说要考虑以下几方面因素：

①所保护的幼稚产业要有利于对潜在资源的利用。如果保护政策能促使该国创造出利用潜在资源的国内外市场等条件，从而带动经济增长，那么保护政策就是正当的。

②对幼稚产业的保护要有利于国民经济动态变化。一国的要素禀赋比率是动态变化的。比如，如果资本积累率超过劳动力增加率，资本与劳动的比率就会转变。如果资本密集型产业是幼稚产业，那么对资本密集型产业实施保护，就有利于国民经济结构的动态转变。

③对幼稚产业的保护要有利于要素利用率的提高。开发一种新的产业，也就意味着引进一种新的生产函数。如果一种幼稚产业在保护下成长起来以后，能对其密集使用的要素加以大规模的节约，从而能在既定的资源下维持其产量的增长，那么该产业就能实现自给甚至出口。

5. **筱原三代平标准——产业基准标准**

这一标准包括收入弹性基准和生产率上升基准。收入弹性基准是将收入弹性高的产业作为优先发展产业。这是因为这类产业具有广阔的市场，可以为其提供成长的空间。生产率上升基准是指选择优先发展生产率上升快、技术进步率高的产业作为受保护的幼稚产业，提高其在整个产业结构中的比重。

5.2.4 对李斯特幼稚产业保护理论的评价

19世纪上半叶的德国在发展资本主义经济时面临着强大的外部竞争压力。在这样的背景下，李斯特发展了重商主义和汉密尔顿的贸易保护思想，并提出了具体的政策建议，从而建立了完整的贸易保护理论体系，也确立了贸易保护理论在国际贸易理论中的牢固地位。

李斯特的幼稚产业保护理论不是一般地主张自由贸易政策或贸易保护政策，而是要结合本国的实际情况进行选择。实行贸易保护的立足点在于保护和促进本国的经济增长和发展生产力，以增强本国经济的国际竞争力。

① 赵大平. 国际经济学［M］. 上海：立信会计出版社，2011：51-52.

李斯特的幼稚产业保护理论对当时德国工业资本主义的发展起到了积极的作用。在李斯特贸易保护思想的影响下，德国工业及国民经济通过贸易保护政策的扶持，在短期内迅速发展起来，最终赶上并超过了英国。李斯特贸易保护理论对促进当时德国工业和资本主义的发展都起到了重要作用。

李斯特的幼稚产业保护理论反映了经济发展水平落后的国家独立自主地发展民族工业的正当要求和愿望，至今对广大发展中国家贸易政策的制定有积极的借鉴意义。

李斯特的幼稚产业保护理论存在以下不足：

首先，他把政治经济学归结为国家经济学，过分强调了国家对经济发展的决定性作用。

其次，它的生产力可谓是泛生产力论，将政治、公共管理、自由程度、政治保障和法律的稳定性等社会各种制度、可供利用的物质资源、劳动力的素质和科学技术水平都放进生产力的定义中去。

最后，他的经济发展阶段论是按一定部门在经济发展中的地位和作用来划分的，把社会历史的发展归结为国民经济部门的变迁，而撇开了生产关系这个根本因素，因此不能反映社会经济形态变化的真实情况。

另一方面，幼稚产业保护理论在实践中也遇到了很多问题，其中最主要的就是无法准确界定幼稚产业。在发展中国家的经济发展过程中，许多国家都很重视对幼稚产业的保护，但多数并未达到预期的效果。

案例窗5-1

5.3　中心-外围理论

劳尔·普雷维什（Raúl Prebisch）是阿根廷经济学家，被认为是发展经济学的十大先驱之一。1949年5月，普雷维什向联合国拉丁美洲与加勒比经济委员会（简称拉美经委会）递交了一份题为《拉丁美洲的经济发展及其主要问题》的报告，系统和完整地阐述了他的中心-外围理论（Core and Periphery Theory）。[①]

5.3.1　中心-外围理论的主要论点

1.世界经济体系分为“中心”和“外围”两个部分

普雷维什认为，世界经济体系被分成了两个部分：一是“大的工业中心”；二是“为大的工业中心生产粮食和原材料”的“外围”。中心-外围体系具有整体性、差异性和不平等性3个特点。

(1) 整体性

整体性是指无论是“中心”还是“外围”，它们都是整个资本主义世界经济体系的

① PREBISCH. Commercial policy in the underdeveloped countries [J]. American Economic Review, 1959, 49 (2): 251-273.

一部分，而不是两个不同的经济体系。普雷维什认为，现存的世界经济体系是资产阶级工业革命以后，伴随着资本主义生产技术和生产关系在整个世界的传播而形成的，维系这一体系运转的是国际分工。在国际分工中，世界经济体系的“中心”是技术进步的国家，而处于落后地位的国家沦为这一体系的“外围”。“中心”和“外围”的形成具有一定的历史必然性，是技术进步在资本主义世界经济体系中发生和传播的不平衡性所导致的必然结果。

（2）差异性

差异性是指中心-外围二者在经济结构上的巨大差异。他认为，技术进步首先发生在“中心”，并且迅速而均衡地传播到它的整个经济体系，因而“中心”的经济结构具有同质性和多样性。所谓同质性，是指现代化的生产技术贯穿于“中心”国家的整个经济；其经济结构的多样性表明，“中心”国家的生产覆盖了资本品、中间产品和最终消费品在内的相对广泛的领域。“外围”部分的经济结构则完全不同：一方面，“外围”国家和地区的经济结构是专业化的，绝大部分的生产资源被用来不断地扩大初级产品的生产，而对工业制成品和服务的需求大多依靠进口来满足。另一方面，“外围”部分的经济结构还是异质性的，即生产技术落后、劳动生产率极低的经济部门（如生计型农业）与使用现代化生产技术、具有较高劳动生产率的部门同时存在。

（3）不平等性

不平等性是该理论的关键和最终落脚点。普雷维什认为，从资本主义中心-外围体系的起源、运转和发展趋势上看，“中心”和“外围”之间的关系是不对称的、不平等的。

首先，从起源上说，资本主义世界经济的中心-外围体系，从一开始就决定了“中心”和“外围”分别处在发展进程的不同起点上，“外围”地区从一开始就落后了。因为工业革命首先发生在英国，而广大的“外围”地区被迫参与以英国为“中心”的国际分工，承担着初级产品生产和出口的任务，明显处于不利地位。

其次，初级产品贸易条件的长期恶化趋势加深了“中心”与“外围”之间的不平等。

最后，资本主义世界经济体系的“动力中心”从英国向美国的转移，进一步加深了“中心”与“外围”之间的不平等。英国由于奉行自由贸易政策，一直保持着较高的进口系数，从而通过进口“外围”国家的初级产品使其技术进步的部分利益也转移到了“外围”国家。然而，在世界经济体系的“动力中心”转移到美国以后，“外围”国家和地区就处在了一个更加不利的地位上。造成这种结果的一个主要原因就是美国的进口系数非常低。

2.外围国家的贸易条件长期恶化

普雷维什认为，造成外围国家的贸易条件长期恶化趋势的主要原因有以下几点：

（1）技术进步的利益在“中心”和“外围”之间分配不均

在中心-外围体系中，技术进步首先发生在“中心”，它的工业部门容易吸收新技术，因而会提高工业生产率，使工业的要素收入增加，并使制成品价格较高。而初级产品部门技术落后，劳动生产率低，投入要素的边际收益递减，从而使初级产品的价格较低。

（2）经济周期对“中心”与“外围”的影响不同

普雷维什认为，在经济周期的上升阶段，制成品和初级产品的价格都会上涨；但在经济周期的下降阶段，由于制成品市场具有垄断性质，初级产品价格下跌的程度要比制成品严重得多。这样，经济周期的反复出现，就意味着初级产品与制成品之间价格差距的不断拉大，从而使“外围”国家的贸易条件趋于恶化。

（3）工会的作用不同

在经济周期的上升阶段，由于企业之间的竞争和工会的压力，“中心”国家中的工人工资会上涨，部分利润用来支付工资的增加。在危机期间，由于工会力量的强大，上涨的工资并不因为利润的减少而下调；“外围”国家的情况则不同，由于初级产品部门工人缺乏工会组织，没有谈判工资的能力，再加上存在大量剩余劳动力的竞争，“外围”国家的工资收入水平会在危机期间被压低。这样，在工资成本上，经济周期的不断运动使制成品的价格相对上涨，而初级产品价格相对下降，其贸易条件的不断恶化当然就不可避免了。

（4）“外围”国家的贸易条件存在长期恶化的趋势

初级产品的需求收入弹性大大低于制成品的需求收入弹性，这样实际收入的增加就会引起制成品需求更大程度地增长，因而制成品的价格就会较大幅度地上涨，但对食物和原材料等初级产品的需求增加幅度较小，因而对初级产品价格不会有很大的刺激作用，初级产品价格上涨很少，甚至下降。所以出口初级产品的“外围”国家的贸易条件存在长期恶化的趋势。

3.“外围”国家必须实行进口替代工业化战略，独立自主地发展民族经济

普雷维什认为，在中心-外围体系下，由于长期奉行初级产品出口战略，“外围”国家形成了脆弱的经济结构，本身缺乏经济增长的动力，加上初级产品的贸易条件存在长期恶化的趋势，这就使“外围”国家更加依附于“中心”国家，因此，“外围”国家要改变依附地位，就必须改变以初级产品出口为核心的发展模式，走工业化发展的道路，通过进口替代战略（strategy of import-substitution）实现工业化。

进口替代是指通过保护和促进本国工业制成品生产来替代进口，目的是减少进口，节约外汇，改善贸易条件，平衡国际收支，改变二元经济结构，使本国经济逐步走上工业化道路。

进口替代一般经历两个阶段：一是以发展加工业、一般消费品工业为主的阶段，目标是建立初步的工业体系；二是以发展耐用消费品、资本品和中间产品为主的阶段，目标是建立全面的工业体系，以工业化带动整个经济的发展。

普雷维什提出了实施进口替代战略的具体措施：

①采取有节制的和选择性的保护主义政策，对“外围”国家的幼稚产业进行必要的保护；

②加强国家对经济增长的指导作用，因为“外围”国家经济结构的脆弱性使得市场机制只能发挥部分作用；

③增加国内储蓄，同时引进外资，提高投资率，以打破“外围”国家存在的“低生产率—低收入—低储蓄率—低投资率—低生产率”的恶性循环；

④加强“外围”国家之间的合作，为进口替代部门提供更大的活动空间。

5.3.2 中心–外围理论简评

普雷维什的中心–外围理论从发展中国家的利益出发，对当代国际分工体系和国际贸易体系中存在的发达国家控制与剥削发展中国家的实质进行了深刻的分析，从理论与实践上揭示了两者之间的不平等关系，为发展中国家的国际贸易理论做了开拓性的贡献。该理论对第二次世界大战后世界经济格局的分析是正确的，为发展中国家打破国际经济旧秩序、重建新秩序提供了思想武器，也为拉美及其他发展中国家的进口替代战略奠定了理论基础。

然而该理论对发展中国家贸易条件恶化的原因分析是不全面的。发达国家长期对本国初级产品生产实行贸易保护政策，人为地压缩了对发展中国家初级产品的需求，初级产品的技术含量低、加工程度低、附加价值低及产品替代性强等特点也是发展中国家贸易条件恶化的原因。另外，进口替代战略的实施割断了国内外的联系，使发展中国家工业毫无竞争力，反而更加落后。

5.4 战略性贸易理论

20世纪80年代以来，随着经济全球化步伐的加快，国际分工日趋细致，国际贸易的环境和格局发生了新的变化。传统贸易理论所使用的基本假设越来越难以完全适应和解释新环境下的贸易特征。现实中的世界市场环境并非如传统贸易理论所假设的那么理想化。由于寡头垄断的市场结构、规模经济以及技术创新等引致的经济外部性的广泛存在，国家之间的贸易模式可能是不确定的。政府实施特定的干预措施可以帮助本国企业从竞争者手中攫取垄断利润，增强国际竞争力，并提高本国福利水平。国际贸易领域出现的新现象客观上要求新的理论解释，战略性贸易政策在这种环境下应运而生。

5.4.1 战略性贸易理论的主要内容

战略性贸易理论的提出者认为，由于国际市场上的不完全竞争和规模经济的存在，一国政府可以通过生产补贴、出口补贴、税收优惠、保护国内市场等政策性手段，扶持本国战略性产业的成长，增强本国具有潜在规模经济优势的产品的出口竞争力，以获取规模经济和高额垄断利润，并借机打败竞争对手，劫掠他人的市场份额和产业利润。在规模报酬递增和不完全竞争的环境下，实施战略性贸易政策的国家不但无损于其经济福利，反而有可能提高自身的福利水平。

战略性贸易理论（Strategy Trade Theory）有两个基本观点：

一是如果一国政府能保证本国公司相对外国公司获得先发优势，他对本国企业的扶持就可能提高本国的收入，因此，政府因采取补贴的方法对具有发展前途的新兴行业给予支持。

二是由于市场对一些企业的外部效应缺乏必要的反应，就需要政府进行干预来予以纠正，其方法就是建立一种环境，在这种环境里，某些企业的行为可以给其他企业带来好处，从而推动其他行业的发展。

战略性贸易理论的实施前提是规模经济的存在和寡头垄断的市场结构，实施对象是战略性产业。战略性产业主要具有以下特征：

1.战略性产业属寡头垄断市场结构

在寡头垄断的市场结构中，厂商的数目很少，每个厂商对市场定价具有重要的影响力，厂商进出该产业很困难，决定胜负的关键是市场份额。这在现实生活中是一种较为普遍的市场结构。

2.厂商投资成本巨大，且很难通过市场得到完全补偿

由于此类产业主要分布于高资本、高技术密集型行业，因此决定了投资的高成本性，如果市场份额小，就很难收回投资。

3.战略性产业具有很大的外部性

该产业的发展不仅能使自身得到发展，获得丰厚的利益，而且能带动国民经济其他相关部门的生产、壮大。

战略性贸易政策成功实施的关键是政府。由于产业的垄断程度高、进出困难的特点决定了厂商通过自身努力很难达到，因此，最有效的发展途径是依靠政府的帮助。而政策手段主要包括关税、配额、出口补贴等对外政策，以及研发补贴、生产补贴、税收优惠、贷款优惠和投资政策等国内政策，政策的最终目的是抢占市场、扩大生产、转移利润及带动相关产业的发展，以提高本国的福利水平。

5.4.2 不完全竞争与战略性贸易理论

不完全竞争导致的市场失灵需要政府干预的观点是由巴巴拉·斯宾塞和詹姆斯·布兰德首先提出的。他们认为，由于国际贸易中不完全竞争和规模经济的存在，国际市场竞争逐渐变为具有规模经济优势的少数厂商之间的竞争与博弈，因而市场份额对这些厂商而言就变得更加重要，因为谁占领市场，谁就能获得超额利润。这时，政府采取战略性贸易政策，通过对本国企业补贴帮助其取得市场份额，在国际竞争中获胜，而本国企业因此获得的利润将大大超过政府所支付的补贴。如果不考虑对消费者的影响（如假定企业仅在国外市场销售），这种从国外竞争对手那里夺得的利润就意味着，补贴能够以牺牲其他国家的利益为代价来增加本国的国民收入。

这里可以用一个例子来说明战略性贸易理论。假设两个国家——美国和欧洲，分别拥有一家企业——波音公司和空中客车公司。两家公司都有生产200架新式客机的能力。新式客机的生产具有很强的规模经济效应，产量越大，成本越低，而全世界市场容量只能允许一家公司达到规模经济，如果两家公司同时生产，其都达不到规模经济而亏损。进一步假设，两家公司都只有两种选择——生产或者不生产，且两家公司的技术水平和生产能力接近。由此，我们得到如图5-3所示的利润矩阵。

图5-3表明，如果两家公司同时生产，各自亏损10万美元；如果谁独家生产，将获利100万美元；当然，不生产则不盈不亏。假定波音公司首先生产这种飞机，空中客车公司是不会进入这个市场的，因为进入的结果是两败俱伤，损人又害己。因此，波音公司取得先发优势，并以此设立进入障碍，独享垄断利润。

现在假设欧洲政府给予空中客车公司20万美元的补贴，帮助它进入新式客机市场。这一补贴改变了两家公司的博弈格局，从而新的利润矩阵变化如图5-4所示。

空中客车公司 \ 波音公司	生产	不生产
生产	(-10，10)	(100，0)
不生产	(0，100)	(0，0)

图5-3 国家干预前波音和空中客车公司生产新式客机的利润矩阵（单位：万美元）

空中客车公司 \ 波音公司	生产	不生产
生产	(-10，10)	(120，0)
不生产	(0，100)	(0，0)

注：假设欧洲政府给空中客车公司20万美元补贴。

图5-4 国家干预后波音和空中客车公司生产新式客机的利润矩阵（单位：万美元）

显然，若空中客车公司决定生产新式客机，则两家公司都会亏损10万美元，但是由于空中客车公司有20万美元的补贴，所以仍盈利10万美元。波音公司现在面临两种选择：要么继续生产，亏损10万美元；要么退出市场，不盈不亏。波音公司的理性选择是退出市场，从而将新式客机市场拱手相让，空中客车公司独占市场后获利120万美元（含20万美元补贴）。可见，政府补贴可以帮助国内企业克服国外公司的先发优势，并能取得“四两拨千斤”的效果，帮助本国企业获取这部分超额利润，从而增加国民收入。

5.4.3 战略性贸易理论的有效性

战略性贸易理论虽然证实了贸易保护的必要性，但自提出以来其现实有效性就受到各方面的质疑和批评。

1.战略性贸易政策的成功必须以利润转移部分超过补贴额或关税保护成本为先决条件

如果超额利润不大，就会得不偿失，所以只有在市场超额利润足够大的情况下，战略性贸易政策才会有效。

2.战略性贸易政策行为视厂商的竞争行为类型而定

如果是产量竞争的古诺模型，出口补贴则为最佳政策选择；如果是价格竞争的伯特兰模型，出口关税则为最佳政策选择。

3.极难选择赢家（战略性产业）及设计合适的政策去培育它们

批评者认为战略性产业的选择本身就是一个难点，谁也不能准确预见产业将来的发展前景。事实上，过去几十年间各国政府对产业和商业技术进行补贴而最终流于失败的案例屡见不鲜。另外，即便是选对了产业，也很难预测政府产业与贸易政策的实施效果，这就是为什么大部分经济学家会说自由贸易政策才是最好的政策。

4.市场信息的不完全性也会对政策效果造成影响

寡头垄断厂商在决策时只知道自己的产量和价格，而不知道其他厂商的产量和价格，而其他厂商的决策是多种多样、无法确定的。只有厂商对对手策略的判断完全正确时，才能有效实现利润转移，这是一件很困难的事，判断稍有失误就会适得其反。在对手行为存在不确定性的条件下，自由贸易政策成为最优选择。

5.战略性贸易政策的成功运用是以对手不采取行动为前提的

但在寡头市场结构下，利润转移效果很容易就会被竞争对手觉察，这样一来，竞争对手也会要求其政府采取同样的政策来对付对方，从而爆发补贴战或关税战。因此，在现实中，战略性贸易政策易招致外国报复，与实行自由贸易政策相比，会导致两国更大的损失，可谓两败俱伤；从长期角度来考虑，并不是最佳选择。特别是在“以牙还牙”的威慑力足够大的情况下，战略性贸易政策可能根本就不会单方面实施。

6.战略性贸易政策在现实运用中还会受到多边规则的约束

随着在WTO多边框架下进行的多边贸易自由化进程的深化，制定最优关税税率的可能性受到限制，出口直接补贴则被明令禁止，一些间接补贴也被列入“可申诉”之类，采取价格歧视式的国内外差别定价被视为“倾销”行为。这些都使实施战略性贸易政策受到“游戏”规则的束缚。

事实上，战略性贸易政策理论倒是从另外一个侧面说明多边贸易自由化的合理性。虽然自由贸易政策对所有国家都有利，但是在市场不完全竞争下，单方面的贸易自由化只会损害本国的利益（因为存在利益转移），所以谁都不愿意单方面进行贸易自由化。但如果形成一种约束机制，使得大家采取统一行动，共同实行贸易自由化，那么各国福利都会改善。

7.一些贸易政策的制定往往受到经济领域追求自身利益最大化的特殊利益集团的影响，而忽视了消费者的利益

政府的干预措施可能不是针对某些真正的战略部门实施的，而是某些部门游说行为的结果。这反而使得该国真正的正在兴起的需要保护的战略部门受到损害。这样，政府政策的最终结果可能会降低该国的福利水平。

案例窗 5-2

5.5 贸易政策的政治经济学分析

前面所讨论的贸易保护论据有一个共同点，就是假设政府在制定政策过程中，都是以本国整体福利最大化为目标的。也就是说，政府在决定是否采取贸易保护政策和采取什么样的政策时，考虑的是这种政策能否使本国福利得以改善。但是根据这种规范分析得出的结果往往不能很好地说明现实中的贸易保护主义。比如，幼稚产业保护理论主张只保护有潜力的新兴产业，但在发达国家，受保护的往往是一些目前相对落后的成熟产业，甚至是夕阳产业。再比如，在某些情况下，如果要保护，则最佳的选择应是针对国内生产直接进行补贴，而不是关税，更不应该是配额等保护成本更高的非关税壁垒。但实际上，政府在选择保护措施时，通常更倾向非关税壁垒。这些现象说明，已有的贸易保护理论或观点已不能很好地解释实际现象，需要一种新的解释。

自20世纪80年代起，越来越多的经济学家转而以实证分析方法去研究贸易政策问题。这种分析吸收了公共选择理论的一些思想，能比较好地解释现实中的贸易保护主义现象，这就是所谓的贸易政策或贸易保护的政治经济学。

5.5.1 贸易政策的政治经济学的主要观点

贸易政策的政治经济学是基于这样一种思想：任何一项经济政策都可能会影响到一国的收入分配格局，因而不同的社会阶层和利益集团对此会有不同反应，受益的一方自然会支持这项政策，而受损的一方会反对这项政策，各种力量交织在一起，最终决定政策的制定或实施。

贸易政策总是在一定的政治社会环境中被制定出来的，并总会受到一定的个人或集团的影响。后者清楚地知道，贸易限制尽管可能会使一国整体的福利水平变得更糟，但其自身的福利水平会变得更好。削减贸易壁垒可能会增进一国的福利，但由此带来了结构调整，一些人的福利将获得改善，另一些人的福利将有所恶化。决策者们发现自己面对着一大批试图影响贸易政策的各种利益集团。那么究竟是实行自由贸易政策还是贸易保护政策，要看不同利益集团院外活动的结果。

比如，通过提高商品价格，贸易保护使生产者受益而消费者受损（通常也损害了整个国家）。然而，既然生产者人数很少并从保护中大量获利，他们就有很强烈的动机去游说政府采取贸易保护政策。另一方面，损失被众多消费者所分摊，单个消费者只因贸易保护政策损失了很小的一部分，他们就不会有效地组织起来抵御贸易保护政策，这样就形成了一种赞同贸易保护主义的倾向。例如，美国对食糖的进口实施配额，使美国人每人每年在食糖上的花费只增加了1.5美元，但鉴于美国3亿多的人口，限额对美国数千家糖厂来说，就产生了近5亿美元的租金。

5.5.2 贸易政策的政治经济学的相关理论

贸易政策的政治经济学作为经济学的一个分支，从更加现实、客观的角度对贸易政策的制定过程和相关的政治、经济因素进行了详尽而有效的分析，下面将对相关的贸易政策的政治经济学的理论框架进行介绍。

1.中点选民论

中点选民论（Midpoint Voter Theory）首先假定政府的决策者追求效用最大化，他们的满意程度根据他们是否能重新当选而定，他们的行为规则是努力使当选的可能性最大化。为此，决策者在制定法令和政策时必定要考虑和满足大多数公众的要求，这就是中点选民论的特点。该理论认为，决策者通过制定满足中点选民的政策，来使自己重新执政的可能性最大。

假设本国有9个选民，他们对关税的偏好都不同，假设第1个人主张关税税率为1%，第2个人主张2%的关税税率，以此类推，第9个人主张9%的关税税率，在这里中点选民是第5个，中点选民的意见是关税定在5%。再假设本国有A、B两个政党存在，两党都想得到大多数选民的支持。在贸易政策的选择中，假设A党选择了7%的关税税率，而B党选择了6%的关税税率，这时支持高关税税率的选民（第7、8、9个）就会支持A党，但主张低关税税率的选民，即第1个到第6个选民就会支持B党。第1个到第5个选民的意见虽然没有被采纳，但相对于主张7%关税税率的A党来说，B党更接近他们的意见。由此可见，越接近中点选民意见的政策越能得到大多数选民的支持。

然而，有许多实际问题会改变中点选民的倾向，最终导致政策违背多数人的利益。该理论有两个假设前提：第一，选民对某一政策带来的损失有完全信息；第二，选民确实是照个人偏好来投票的。由于这两个假设在现实世界中经常无法满足，因而中点选民的倾向并不总是能决定最后的政策。比如说，关税通常只对少部分人有益，但常常被大多数选民所支持。

当存在信息收集成本和投票的机会成本时，一些潜在的选民可能会简单地选择不参加，特别是当与成本相比其收益很小，最后的净收益甚至为负时更是如此。另外，如果选民觉得他的一张选票不会对结果有太大影响，就可能选择不参与投票过程，而接受投票结果。在这种情况下，选民就扮演了“搭便车者”的角色，就是说不付出任何成本而接受了结果。如果每个选民不参与投票的概率相等，就不会影响投票的结果。然而，事实上选民预期收益和成本的差异使得不同选民参与投票的动机有很大程度上的不同，利益集团一般不会放弃这个机会，因此就有了国际贸易政治经济学的集体行动和有效游说论。

2.集体行动和有效游说论

如上所述：有许多实际问题会改变中点选民的倾向，最终导致政策违背多数人的利益。观察民主选举制国家的贸易政策实践就不难发现，在许多情况下，贸易政策保护的恰恰都是少数人。例如：几乎所有的发达国家都保护农产品，而农民占这些国家的总人口不到10%。在发展中国家农民是大多数，但这些占大多数的农民不但得不到保护，政府还通过对出口的控制压低国内农产品的市场价格，间接地保护了人数较少的城市中农产品的消费者。钢铁、纺织等行业在美国是夕阳产业，就业人数越来越少，但他们的受保护程度仍很高。占大多数的消费者为了保护这些少数人的利益而支付了不小的代价，那么怎样解释这种政府牺牲大多数人的利益来保护少数人利益的贸易政策的行为呢？

研究公共政策的管理学家们提出了集体行动的理论，认为一种政策是否被政府采纳并不在于受益或受损人数的多少，而在于利益集团的集体行动是否有效。所谓利益集团，是指拥有某种共同利益的群体，相对于消费者群体来说，生产者群体的成员数较少，某种特定的政策可能对社会中一个大的群体中单个成员的影响微不足道，但对少数成员的群体中单个成员的影响很大。

根据国际贸易对社会福利的影响，我们把利益集团分为出口部门、进口替代部门和消费者群体三大类，他们在影响政府政策制定的力量上是不同的。为了使政策制定有利于自己一方，利益集团要通过院外活动游说政府部门的政策制定者。一般来说，由于进口商品对进口替代部门的冲击比较明显，所以进口替代部门的院外活动比较容易进行；对出口部门来说，对进口替代部门的保护虽然不利于本部门，但影响效果是间接的，不容易判断清楚，所以出口部门对进口保护的反对并不十分强烈；对消费者群体而言，虽然利益受损，但分摊到单个消费者身上的损失很小，对消费者而言，院外活动的成本远高于成功后所获得的收益，且消费者相对松散、不易组织，所以消费者群体的院外活动成本很小。

由此造成的结果是，进口替代部门对限制进口的政策要求最为强烈，其他利益集团的反对活动并不明显，政府最终将选择实行贸易保护政策。在这种情况下，政策的制定可能会偏离国家整体福利最大化的目标，因为政策的制定只是有利于某些利益集团，而可能不利于国家整体福利，甚至损害多数人的利益。同样，在具体保护措施的选择上，其结果可能也是有利于某些利益集团，而不一定有利于国家整体福利。例如，在选择关税还是配额的问题上，从进口替代部门的角度出发，进口替代部门的生产者更愿意政府选择配额，而不是关税。用同样的办法也可以解释鼓励出口政策的制定。

3.竞选贡献或政治贡献论

在民主选举政府的国家里，贸易政策的制定还受到各执政党支持者的影响。一般来说，每个政党都代表一些特殊集团的利益，而这些利益集团也在竞选中积极支持能考虑它们利益的政党。例如，在美国的两党中，工会一般支持民主党，大财团和企业主一般会支持共和党。这些利益集团在国会和总统的竞选中出钱出力积极支持各自的党派当选，这些党派的候选人一旦当选之后就会在力所能及的范围内制定或维持有利于这些利益集团的政策，否则他们就会在下一轮选举中失去这些利益集团的资金支持和选票。

由于大多数政府政策的目标是维护政权的稳定，所以领导人对帮助其当选或连任的利益集团会极力地加以保护。政府实行有利于这些利益集团的贸易政策是对它们政策支持的一种回报，保护这些利益集团本身也是保护政府本身。

案例窗 5-3　　专栏 5-2　　第 5 章思政窗

本章小结

1.最优关税论认为，在大国情况下，进口国征收关税导致贸易条件改善带来的福利增加超过进口量减少使该国福利减少的负面影响后，整个社会的福利水平会提高。在进口需求弹性一定的情况下，最优关税水平与出口国厂商向进口国提供产品的供给弹性成反比。在不完全竞争的市场条件下，进口国通过征收最佳关税来“抽取”出口商的部分垄断租金。

2.幼稚产业保护理论的政策主张并不是完全的贸易保护论。幼稚产业保护理论认为应根据一国所处的经济发展水平来选择自由贸易还是贸易保护政策。实行贸易保护政策时，也不是对所有的行业进行保护，而是要根据判定标准选择幼稚产业进行保护；当幼稚产业成长起来之后就要取消保护。

3.中心–外围理论将世界经济体系划分为“大的工业中心”和“为大的工业中心生产粮食和原材料”的“外围”两个部分。该理论从发展中国家的利益出发，对当代国际分工体系和国际贸易体系中存在的发达国家控制与剥削发展中国家的实质进行了深刻的分析，从理论与实践上揭示了两者之间的不平等关系，为发展中国家的国际贸易理论做了开拓性的贡献。

4.战略性贸易政策是建立在不完全竞争基础上的贸易保护理论。该理论以寡头竞争模型为基础，分析厂商在寡头市场上的博弈策略。它认为通过鼓励高技术产业，一国可以获得大量的外部经济，从而实现未来的经济增长。但战略性贸易政策也面临很大的困难，由于会产生报复，国家很难确定哪些部门应是能产生大量外部经济的部门。这一政策被发达国家广泛使用，如日本、法国和美国等。

5.贸易政策的政治经济学理论用实证的方法从各利益集团对政策出台的反应角度解释了政策是如何被制定出来的。它具有一定的解释力。

关键术语

最优关税　最优关税税率　幼稚产业　穆勒标准　巴斯塔布尔标准　肯普标准　小岛清标准　筱原三代平标准　中心–外围理论　战略性贸易理论　中点选民论　集体行动和有效游说论

基本训练

一、简答题

1.试述最优关税的含义，并用图形分析最优关税。

2.幼稚产业的判定标准主要有哪些?

3.简述普雷维什的中心–外围理论的内容和评价。

4.试根据贸易政策的政治经济学，解释出口补贴的制定过程。

二、案例分析题

中美贸易摩擦

在此次中美贸易摩擦中，从美国对中国商品征收关税的产品领域看，基本覆盖了“中国制造2025”计划发展的所有重要产业。这主要是由于当下的中国已经不仅依靠廉价的劳动密集型产品的出口，而且开始转型升级、发展高新科技产业，中美贸易关系逐渐从传统的互补型转变为竞争型。这让美国担心本国利益受损，出于打压中国高新产业发展的战略意图，在美方利益并未受到实质性损害的情况下就挥起了贸易保护主义的“大棒”，以阻遏中国从“制造大国”向“制造强国”跃升，然而这种违背情理法的行径只能损人不利己。

美国301调查报告的第一章就紧紧抓住中国《国家中长期科技发展规划纲要》《中国制造2025》两份核心文件，总结了中国政府主导科技进步的政策框架，讨论这些产业政策对美国创新生态体系的损害，特别强调中国的政策歧视剥夺了美国企业从它们的创新技术中获益的权利。

美国301调查报告的第二、三章则重点分析了中国技术转移机制的“歧视性”。目前，外商在中国可以以独资、合营、合作的形式经营。美国301调查报告认为，中国以《外商投资产业指导目录》的形式，对包括高科技产业在内的多个行业设定限制。中国的产业准入要求外商将技术转移到合资企业，从而使得中方合资伙伴获得美国的先进技术。

同时，美国301调查报告指出，中国的行政审查是中国获得美国企业技术的主要手段。报告认为，中国的技术转让机制对美国企业造成了两方面的负担和限制：第一，如果不转让技术，则美国企业将会失去全球增长最快的中国市场；第二，如果转让技术，则会损害美国企业的全球技术竞争力。

资料来源　马芸菲．这三大问题带你看穿中美贸易摩擦［EB/OL］．（2018-04-11）［2020-11-02］．http://www.xinhuanet.com/talking/2018-04/11/c_129848249.htm.

问题：

（1）美国301调查报告对中国的航天、汽车和云计算产业给予了高度关注，请结合这3个产业具体分析：我国产业政策是否对美国创新生态体系造成损害？我国技术转移机制是否对美国企业造成负担和限制？

（2）分析我国如何利用国际规则解决争端，来保护我国高新技术产业发展。

第6章
贸易政策工具

学习目标

学习目标

学完本章，你应该能够：

◎了解发达国家与发展中国家对贸易政策的选择；

◎掌握大、小国关税的局部均衡与一般均衡；

◎理解关税的有效保护率；

◎掌握进口配额的经济效应，理解进口配额与关税的差异；

◎了解出口补贴与反补贴的含义和经济效应；

◎掌握持续性倾销形成的条件，理解倾销与反倾销的含义；

◎了解其他非关税壁垒的主要措施。

引例

关税调整推动我国汽车产业发展

汽车关税政策对我国汽车产业产生了重要影响。改革开放以来，中国汽车进口关税虽有波动，但总体上呈下降趋势。中国汽车进口关税的保护期可以分为高度保护时期和一般保护时期。

1985年以前，中国乘用车进口关税税率为120%~150%。1986—1993年，中国汽车产业仍处于高度保护状态，乘用车进口关税税率维持在180%~220%。从1994年4月1日至1997年10月，我国先后经过3次降税，汽车整车平均关税税率水平降至54.7%，零部件平均关税税率水平降至25.2%。2001年1月1日，中国“入世”之前最后一次实施自主降税，乘用车关税税率降至70%~80%，零部件关税平均税率降至22.9%。2001年加入WTO后，中国汽车进口关税水平逐年下降。2007—2018年，中国乘用车进口关税税率一直维持在25%左右。

在博鳌亚洲论坛2018年年会上，习近平主席提出将放宽汽车行业外资股比限制，并相当幅度降低汽车进口关税。2018年5月22日，国务院关税税则委员会宣布为进一步扩大改革开放，推动供给侧结构性改革，促进汽车产业转型升级，自2018年7月1日起，降低汽车整车及零部件进口关税，将汽车整车关税税率为25%的135个税号和税率为20%的4个税号的税率降至15%，将汽车零部件关税税率分别为8%、10%、15%、20%、25%的共79个税号的税率降至6%。2018年以来，经过连续多次自主调整，我国关税总水平已由2017年的9.8%降至7.5%，平均降幅达23%。为适应产业升级、减少企业负担和满足群众多层次消费等需求，从2018年11月1日起，我国还降低了部分商品的最惠国税率。涉及的汽车产品主要包括机动车辆上供人使用的空气调节器、小轿车用自动换挡变速器及其零部件、汽车用片簧及弹簧、机动车用中央控制门锁等32个税号下的商品。

由于2018年7月之前，我国乘用车一直维持着25%的较稳定的关税税率，虽然也曾出台过购置税减半及增值税下调等政策，但是都不及关税下调对我国进口车价格的影响大。2018年3月以来，中美贸易摩擦和争端不断升级。2018年6月16日，我国宣布对包括汽车在内，原产美国约500亿美元的进口商品加征25%的关税。由于2018年7月1日后我国对进口车降低关税税率，从25%降为15%，而受影响的美产进口汽车在此基础上增加25%的关税，即整车关税将高达40%。此次关税调整针对的是所有在美国生产的进口车，因此，无论是美系、德系还是日系品牌，只要进口到国内的车辆是在美国生产的，都在关税调整的范围内。

现代的汽车产业的智能化和新能源的利用正在逐步地改造传统的汽车产业。为了顺应汽车产业发展的新潮流，助力中国汽车产业的转型升级发展，我国不断进行汽车领域的改革，对外开放程度不断深入，新关税政策的实施使得中国汽车市场迎来了新一轮的发展机遇，吸引了来自全球的注意力。同时，在2018年5月，我国财政部宣布降低汽车整车及零部件进口关税。受政策的影响，进口汽车产品的价格随之下降，汽车成交量应声上涨。这说明关税的调整进一步推动了我国汽车市场的对外开放，激励自主品牌汽车企业不断提升自身实力。

资料来源　[1] 刘艳，沈庆．关税降低对我国汽车产业推进国产化的影响 [J]．汽车与配件，2019 (2)：39-43．[2] 李爱杰，聂凡，高适，等．关税调整对国内汽车行业影响的研究 [J]．纳税，2019，13 (25)：14，16．

贸易理论中分析了一国为什么要进行国际贸易，并指出了应该实行自由贸易政策。现在，各国的贸易政策在总体上不断进行贸易自由化，各国越来越开放；但我们放眼世界，仍然看到国际贸易不完全自由的一面。关税仍是一国在对外贸易中一种重要的贸易壁垒。除关税之外，还有非关税壁垒，如配额等。本章将对几种主要的贸易政策工具及其产生的经济效应进行分析，即从生产者、消费者、政府及全社会不同的角度分析政策的经济和福利效果，以便理解真实的贸易世界。

6.1　贸易政策选择

本部分将讨论不同国家贸易战略和政策的选择。根据各国经济发展水平的不同，世界各国可分为发达国家和发展中国家。大多数发展中国家都希望通过参与国际贸易，改变对其不利的贸易条件，加速国内工业化进程，消除二元经济结构。为此，发展中国家更多地关注于贸易政策的制定。相对而言，发达国家对贸易政策的期望值不如发展中国家那么高；但是随着基于规模经济和不完全竞争的国际贸易不断发展，发达国家也开始选择战略性的贸易政策。下面我们将分别就发展中国家和发达国家的贸易政策加以介绍。

6.1.1　发展中国家贸易政策的实施

第二次世界大战以后，发展中国家面临的问题是选择何种道路来发展本国经济，先后出现了强调限制工业品进口、促进本国制造业生产的进口替代战略和强调自由贸易的出口替代战略。

1.进口替代战略

进口替代战略（strategy of import substitution）是与贸易条件恶化论和幼稚产业保护理论一脉相承的，指发展中国家有意识地推动国内制造品工业的建立和发展，大量生产原来需要进口的工业品，以替代这些产品进口的工业化战略。[①]由于发展中国家在工业化初期，在这些进口产品的生产上处于相对劣势，因此无论在产品质量还是价格上，都难以同发达国家的产品相竞争。因而，为了达到进口替代的目的，发展中国家就要利用关税、进口配额等保护政策来扶持进口替代工业的建立。

由于进口替代是利用国内的工业制成品来替代同类的进口产品，生产的产品以面向国内市场为主，经济活动是在一种半封闭的状态下进行的，因此属于内向型经济；但是进口替代战略是发展中国家实现工业的独立自主和克服经济的依赖状态的有效战略，也是促进一国工业化进程的有效措施。所以，拉丁美洲的一些国家在第二次世界大战后初期率先实施了进口替代战略之后，亚洲的一些国家和地区也纷纷开始选择了这一外贸战略。到20世纪60年代，进口替代战略已成为发展中国家占主导地位的一种经济发展战略。

对许多工业基础薄弱的发展中国家来说，保护国内市场以抵制外国竞争，比迫使发达国家降低贸易壁垒以允许它们出口制造品要更容易些。所以，在工业化初期，进口替代战略的实施对一些发展中国家的经济发展起到了积极的促进作用。例如，巴西在第二次世界大战后实行进口替代战略，工业增长较为迅速，1948—1965年工业的年平均增长率为8.8%，1957—1961年为10.7%，成为其经济发展的主要推动力量。进口替代所创造的有保护的、有利可图的市场推动了发展中国家制造品工业的迅速发展，从而在一定程度上扭转了这些国家原来单一的畸形经济结构，大大提高了它们经济的独立自主性。如第二次世界大战后初期只有一些碾米业、锯木业和采掘业的泰国，在实行了进口替代战略后，到20世纪60年代已初步形成了纺织、水泥、炼油、制糖、车辆和电器装配等多种工业并存的经济结构。

然而，进口替代战略在更多的发展中国家仅取得了有限的成功，在有些国家甚至遭遇了失败。如从20世纪50年代到70年代，印度的进口替代战略仅仅使其人均收入增加了几个百分点。还有像阿根廷、墨西哥等国，几十年的经济增长不仅没有缩小反而拉大了它们与发达国家之间的差距。众多发展中国家经济发展的实践表明，进口替代战略本身也存在许多较为严重的缺陷。

①进口替代工业主要面向国内市场，其发展难免受到国内市场相对狭小的限制，加上一些工业部门的生产率低下，生产成本高，在国际市场缺乏竞争力，难以扩大出口，从而阻碍了进口替代工业的进一步发展。

②随着进口替代工业的发展，所需的生产设备和某些原材料的进口也相应增加，使生产设备和原材料的进口代替了消费品进口，其结果不仅不能减少外汇支出，平衡外汇收支，反而导致国际收支的恶化。

③由于政策着眼于进口替代工业，对基础设施重视不够，特别是忽视农业的发展，严重地削弱了国家的发展后劲，阻碍了整个工业化的进程。

随着进口替代工业的发展，这些问题日趋严重。从20世纪60年代中期以来，一些发展中国家，特别是一些新兴工业化国家的政府及经济学者日益感到扩大制成品出口的必要

① 窦建华. 国际经济学［M］. 北京：科学出版社，2009：112.

性，开始从实行进口替代战略转向实行出口替代战略，企图以此促进工业化和民族经济的发展。

2.出口替代战略

出口替代战略（strategy of export substitution）是指一国采取各种措施来促进进口工业的发展，用工业制成品和半制成品的出口代替初级产品出口，促进出口产品的发展多样化，以增加外汇收入，并带动工业体系的建立和经济的持续增长。

20世纪60年代中期前后，东亚和东南亚一些国家和地区最先转向出口替代战略。在它们的示范影响下，其他国家和地区也相继仿效。由于各国和地区的具体条件不同，实施这一战略的措施和策略也不尽相同，大致来看有3种表现类型：

一是拉美国家的做法（如巴西、阿根廷等国），它们一般是在原进口替代工业的基础上发展出口替代工业，即把出口替代和进口替代结合起来。

二是原来出口初级产品的国家，日益增加对初级产品的加工出口，提高产品附加值，如马来西亚、泰国、科特迪瓦等国。

三是亚洲“四小龙”，它们地域狭小，矿产资源贫乏，就充分利用劳动力资源发展劳动密集型的装配加工工业。

出口替代战略对一些发展中国家和地区，特别是新兴工业化国家和地区的工业化和工业制成品的出口起了一定的积极作用。例如，20世纪60年代发展中国家（不包括石油生产国）的年平均出口增长率为6.7%，其中一些制成品主要出口国家的年平均出口增长率达到7.9%。1970—1980年，发展中国家（除石油生产国）制成品出口占全部产品的比重从24.9%上升到38.4%，同期在世界制成品出口总额中所占份额从5%增至9.72%。从具体的国家来看，1972年巴西工业制成品出口仅占出口总额的24%，到1981年已上升为60%。

然而，各国实施出口替代战略也产生了不少问题。由于该战略的主要目标是促进出口，为此而建立的工业严重地依赖世界市场。特别是20世纪70年代中期以来，发达国家的贸易保护主义重新抬头，给依赖制成品出口的发展中国家带来了严重的影响。少数实施这种战略的国家，由于片面追求出口增长，忽视国内消费，造成国内消费品短缺；加上为促进出口而实行货币贬值，国内货物和进口货物的价格上涨，通货膨胀率上升。

6.1.2 发达国家贸易政策的实施

建立在比较优势基础之上的传统国际贸易理论推崇的是政府不干预的自由贸易政策，但这依赖两个重要的假设前提——完全竞争和不存在规模经济。新贸易理论通过放松这两个重要假设而对传统理论进行发展，极大地拓展了我们的理论视野。由此也使我们认识到，对完全竞争市场结构和规模经济不变的背离，使市场本身运行的结果处于一个“次优”的境地，适当的政府干预有可能改进市场运行的效率，这就是目前流行于发达国家的战略性贸易政策，它的出现使自由贸易政策丧失了最优的地位。

战略性贸易政策（strategic trade policy）是指政府通过采取鼓励特定产业产品出口或限制其进口的措施来达到改善经济绩效目的的政策。以下介绍几个主要发达国家的战略性贸易政策的实施情况。

1.日本的战略性贸易政策

第二次世界大战后，日本从战后的被破坏和软弱的经济基础上崛起，之后进入数十年的高速增长时期。从第二次世界大战结束到20世纪70年代，日本经济基本上是一个“短缺”经济，外汇价格和利率都被人为压低，在供给与需求相等的水平之下，外汇和信贷都实行配给。稀缺资源的配置实际上是由政府特别是由大藏省和著名的通产省控制的，政府对重要资源的控制，使这些部门拥有影响经济增长方向的巨大权利，这种权利又通过使用关税和进口限制来保护选定的产业而得到进一步加强。

20世纪50年代，这些部门运用上述权利实施增长战略。政府把资金从传统的劳动密集型产业引到工人人均工资高的重工业。政府试图鼓励那些被认为将反映日本未来比较优势的产业的发展，而不是根据目前的贸易模式。一些中间产品，如钢铁工业产品，更是受到特别的青睐，结果是日本经济增长极为迅速。

然而，不能把日本经济增长的成功完全归功于战略性贸易政策。这主要是由于以下两个原因：

第一，我们不能确定，日本政府的积极参与是否比自由放任在事实上更快地推动了日本重工业的发展。日本的贸易战略并没有在未受到管制的经济中应用。相反，政府通过对外汇和信贷实行配给，切断了正确的资源配置渠道，然后为了弥补市场的缺乏，由政府对资源进行直接配置。一些经济学家认为，如果政府当初根本不进行任何干预，最后也会产生与现在相同的结果。

第二，日本产业发展的动力可能来自其他一些基本因素，而不是战略性贸易政策。比如说，日本有世界上最高的储蓄率、非常有效的教育系统、良好的劳资关系和面向商业的文化，这种文化使最有雄心和天赋的人都致力于公司的管理，贸易战略有可能一直是一种很小的积极因素，甚至有可能起了阻碍经济增长的作用。

自1970年以来，日本传统的贸易战略的作用大大下降，外汇和信贷不再是稀缺资源，不必进行配给。在其他国家要求日本开放市场的压力下，贸易保护政策开始受到限制。从1975年以来，日本的贸易战略采用了一种不同的、更加灵活的形式。其政策目标主要是鼓励一系列新兴产业的发展，即“知识密集型”产业或高科技产业。战略性贸易政策工具包括两方面：对研究和开发活动进行适当补贴；鼓励政府和企业联合研发有前景的新技术项目。

1975年以后选定的目标产业，仍然只是日本经济中的一个很小部分。汽车工业和家电工业（电视机、立体声音响、录像机等）都不属于联合进行重点研究的高技术领域。因此，日本生产的消费品，虽然使日本出口取得了显著的成功，但是并不反映政府新的技术政策。日本也的确在一些新战略性贸易政策起关键作用的领域中成为重要生产者，其中最著名、最重要的产品是半导体芯片。

虽然在政府控制程度或获得的成功方面，没有一个国家能与日本相比，但其他国家在第二次世界大战后也在一定程度上实行过战略性贸易政策。法国执行过不同强度的产业政策，而美国没有明确的战略性贸易政策，但也确实有一些政策，特别是对农业和国防采购的支持，在一些观察家眼中就像是战略性贸易政策。

2.法国的战略性贸易政策

很久以来，法国就有扶持特定产业的政策。法国战略性贸易政策的引人注意之处在于政府对参与国际技术竞争的法国企业的支持方面。

自20世纪60年代以来，法国政府一直担心，世界技术被美国大公司或新兴的日本公司所垄断。为防止这种垄断，法国政府试图确保那些被称为“国家冠军”的法国企业能在世界市场的竞争中站稳脚跟。为创造这种国家冠军企业，法国政府鼓励小公司合并为大公司。法国政府也运用自己对需求的影响力来为这些企业提供特许的市场。例如，政府要求国有电话公司从本国企业那里购买电信和计算机设备。在一些情况下，政府则运用广泛的补贴，来扶持被认为是至关重要的产业，其中最典型的例子是航空公司。

直到20世纪70年代后期，法国经济一直表现良好，增长率比德国略高，比英国则高很多。但从那时起，法国就一直存在严重的失业问题。不过，这一问题几乎在所有的欧洲国家都存在。然而，需要注意的是，虽然法国整体经济运行良好，但是那些政府寄予厚望的经济部门发展得不尽如人意。法国的计算机工业仍然依赖受到保护的市场，发展飞机制造业的努力虽然得到了技术上的成功，但是以沉重的经济损失为代价的。正是由于上述原因，很少有人把法国的战略性贸易政策视为其经济发展的关键。

3.美国的战略性贸易政策

美国实施战略性贸易政策的领域中最典型的是农业。一个农场主的一项重要革新，可能被其他数以千计的农场主所效仿。那些农场主获得革新所带来的收益，却没有分担风险。为了减少这一问题，长期以来，美国政府一方面致力于农业技术的研究，另一方面推广先进的农业技术。此外，在需要协同行动的大型项目（如灌溉设施）方面，美国政府一直发挥主导作用。这些干预与市场失灵的框架正好吻合，甚至受到了一些对大多数政府干预持怀疑态度的经济学家的赞许。

美国政府发挥重要作用的另一个领域是国防工业。由于美国的国民收入和国防开支比其他工业国家更多，美国政府无疑是世界上最大的军事装备购买者。美国在诸如战斗机一类具有规模经济的军品生产中处于领先地位。在一些情况下，美国在军事用品上的支出，可能使美国企业在民用市场中也处于优先地位。例如，波音707是波音公司最成功的民用产品之一。军事研究和开发有时也为美国企业提供了可以在其他领域运用的知识。然而，和其他战略性贸易政策的研究一样，如何将上述作用的影响定量化尚存争议。

欧洲的评论家有时认为，欧洲之所以没有赶上美国和日本，是因为美国事实上实行了与日本一样有效的战略性贸易政策。

专栏6-1

6.2 关 税

6.2.1 关税的含义、作用及分类

关税（customs duty；tariff）是指进出口货物经过一国关境时，由政府设置的海关向本国进出口商课征的一种税收。关税是国家税收的一种。与其他税种相比，关税有两个特点：第一，关税的征收对象是进出关境的货物；第二，关税具有涉外性，是对外贸易政策

的重要手段。由于关税是在商品的流通过程中征收，进出口商可以把关税税额作为成本的一部分追加到进出口商品上，最终将关税负担转嫁给消费者，因此，关税是一种间接税。

关税的征收是通过海关执行的。海关是设置在关境上的国家行政管理机构，其任务是依据本国的进出口政策和规章对进出口货物、货币、金银、行李、邮件、运输工具等实行监督管理，征收关税和其他税费，查禁走私，编制海关统计等。

海关征收关税的领域被称为关境，又称“税境”或“海关境域”，它是海关所管辖和海关各项法令、规章完全实施的领域。世界海关组织对关境的定义是“完全实施同一海关法的地区”。一般来说，关境和国境是一致的。但有些国家在国境内设置自由港、自由贸易区、出口加工区等经济特区，这些地区不属于关境范围之内，这时关境就小于国境。有些国家相互缔结成关税同盟，参加关税同盟的国家其领土成为同一的关境，此时关境就大于国境。

关税的作用主要有两个方面：一是增加本国的财政收入；二是保护本国的产业和国内市场。

关税种类繁多，按照不同的标准主要可划分为如下几类：

1.按照征收对象或商品流向分类

（1）进口关税

进口关税（import duty）又称正常关税（normal tariff）或进口正税，是进口国家的海关在外国商品输入时，根据关税税则对本国进口商所征收的关税。

进口关税分为以获得财政收入为目的的财政关税（revenue tariff）和以保护本国相关产业为目的的保护关税（protective tariff）。现实中，对国内并不生产的进口商品征税，一般是为了获得财政收入；但对国内可生产的进口商品征税，大多数情况下是为了保护国内企业。因此，关税往往成为一国贸易保护的重要工具。

进口关税通常可分为普通关税和最惠国关税。若进口国未与该进口商品的来源国签订任何关税互惠贸易条约，则对该进口商品按普通关税税率征税。普通关税税率是最高税率，一般比优惠关税税率高1~5倍，少数商品甚至更高。最惠国税率是签有最惠国待遇条款的贸易协定国家间实行的税率，凡缔约国一方现在和将来给予任何第三方的一切特权、优惠和豁免，也同样给予对方。最惠国待遇的主要内容是关税待遇。最惠国税率是互惠的且比普通关税税率低，这种税率实际上是国家之间普遍实施的税率。

（2）出口关税

出口关税（export duty）是出口国海关在本国商品输往国外时对出口商所征收的关税。由于征收出口关税会削弱本国商品在国外市场的竞争力，因此大多数国家并不征收出口关税。目前征收出口关税的主要是一些发展中国家，它们征税的目的主要是：

①增加财政收入；

②为了保证本国的生产，对出口的原料征税，以保障国内生产的需要和增加国外商品的生产成本，从而增强本国商品的竞争力；

③保障国内市场供应，对某些本国生产不足而又需求较大的生活必需品征税；

④控制和调节某些商品的出口流量，防止盲目出口，以保持在国外市场上的有利价格。

（3）过境关税

过境关税（transit duty）又称转口关税或通过关税，是一国海关对通过其关境再转运去第三国的外国货物所征收的关税。其目的主要是增加国家财政收入。过境关税盛行于资本主义发展初期，它并不对被通过国家的市场和生产产生影响，但会抬高商品在国际市场上的价格，加重生产者和消费者的负担，减少国际贸易量。因此，第二次世界大战后，《关税及贸易总协定》规定了“自由过境”的原则。目前，大多数国家对过境货物只征收少量的签证费、印花税、登记费、统计费等。

2.按照差别待遇和特定的实施情况分类

（1）进口附加税

进口附加税（import surtax）是指进口国海关对进口的外国货物在征收进口关税之外，出于某种特定的目的而额外加征的关税。它是一种临时性的特定措施，又称特别关税。其目的主要有：①应付国际收支危机，维持进出口平衡；②防止外国商品倾销；③对某个国家实行歧视或报复等。

目前，进口附加税的主要形式有反倾销税和反补贴税。

反倾销税（anti-dumping duty）是对实行倾销的进口货物所征收的一种临时性进口附加税。倾销是指一国商品以低于正常价值的方式挤入另一国市场经销，从而对该国已建立的某个产业造成重大损失或产生重大威胁的行为。反倾销税的税额一般以倾销差额征收，目的在于抵制商品倾销，保护本国商品的国内市场。

反补贴税（countervailing duty）又称反津贴税、抵消税或补偿税，是指进口国为了抵消某种进口商品在生产、制造、加工、买卖、输出过程中所接受的直接或间接的任何奖金或补贴而征收的一种进口附加税。征收反补贴税的目的在于提高进口商品的价格，抵消其所享受的补贴金额，削弱其竞争能力，使其不能在进口国的国内市场上进行低价竞争或倾销。对进行倾销的接受补贴的商品，不能既征反倾销税，又征反补贴税。

（2）差价关税

差价关税简称差价税（variable levy），又称差额税，是当本国生产的某种商品的国内价格高于同类进口商品的价格时，为削弱进口商品的竞争力，保护本国生产和国内市场，按国内价格与进口价格之间的差额征收的关税。其目的在于使该种进口商品的税后价格保持在一个预定的价格标准上，以稳定进口国国内该种商品的市场价格。差价关税没有固定的税率和税额，而是随着国内外价格差额的变动而变动，因此是一种滑动关税（sliding duty）。

（3）特惠关税

特惠关税（preferential duty）又称优惠关税，是对来自特定国家或地区的进口商品给予特别优惠的低关税或免税待遇，以增进与受惠国之间的友好往来。特惠关税有的是互惠的，有的是非互惠的。

（4）普遍优惠制

普遍优惠制（generalized system of preference，GSP）简称普惠制，是发达国家给予发展中国家出口制成品或半制成品（包括某些初级产品）普遍的、非歧视的、非互惠的一种关税优惠制度。其目的是通过给惠国对受惠国的受惠商品给予减、免关税优惠待遇，使发展中的受惠国增加出口收益，促进其工业化水平的提高，加速国民经济的增长。普惠制是发展中国家在联合国贸易和发展会议上长期斗争的成果。

3.按照征收方法分类

（1）从量关税

从量关税（specific duty）是以进口货物的重量、数量、长度、容量和面积等计量单位为标准计征的关税。其中，重量单位是最常用的从量关税计量单位。其计算公式为：

从量关税税额=每单位从量关税（从量关税税率）×商品数量（货物计量单位数）

由于从量关税与商品价格无关，所以当商品价格上涨时，关税的保护作用就会减弱；反之，当商品价格下跌时，关税的保护作用无形中得到增强。

（2）从价关税

从价关税（ad valorem duty）是以进出口商品的价格为标准征收的关税，其税率表现为实际货物价格的百分率。这种方法可以免受商品价格波动对关税收入的影响，且征收工作比从量关税更为简便，因而是目前大多数国家普遍采用的征税方法。

（3）选择关税

选择关税（alternative duty）是对一种商品同时规定从量关税和从价关税两种税率，征税时由海关选择其中一种征收关税。一般是选择税额较高的一种税率征税，在物价上涨时使用从价关税，在物价下跌时使用从量关税。有时，为了鼓励某种商品的进口，或给某出口国以优惠待遇，也有选择税额较低的一种税率征收关税的。

（4）混合关税

混合关税（mixed duty）又称复合关税（compound duty），是对某种商品采用从量关税、从价关税同时征收的一种方法。混合关税税额的计算公式为：

混合关税税额=从量关税税额+从价关税税额

6.2.2 关税的局部均衡分析

征收关税将产生一系列的经济效应。总的来看，征收关税将使消费者受损，生产者受益，同时可增加政府的财政收入，但具体到每个国家，又会因小国和大国而有所不同。在国际贸易中，所谓小国，是指进出口量占世界市场的比例很小，该国的需求或供给的变动不会对世界市场价格产生影响的国家。所谓大国，是指进出口量占世界市场的比例很大，该国的需求或供给的变动会对世界市场同类商品价格产生影响的国家。下面我们将分大小国对关税产生的经济效应以及带来的福利进行分析。

1.小国征收关税的经济效应

（1）价格效应

征税带来的最直接影响就是导致国内市场价格的上涨，即产生价格效应。我们用图示来说明上涨幅度。现假设A国为小国，对国内的X商品实施征税。征税前，国内市场价格为P，国际市场价格为P_w；征税后，国内市场价格为P_t，国际市场价格为P_w'。

如图6-1所示，曲线S_x和D_x分别表示小国A国X商品的国内供给和需求曲线。征税前，A国X商品的国内市场价格等于国际市场价格，即$P=P_w$。征收关税t后，国内市场价格提高为$P_t=P_w'+t$。由于征税国A国是一个小国，其对世界市场价格没有任何影响力，因此征税后的国际市场价格$P_w'=P_w$，国内市场价格$P_t=P_w+t$。对比征税前后，我们看到国内市场价格上涨了t，即关税全部由国内消费者承担了。

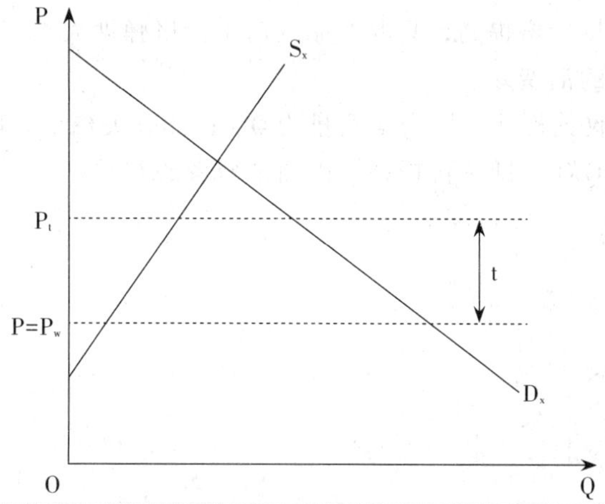

图6-1　小国征税的价格效应

（2）生产效应

征收关税后，随着国内市场价格上涨，国内进口替代部门的厂商将增加国内生产，这便是征收关税带来的生产效应。

在图6-2中，在自由贸易下，对应于世界市场价格P_w，国内生产量为OQ_1；征收关税后，国内价格由原来的P_w上升到P_t，此时国内生产提高到OQ_3。也就是说，征收关税后，国内生产增加了Q_1Q_3，即关税保护了国内生产者的利益。

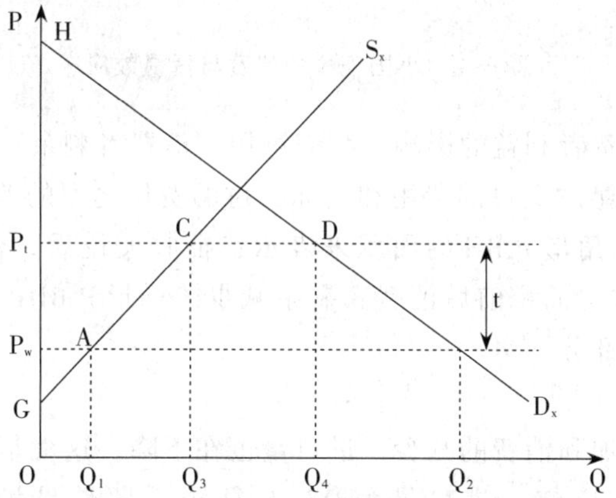

图6-2　小国征税的生产效应

国内生产者因为关税获得的利益我们可用“生产者剩余”的变动来衡量。所谓生产者剩余，是指生产者因销售商品而带来的额外收益。在图6-2中，征收关税前，生产者剩余可用三角形GAP_w的面积来表示；征收关税后，生产者剩余可用三角形GCP_t的面积来表示。对比征税前后生产者剩余的增加为梯形P_wACP_t的面积，即征收关税后生产者的利益增加部分。

(3) 消费效应

征税后随着国内市场价格提高，只要商品的需求价格弹性大于零，必然导致国内消费量的减少，这就是关税的消费效应。

如图6-3所示，征收关税前，国内消费量为OQ_2；征收关税后，国内消费量变为OQ_4，前后相比消费量减少了Q_4Q_2，即关税损害了国内消费者的利益。

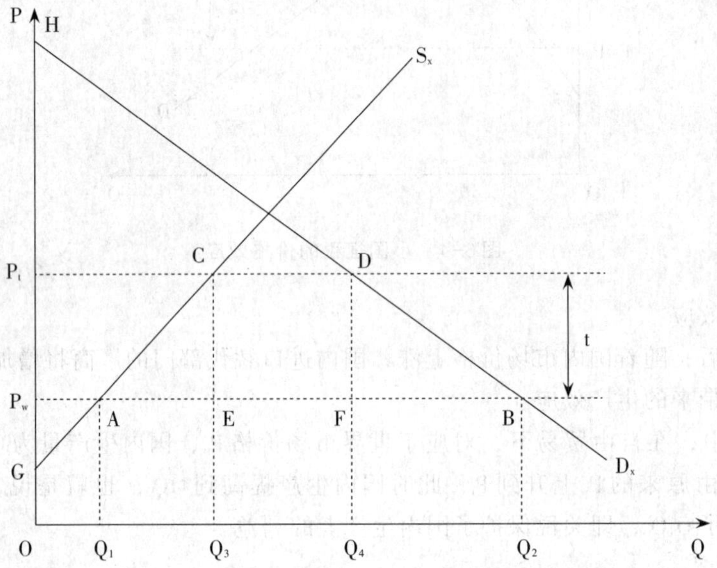

图6-3 小国征税的消费与贸易效应

因消费量减少对消费者利益的影响，我们可用“消费者剩余”的变动来衡量。所谓消费者剩余，是指消费者愿意支付的费用和实际支付的费用之间的差额。在图6-3中，征税前，消费者剩余可用三角形P_wBH的面积来表示；征收关税后，消费者剩余可用三角形P_tDH的面积来表示。对比征税前后消费者剩余减少了梯形P_wBDP_t的面积，这就是征收关税后消费者利益损失的部分。

(4) 贸易效应

随着国内生产的增加和消费的减少，进口量也在下降，这就是关税的贸易效应。

如图6-3所示，征税前，进口量为Q_1Q_2，征税后贸易量为Q_3Q_4，下降了(Q_1Q_3+Q_4Q_2)，即

关税的贸易效应=关税的生产效应+关税的消费效应

(5) 收入效应

所谓收入效应，是指政府由于征收关税而获得的财政收入。

关税的收入效应=进口量×关税税率

在图6-4中，关税收入为$Q_3Q_4 \cdot t$，也就是矩形CEFD的面积。

(6) 净福利效应

综上所述，关税的影响是多方面的，有正效应和负效应，考察关税对一国福利的总体

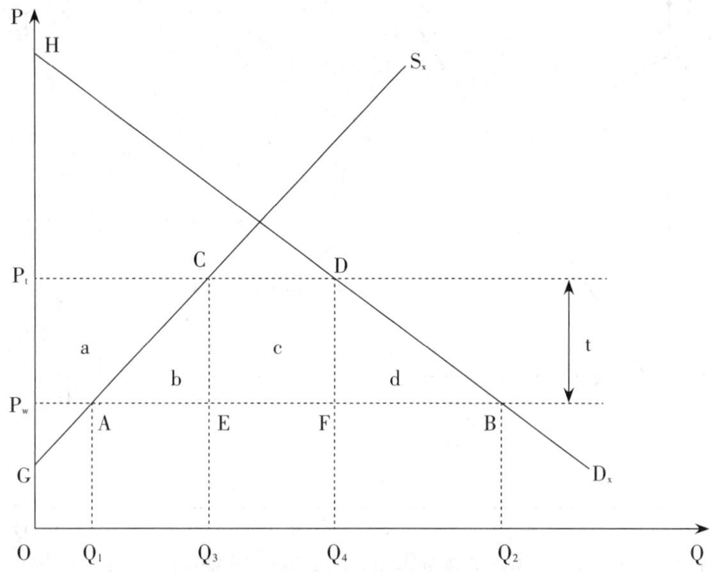

图6-4　小国征税的净福利效应

影响，被称为关税的净福利效应。

如图6-4所示，设梯形P_wBDP_t被分成的4块面积分别为a、b、c、d，则：

关税的净福利效应=生产者福利增加-消费者福利损失+政府财政收入增加

$$=a-(a+b+c+d)+c=-(b+d)<0$$

式中：b被称为生产扭曲，它表示征税后因国内的高成本生产替代原来来自国外的低成本生产而导致资源配置效率下降造成的损失；d被称为消费扭曲，它表示征税后因消费量下降而导致消费者满足程度降低的损失。对小国而言，关税会降低其社会福利水平，福利净损失为（b+d）。

2.大国征收关税的经济效应

大国征收关税所产生的经济效应与小国有相似之处，但也有所不同，具体分析如下：

（1）价格效应

大国征收关税后，同样会使国内价格上升，引起价格效应，只不过上升的幅度与小国有所不同。现假设B国是大国，仍对国内的X商品实施征税。征税前，国内市场价格为P，国际市场价格为P_w；征税后，国内市场价格为P_t，国际市场价格为P_w'。

如图6-5所示，曲线S_x、D_x分别表示大国B国X商品的国内供给和需求曲线。征税前，B国X商品的国内市场价格等于国际市场价格，即$P=P_w$。征收关税t后，国内市场价格提高为$P_t=P_w'+t$。由于征税国B国是一个大国，即其国内供求的变化足以影响国际市场价格，那么关税征收后，由于国内价格的上涨，该国对进口商品的需求下降，从而引起世界市场价格的下降，因此征税后的国际市场价格$P_w'<P_w$，设差额为ΔP_w，由此国内市场价格$P_t=P_w'+t=(P_w-\Delta P_w)+t$。对比征税前后，我们看到征税使国内市场价格上涨了（$t-\Delta P_w$），即关税负担实际上由国内消费者和国外出口商共同承担了。

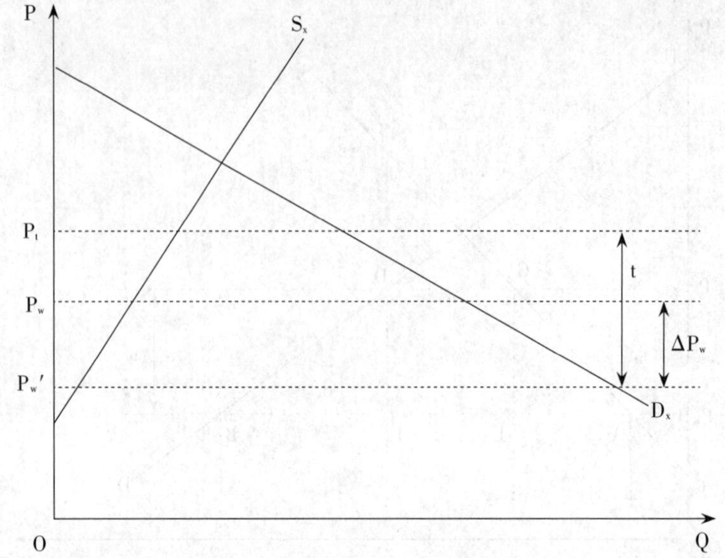

图6-5 大国征税的价格效应

随着国内价格的上涨，又引起了一系列的影响，有生产、消费、贸易和收入等效应。

（2）生产效应

如图6-6所示，自由贸易条件下，对应于世界市场价格P_w，国内生产量为OQ_1；征收关税后，国内价格由原来的P_w上升至P_t，此时，国内生产量提高到OQ_3。也就是说，征收关税后，国内生产增加了Q_1Q_3，这就是关税带来的生产效应。

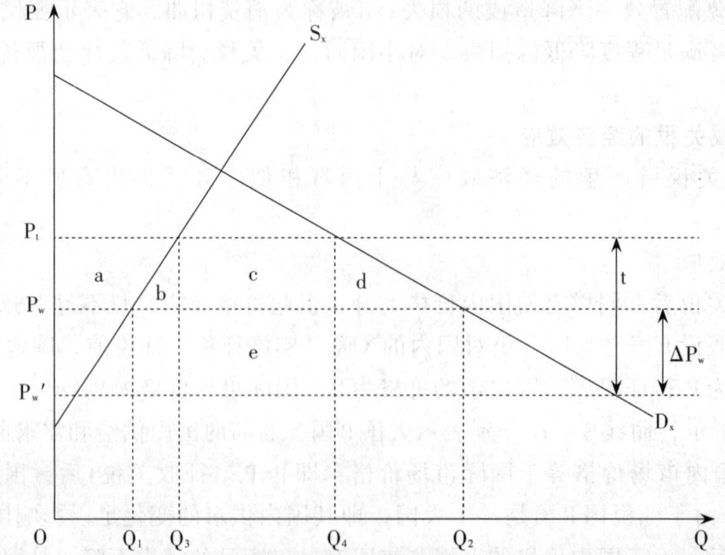

图6-6 大国征税的效应

至于国内生产者因为关税获得的利益，还是用征税前后生产者剩余的变动来衡量，也就是图6-6中的面积a。

（3）消费效应

如图6-6所示，征收关税前，国内市场价格为P_w，对应国内消费量为OQ_2；征收关税后，国内价格上涨为P_t，对应的国内消费量变为OQ_4，前后相比消费量减少了Q_4Q_2，这就是关税带来的消费效应。

而消费量的减少对消费者利益的损害，我们还是用征税前后消费者剩余的变动来衡量，也就是图6-6中的面积（a+b+c+d）部分。

（4）贸易效应

如图6-6所示，征税前，进口量为Q_1Q_2，征税后进口量变为Q_3Q_4，下降了（Q_1Q_3+Q_4Q_2），这就是关税的贸易效应。

（5）收入效应

收入效应是指征收关税而获得的收入。在图6-6中，关税收入=进口量×关税税率=$Q_3Q_4 \cdot t$，也就是（c+e）的面积。

（6）贸易条件效应

如果征收国是一个大国，那么除了上述各种影响外，关税还会产生贸易条件效应。因为在大国情形下，征收关税会降低世界市场价格。如果本国出口价格保持不变，征收关税后，在国际市场上，征税国用1个单位的本国商品可以换取更多的外国商品，也就是说，本国的贸易条件将得到改善。

如图6-6所示，B国对X商品征收关税后，国内价格由原来的P_w上升至P_t。同时，国际市场价格也由P_w下降至P_w'，世界市场价格的下降幅度为$\Delta P_w'$，而征税后的进口量是Q_3Q_4，现在以新的价格P_w'进口Q_3Q_4的代价比征税前进口同样多的商品可节约进口费用$\Delta P_w \cdot Q_3Q_4$，即图中e的面积。这就是大国征税因贸易条件改善而获得的收益。

（7）净福利效应

由图6-6可知：

关税的净福利效应=生产者福利增加-消费者福利损失+政府财政收入的增加

=a-(a+b+c+d)+(c+e)

=e-(b+d)

当e>b+d时，本国社会福利增加；

当e<b+d时，本国社会福利减少。

所以，在大国情形下，关税的净福利效应是不确定的，它取决于贸易条件效应与生产扭曲和消费扭曲两种效应之和的对比。

专栏6-2

6.2.3 关税的一般均衡分析

在6.2.2部分，我们采用局部均衡分析方法探讨了小国和大国对其进口商品征税的行为对被征税商品价格、生产、消费、贸易以及利益分配等的影响。然而，一种商品价格的相对变动会影响其他商品的市场均衡，包括其他商品的生产、消费、贸易等。因此，我们必须采用一般均衡分析方法来进一步分析关税的经济效应。由于大国和小国对国际市场价格的影响力不同，我们将分别探讨它们在征收关税后的一般均衡情况。

1.小国征税的一般均衡分析

假定小国生产x商品具有比较优势，生产商品y具有比较劣势，所以x生产部门为该国的出口部门，而y生产部门为其进口替代部门，这样我们便可以采用社会无差异曲线和转换曲线来分析关税的影响。

如图6-7所示，TT′是小国A的生产可能性边界。在自由贸易下，该国出口x商品，进口y商品，生产均衡点为Q点，过Q点的切线P_w表示国际均衡贸易条件（$P_w=P_x/P_y$，即这两种商品的国际相对价格），消费均衡点为C点。征收关税之后，y商品在国内市场的价格上涨，故生产者面对的新的国内相对价格为P_t，显然国内相对价格P_t比国际均衡贸易条件P_w要平缓些，P_t与TT′相切于Q_t点，Q_t点为征税后的生产均衡点，与征税前相比，进口替代部门（y生产部门）的生产增加，出口部门（x生产部门）的生产减少了，由此可见，任何进口壁垒都不利于出口部门生产，具有反出口倾向。

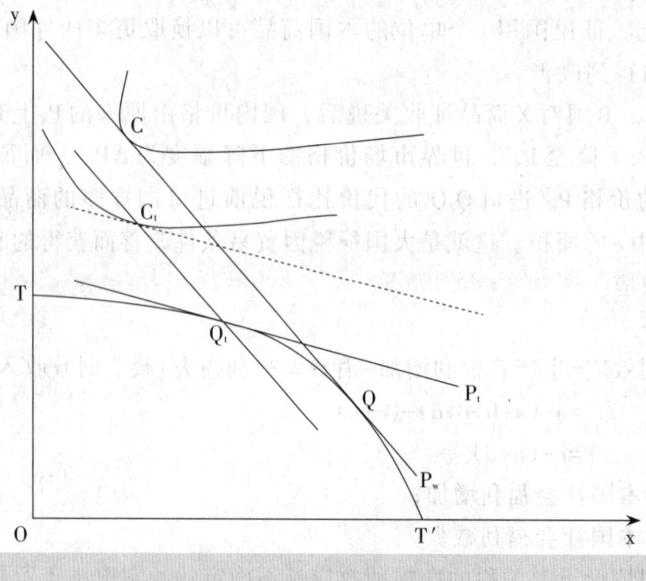

图6-7　小国征税的一般均衡分析

由于征税国是一个小国，所以征收关税后，其贸易条件并不改变，贸易仍以不变的国际市场价格P_w进行，新的消费均衡点应在过Q_t点与P_w平行的线上。另一方面，国内消费者面对的相对价格为P_t，根据效用最大化条件，通过新的消费均衡点的社会无差异曲线在该点的切线斜率绝对值应等于P_t。如图6-7所示，通过新的消费均衡点C_t的社会无差异曲线的切线与相对价格线P_t是平行的。也就是说，点C_t同时满足两个条件：国际贸易仍按原来的价格进行；国内消费者按征税后的国内价格来决定其最佳选择。

征收关税后，消费水平由原来的C点降至C_t点，通过C_t点的社会无差异曲线位于通过C点的社会无差异曲线之下，这表明征税国的社会福利水平下降了。福利水平下降的原因在于小国征收进口关税会减少消费者对进口商品的需求，但不能影响国际市场价格，而只能影响本国有效率商品即出口商品的生产和交换，因此造成小国整体经济福利水平的下降。由以上的一般均衡分析可知，征收关税对小国的福利影响是不利的。

2.大国征税的一般均衡分析

大国在对进口商品征收关税后，同样会导致该进口商品的国内价格上涨，进口替代部门商品的相对价格上涨，并导致国内的出口商品和进口替代商品生产的资源转换，从而造成资源配置效率的降低，这会使该国的福利水平恶化。但大国与小国对国际市场的影响是有区别的。大国的需求与供给在世界市场上占有较大的比重，其变动会影响世界市场的价格。当大国对进口商品征收关税的时候，进口商品的国内市场价格上涨，需求下降，导致国际市场价格下降；同时，生产资源更多地转向进口替代部门，使出口部门的产出水平下降，出口数量的下降也会影响其出口商品的国际市场价格水平，即出口商品的价格上涨。上述需求和供给影响都会改善大国的贸易条件。

从我们对大国的局部均衡分析可以看出，征税对大国的福利水平的影响是不确定的。所以，这里我们也分福利改善和福利下降两种情形来进行一般均衡分析。

（1）大国征税福利下降的一般均衡分析

和小国的分析不同的是，大国对其进口商品征税后，该商品的世界市场相对价格会下降，国际相对价格由原来的P_w上涨到P_w'。其余的均与小国分析一样。从图6-8中我们可以看出，征收关税后该国的社会无差异曲线所代表的福利水平下降了。这主要是因为大国征税后，国内进口替代商品的价格上涨很多，引起国内资源从出口部门向进口替代部门大规模转移，导致资源配置效率下降；同时，消费的进口商品的数量明显减少。上述两种效应都会降低该国的福利。征税后，虽然该国贸易条件得以改善，但不足以抵消福利下降的效应，所以，征税的总效应是使得福利水平下降。

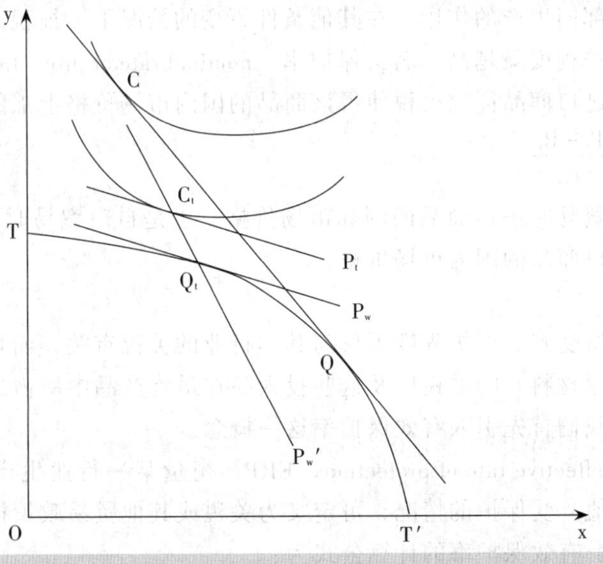

图6-8　大国征税福利水平下降的一般均衡分析

（2）大国征税福利改善的一般均衡分析

由图6-9可知，征收关税后该国的社会无差异曲线所代表的社会福利水平上升了。大国征税后国内进口替代商品的价格会上升，引起国内资源的转换，导致资源配置效率的低下，引起生产的扭曲。同时，消费的进口商品的数量会明显减少，引起消费的扭曲。这两种效应都会降低该国的福利。但是，征税后该国贸易条件得以大幅度改善，当这一改善幅度足以抵消上述福利下降的效应时，征税的总效应是使总福利水平上升。

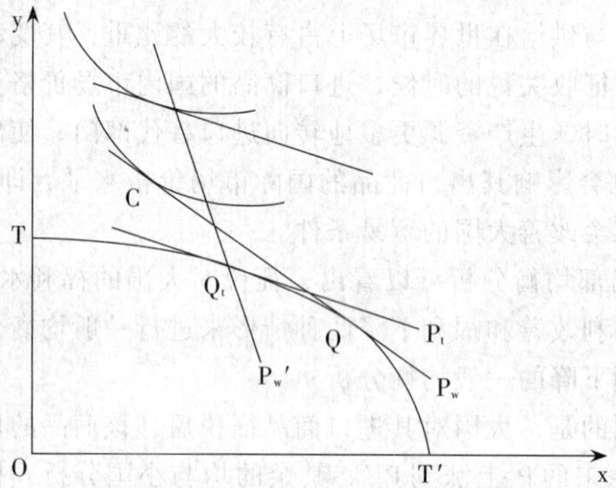

图6-9　大国征税福利水平改善的一般均衡分析

6.2.4　关税结构与有效保护率

1.名义保护率

一国对进口商品征收保护关税，可以提高进口商品的国内市场价格，从而起到促进和保护国内进口替代部门生产的作用。在其他条件不变的情况下，征税的税率越高，政府对进口替代部门的保护程度就越高。名义保护率（nominal rate of protection，NRP）又称名义关税税率，表示对进口商品征收关税使得该商品的国内市场价格上涨的比例。

$$名义保护率 = \frac{P_t - P_w}{P_w}$$

式中：P_w表示自由贸易时进口商品的国际市场价格，也是自由贸易时的国内市场价格；P_t表示征收关税后进口商品的国内市场价格。

2.有效保护率

某一特定行业所受到的保护程度不仅与其本行业的关税有关，而且与它所使用的投入品（如中间产品或原材料）的关税以及这些投入品在最终产品中所占的比例有关。为说明它们之间的关系，我们首先引入有效保护率这一概念。

有效保护率（effective rate of protection，ERP）衡量某一行业生产或加工中增加的那部分价值（即附加值）受保护的情况，可定义为关税或其他贸易政策措施所引起的国内生产附加值的变动率。有效保护率的计算公式为：

$$有效保护率 = \frac{T - V}{V}$$

式中：V和T分别表示征收关税前后某行业（或产品）的国内生产附加值。

有效保护率也可用下列公式计算：

$$g=(t-a_i t_i)/(1-a_i)$$

式中：g表示最终生产者的有效保护率；t表示最终产品消费者的名义保护率；a_i表示自由贸易条件下进口要素成本与最终产品价格的比率；t_i表示进口要素的名义保护率。

名义保护与有效保护的区别在于：名义保护只考虑关税对某种产成品的国内市场价格的影响；有效保护则着眼于生产过程的增值，考察整个关税制度对被保护产品在生产过程中的增加值所产生的影响，它不但注意了关税对产成品的价格影响，也注意了投入品（原材料或中间产品）由于征收关税而增加的价格。有效保护理论认为，对生产被保护产品所消耗的投入品课征关税，会提高产成品的成本，减少产成品生产过程的增值，从而降低对产成品的保护程度。因此，一个与进口商品相竞争的行业中的企业，不仅要受到对进口商品征收关税的影响，而且要受到对所使用的原材料和中间产品征税的影响。

3.关税结构理论的重要结论

关税的有效保护率与名义保护率有着直接的关系。下面举一个例子来具体说明。

假设某一制成品在国际市场上的价格为1 000元，该产品在国内生产时每单位产出需要使用价值500元的中间投入品，因此在自由贸易下，该产品国内生产的单位产出附加值=1 000-500=500（元）。现假定对该产品征收30%的从价关税，并假设关税不影响国际市场价格，于是征税后，该产品的国内价格上涨为1 000×（1+30%）=1 300（元）。另外假设对其使用的中间产品不征进口关税，那么征税后，国内生产的单位产出附加值=1 300-500=800（元）。由上面的公式得到该制成品的有效保护率=（800-500）÷500×100%=60%，即对该制成品征收30%的关税可使其国内生产附加值提高60%。

如果对中间产品也征收30%的关税，制成品关税仍为30%，那么征税后该制成品的单位产出附加值=1 300-500×（1+30%）=1 300-650=650（元），其有效保护率=（650-500）÷500×100%=30%。此种情况下，有效保护率与名义保护率相同。

现在，如果将中间产品的关税税率由30%改为40%，那么在这种情况下，制成品的国内生产单位产出附加值=1 300-500×（1+40%）=600（元），其有效保护率=（600-500）÷500×100%=20%，即国内生产附加值只增加了20%，低于其名义保护率。如果中间产品的关税税率更高，则制成品的国内生产附加值将更低，甚至变成负的。所以，在制成品关税税率不变的前提下，随着中间产品关税税率的上升，最终产品的有效保护率将下降，甚至会出现保护率为负的情况。

由以上例子及有效保护率的计算公式我们可以得出以下有关有效保护率（g）和最终产品的名义保护率（t）两者之间的重要结论：

①当$t_i<t$时，$g>t$；

②当$t_i=t$时，$g=t$；

③当$t_i>t$时，$g<t$。

也就是说，关税的有效保护率与名义保护率并不一致。若关税结构中，名义保护率随着加工程度的深化而提高，则有效保护率将高于名义保护率。

我们应看到，如果政府欲保护某一特定行业，则提高该行业的名义保护率并非唯一可采用的措施，降低其使用的中间产品或原材料的进口关税也可实现更好的保护。因此，如果一国的政策目标是保护最终产品部门，则在关税结构安排上应当对中间产品和原材料少征或免征进口关税。

有效保护率和关税结构问题已经被越来越多的国家所重视。产品按照加工深度可分为制成品（最终产品）、中间产品和原材料。在很多发达国家，尤其是美国、欧盟和日本对原材料和中间产品实行免税或只征很少的关税，而对最终产品实行高关税税率，从而使本国最终产品受到更好的保护。这种关税结构被称为瀑布式关税结构或关税升级结构。

6.3 进口配额

尽管关税是历史上最重要的限制贸易的政策工具，但还存在许多其他的限制措施，其被统称为非关税贸易壁垒。第二次世界大战后经过各种双边和多边贸易谈判，关税税率水平逐渐降低，作用也逐渐下降，而非关税贸易壁垒层出不穷，重要性也大大加强，进口配额政策是其中最重要的一种。

6.3.1 进口配额的含义与分类

进口配额（import quotas）又称进口限额，是指一国政府为保护本国工业，规定在一定时期（通常为一年）内，对某种商品的进口数量或进口金额加以直接限制。在规定的期限内，配额以内的商品可以进口，超过配额部分不准进口，或者征收较多关税或罚款后才能进口。

进口配额的分类主要有两种：

1.绝对配额

绝对配额（absolute quotas）是指对某些商品的进口数量或金额规定一个最高限额，达到这个限额后，便不许进口。

2.关税配额

关税配额（tariff quotas）是指对商品的绝对数额不加限制，而对关税配额内的商品给予低税、减免税，对超过配额的进口商品征收较高的关税或附加税。

关税配额又可以分为两种：

①全球配额，是指规定该国对某种商品在一定时间内的进口数量或金额。它适用于来自任何一国的进口商品，主管机关按本国进口商的申请次序批给其一定的允许进口的数量或金额，直至发放完规定的全部限额为止。

②国别配额，是指进口国对来自不同国家的进口商品规定不同的进口限制。

各国政府往往以配额而不是关税限制进口，主要是出于以下两种原因：一是进口配额保证了不会有更多的进口品参与竞争，由此来保护本国企业。二是进口配额保证了不会有更多的进口支出，由此使一国收支保持平衡。例如，激烈的国际竞争降低了进口品价格，配额会直接减少用于进口的支出。而在关税条件下，一国若对进口品的需求具有弹性，国际产品价格的降低会导致进口数量、进口价值的增加，这会使政府对国际收支平衡进行预测的工作更加复杂化。

现实中，分配进口配额常常与进口许可证相结合。许可证是由海关签发的允许一定数量的某种商品进入关境的证明。分配许可证的方法主要有以下几种：

（1）竞争性拍卖

它是指政府通过拍卖的方法分配许可证，使进口权本身具有价格，并将进口一定数量商品的权利分配给出价最高的需求者的方法。

（2）固定的受惠

它是指政府将固定的配额分配给某些企业的方法，通常是根据现有进口某种商品的企业上一年度在该商品进口总额中所占的比重来确定。

（3）资源使用申请程序

它是指在一定的时期内，政府根据进口商递交配额商品进口申请书的先后顺序分配进口商品配额的方法。

6.3.2　进口配额的经济效应

由于进口配额所规定的进口量通常要小于自由贸易下的进口量，所以配额实施后进口量会减少，进口商品在国内市场上的价格要上涨。如果实施配额的国家是一个小国，那么配额只影响国内市场价格，对世界市场价格没有影响；如果实施配额的国家是一个大国，那么配额不仅导致国内市场价格上涨，而且会导致国际市场价格下跌。这一点与关税的价格效应一样。同样，配额对国内生产、消费和贸易等方面的影响与关税也大致相同。下面我们具体分析小国和大国实施进口配额所产生的经济效应。

1.小国进口配额的经济效应

假定实行进口配额的是个小国，进口配额的经济效应如图6-10所示。当该国采取进口配额这一措施时，不会改变国际价格。

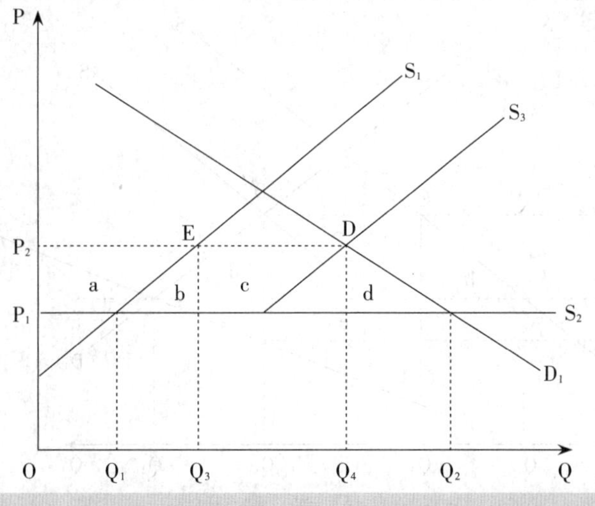

图6-10　小国进口配额的经济效应

在图6-10中，曲线D_1和S_1分别为该国某进口商品的国内需求及供给曲线，S_2为该国所面临的该商品的国际供给曲线。在自由贸易状态下，该进口国国内产量为OQ_1，消费量为OQ_2，进口量为Q_1Q_2，此时国内价格与国际价格是一致的，均为P_1。

设该进口国规定某商品进口配额为ED，则该国国内的供给为国内产量加上配额，故国内面临新的供给曲线S_3，即S_1向右平移ED距离后得到，新的供求平衡点为D，进口国国内价格开始与国际价格分离并上升至P_2。把实行进口配额后的状况同自由贸易时相比，可以看出这一措施具有以下效应：

（1）保护生产效应

由于价格提高，国内供应量从OQ_1增至OQ_3，生产者剩余增加a。

（2）消费效应

进口国国内价格由自由贸易条件下的P_1上升到实行配额后的P_2，消费者的需求量由OQ_2下降至OQ_4，消费者剩余减少（a+b+c+d）。

（3）配额租金效应

由于实行配额后，国际价格与国内价格产生了分离，国内价格升高使配额租金得以诞生，即面积为c。但这部分租金究竟为谁所得，处于未定状态，这取决于配额的发放形式，如招标、先申请先得、根据以往情况固定给予一些厂商等。

（4）进口配额的净福利效应

进口配额的净福利是指生产者剩余的增加量、配额租金与消费者剩余的减少量的差额，即$a+c-(a+b+c+d)=-(b+d)$。净福利效应为负，其中b为生产扭曲，d为消费扭曲。它表明，配额的实施会造成一国的福利损失。另外，考虑到配额的发放方式以及由此可能产生的寻租行为，配额的实施成本将远高于静态的福利损失。

2.大国进口配额的经济效应

假定实施进口配额的是个大国，则当该国采取这一措施时会改变国际价格（如图6-11所示）。

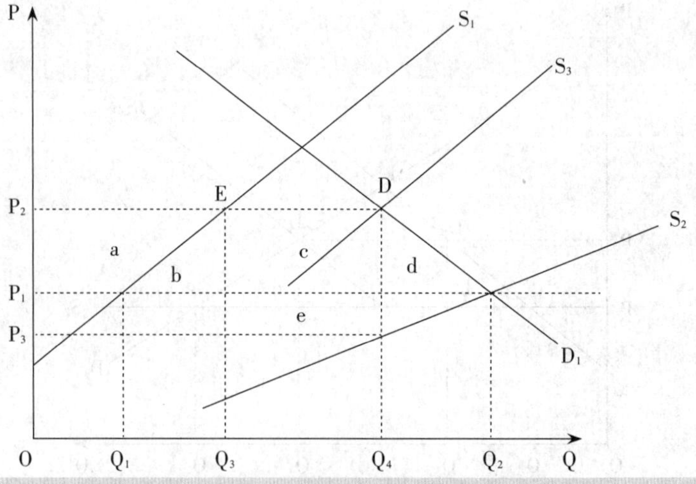

图6-11　大国进口配额的经济效应

在图6-11中，曲线D_1和S_1分别为该国某进口商品的国内需求及供给曲线，S_2为该国所面临的该商品的国际供给曲线。由于该国是进口大国，会影响到国际价格，故该商品的国际供给价格是不固定的，而是向右上方倾斜的。在自由贸易状态下，该进口国国内产量为OQ_1，消费量为OQ_2，进口量为Q_1Q_2，此时国内价格与国际价格是一致的，均为P_1。

设某进口国规定某商品进口配额为ED，则该国国内的供给为国内产量加上配额，故国内面临新的供给曲线S_3，新的供求平衡点为D，进口国国内价格开始与国际价格分离并上升至P_2，而国际价格由于该国进口量的减少而下降到P_3。在实施进口配额的过程中，发生了如下效应：

（1）保护生产效应

由于价格提高，国内供应量从OQ_1增至OQ_3，生产者剩余增加了a。

（2）消费效应

进口国国内价格由自由贸易条件下的P_1上升到配额实施后的P_2，消费者的需求量由OQ_2下降至OQ_4，消费者剩余减少（a+b+c+d）。

（3）配额租金效应

实施进口配额后，由于该国是大国，进口的减少使得国际价格下降，同时造成国内价格走高，国际价格与国内价格产生了分离，这使得配额租金得以诞生，即面积为（c+e）。同样，这部分租金存在究竟为谁所得的问题。

（4）进口配额的净福利效应

进口配额的净福利等于生产者剩余的增加量、配额租金与消费者剩余的减少量的差额，即$a+(c+e)-(a+b+c+d)=e-(b+d)$。它表明在大国情况下，进口配额的净福利效应处于未定的状态，取决于e和（b+d）的大小比较。当$e>(b+d)$时，进口配额会带来正的净福利效应；当$e<(b+d)$时，进口配额会给实施国带来福利损失。另外，除上述效应外，还可能存在与配额分配有关的福利损失。

6.3.3 进口配额与关税政策的比较

进口配额与进口关税都作为贸易壁垒对本国经济以及产业进行保护，它们的作用有相似之处，如相同的价格效应、生产效应、消费效应和贸易效应等，但是，进口配额与进口关税仍然有许多不同之处。

1.配额租金c部分收益的归属不同

在征收关税的情况下，c代表的收益归政府所得，产生财政收入效应。在实施进口配额制的情况下，c的归属取决于进口国配额分配的方式及国际市场上该商品的出口商状况。情况主要分以下几种：

①如果进口国采用公开拍卖配额的方式，则c作为进口国公开拍卖配额的收入归政府所有。这和关税的效果完全相同。

②如果进口国按固定参数分配份额，则c所代表的收益转移给各个进口商，对进口商而言，收益的大小需看政府分配份额的多少。

③如果进口国要求进口商按一定的程序申请配额，则由政府审批来发放配额。为得到配额，国内进口商把时间和精力花费在繁杂的手续和长时间的等待上。另一种得到配额的方法就是贿赂分配配额的官员。在这种情况下，进口商与政府官员共同瓜分配额c，导致权力寻租现象的发生，产生腐败问题。[①]

④如果该商品的国际市场是垄断市场，则出口商可凭借其垄断地位，抬高出口价格，

① 林德特. 国际经济学［M］. 杨敬年，译. 北京：经济科学出版社，1992：191.

从而分享到部分配额收益。

2.国内需求增加时关税和配额所产生的影响不同

如图6-12所示，需求变化以前，配额q对生产、消费和进口的影响完全等价于相应t%的进口关税，故实施配额后的价格P_q等于征税后的国内价格P_t。现在对产品需求的增加使需求曲线由D上移为D′，但配额限制使进口不能增加，这就导致国内价格进一步上升至P_q'，在这一价格水平上，国内生产增加为OS_3，消费变动为OD_3，从而保证了进口量S_3D_3恰好等于配额q，市场重新出清。与此相比，需求增加并没有提高征收关税后的国内价格，P_t仍保持原状，因而国内生产也没有变化，仍为OS_2，但消费扩大至OD_4，从而进口也由S_2D_2增加至S_2D_4。所以在需求增加的情况下，给定的配额会比等效的进口关税导致更高的国内价格和更多的国内生产量，而给定的进口关税带来了更高的消费量和进口量，故配额对进口国福利造成的损失较大。

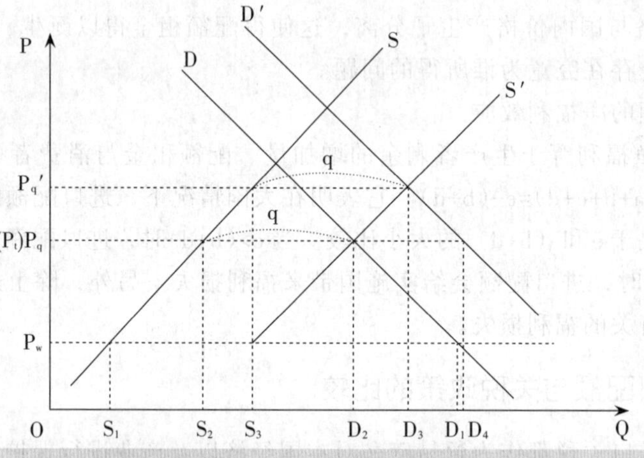

图6-12 需求增加对关税和配额的不同影响

3.国际价格下跌时关税和配额的反应不同

如图6-13所示，假设国际价格P_w下跌到P_w'，则征收关税后的国内价格P_t也会下降到P_t'，这样国内生产就会从OS_2缩减至OS_3，消费从OD_2增至OD_3，进口量也相应增加，从而使消费者得益，政府税收收入也有所增长。但在实施配额的情况下，国际价格的变动并不引起国内价格的变动，因而国内生产者和消费者都不受影响。但是，由于国际价格下降，该国的净损失增加了，所以配额产生的租金也增加了。两者相比之下，配额对国内生产者有利，而关税对消费者更有利。如果国际价格上涨，结论则相反。

总之，进口配额对进口的限制作用要强于关税，图6-12需求增加的影响也说明了这点。此外，由于进口商品供求曲线的弹性或形状常常难以确定，从而很难通过关税将进口限定在理想的水平上。再者，外国出口商还可通过提高生产效率或接受低利润来化解关税的影响。结果关税对进口的限制常难达到预期的效果。而配额对进口的限制作用要强得多，明确的数量限定使外国出口商无机可乘，所以国内生产者更青睐于进口配额。

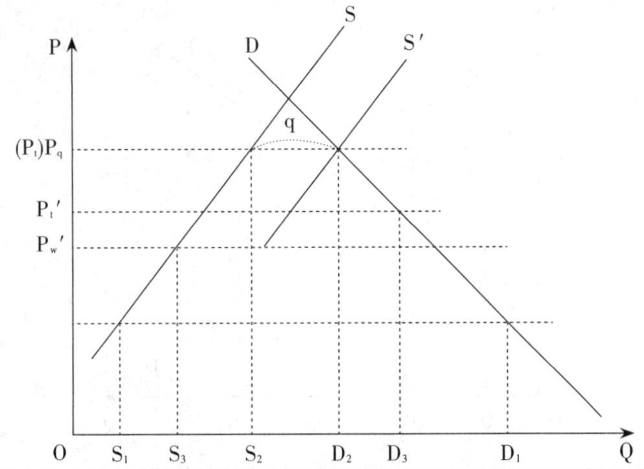

图6-13　国际价格下跌对关税和配额的不同反应

6.4　出口补贴与反补贴

非关税壁垒中，除了限制进口的政策外，还有一类鼓励出口的措施。出口补贴就是其中一种。一国政府为增强出口产品在国际市场上的竞争力，而对出口产品提供各种财政方面的优惠政策，这被认为是一种不公平竞争的手段。第二次世界大战后签订的GATT有关条款明确反对提供出口补贴，并授权进口国采取反补贴措施进行报复。反补贴措施针对的只是那些可能给国际贸易带来负面影响的补贴，即“应抵消的补贴”。当补贴产品对进口国国内产业造成损害或构成损害威胁时，WTO成员可以通过征收反补贴税予以反击。

6.4.1　出口补贴的含义

出口补贴（export subsidy）又称出口津贴，是指一国政府为了鼓励某商品的出口，对该商品的出口给予的直接补助或间接补助。直接补助是政府直接向出口商提供现金补助或补贴。间接补助是政府对特定商品的出口商给予财政税收上的优惠，如对出口的商品采取减免国内税收或向出口商提供低息贷款等。出口补贴也分从量补贴（每单位补贴一个固定数额）和从价补贴（出口价值的一个比例）。出口补贴的目的是降低本国出口商品的价格，提高其在国际市场上的竞争力，扩大商品的出口。

6.4.2　出口补贴的经济效应

1.小国出口补贴的经济效应

出口补贴政策使厂商在出口时可以得到各种形式的补贴，这些补贴可以看成在每出口一单位产品时获得的一份额外收入。图6-14表示小国出口补贴的经济效应。

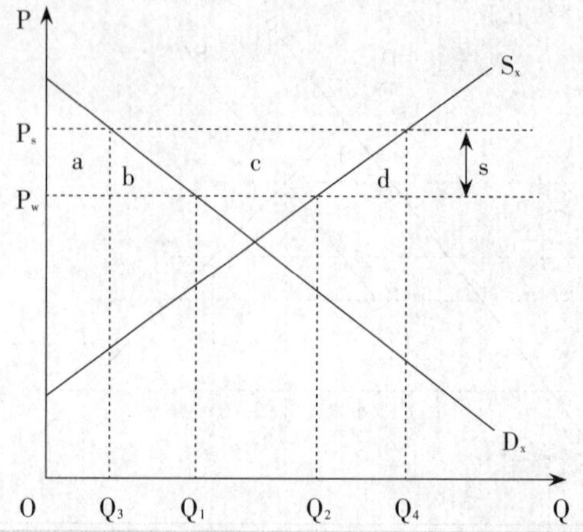

图 6-14　小国出口补贴的经济效应

如图 6-14 所示，X 商品的国际市场价格为 P_w，在这一价格水平上，小国 A 国的国内供应量为 OQ_2，国内需求量为 OQ_1，供给大于需求，出口量为 Q_1Q_2。假设小国政府为了促进该商品的出口，对出口商给予每单位商品 s 金额的现金补贴，这使得厂商以相当于以 P_w+s 的价格出售商品，这个价格水平下国外的买方支付 P_w，A 国政府支付了 s。由于是小国，补贴不会影响国际市场价格，因此，X 商品的国内价格也上升至 P_s；否则，厂商宁愿把所有商品都以 P_w 的价格出口到国外，同时获得每单位商品 s 的出口补贴。在此价格下，该国的国内供给量为 OQ_4，国内需求量为 OQ_3，出口量增加到 Q_3Q_4。

由于实施出口补贴，小国国内商品价格上升，则消费者剩余减少了（a+b），生产者剩余增加了（a+b+c），政府补贴支出增加了 $s \cdot Q_3Q_4=b+c+d$。

所以：

出口补贴的净福利效应=生产者剩余增加-消费者剩余减少-政府补贴支出增加

$$=(a+b+c)-(a+b)-(b+c+d)$$

$$=-(b+d)<0$$

由此可见，小国实施出口补贴政策会使该国的福利水平下降。

2. 大国出口补贴的经济效应

在关于小国出口补贴效应的分析中，由于研究对象是小国，所以不用考虑它的补贴政策对国际市场供需的影响；同时，没有考虑其他国家对这个小国补贴政策的反应。下面分析一个大国的出口补贴效应。

如图 6-15 所示，在自由贸易条件下，B 国 X 商品的国内市场价格等于国际市场价格 P_w。在这个价格水平上，B 国的国内供给量为 OQ_2，国内需求量为 OQ_1，供给大于需求，出口量为 Q_1Q_2。假设 B 国政府为了促进该商品的出口，对出口商给予每单位商品 s 金额的现金补贴。因为出口国是大国，实施补贴政策增加出口的结果会导致国际市场价格下降，从 P_w 下降到 P_w'，这样，补贴导致国内价格上升到 P_s，此时 B 国国内供给量为 OQ_4，国内需求量为 OQ_3，该国商品的出口量增加到了 Q_3Q_4。

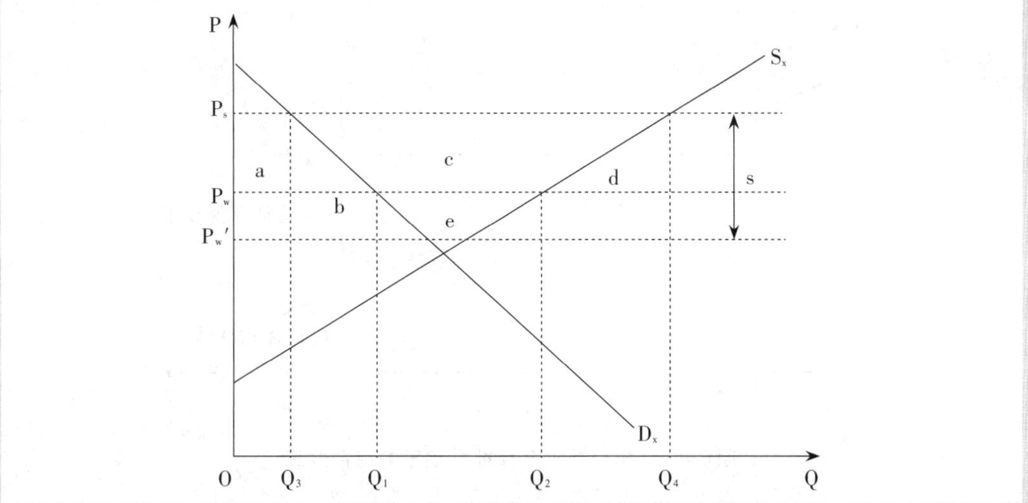

图6-15　大国出口补贴的经济效应

再来看大国实施补贴政策后的福利影响。在图6-15中，由于实施出口补贴政策，B国国内商品价格上升，导致消费者剩余减少了（a+b），生产者剩余增加了（a+b+c），而政府补贴支出增加了 $s \cdot Q_3Q_4=b+c+d+e$。

所以：

大国出口补贴的净福利效应=生产者剩余增加-消费者剩余减少-政府补贴支出增加

$$=(a+b+c)-(a+b)-(b+c+d+e)$$

$$=-(b+d+e)<0$$

式中：（b+d）部分与小国一样是国内消费和生产扭曲的损失，而e是大国实施补贴政策造成出口商品国际价格下降，从而导致大国贸易条件恶化的额外损失。由此可见，大国实施补贴政策会降低其福利水平，并且净损失要大于小国。

6.4.3　出口补贴与反补贴政策的综合效应

由于补贴是一种不公平的贸易行为，当一国利用补贴出口本国的商品，给进口国的国内生产造成重大损害或产生重大威胁时，进口国可以采取反补贴税的政策来抵制这种不公平的贸易行为。

图6-16可以简单说明出口补贴与反补贴政策的综合效应。

1.出口国的出口补贴效应

出口补贴使进口国的商品进口价格下降，由 P_0 下降到 P_1，进口需求数量扩大，由 Q_0 扩大到 Q_1。出口国的补贴损失数量是（a+b+c），进口国消费者获得的利益是（a+b），世界净福利损失是c（实质上是由提供出口补贴的国家承担的）。

2.进口国的反补贴政策效应

反补贴政策使进口国的商品进口价格又恢复到原来的水平，即由 P_1 恢复到 P_0，进口需求数量减少，由 Q_1 减少恢复到 Q_0。进口国的反补贴政策收入是a，进口消费者福利损失是（a+b）。出口国的出口补贴减少，减少数量是（b+c）。（b+c）代表的福利应该被看成出口

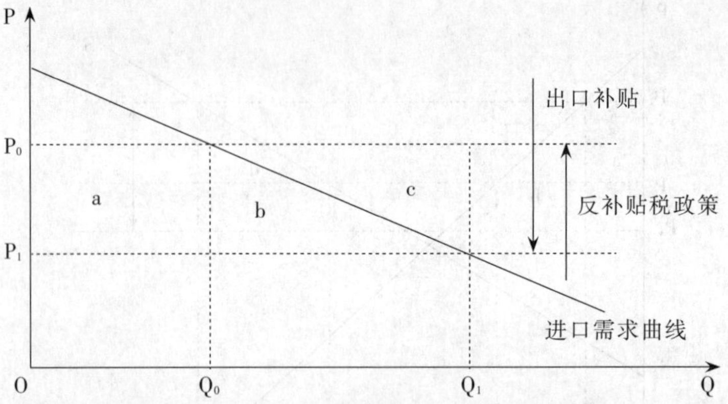

图6-16 出口补贴与反补贴政策的综合效应

国从反补贴政策中得到的收益。从世界总体角度来看，反补贴政策使世界总福利增加，数量是c（实质上是进口国承担的福利损失数量）。

3.出口补贴与反补贴政策的综合效应

出口补贴与反补贴政策的综合效应是世界的贸易格局、价格水平、贸易流量、福利水平都没有发生变化，但是，在实行出口补贴与反补贴政策的过程中，进口国获得了反补贴收入（a），出口国承担了补贴损失（a），等于是出口国补贴了进口国。

案例窗6-1

6.5 倾销与反倾销

倾销是不完全竞争企业的价格策略。倾销会造成价格的扭曲，影响资源的配置效率。

6.5.1 倾销的含义与分类

倾销（dumping）是在不同国家市场间进行的一种价格歧视行为。它是指出口商以低于本国国内价格或成本的价格向国外销售商品的行为。低于正常价值是指某种商品从一国向另一国出口的价格低于下述价格之一：

①相同商品或类似商品在正常交易中供国内消费的可比价格；

②相同商品或类似商品在正常交易中向第三国出口的最高可比价格；

③产品在原产国的生产成本加上合理的推销费用和利润。

通常判断是否构成倾销的依据主要有：

①进口国生产同类商品的企业是否受到低价进口品的冲击，以致其市场份额明显

减少；

②进口国同类企业的利润水平是否明显降低；

③在低价进口品的冲击下，进口国的同类产业是否难以建立起来。

但现实中，常常产生一种矛盾，即进口国总是夸大外国商品冲击本国市场的程度，而出口商从自己的目的出发，总是尽量掩盖倾销行为。

按照倾销的目的和时间来说，可分为以下3种类型：

1.偶然性倾销

偶然性倾销（accidental dumping）通常是因为销售旺季已过，或因公司改营其他业务，在国内市场上不能售出“剩余货物”，而以较低的价格在国外市场上抛售。

2.持续性倾销

持续性倾销（persistent dumping）是指这种倾销的存在是无限期的。厂商采取这种行为的目的在于追求利润最大化。形成持续性倾销的条件有3个：

①市场是不完全竞争的。采取倾销行为的企业应在市场上具有一定的垄断力量，可以决定价格的形成，不再是价格的接受者，从而面临一条向右下方倾斜的需求曲线。

②企业在国内外市场所面临的需求弹性不同，其中国外市场的需求弹性比国内市场的需求弹性大。当这些条件成立时，企业就有可能通过在国内市场索要高价，而向外国购买者收取较低的价格，使利润最大化。

③国内和国外两个市场是完全隔离的，因此不存在销售到国外市场的商品流回本国的可能性。

3.掠夺性倾销

掠夺性倾销（predatory dumping）是指为了排除市场上的竞争对手，出口商暂时以较低的价格向国外市场销售商品，一旦达到目的，获取垄断地位后，企业就会重新提高价格，以获取垄断性的超额利润。掠夺性倾销的有害性主要表现在企业降低价格的临时性，即进口国消费者只获得了暂时性的利益，一旦重新提高价格，消费者的实际收入水平就不但不会上升，反而会下降。因此，掠夺性倾销通常被认为是一种追求垄断地位的行为，被视为一种不公平贸易行为。

一般来说，不管是哪一种类型的倾销，都不利于进口国的生产者，会给它们带来压力，因此倾销会招致国内生产者的反对。

案例窗 6-2　　案例窗 6-3

6.5.2　持续性倾销形成的条件

我们可以通过图6-17来说明持续性倾销是如何发生的。

在图6-17中，右半部分表示企业在国内市场所面临的需求曲线 D_H 和相应的边际收益曲线 MR_H；左半部分表示本国企业在国外市场所面临的需求企业 D_F 和相应的边际收益曲线 MR_F。为了分析的方便，假定企业的边际成本为常数。

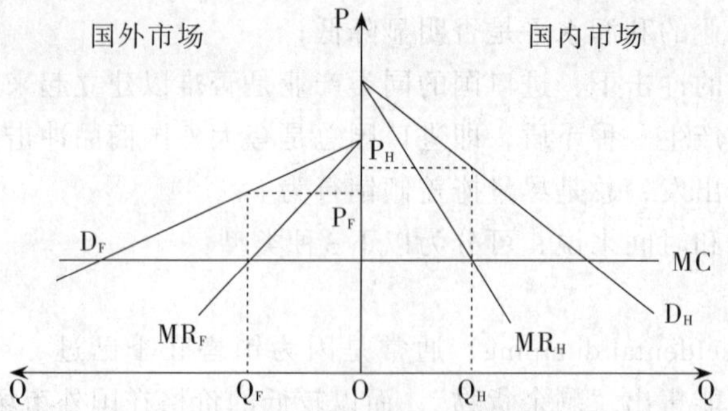

图6-17 持续性倾销

企业的产量分为两部分，分别在国内外市场上销售，它会根据国内外市场的特点采取不同的价格，以增加利润。企业决定其销售分配的条件是：如果对应于某一分配方案，其他任何分配方案都不能增加企业的总利润，那么这个方案就是最佳的。假设从本国市场拿出一单位的商品到国外市场上销售，如果企业在国外市场上获得的边际收益大于在本国市场减少一单位销售所损失的收入，那么新方案将使企业的总利润增加，原来的分配方案就不是最佳的，企业将增加在国外市场的销售量，直到国内外市场的边际收益相等。此时企业的总利润不再继续增加，即企业利润达到最大，因此最佳分配方案的条件可表示为：$MR_H=MR_F$。

另一方面，企业决定其总产量的条件是边际收益等于边际成本，即$MR_H=MR_F=MC$。根据这一条件，我们便可以确定企业在国内外市场上的销售量和销售价格。在图6-17中，边际成本曲线与企业国内市场的边际收益曲线的交点分别决定了其在国内外市场上的销售量。再根据国内外市场的需求曲线，确定企业在国内外的销售价格分别为P_H、P_F。由于国外市场的需求曲线更为平坦，即商品的需求弹性较大，故对应的价格低于国内价格。

综上所述，持续性倾销的形成必须具备以下条件：

①MR曲线向右下方倾斜，即市场是不完全竞争的。

②D_F曲线比D_H曲线更平坦，即国际市场商品的需求弹性大于国内市场。

③无商品的回流，即国内和国际两个市场是完全隔离的。

6.5.3 反倾销与反倾销税

虽然倾销对进口国消费者可能有利，但使进口国同类企业或产业的发展面临严重的压力，甚至造成进口国同类产业难以生存的恶果。因此，国内生产者会要求政府采取反倾销政策，以抵消倾销对进口国市场的强烈冲击，保护本国同类产业的发展。

反倾销的一般做法是征收反倾销税。反倾销税是指进口国政府在确认外国出口商销售到本国市场的商品有倾销行为时，对该商品所征收的进口附加税。

反倾销税的征收可能产生两个方面的影响：

首先，它可以减少国内对低价进口品的需求。反倾销税就是用以抵消倾销价格低于正常商品价格所带来的竞争优势。理论上说，其征税额应为两种价格之间的差额，只有这样才能达到抵消不正当竞争或不公平竞争的目的。

其次，反倾销税可使进口品价格提高到进口国国内市场价格的水平，从而保护了国内同类商品的生产者。

案例窗6-4

6.6 其他非关税壁垒

6.6.1 非关税壁垒的含义与特点

非关税壁垒（non-tariff barrier）是指除关税以外的一切旨在限制进口或不利于进口的政策手段和制度措施。它是相对关税贸易壁垒而言的。非关税壁垒的措施名目繁多，不胜枚举。它是当今世界贸易中限制进口的重要手段。当前的新贸易保护主义更是呈现出以非关税壁垒为主、以关税为辅的特点。

同征收进口关税相比较，非关税措施有一些不同的特点：

1.灵活性

制定和实施非关税壁垒措施通常采用行政手段，制定、改变或调整都来得迅速、简单，伸缩性大，在限制进口方面表现出更大的灵活性和时效性。同时，能根据实际情况，变换限制进口措施，达到限制进口的目的。

2.有效性

关税壁垒的实施旨在通过征收高额关税提高进口商品的成本，其对商品进口的限制是相对的。但是，有些非关税壁垒对进口的限制是绝对的，比如用进口配额等预先规定进口的数量和金额，超过限额就禁止进口。这种方法在限制进口方面更直接、更严厉，因而也更有效。

3.隐蔽性

要通过关税壁垒限制进口，唯一途径就是提高关税税率，而关税税率又必须在关税税则中公布，毫无隐蔽性可言。非关税壁垒则完全不同，其措施往往不公开，或者规定极为烦琐的标准和手续，使出口商难以应付和适应；它既能以正常的海关检验要求的名义出现，又可借用进口国的有关行政规定和法令条例，使之更易于巧妙地隐藏在具体执行过程中，而无须做公开的规定。

4.歧视性

因为一国只有一部关税税则，因而关税壁垒像堤坝一样等程度地限制了所有国家的进出口。而非关税壁垒可以针对某个国家或某种商品制定，因而更具歧视性。

专栏6-3

6.6.2 非关税壁垒的主要措施

除6.3部分所介绍的进口配额制属于非关税壁垒措施外，其他非关税壁垒措施还有进口许可证制、自动出口配额制、歧视性政府采购、外汇管制、进口押金制、最低限价制和禁止进口等措施。

1.进口许可证制

进口许可证制（import license system）是指一国政府规定某些商品的进口必须申领许可证，否则一律不准进口的制度。它实际上是进口国管理其进口贸易和控制进口的一种重要措施。进口许可证便于进口国政府直接控制进口，或者方便地实行贸易歧视，因而在国际贸易中越来越广泛地用作非关税壁垒措施。有的国家为了阻碍商品进口，故意制定烦琐的申领程序或手续，使得进口许可证制度成为一种拖延或限制进口的措施。

2.自动出口配额制

自动出口配额制（voluntary export quotas system）是出口国在进口国的要求或压力下，“自动”规定某一时期（1年、5年等）内某些商品对该国的出口限制额度，在规定的限制额度内自行控制出口，超过额度则禁止出口。实行自动出口配额制的一方很清楚，如果不这样做，对方就会采取更加强硬的报复措施。所以，自动出口配额制实质上是进口配额制的一种变形方式，是进口国把进口配额的管制工作交给了出口国去做。

自动出口配额主要有非协议自动出口配额和协议性自动出口配额两种形式。

（1）非协议自动出口配额

非协议自动出口配额是出口国为了防止进口国报复，减少国家之间的贸易摩擦，防患于未然，自己主动控制出口商品的方向和流量，单方面规定出口配额，限制出口。这种配额由出口国政府规定并宣布配额，出口商必须向政府申请出口配额和出口许可证才能向特定的国家出口特定的商品。

（2）协议性自动出口配额

协议性自动出口配额是由进出口双方国家经过磋商谈判签订“自限协定”或“有秩序的销售协定”，由协议规定在某一时期内某些商品的出口配额，出口国通过出口许可证制或出口签证制，自动限制出口。[1]目前，自动出口配额制多数是属于这种协议性自动出口配额制。

专栏6-4

3.歧视性政府采购

歧视性政府采购（discriminatory government procurement）是指国家通过法令和政策明文规定政府机构在采购商品时必须优先购买本国货。这种政策实际上是歧视外国商品，起到了限制进口的作用。目前，一些国家歧视性政府采购政策限定的货物主要有军火、办公设备、计算机和汽车等。

① 格林纳韦. 国际贸易前沿问题［M］. 冯雷，译. 北京：中国税务出版社，2000：134.

美国从1933年开始实行的《购买美国货法案》是最为典型的歧视性政府采购政策。该法案规定，凡是美国联邦政府采购的货物，都应该是美国制造的，或是用美国原料制造的。凡商品的成分有50%以上是国外生产的就被称为外国货。以后《购买美国货法案》又做了修改，规定只有在美国自己生产数量不够或国内价格过高，或不买外国货有损美国利益的情况下，才可以购买外国货。英国规定政府机构使用的通信设备和计算机必须是英国产品。日本也规定，政府机构需用的办公设备、汽车、计算机、电缆、导线、机床等不得采购外国商品。[①]由于发达国家政府采购的数量非常庞大，因此，这是一种相当有效的限制进口的非关税壁垒措施。

专栏6-5

4.外汇管制

外汇管制（foreign exchange control system）又称外汇管理，是指一国政府对外汇的收支、结算、买卖和使用所采取的限制性措施。外汇管制的目的在于有效地使用外汇，防止外汇投机，限制资本流出，改善国际收支和稳定汇率。

外汇管制分为数量管制和成本管制。前者是指国家外汇管理机构对外汇买卖的数量直接进行限制和分配，通过控制外汇总量达到限制出口的目的。后者是指国家外汇管理机构对外汇买卖实行复汇率制，利用外汇买卖成本的差异，调节进口商品结构。

5.进口押金制

进口押金制（advanced deposit system）又称进口存款制或进口预付款制，是一种限制进口的非关税壁垒和外汇管制措施之一。在这种制度下，进口商在进口商品时，必须预先按进口金额的一定比率和在规定的时间，在指定的银行无息存入一笔现金才能进口。这样就增加了进口商的资金负担，影响了资金的周转，从而起到了限制进口的作用。

意大利在1974年5月到1975年3月规定，对400多种进口商品无论从任何一个国家进口，都必须先向中央银行缴纳相当于进口货价半数以上的现款押金，无息存放3个月。据统计，这项措施相当于征收5%以上的进口附加税。意大利政府还规定，自1976年5月起，意大利进口商除对国外出口商付款外，还应将进口货款的5%无息缴存中央银行冻结3个月。被纳入预缴范围的进口商品范围很广，除粮食外，其他如原料、石油等商品都包括在内，旨在进一步限制进口，改善国际收支。芬兰、新西兰和巴西也相继实施过这种措施。进口押金制的作用已逐渐受到怀疑。因为进口商可用存款收据作为进口付款的资金担保，或者用它作为在货币市场上获得优惠利率贷款的凭证，而国外出口商为保证其商品的出口销路，愿意分摊存款金额，从而使之起不到应有的限制进口的作用。

6.最低限价制和禁止进口

最低限价（minimum price）制是指一国政府规定某种进口商品的最低价格，凡进口商品的价格低于这个标准，就加征进口附加税或禁止进口。

禁止进口（prohibitive import）是进口限制的极端措施。一国政府在认为一般的限制

① 赵春明. 非关税壁垒的应对及运用——“入世”后中国企业的策略选择［M］. 北京：人民出版社，2001：422-441.

已不足以解救国内市场受冲击的困境时，便直接颁布法令，公开禁止某些商品的进口。

案例窗 6-5　　专栏 6-6　　第 6 章思政窗

本章小结

1. 由于世界各国经济发展不平衡，各国大都会对对外贸易采取种种干预手段，这些干预手段可分为关税和非关税壁垒两大类。

2. 关税的目的是增加政府的财政收入，保护本国的产品市场。根据征税商品流向的不同，关税可分为进口关税、出口关税和过境关税。根据征收方法的不同，关税又可分为从量关税、从价关税、选择关税和混合关税。

3. 对不能影响世界价格的小国而言，征收关税只会带来国内价格的上涨，造成小国社会福利的净损失。而对征收关税导致世界价格下降的大国来说，除了具有与小国相似的关税效应外，由于它还具有贸易条件效应，因而其税后社会福利的变动是不确定的。但可以肯定的是，大国征税必将带来整个社会福利的损失。

4. 进口配额是一种通过对进口数量的限制达到保护本国生产的非关税措施。它所起到的限制贸易作用往往比关税还大，且不易渗透。进口配额的影响效应与关税大致相同。进口配额常常与进口许可证结合起来使用，因此在操作过程中透明度较差，容易引发寻租行为。

5. 出口补贴是政府对出口采取补贴的方法，以提高出口企业的竞争力，扩大本国出口；但在扩大出口的同时，可能会因贸易条件的下降，使政府补贴的一部分转移到国外消费者手里，并造成生产扭曲和消费扭曲。

6. 倾销虽是一种企业低价竞争的行为，然而当政府成为这种行为的支持者时，它带有一国贸易政策的色彩。倾销虽然有利于进口国的消费者，但对进口国的生产者可能会带来严重后果，所以进口国的生产者往往会要求政府采取反倾销税等措施，抵消来自他国倾销的影响。

关键术语

进口替代战略　出口替代战略　关税　过境关税　进口附加税　差价关税　特惠关税　普遍优惠制　从量关税　从价关税　选择关税　混合关税　价格效应　生产效应　消费效应　贸易效应　收入效应　净福利效应　名义保护率　有效保护率　关税结构理论　进口配额　出口补贴　反补贴　反倾销　偶然性倾销　持续性倾销　掠夺性倾销　进口许可证制　自动出口配额制　歧视性政府采购　外汇管制　进口押金制　最低限价制　禁止进口

基本训练

一、简答题

1.试比较从价关税和从量关税。

2.试述名义保护率和有效保护率的区别。

3.试述实行持续性倾销的条件。

4.试用图形分析小国出口补贴的经济效应。

二、案例分析题

中美贸易战

2019年5月10日，在中美双方此前已约定继续磋商的背景下，美国政府单方面宣布对2 000亿美元中国输美商品加征的关税从10%上调至25%，令磋商中途生变。作为回应，中方几乎同步宣布不得不采取必要反制措施。此举在中美两国都引起强烈反响，美国多家主流媒体连续刊文，认为美国政府的做法是对美国企业和消费者利益的伤害。美国《国会山报》就指出，对美国而言，不断升级的贸易战将带来很多痛苦，回报则很少。

资料来源 陈二厚，张旭东，李忠发，等．逆历史潮流而动 终将被历史抛弃［EB/OL］．（2019-05-21）［2020-11-02］．http://www.xinhuanet.com/mrdx/2019-05/21/c_138076077.htm.

问题：根据以上材料，并结合时政，回答下列问题：

（1）分析美国对华加征关税对两国经济的影响。

（2）面对此次贸易战，我国应如何应对？

第7章
要素国际流动与区域经济一体化

学习目标

学习目标

学完本章，你应该能够：

◎了解资本国际流动与劳动力国际流动的概念、类型及动因；

◎重点掌握资本和劳动流动福利效应的分析方法；

◎了解对外直接投资与跨国公司的概念与类型；

◎了解经济一体化的含义、形式与特征，以及贸易创造、贸易转移的概念；

◎重点掌握关税同盟理论，并能运用这一理论对现实中的区域经济一体化的实际效果加以分析。

引例

我国对外投资合作情况

根据商务部、国家外汇管理局统计，2020年我国对外直接投资1 329.4亿美元（折合9 169.7亿元人民币），同比增长3.3%。其中，对外非金融类直接投资1 101.5亿美元（折合7 597.7亿元人民币），同比下降0.4%；对外承包工程保持平稳，新签合同额为2 555.4亿美元（折合17 626.1亿元人民币），同比下降1.8%；完成营业额1 559.4亿美元（折合10 756.1亿元人民币），同比下降9.8%。对外劳务合作派出各类劳务人员30.1万人，2020年12月末在外各类劳务人员为62.3万人。我国对外投资合作保持平稳、健康发展，对外投资总体实现增长。

7.1 资本与劳动力的国际流动

7.1.1 资本的国际流动

1.资本国际流动的形式和原因

资本国际流动的形式很多，主要可以分为以下几类：

（1）对外直接投资

对外直接投资（foreign direct investment，FDI）的主要目的是依靠国外更大的市场、更高的经济发展速度或更好的税收优惠政策等条件在国外获得更高的投资报酬，一般是以并购东道国企业或直接在东道国设立新企业的方式取得企业的所有权和控制权。根据美国政府的规定，只要取得东道国企业10%以上的股权，就可被认定为对外直接投资。设立新企业的方式既可以是在东道国设立独资企业，也可以与东道国或其他国家的企业共同创立合资企业。

另外，一些其他的原因也会促使企业进行对外直接投资。例如，为了获得对所需原材料的控制权，保证原材料能以尽可能低的成本得到不间断的供给；为了避开进口国的关税等贸易壁垒，占领进口国市场；为了得到本国政府的各种鼓励对外直接投资的补贴；为了一些具有独特的生产知识和管理技能的大企业在国外能够获得垄断优势地位。

本书7.2部分将进一步介绍对外直接投资。

（2）国际证券投资

国际证券投资（international securities investment）涉及的只是纯货币资本的国际流动，它又可分为国际股票投资和国际债券投资两种形式。国际股票投资指的是投资者在国际股票市场上购买外国上市公司的股票，目的是获得投资收益，而不是取得控制权的投资行为。国际债券投资是指投资者在国际债券市场上购买外国政府或企业发行的债券，并按期获取债息收入和到期收回本金的投资活动。

国际证券投资的主要目的是在投资国获得更高的预期收益率和报酬率。但收益率和风险是成正比的，高收益意味着高风险。根据资产组合理论，投资者可能会同时购买收益率较低和较高的数种股票或债券，从而在给定收益水平时降低风险，或在给定风险水平时获得较高的收益率。因此，各国投资者会相互购买对方国家的股票或债券，从而促进了国际证券投资的发展。

（3）国际信贷

一些国家的政府或企业希望解决资金短缺的问题，但又不愿受外国资本控制，此时它们常常通过向国外借款的方式获得资金，称作国际信贷（international credit）。国际信贷根据贷款的来源和性质可分为国际金融组织贷款、外国政府贷款、外国商业银行贷款和出口信贷等。国际金融组织贷款和外国政府贷款的优点是贷款的金额大、成本低、期限长，但贷款的使用范围常受到约束。外国商业银行贷款是由国际金融市场上的私人银行提供的商业性贷款，优点是资金可以自由使用，但贷款的成本较高。出口信贷是指为了鼓励出口，出口方的银行（或信贷机构）向进口方（或进口方银行）提供贷款或延期付款等信贷支持的行为。由于政府的积极参与和推动，出口信贷的条件一般比金融市场上的借贷条件优惠，但出口信贷只限于国际贸易中。

外国政府之所以愿意向其他国家贷款，主要是出于人道主义或者为了取得外交和政治方面的利益。国际金融组织向发展中国家或处于危机中的国家贷款，主要目的是支持这些国家的经济建设、公共事业的发展和宏观经济的稳定。外国商业银行贷款主要是为了获得较高的收益率。出口信贷的目的主要是支持本国出口。

2.国际资本流动的状况

第一次世界大战后，全球信息网络系统的发展为国际资本流动提供了便利。随着跨国公司的蓬勃发展，以及工业化国家对金融市场管制的放松和发展中国家宏观经济改革的进行，国际资本流动有了巨大的发展和变化。在结构方面，对外直接投资和国际证券投资已经取代商业银行贷款占据了国际资本流动的主导地位；在规模上，国际金融市场上股票和债券的交易量成倍增加；在资本流向方面，发达国家仍然是国际资本市场上的主要流入国和流出国，但发展中国家（特别是新兴工业化国家）的份额呈上升趋势。

进入21世纪，国际资本流动又发生了新的变化。在结构上，跨国投资中服务业占的比例不断上升（将近2/3），农业和制造业占的比例在不断下滑。另外，国际资本增加了对传统产业的技术改造和新兴产业的关注，技术资本投资呈增长趋势。从资本流向来看，更多的国际资本正在加速流向发展中国家和地区，尤其是中国和印度等；在发达国家内部，美国仍然是国际资本的主要流入国，但流入速度已经放缓，欧盟对国际资本的吸引力大大增强，日本吸收对外直接投资的能力有所减弱。

3.资本国际流动的福利分析

在图7-1中，我们考虑只有X、Y两国的情况。两国资本总量为5亿，用OO′表示，r_X和r_Y曲线分别是X、Y两国资本的需求曲线。在完全竞争的条件下，资本的需求曲线即为资本的边际产品价值（VMP_K）曲线。

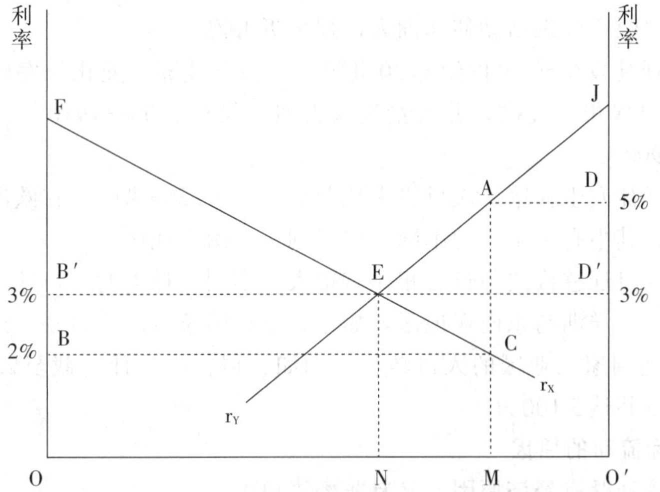

图7-1 资本国际流动的福利分析

（1）流动前

不存在国际资本流动时，Y国的利率水平为2%，资本量为4亿（用OM表示），资本的产出为OBCM的面积，其他要素的产出为BFC的面积，总产出为OFCM的面积；X国的利率水平为5%，资本量为1亿（用O′M表示），资本的产出为O′DAM的面积，其他要素的产出为DJA的面积，总产出为O′JAM的面积。

（2）流动后

假定允许资本在两国间自由流动，因为X国的利率高于Y国，Y国的一部分资本会流向X国，最终当X和Y两国的利率都等于3%时，资本停止流动，两国资本和要素市场都达到均衡状态（如E点所示）。

此时，在Y国，资本量为3亿（即ON），资本的产出为OB′EN的面积，其他要素的产出下降为B′FE的面积（因为其他要素的数量不变，所以其他要素的报酬率下降），总产出减少为OFEN的面积；在X国，资本量为2亿（即O′N），资本的产出为O′D′EN的面积，其他要素的产出增加为D′JE的面积（因为其他要素的数量不变，所以其他要素的报酬率上升），总产出增加为O′JEN的面积；全世界的净产出增加，增加部分等于EAC的面积。

也就是说，资本的国际流动使世界的总产出增加，但它对流出国和流入国的影响不同：对流出国，总产出减少，资本的利率上升，其他要素的报酬率下降；对流入国，总产出增加，资本的利率下降，其他要素的报酬率上升。

7.1.2 劳动力的国际流动

1.劳动力国际流动的历史回顾

在人类历史上，世界人口迁移在4万年以前就已经开始了。1492年哥伦布发现美洲大陆后，欧洲人开始大量迁往美洲，世界人口迁移的数量迅速增加。此后，世界人口主要经历3次大规模的流动。

第一次人口迁徙开始于15世纪，至19世纪初结束，时间长达3个世纪，以贩卖奴隶为主要形式。这次贩卖奴隶活动使非洲人口损失近1亿。

第二次人口迁徙发生于19世纪至20世纪初。由于欧洲工业化的发展和劳动生产率的提高，欧洲人口出现相对过剩，并大量流入美洲。仅在1900—1910年，从欧洲流入美洲的移民人数高达900万。

第三次人口迁徙发生在第二次世界大战前后。由于战争影响，在欧洲和亚洲发生了两个庞大的移民流，其中有近千万的中国人移民到了东南亚地区。

目前，世界人口迁移模式与过去相比有很大的不同。过去的人口迁移多是向新开放地区，主要是美洲、大洋洲与东南亚地区。如今，发达国家劳动力短缺，形成由人口密集的发展中国家向发达国家工业区的人口转移。例如，据粗略统计，截至2019年年末，居住在美国的移民数量共达5 100万。

2.劳动力国际流动的原因

劳动力国际流动既有经济原因，又有非经济原因。

劳动力国际流动的经济原因是：

首先，各国国民收入、公共基础设施和社会保障制度等具有差异。经济落后国家的国民收入水平较低，公共基础设施落后，社会保障制度不完善，这促使该国的一些人口向发达国家移民。

其次，各国劳动力供需的不平衡会引起劳动力的国际流动。工业化水平较低的国家就业机会较少，不能满足该国全部劳动力就业，致使国内部分劳动力流向工业化水平较高的国家。

最后，经济周期会引起劳动力国际流动。当一国陷入经济危机时，该国会首先解雇来自国外的劳工，被解雇的这部分劳动力将回流到母国，从而形成劳动力的跨国流动。

劳动力国际流动的非经济原因包括政治、宗教等。例如，由于政治和宗教等冲突，遭受迫害的人常移居国外来寻求政治避难。①

3.劳动力国际流动的形式

劳动力国际流动的主要形式包括外籍劳工和永久性移民两种。永久性移民是指在流入国定居，并最终成为该国居民。而外籍劳工只是在流入国临时工作，如一些工程或服务人员。目前，在劳动力国际流动总量中，外籍劳工所占比重越来越高。由于各国移民政策不同，一般流入美国、加拿大和澳大利亚等地的移民多数是永久性移民，而流入日本、欧洲或中东地区的移民多数是外籍劳工。

4.劳动力国际流动的福利分析

在图7-2中，我们考虑只包括两个国家（X国和Y国）的情况。两国劳动总量为5亿，用OO′ 表示，w_X和w_Y曲线分别是X国和Y国的劳动需求曲线。在完全竞争的条件下，劳

① 许军. 国际经济学教程［M］. 北京：科学出版社，2006：299-300.

动需求曲线即为劳动的边际产品价值（VMP_L）曲线。

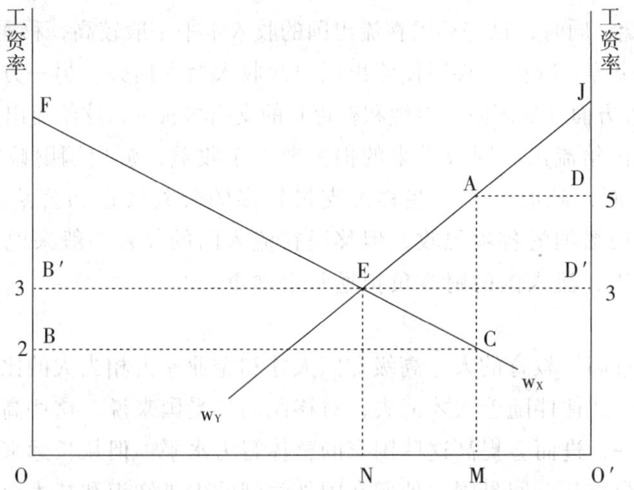

图7-2 劳动力国际流动的福利分析

（1）移民前

移民前，X国的工资率为2单位，就业量为4亿（用OM表示），总产出为OFCM的面积。其中，劳动的产出为OBCM的面积，其他要素的产出为BFC的面积；Y国的工资率为5单位，就业量为1亿（用O′M表示），总产出为O′JAM的面积，其中劳动的产出为O′DAM的面积，其他要素的产出为DJA的面积。

（2）移民后

当允许劳动力在两国间自由流动时，由于Y国的工资率高于X国，X国的一部分劳动力会流向Y国，最终当X、Y两国的工资率都为3单位时，劳动力停止流动，两国的劳动力要素市场都达到均衡状态（如E点所示）。此时，在X国，就业量为3亿（即ON），劳动的产出是OB′EN的面积，其他要素的产出下降为B′FE的面积（因为其他要素的数量不变，所以其他要素的报酬率下降），总产出减少为OFEN的面积；在Y国，就业量为2亿（即O′N），劳动的产出为O′D′EN的面积，其他要素的产出增加为D′JE的面积（因为其他要素的数量不变，所以其他要素的报酬率上升），总产出增加为O′JEN的面积；全世界的净产出增加，增加部分等于EAC的面积。

综上所述，移民使世界的总产出增加，但它对流出国和流入国的影响不同：对流出国，总产出减少，劳动的工资率上升，其他要素的报酬率下降；对流入国，总产出增加，劳动的工资率下降，其他要素的报酬率上升。取消国家间劳动力流动的限制，会给整个世界带来好处，但是不同国家的不同利益集团所抱有的态度可能截然不同，这在很大程度上阻碍了劳动力在国家间的自由流动。

5.劳动力国际流动的其他效应

劳动力的国际流动除了对流出国和流入国的福利产生影响外，还会在国家财政及社会等领域对流出国和流入国带来其他影响。

（1）财政影响

对流出国而言，一方面，移民一般都是受过良好教育的人，而政府为培养这些人在财政上已经投入了很多资金；同时，这些移民在流出国的收入水平一般较高，移居国外将使该国的税收（所得税和财产税等）减少，移民使流出国财政收入遭受损失。另一方面，移民移居国外后，政府在公共服务方面（如国防、卫生和教育）的支出将减少，这给流出国财政带来收益。

一般来说，移民给流出国财政带来的损失要大于收益，流出国财政的净收入减少。对流入国而言，一方面，政府要为这些移民支付较多的公共教育和公共卫生服务；另一方面，政府会获得移民缴纳的各项税收，但移民在流入国的收入一般来说较低，政府获得的税收不会很多。所以，流入国的财政负担通常会加重。

（2）人才流失

在移民中，受过高等教育的人、高级专门人才和企业家占相当大的比例，所以对发展中国家来说，移民外流往往伴随着人才流失；对移民的接受国来说，这些高素质的移民将成为这些国家的要素之一，进而会提高这些国家的整体智力水平。但从长远来讲，部分移民在国外一段时间后，又会重新返回母国，他们在国外学到的先进知识和技术会成为母国科技发展和经济增长的重要力量。移民促进了知识和技术在国际的传播和交流，对各国都有利。

（3）社会问题

由于肤色、种族、语言和宗教信仰等方面的差异，移民移居国外后往往会和当地人产生隔阂，甚至会受到当地人的敌视、偏见和刁难，移民的收益会大大减少。对流入国而言，移民的到来会造成交通和住房的紧张；同时，移民会占用当地人的一些就业机会，从而增加当地人对移民和政府的不满，引起较多的社会摩擦。

专栏7-1

7.2 对外直接投资与跨国公司

第二次世界大战后，以对外直接投资为特征的现代大型跨国公司开始产生并蓬勃发展。它们具有全球性经营动机和一体化经营战略，在多个国家拥有从事生产经营活动的分支机构，并将这些机构置于统一的全球性经营计划之下。

7.2.1 对外直接投资

1.对外直接投资的定义及特征

对外直接投资是指投资者参与国外企业的生产经营活动，拥有实际的管理权、控制权的投资方式。国际货币基金组织（IMF）把对外直接投资定义为：从事获取投资者所在国之外的企业的长期利益的投资活动，投资者的目的是能够对企业的管理进行有效的控制。

对外直接投资有两个最突出的特征：

一是投资主体对海外所属公司既有（部分或全部）所有权，又有控制权，可对其实施有效的经营管理。

二是对外直接投资不是单纯的互相独立的单项要素的转移，而是组合要素的转移，既包括货币、实物等有形资本，也可包括知识、技术、企业家才能等无形资本。

至少有两种现象容易模糊对外直接投资的特征界限：一是母公司给其海外子公司提供财务支持时，对外直接投资与国际借贷执行相同的职能，即转移资源并希望获得回报；二是跨国公司在东道国而不在母公司所在地为其子公司的扩张筹集资金。

2.对外直接投资的动机

企业对外直接投资既受本身特有优势，如资金、技术、管理等的影响，又受企业所处的客观社会经济环境制约，包括资源禀赋、市场规模、经济发展水平、产业结构、劳动力成本、政府政策等方面。因此，不同的企业在进行对外直接投资时动机不同，同一企业在投资不同的项目时也会有不同的动机。对外直接投资的主要动机有以下几种：

（1）自然资源导向型投资

企业为寻求稳定的资源供应、利用廉价资源而进行的对外直接投资行为，被称为自然资源导向型投资。此类投资在对外直接投资中占有相当重要的地位。

（2）市场导向型投资

企业以保护原有的出口市场或开拓新市场为目的而进行的海外投资行为，被称为市场导向型投资。此类投资的主要目的是：第一，规避贸易壁垒；第二，保护和扩大市场份额；第三，开辟新市场。

（3）生产效率导向型投资

为利用境外廉价劳动力、土地等资源，降低企业生产经营成本，提高生产效率，以维护或提高企业竞争力的投资行为，被称为生产效率导向型投资，也被称为成本导向型投资。此类投资一般是为了降低生产成本和获得规模经济效益。

（4）技术与管理导向型投资

企业为获得和利用国外先进技术、生产工艺、新产品设计和先进管理经验的投资行为，被称为技术与管理导向型投资，也被称为知识寻求型投资。企业通过在国外设立合营企业或者兼并收购当地企业的投资方式，获取自身所需的技术与管理经验。这种投资一般集中在发达国家和地区以及资本和技术密集型的产业。

（5）分散风险导向型投资

企业为分散和减少面临的各种风险而进行的对外直接投资，被称为分散风险导向型投资。企业对外直接投资面临的各种风险，可归纳为政治风险和经济风险。对政治风险，企业通常尽可能避免在政治风险较大的国家或地区投资。对经济风险，企业主要采取投资方式多样化、投资区位多样化的方式来分散、降低经济风险。

（6）优惠政策导向型投资

企业为了利用东道国政府的优惠政策和母国政府的鼓励性政策而进行的对外直接投资行为，被称为优惠政策导向型投资。东道国政府为了吸引海外投资，经常制定一些针对海外投资者的优惠政策，并创造尽可能好的软硬投资环境，这些优惠政策会诱导海外投资者做出投资决策。

（7）全球战略导向型投资

企业以公司整体利益最大化为目的在全世界范围内从事生产经营活动的投资行为，被称为全球战略导向型投资。公司在进行对外直接投资的全球战略决策时，往往关心公司长期的、全局的最大利益，并不以某一子公司在某一地区的盈亏得失为关注点，有时甚至不惜牺牲某地区、某部门的局部利益，以确保实现公司的战略目标和整体利益。

3.对外直接投资的影响

（1）国内收入的重新分配问题

假设两种要素（资本和劳动）在资本转移前后都得到充分利用。在此前提下，投资母国的资本总报酬和平均报酬都增长了，劳动总报酬和平均报酬都降低了。因而，当投资国在对外直接投资中整体受益时，在劳动和资本之间存在国内收入的重新分配问题。同样地，投资东道国在接受对外直接投资中受益时，要素所有者的受益方和受损方与投资母国正好相反，也引起了资本和劳动在国内收入方面的重新分配。

（2）国际收支平衡问题

一国的国际收支平衡表是以年为期限，对它从世界其他国家获得收入和它对其他国家支出情况的测度。在对外直接投资发生的当年资本输出国的对外支付增加，会带来国际收支逆差，而资本输入国在接受外国投资的当年国际收支会得到改善。如果对外直接投资带来投资国的资本品、零部件和其他产品大量出口及投资的利润汇回，则会形成收入抵消。

因此，对外直接投资对投资国和接受国双方国际收支的影响会因为时期的不同而形成差异，即资本输出、输入的当期，投资国和接受国的国际收支平衡的即时作用分别为负、正，但其长期作用不确定。

（3）贸易条件与转移定价问题

对外直接投资通过影响资本输出国与输入国的产品产量和贸易量，对两国的贸易条件产生影响。例如，在对外直接投资条件下，由于外国资本流入东道国的出口产品生产领域，并且该国在这种出口产品方面是一个大国，根据商品的贸易条件定义，资本输入国的出口增加，会压低出口产品的相对价格，引起贸易条件恶化。

与贸易条件紧密相关的是转移定价问题。转移定价是指如果一个跨国公司的某一子公司或分支机构向本公司在另一国的子公司或者分支机构销售投入品时，该公司可在两个子公司或分支机构的账簿上自由地记录交易，即并不使用市场价格，为篡改价格留出空间的行为。如果子公司被禁止把利润直接汇回母国，或者为规避对利润的高税收，该子公司就可以通过低估它向其他国家的子公司的出口值，以及高估它从其他国家子公司的进口价值，以减少它的账面利润。通过这种交易方式，与使用市场价格的贸易条件相比，一国账面的贸易条件恶化。

（4）避税与投资收益国际分配问题

对外直接投资会因为母国与东道国的税率差异，而影响资本输出国和输入国的投资收益分配与福利分配问题。如果母国的公司税率相对于东道国的公司税率更高，为利用东道国的低税率，母国的公司会在东道国从事对外直接投资，或利用公司在东道国的子公司或分支机构对外销售货物。

7.2.2 跨国公司

1.跨国公司的定义

现今的多数对外直接投资都是跨国公司完成的，或者说跨国公司是对外直接投资的载体。目前对跨国公司有多种称谓，如多国公司（multinational corporation）、多国企业（multinational enterprise）、跨国企业（transnational enterprise）、国际公司（international corporation）等。联合国跨国公司中心1983年发表第三次调查报告《世界发展中的跨国公司》，把跨国公司定义为：

①包括设在两个或两个以上国家的实体，不管这些实体的法律形式和领域如何。

②在一个决策体系中进行经营，能通过一个或几个决策中心采取一致对策和共同战略。

③各实体通过股权或其他形式形成联系，使其中的一个或几个实体有可能对别的实体施加重大影响，特别是同其他实体分享知识资源和分担责任。

2.跨国公司的类型

（1）按经营结构分类

①横向型跨国公司。其内部基本上经营同种行业，生产同类产品，母公司和子公司都能够独立地完成产品的全部生产与销售。母公司和众多子公司之间在生产经营上专业化分工程度很低，在工艺技术、原材料供应、产品销售等方面基本上是相同的，其主要优势在于它能内部转让生产中形成的诸如生产技术、市场销售技能和商标等无形资产，有利于增强各自的竞争优势与公司的整体优势，减少交易成本，通过在东道国生产与销售，克服东道国的贸易壁垒，巩固和拓展市场，形成强大的规模经济。

②纵向型跨国公司。其内部实行纵向一体化的专业分工，无论母公司和子公司之间还是子公司与子公司之间，都不是完全制造同类产品、经营同行业务的，而是生产经营不同行业的相互关联产品或者生产经营同行业但不同加工程序和工艺阶段的产品。这种类型的公司专业化分工与协作程度较高，各个生产经营环节紧密相扣，便于进行全球战略，实现标准化、大规模生产，获得规模经济效益。

③混合型跨国公司。其母公司和设在各地的子公司生产不同的产品，经营不同的业务，而且公司内部生产经营的多种产品之间互不关联。混合型跨国公司实行产品多样化经营，能有效地分散经营风险，也便于跨国公司跨行业兼并和发展，扩大公司的经营规模。但与此同时，业务的复杂性会给企业的管理带来不利影响。

（2）按经营项目分类

①资源型跨国公司。其在世界范围内开发和利用资源，以获得母国所急需的各种资源为目的，主要涉及种植业、采矿业、石油业等领域。

②制造型跨国公司。其主要从事最终产品和中间产品的加工制造业务，包括金属制品、机电产品、化工产品、轻纺产品、电子产品、耐用消费品等。这种类型的跨国公司以生产加工为主，一般是对东道国的原材料进行加工后或来料加工后再出口。

③服务型跨国公司。其近年来已经成为经济全球化过程中的一个非常活跃的部分。这类公司主要在贸易、金融、运输、通信、旅游、房地产、保险、广告、管理、咨询、信息等行业和领域内从事经营活动，提供各种服务作为盈利的手段。这类公司包括跨国银行、保险公司、咨询公司、律师事务所以及注册会计师事务所等。

7.2.3 跨国公司投资理论

第二次世界大战后，随着各国跨国公司对外直接投资的迅速发展，各种有关跨国公司的理论应运而生，这些理论大多沿着3个方面展开：一是跨国公司为什么要到国外投资，即对外直接投资的目的分析；二是跨国公司应具备什么条件才能在与当地企业的竞争中取胜，即对外直接投资的条件和能力分析；三是跨国公司在何处进行对外直接投资最为有利，即跨国公司的区位分析。以下介绍影响力比较大的几种理论。

1.垄断优势理论

垄断优势理论（Monopolistic Advantage Theory）又称特定优势理论，是美国经济学家斯蒂芬·赫伯特·海默（Stephen Herbert Hymer）首先提出来的，是以市场结构的不完全性为依据来解释对外直接投资行为。[①]后经其导师——著名的经济学家查尔斯·金德尔伯格（Charles P. Kindleberger）进一步完善后，垄断优势理论成为研究跨国公司与对外直接投资最早和最有影响力的理论。

在该理论中，海默明确指出，跨国公司对外直接投资的根本原因是利用不完全竞争市场所产生的企业特定优势对海外业务进行控制，充分利用自己的垄断优势，消除跨国竞争和国外经营所面对的种种不利情况，而使企业处于有利地位，并凭借其拥有的垄断优势排斥东道国企业的竞争，维持垄断高价，获得丰厚的利润回报。因此，垄断优势理论是以不完全竞争为基本假设前提，以垄断优势为中心的跨国公司对外直接投资理论。

海默认为完全竞争市场是一种理论状态，在现实中更多存在的是不完全竞争市场，这也是跨国公司对外直接投资的理论前提。在完全竞争的市场上，市场所有参与者供应的商品均是同质的，相互间没有差别，要素在市场上自由流动且不存在市场信息不对称的情况。在这种情况下，跨国公司对外直接投资并不会给自己增加优势和利益，企业也就不会进行对外直接投资。因此，要解释对外直接投资就需要从不完全竞争的角度来分析。

在不完全竞争市场条件下，跨国公司的垄断优势主要来自对知识产权的占有垄断和规模经济优势。其中，知识产权的特点是生产成本很高，但一旦拥有该知识产权，再次实施该知识或技术所要付出的边际成本就很小，而不拥有该知识产权的企业为获取该知识要付出相当高的成本。这就使得跨国企业可以通过将知识产权保持在企业内部，对外进行直接投资来获取更大的利益。具有规模经济优势的跨国公司，更可以通过企业大规模的生产，使单位成本递减或收益递增，从而产生价格竞争优势，使企业获得垄断优势，企业于是倾向进行对外直接投资。

垄断优势理论作为最早系统解释对外直接投资的理论，突破了传统国际资本流动理论的束缚，指出对外直接投资是以不完全竞争为前提的，奠定了当代跨国公司与对外直接投资理论研究的基础，并对以后的各种理论产生了深远的影响。但是，该理论无法解释为什么拥有垄断优势的企业不能通过出口或转让技术许可证来代替对外直接投资获取利益，也无法说明一些并不比发达国家有更强的垄断优势的发展中国家企业为什么也在进行对外直接投资，而且有日益增多的趋势等。

2.内部化理论

内部化理论（Internalization Theory）也称市场内部化理论，是由英国学者彼德·巴克利（Peter J. Buckley）和马克·卡森（Mark Casson）首先提出的，后经加拿大学者阿兰·拉格曼（Allan M. Ragman）等人做了进一步发展。所谓内部化，是指由于市场不完全，造

① HYMER. The international operations of national firms: A study of direct foreign investment [M]. MA: MIT Press, 1976.

成了中间产品交易的低效率，为了提高交易效率而把市场建立在企业内部的过程，即以内部市场取代原来固定的外部市场，把本来应该在外部市场交易的业务转变为在公司所属企业之间进行。当这种内部化过程跨越了国界，就形成了跨国公司的对外直接投资。[①]

市场内部化的形成主要有以下原因：

（1）中间产品交易困难而产生内部化

这里的中间产品不仅包括通常意义上的原材料和零部件，更重要的是大量的知识产权类的中间产品，如专有技术、专利、管理及销售技术等。这些与知识有关的中间产品由于市场不完全，往往难以准确定价，使市场交易困难。

（2）为了拥有持续的垄断优势而将市场内部化

知识产权类的中间产品具有很强的垄断性和技术保密性。通过外部市场进行交易可能导致垄断技术优势迅速扩散，而在企业内部进行可将技术的控制权掌握在企业手中，保持持久的垄断优势。

（3）外部市场交易成本过高而导致内部化

交易成本是指企业为了克服外部市场的交易障碍所需要付出的成本，包括市场上的签约成本、所有权转让成本等。由于中间产品难以定价，从而增加交易成本。根据经济学家罗纳德·哈里·科斯（Ronald Harry Coase）的理论，当市场交易所需成本高于企业内部的协调成本时，企业内部交易活动将取代外部市场交易活动。于是，跨国公司就倾向通过对外直接投资开辟市场。

除此之外，逃避政府管制及税收、避开各种政治和经济风险，也是跨国公司进行对外直接投资、将市场内部化的主要原因。根据内部化理论，企业通过对外直接投资在全球范围内组织生产与协调分工，既避免了外部市场不完全对其经营产生的影响，又有效地防止了技术迅速扩散，保护企业的知识财富。

跨国公司内部化理论建立在垄断优势理论和科斯的交易成本理论基础之上，用于解释对外直接投资的动机及决定因素。因此，内部化理论依然沿用市场不完全的假设，从内部市场形成的角度阐述了对外直接投资理论，对跨国公司的内在形成机理有比较普遍的解释力。然而，内部化理论的不足之处在于其忽略了对影响企业运作的各种外部因素的分析，对跨国公司的国际分工和生产缺乏总体认识。

3.国际生产折中理论

国际生产折中理论（The Eclectic Theory of International Production）又被称为国际生产综合理论，是由英国著名的跨国公司专家、雷丁大学教授约翰·哈里·邓宁（John Harry Dunning）提出的。他认为，过去的各种对外直接投资理论都只是从某个角度进行片面的解释，未能综合、全面地分析，因此需要用一种折中理论将有关理论综合起来解释企业对外直接投资的动机，即形成了国际生产折中理论。该理论认为一个企业必须同时具备以下3个条件才能进行对外直接投资：

（1）所有权特定优势

所有权特定优势（ownership specific advantage）是指一国企业拥有或能够获得的他国企业所没有或无法获得的特定优势，主要包括技术优势、企业规模优势、组织管理优势、金融和货币优势等。

① 邓宁．内部化理论探源［J］．王静，杨立强，译．国际贸易译丛，2004（2）：19-24.

（2）内部化优势

内部化优势（internalization advantage）是指拥有所有权特定优势的企业，为了避免外部市场不完全使企业具有垄断优势的产品在转让中利益受损，将企业优势保持在企业内部的能力。

（3）区位特定优势

区位特定优势（regional specific advantage）是指跨国企业在投资区位上所具有的选择优势，即某一国外市场的投资环境相对企业所在国的市场环境方面对企业生产经营具有的优势条件。其中主要包括东道国丰富的自然资源、广阔的商品销售市场、低廉的要素成本以及当地政府为了吸引外资而实施的优惠政策等。

国际生产折中理论借鉴和综合了以往对外直接投资理论的精华，较为全面地分析了企业发展对外直接投资的动因和决定因素。但是，其不足之处在于将所有权、内部化、区位优势3种因素等量齐观，缺乏主次之分且无动态变化分析，这与形式多样、变化频繁的跨国投资实践是有较大差距的。另外，该理论不适用于那些并不具备独占性技术优势的发展中国家企业的境外直接投资行为。

4.边际产业扩张理论

20世纪60年代，随着日本经济的高速发展，其国际地位日益提高，与美国、西欧共同构成国际直接投资的“大三角”格局。然而，通过美国跨国公司对外直接投资的资料而归纳出来的理论无法解释日本跨国公司的对外直接投资行为。于是，日本一桥大学小岛清教授根据日本国情提出了边际产业扩张理论（Marginal Industry Dilation Theory）。

小岛清在分析美国和日本的对外直接投资情况后认为：美国企业的对外直接投资是从本国具有比较优势的行业开始的，其目的是垄断东道国当地市场，通过在海外设立子公司而把生产基地转移到国外，减少母公司的出口，对本国经济产生了不利影响，违背了比较优势原则，因此属于“贸易替代型”对外直接投资。而日本企业的对外直接投资是从不具有比较优势的所谓“边际产业”开始的，大多集中于那些已失去或即将失去比较优势的传统工业部门，属于“贸易创造型”对外直接投资。这些传统行业虽然不具备垄断优势，但很容易在海外找到要素与技术水平相适应的投资地点，获得的收益远远高于在国内投资，而它们拥有的适用技术在东道国当地具有较强的吸纳性，有利于东道国建立比较优势产业，增加就业和出口，促进东道国的经济发展。①

因此，小岛清认为对外直接投资应该从本国（投资国）已经处于或即将处于比较劣势的产业（可称为边际产业）依次进行，这些边际产业正好也是投资东道国具有比较优势或潜在比较优势的产业，两国可以在对外直接投资及其引致的贸易中互补并获得更大的收益。

该理论否定了垄断优势因素在对外直接投资中的决定作用，强调运用与东国生产力水平相适应的标准化技术来拓展国外市场。应该肯定，小岛清的理论比较符合日本20世纪六七十年代发展对外直接投资的实践，反映了这个后起经济大国寻找最佳对外发展途径的愿望。但是，该理论无法解释日本20世纪80年代以来，许多大型企业纷纷加入对外直接投资行列，越来越与美国方式趋同的现象。此外，该理论仅以日本的对外直接投资为研究对象，不能盲目用于指导发展中国家的对外直接投资实践。

① 杜宽旗. 国际经济学［M］. 北京：人民邮电出版社，2017：99.

专栏7-2

7.3　经济一体化

“一体化”一词在经济意义上最早运用于有关产业组织的研究和讨论之中，通常是指企业的合并，并从中衍生出垂直一体化与水平一体化两种企业归并的组合方式。

7.3.1　经济一体化的含义

经济一体化（economic integration）一词的英文原意是经济结成整体的意思。经济一体化活动的实践由来已久，早在15世纪欧洲资本主义萌芽时期欧洲商人到其他大陆去经商时就开始了。但在理论上对经济一体化的实践进行概括是第二次世界大战以后的事情。1942年，“国际经济一体化”才第一次出现在经济学文献中。此后，一体化理论层出不穷，进入繁荣时期。但是，迄今为止，国内外学者对经济一体化的概念尚无一致看法，一体化理论更是众说纷纭，缺少统一的理论框架。

一般来说，经济一体化的含义有广义和狭义之分。广义的经济一体化即世界经济一体化，是指世界各国经济之间彼此相互开放，形成一个相互联系、相互依赖的有机体。狭义的经济一体化即区域经济一体化，是指区域内两个或两个以上的国家或地区，在一个由政府授权组成的并具有超国家性质的共同机构下，通过制定统一的对内、对外经济政策、财政与金融政策等，消除国别之间阻碍经济贸易发展的障碍，实现区域内的互利互惠、协调发展和资源优化配置，最终形成一个政治、经济高度协调统一的有机体的过程。

7.3.2　经济一体化的形式

1.优惠贸易安排

优惠贸易安排（preferential trade arrangement）是国际经济一体化程度最低并且结构最为松散的一种组织形式。在这一阶段，成员之间达成协议对全部或部分货物给予特别的关税或非关税方面的优惠。但对非成员，仍保留各自对外的贸易壁垒。例如，1932年英国和英联邦成员及前英联邦成员之间建立“英联邦优惠计划”。

2.自由贸易区

自由贸易区（free trade area）是指两个或两个以上的国家或经济体之间达成协议，取消彼此之间相互设置的关税和非关税壁垒，实现商品自由流通的经济一体化组织；但各成员仍各自保留对非成员的关税和非关税壁垒，即成员经济体之间没有实现共同的对外关税。北美自由贸易区和欧洲自由贸易联盟就属此类。

由于没有共同的对外关税，所以自由贸易区很容易引发“贸易偏差”现象，即来自非成员的商品从对外关税税率较低的成员进入自由贸易区市场后，再进入关税税率较高的成员，从而造成高关税税率成员的对外贸易政策失效。对此，自由贸易区通常采用严格的原产地证明管理制度，同时加强海关监管，以避免此类问题的发生。

3.关税同盟

关税同盟（customs union）即成员之间完全取消关税或其他贸易壁垒，同时协调其相互之间的贸易政策，建立统一的对外关税，成员经济体之间的产品流动无须再附加原产地证明。这在自由贸易区的基础上又进了一步，开始带有超国家的性质，典型的如曾经的欧洲经济共同体。

关税同盟规定成员之间的共同对外关税，实际上是将关税的制定权让渡给经济一体化组织。它不像自由贸易区那样，只是相互间取消关税，不做权利的让渡。因此，关税同盟对成员的约束力比自由贸易区的更大。

4.共同市场

共同市场（common market）是指两个或两个以上的国家或经济体通过达成某种协议，不仅实现了自由贸易，建立了共同的对外关税，而且实现了技术、资本、劳动力等要素自由流动的国际经济一体化组织。它是比关税同盟更高一级的经济一体化形式。典型的如1992年年底欧共体建立的欧洲统一大市场。为实现要素的自由流动，各成员之间要实现统一的技术标准、统一的间接课税制度，协调成员之间同一产品的课税率，协调金融市场管理的法规，以及实现成员学历相互承认等。因此，共同市场的建立需要成员让渡更多方面的权利，这表明各成员政府干预经济的权力在削弱，而经济一体化组织干预经济的权力在增强。

5.经济联盟

经济联盟（economic union）是指在共同市场的基础上，成员之间不但实现商品和要素的自由流动，建立起对外的共同关税，而且制定和执行某些共同经济政策和社会政策，逐步废除政策方面的差异，形成一个庞大的经济实体，典型的如欧盟。经济联盟由于实现了统一的经济制度，也就意味着各成员让渡了干预经济的财政和货币政策、保持内部平衡的权力，也让渡了干预经济的汇率政策、维持外部平衡的权力。这些政策制定权力的让渡对共同体内部形成自由的市场经济、发挥“看不见的手”的作用有非常重要的意义。

6.完全经济一体化

完全经济一体化是区域经济一体化的最高层次和终极目标。它除了具有经济联盟的特点外，进一步实现经济制度、政治制度和法律制度等方面的协调乃至统一的经济一体化形式，此时的一体化已经从经济联盟扩展到了政治联盟。完全经济一体化的特点就其过程而言是逐步实现经济及其他方面制度的一体化；从结构上看，它是类似于一国的经济一体化组织。完全经济一体化的形式主要有两种：一是邦联制，其特点是各成员的权利大于超国家的经济一体化组织的权利；二是联邦制，其特点是超国家的经济一体化权利大于各成员的权利。联邦制的经济一体化组织类似于一个联邦制的国家。

自由贸易区、关税同盟、共同市场、经济联盟和完全经济一体化是出于不同层次的国际经济一体化组织，根据它们让渡国家主权的不同，经济一体化组织也从低级向高级排列，但是这里不存在低一级的经济一体化组织向高一级经济一体化组织升级的必然性。各成员可以根据自身的情况决定经过一段时期的发展是停留在原来的形式上，还是向高一级经济一体化组织过渡。关键的问题是各成员要权衡自己的利弊得失。

7.3.3　经济一体化的发展

随着第二次世界大战后世界经济的迅速发展，许多国家都意识到只靠自己的力量很难在世界经济中有所作为，于是一些国家组织起来，成立了各种各样的经济一体化组织，先后经历了两次发展高潮。

第一次发展高潮出现在20世纪五六十年代前后，其中有1949年成立的经济互助委员会、1951年成立的欧洲煤钢共同体、1957年建立的欧洲原子能共同体及欧洲经济共同体、1960年成立的欧洲自由贸易联盟和1968年合并的欧洲共同体等。

20世纪80年代中期到现在，出现了第二次发展高潮。其间有1989年启动的美加自由贸易区，1994年11月发展为北美自由贸易区；1989年11月组建的亚太经合组织及1993年11月1日欧共体发展为欧洲联盟。尤其是20世纪90年代以来，世界上再次兴起了区域贸易集团化的热潮，自由贸易协定（FTA）及优惠贸易安排大量涌现，其中双边FTA占90%左右，这表明区域经济合作已成为当今国际经济发展的重要趋势。下面我们将介绍当今主要区域经济一体化组织的发展情况。

1.欧盟

欧盟（European Union，EU）的总部设于比利时首都布鲁塞尔（Brussels），是由欧洲共同体（简称欧共体）发展而来的。欧盟的创始成员有6个：德国、法国、意大利、荷兰、比利时和卢森堡。欧盟现有27个成员。1991年12月11日，欧共体马斯特里赫特首脑会议通过并草签了《欧洲经济与货币联盟条约》《欧洲政治联盟条约》，合称《欧洲联盟条约》，即《马斯特里赫特条约》，简称“马约”。1992年2月7日，“马约”正式签订，设立理事会、委员会、议会，逐步由区域性经济共同开发转型向区域政经整合的发展。1993年11月1日，“马约”正式生效，欧洲联盟正式成立，欧洲三大共同体纳入欧洲联盟，这标志着欧共体从经济实体向经济政治实体过渡，同时发展共同外交及安全政策，并加强司法及内政事务上的合作。

在冷战存续期间，西欧国家在美国的援助下走出战争创伤，但已经无法恢复到战前的国际地位。西欧国家为了自强，开始走向一体化的道路。欧盟是一体化程度最高的一个经济集团，它不但是经济实体，也是政治实体，是一个具有经济和政治双重性质的组织，合作内容囊括政治、经济、军事等多个方面。对欧洲来说，欧盟的成立符合欧洲各国和整个欧洲的利益，有力地促进了欧洲经济和政治的发展，提升了欧洲在国际上的经济和政治地位，对世界其他地区的经济联合也起到了示范作用，增强了世界经济多极化趋势，促进世界政治新格局的形成。

进入21世纪后，欧盟发展又有了新的走势。一方面，欧盟一体化从经济领域扩大到社会和政治领域；另一方面，一体化进程也引发了诸多的困难和问题。欧盟东扩使得欧盟内部国家之间的贫富差距加大，金融危机更是加重富国的负担，激化了国家之间的矛盾。老问题尚未解决，新变化接踵而至。近年来的英国“脱欧”、新老欧洲的矛盾、民粹主义思潮、外来人口的融合、新冠肺炎疫情等挑战，都在考验着欧盟的内部关系和治理能力，关系到欧盟的未来走向。

专栏7-3

2.北美自由贸易区

1989年1月美加两国正式签订《美加自由贸易协定》，加拿大成为美国的最大贸易伙伴，每年两国间的贸易达1 500亿美元（75%免税）。《美加自由贸易协定》给两国带来了显著的经济和就业的增长，还第一次建立起一整套服务贸易的管理协定。《美加自由贸易协定》的签订和顺利付诸实施，使美国和墨西哥产生了在两国间早日开展双边自由贸易的愿望。1990年6月，两国就签订《美墨自由贸易协定》问题开始进行探索。而实际上三国都认识到共同订立一个三边协定对各方都将更为有利。

1993年9月，美国、加拿大、墨西哥签署了《北美自由贸易协定》，于1994年1月1日正式生效。这导致整个北美地区商品和劳务的自由贸易。《北美自由贸易协定》消除了许多贸易壁垒，如进口配额，并且减少3国间跨国投资的限制。《北美自由贸易协定》的宗旨是：取消贸易壁垒，创造公平竞争的条件，增加投资机会，保护知识产权，建立执行协定和解决争端的有效机制，促进三边合作。

北美自由贸易区（North American Free Trade Area，NAFTA）是世界上第一个由最富裕的发达国家和发展中国家组成的经济一体化组织。它打破了传统的一体化模式，开创了发达国家和发展中国家共处同一经济贸易集团的先例。北美这3个国家在经济上有着较大的互补性和相互依存性。自由贸易的开展必将有力地促进相互间贸易的发展，从而推动各国经济的增长。对美国来说，在世界市场竞争日益激烈的情况下，还可增强它对日本和西欧国家的抗衡力量。

3.亚太经济合作组织

亚太经济合作组织（Asia-Pacific Economic Cooperation，APEC）简称亚太经合组织，是亚太地区层级最高、领域最广、最具影响力的经济合作机制。1989年11月5—7日，澳大利亚、美国、日本、韩国、新西兰、加拿大及当时的东盟6国在澳大利亚首都堪培拉举行APEC首届部长级会议，标志APEC正式成立。

目前，亚太经合组织共有21个成员：澳大利亚、文莱、加拿大、智利、印度尼西亚、日本、韩国、马来西亚、墨西哥、新西兰、秘鲁、巴布亚新几内亚、菲律宾、俄罗斯、新加坡、泰国、美国、越南、中国、中国台北和中国香港。亚太经合组织经过多年的发展，形成了领导人非正式会议、部长级会议、高官会议及其下属委员会和工作组、秘书处等工作机制，涉及贸易投资自由化、经济技术合作、宏观经济政策对话等广泛的合作领域。其中领导人非正式会议是亚太经合组织最高级别的会议，会议形成的领导人宣言是指导亚太经合组织各项工作的重要纲领性文件。

作为区域经济合作论坛，亚太经合组织自成立伊始就把推进经贸合作视为支柱领域。1991年，第三届部长级会议在韩国汉城（今首尔）举行并通过《汉城宣言》，正式确定亚太经济合作的目标是为本区域人民普遍福祉而持续推动区域成长与发展；促进经济互补性，鼓励货物、服务、资本、技术的流通；发展并加快开放及多边的贸易体系；减少贸易与投资壁垒。1994年，在印度尼西亚茂物举行的经济领袖会议设立“茂物目标”：发达成员在2010年前、发展中成员在2020年前，实现亚太地区自由与开放的贸易及投资。在“茂物目标”引领下，亚太区域经济合作从设想走向全面实践。2000年非正式领导人会议重申了应坚持在茂物确定的贸易及投资自由化目标，并加强人力、基础设施和市场等方面的建设活动。

2020年亚太经合组织第二十七次领导人非正式会议通过了《2020年亚太经合组织领导人吉隆坡宣言》。宣言表示，亚太经合组织各经济体将抗击新冠肺炎疫情并降低其影响；改善贸易投资的宣介；利用数字经济和技术促进经济包容性；促进创新包容可持续发展；加强利益攸关方参与。会议宣布的2040年亚太经合组织布特拉加亚愿景，表示将继续努力创造自由、开放、公平、非歧视、透明和可预测的贸易和投资环境；重申支持“确保多边贸易体制运行良好”的世贸组织规则；表示将继续推进“茂物目标”和区域经济一体化，包括推进亚太自贸区议程、推进区域无缝互联互通。

4.东南亚国家联盟

东南亚国家联盟（Association of South-East Asian Nations，ASEAN）简称东盟，1967年8月8日成立于泰国曼谷，现有10个成员：印度尼西亚、马来西亚、菲律宾、泰国、新加坡、文莱、柬埔寨、老挝、缅甸、越南。秘书处设于印度尼西亚首都雅加达。

东盟成立之初只是个保卫自己安全利益及与西方保持战略关系的联盟，其活动仅限于探讨经济、文化等方面的合作。1976年2月，第一次东盟首脑会议在印度尼西亚巴厘岛举行，会议签署了《东南亚友好合作条约》以及强调东盟各国协调一致的《巴厘宣言》。此后，东盟各国加强了政治、经济和军事领域的合作，并采取了切实可行的经济发展战略，推动经济迅速增长，逐步成为一个有一定影响的区域性组织。除印度尼西亚、马来西亚、菲律宾、新加坡和泰国5个创始成员外，20世纪80年代后，文莱（1984年）、越南（1995年）、老挝（1997年）、缅甸（1997年）和柬埔寨（1999年）5国先后加入东盟，使这一组织涵盖整个东南亚地区。

东盟主要机构有首脑会议、外长会议、常务委员会、经济部长会议、其他部长会议、秘书处、专门委员会以及民间和半官方机构。首脑会议是东盟最高决策机构，自1995年召开首次会议以来每年举行一次，已成为东盟国家商讨区域合作大计的最主要机制，主席由成员轮流担任。

20世纪90年代初，东盟率先发起区域合作进程，逐步形成了以东盟为中心的一系列区域合作机制。1994年7月，东盟倡导成立东盟地区论坛（ARF），主要就亚太地区政治和安全问题交换意见。1994年10月，东盟倡议召开亚欧会议（ASEM），促进东亚和欧盟的政治对话与经济合作。1997年，东盟与中国、日本、韩国共同启动了东亚合作，东盟与中日韩（10+3）、东亚峰会（EAS）等机制相继诞生。1999年9月，在东盟倡议下，东亚-拉美合作论坛（FEALAC）成立。

为了早日实现东盟内部的经济一体化，东盟自由贸易区于2002年1月1日正式启动。2003年，中国与东盟的关系发展到战略协作伙伴关系，中国成为第一个加入《东南亚友好合作条约》的非东盟国家。根据2003年10月在印度尼西亚巴厘岛举行的第九届东盟首脑会议发表的《东盟协调一致第二宣言》（亦称《第二巴厘宣言》），东盟将于2020年建成东盟共同体。为实现这一目标，2004年11月举行的东盟首脑会议还通过了为期6年的

《万象行动计划》（VAP），以进一步推进一体化建设，签署并发表了《东盟一体化建设重点领域框架协议》《东盟安全共同体行动计划》等。2011年11月，东盟提出“区域全面经济伙伴关系（RCEP）”倡议，旨在构建以东盟为核心的地区自贸安排。2012年11月，在第七届东亚峰会上，东盟国家与中国、日本、韩国、印度、澳大利亚、新西兰6国领导人同意启动RCEP谈判。2017年11月，首次RCEP领导人会议在菲律宾马尼拉召开。2018年11月，第二次RCEP领导人会议在新加坡召开，各国领导人肯定当年RCEP谈判取得的实质进展，就争取于2019年结束谈判达成一致。2019年11月，第三次RCEP领导人会议在泰国曼谷举行，与会领导人在会后发表联合声明，宣布RCEP 15个成员结束全部20个章节的文本谈判及实质上所有市场准入问题的谈判，并致力于2020年签署协定。2020年11月15日，第四次RCEP领导人会议以视频方式举行，会后东盟10国和中国、日本、韩国、澳大利亚、新西兰共15个亚太国家正式签署了《区域全面经济伙伴关系协定》。

7.4 关税同盟

关税同盟是经济一体化的典型形式，除自由贸易外，其他形式的经济一体化都是以关税同盟为基础逐步扩大其领域和内涵而形成的。所以，在理论上，关于经济一体化的经济效应分析，大多以关税同盟为研究对象。

7.4.1 关税同盟的静态效应

如前所述，关税同盟的重要特点是“对内自由，对外保护”。关税同盟在扩大区域内贸易的同时，也减少了区域内成员与区域外国家和地区之间的贸易往来，因此，它对国际贸易有很大的影响。

1.贸易创造效应

贸易创造效应是指关税同盟建立后，因成员之间相互减免关税和非关税壁垒而带来的同盟内贸易规模的扩大与要素重新优化配置所形成的经济福利水平提高的效果。下面通过图7-3来说明这种效应。

如图7-3所示，假设世界上有A、B、C 3个国家，都生产某一相同产品，但3国的生产成本各不相同。现以A国为讨论对象。S_x曲线表示A国的供给曲线，D_x曲线表示A国的需求曲线。假设B、C两国的生产成本是固定的，其中B国成本低于C国成本。

在组成关税同盟之前，A国对来自B、C两国的商品征收相同的关税t。假设A国是一个小国，征收关税之后，B、C两国的产品如果在A国销售，价格分别为P_B+t、P_C+t。由于$P_B<P_C$，故A国只会从B国进口，而不会从C国进口。此时，A国国内价格为P_B+t，国内生产为OQ_1，国内消费为OQ_2，进口量为Q_1Q_2。

假设A国与B国结成关税同盟，共同的对外关税仍然为t，即组成关税同盟后，A国对来自B国的进口不再征收关税，但对来自C国的产品仍然征收关税，则A国仍然从B国进口X商品。由于取消关税，此时的国内价格下降为P_B，因此，国内生产量下降为OQ_3，消费量增加为OQ_4，出口量为Q_3Q_4，两国比建盟前贸易量扩大了（$Q_3Q_1+Q_2Q_4$），这就是关税同盟产生的贸易创造效应。

A国建立关税同盟后的净福利效应=-生产者剩余减少+消费者剩余增加-财政收入的减少

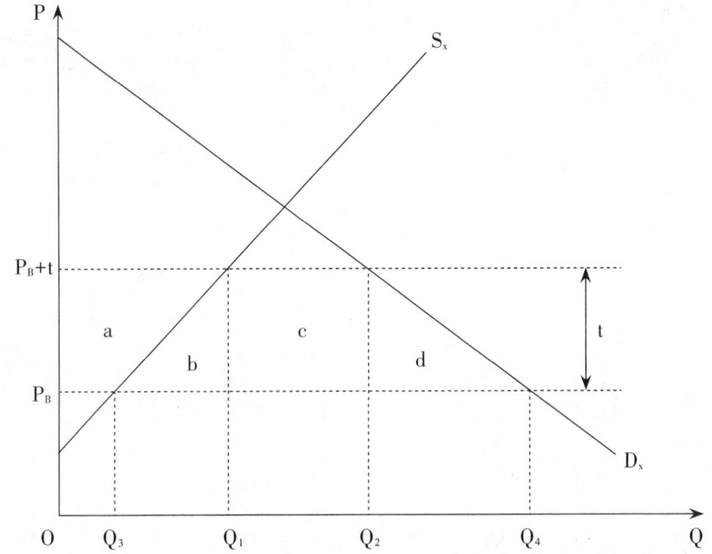

图7-3　关税同盟的贸易创造效应

=-a+(a+b+c+d)-c

=b+d>0

式中：b表示因关税同盟内成本低的生产替代了国内成本高的生产而导致的资源配置效率的改善；d表示关税同盟内废除关税后进口价格下降、国内消费扩大而导致的消费者福利的净增加；(b+d) 是贸易创造带来的福利效应。

由此可见，关税同盟的贸易创造效应提高了进口国的福利水平。当然，对B国来说，由于出口增加、生产扩大，所以福利会得到提高。

2.贸易转移效应

贸易转移效应是指关税同盟建立后，因对内取消关税、对外实行统一关税而导致一国从世界成本最低的国家进口转向从同盟内最低成本的国家进口所造成的社会福利水平下降的效果。我们用图7-4来说明这种效应。

如图7-4所示，现假设自由贸易下，C国X商品的价格P_E是世界上最低的，因此，A国以P_C+t的价格从C国进口X商品。此时，A国国内的生产量为OQ_1，消费量为OQ_2，进口量为Q_1Q_2。当A国与B国结成关税同盟后，A国对来自B国的进口商品不再征收关税，但对来自C国的商品仍然征收关税t，此时$P_B<P_C+t$，所以B国将取代C国成为A国的供给者。由于价格下降，A国的生产减少至OQ_3，消费量增加为OQ_4，进口量上升为Q_3Q_4，即A国的进口量比建立关税同盟前增加了 ($Q_3Q_1+Q_2Q_4$)，此为贸易创造效应。同时，原来从C国进口的Q_1Q_2，现转移从A国进口，这就是贸易转移效应。

组成关税同盟后，A国消费者剩余增加了 (a+b+c+d)，生产者剩余减少了a。由于取消关税，因此关税收入减少了 (c+e)。所以：

贸易转移型关税同盟的净福利效应=-生产者剩余减少+消费者剩余增加一财政收入的减少

=-a+(a+b+c+d)-(c+e)

=(b+d)-e

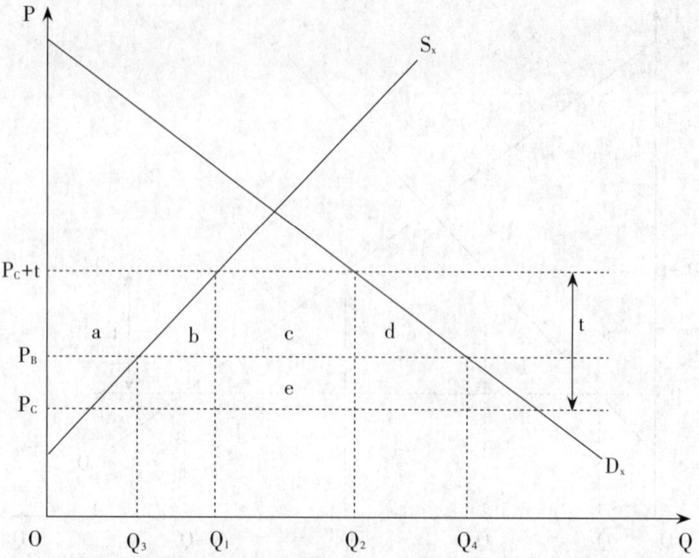

图7-4 关税同盟的贸易转移效应

式中：b和d的含义同前文；e表示因贸易转移导致关税同盟内成本高的生产替代了原来来自关税同盟外成本低的生产，这种替代所导致的资源配置扭曲的损失；(b+d）是贸易创造带来的福利效应。

由此可见，贸易转移型关税同盟对A国净福利的影响是不确定的。它取决于贸易创造带来的福利效应与贸易转移带来的福利效应两者之差。

对B国而言，组成关税同盟后，出口增加，生产扩张，所以对B国有利；对C国来说，在A、B两国组成关税同盟前，C国是A国的供给者，但现在因贸易转移，其出口减少，所以C国福利必然因其贸易规模缩减而下降。

3.福利效应

一国加入关税同盟后净福利是否增加，是由贸易创造效应与贸易转移效应的对比关系来决定的。一般来说，贸易创造效应是关税同盟的主要经济效应，它的积极作用明显超过贸易转移的消极影响。但就其所带来的福利效应而言，不同国家的生产者和消费者并不是相同的。

对不同出口国来说，组成关税同盟后，高成本出口国出口增加，产量上升，贸易创造效应明显大于贸易转移效应，福利效应增加；低成本出口国则会减少出口量和产量，其福利也必然因贸易规模缩小而下降。

对进口国来说，则会出现消费者福利改善、生产者福利增加的现象，但其净福利是否增加，还取决于如下几个因素的影响：

①进口国供需弹性的大小。进口国的供给弹性和需求弹性越大，其贸易创造减去贸易转移所带来的净福利效应就越大。

②进口国原有的关税水平的高低。组成关税同盟前，进口国的关税税率越高，则组成关税同盟后，其贸易创造减去贸易转移所带来的净福利效应就越大。

③高、低成本出口国出口价格的差别。若两类出口国的出口价格越接近，则其贸易创造减去贸易转移所带来的净福利效应就越小。

如图7-5所示，进口国A国消费者剩余增加（a+e+c+d），生产者剩余减少c。另外，原来从C国进口的关税收入（a+b）现在因为从同盟国进口而丧失。综合起来，关税同盟对A国的净福利效应为：

(a+e+c+d)-c-(a+b)=(e+d)-b

式中：d表示因同盟内成本低（B国）的生产替代了成本高（A国）的生产而导致的资源配置效率的改善；e表示同盟内废除关税后进口价格下降、国内消费扩大而导致的消费者福利的净增加；b表示贸易转移的福利效应；(e+d）为贸易创造的福利效应。因贸易转移意味着同盟内成本高的生产替代了原来来自同盟外成本低的生产，故b表示这种替代所导致的资源配置扭曲，即贸易转移减少了A国的福利。这样，关税同盟对A国福利的净影响可表示成贸易创造的福利效应减少贸易转移的福利效应。加入关税同盟对A国是否有利，取决于贸易创造的福利能否抵消贸易转移的福利效应。

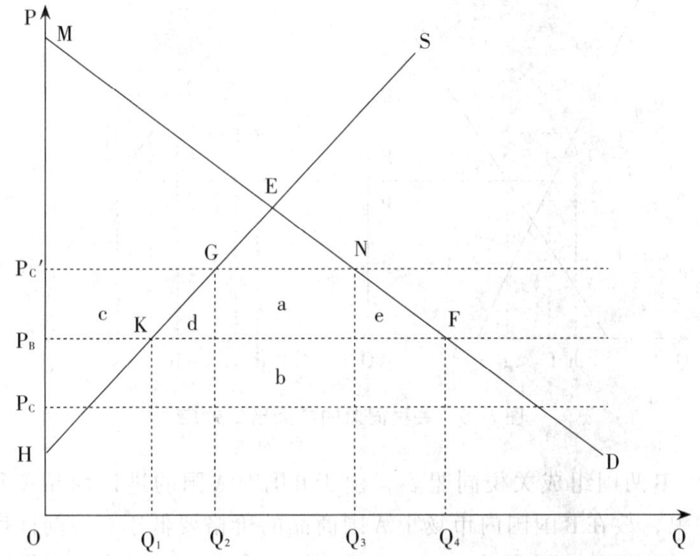

图7-5　贸易创造和贸易转移的福利效应

7.4.2　关税同盟的动态效应

除了前面讨论的静态福利效应以外，建立关税同盟还有可能带来一些重要的动态效应。有时，这种动态效应远比其静态效应更为重要，对成员的经济增长有重要的影响。

1.扩大出口效应

无论进口增加给该国带来多大的好处，总是有一个现实的问题存在，就是进口的增加所带来的贸易支出问题。因为在该国的商品出口量不变的情况下，进口量的增加将给该国带来大量的进口支付，从而出现贸易收支逆差的情况。在现实中，一国参加关税同盟不仅能够带来一定的商品进口量的增加，还会带来出口商品的增加，对一个希望参加关税同盟的国家（特别是小国）而言，它的加入往往并非看重该关税同盟能给它带来多少进口的好处，更多的是看重其商品的出口市场。从总体上看，关税同盟将给参加国带来更多的出口机会，从而带来更多的福利，即形成一种扩大出口效应。

在图7-6中，D_A、S_A、D_B、S_B曲线分别表示A国、B国的需求和供给曲线。不过，这里假设A国是一个出口国，而不仅仅是一个进口国，并假设C国的生产成本固定不变，在组成关税同盟之前世界价格为P_w，等于C国的生产成本。在图7-6中，左半部分为A国的生产、消费和出口情况，右半部分为B国的生产、消费和进口情况。B国对来自所有国家的进口商品一律征收关税，征税后的价格为P_t。此时A国的出口为fg，B国的进口量为ab。B国的进口量中有一部分来自A国，从A国进口的数量为ac，即ac=fg，而剩下的部分从C国进口，进口量为cb。

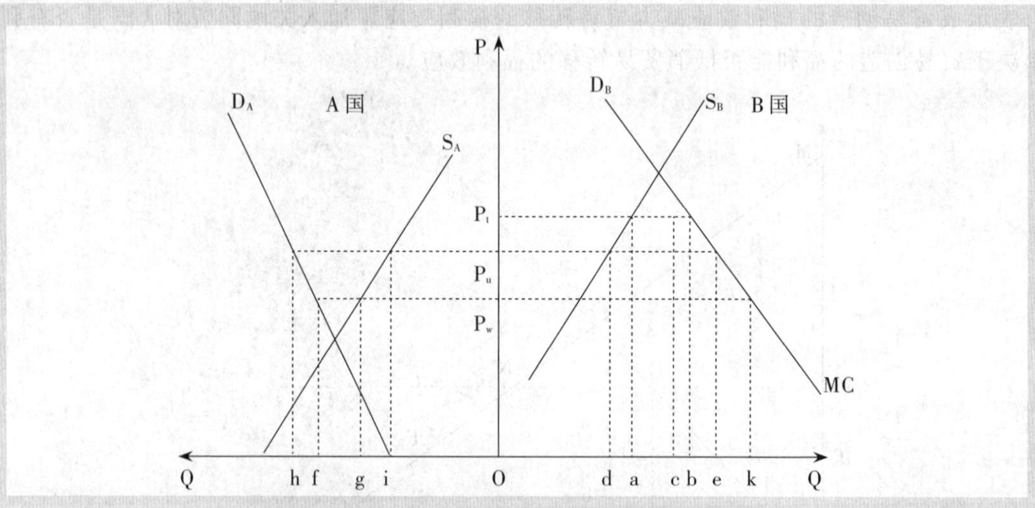

图7-6 关税同盟的扩大出口效应

但是，当A、B两国组成关税同盟后，由于B国对A国的进口商品免税，而对C国的进口商品征收关税，故在B国国内市场上A国商品的价格要低于C国同样商品的价格，于是B国转而只从A国进口。而这时，B国对进口的需求大于A国的出口供给（对应于P_w），所以B国的出口商品价格要上涨，出口扩大。当价格升至P_u时，A、B两国的贸易达到平衡，A国的出口等于B国的进口，即hi=de。

由此可见，加入关税同盟对A国来说，可以达到扩大出口、增加出口收入的目的。这一点对那些国内市场狭小的国家来说无疑具有很重要的现实意义，加入关税同盟，利用区域内市场扩大出口，带动经济发展，对这些国家来说不失为一种好的选择。

2.规模经济效应

关税同盟的建立，在排斥从非成员进口的同时，为成员之间商品的相互出口创造了良好的条件。所有成员的国内市场组成一个统一的区域性市场，这种市场范围的扩大促进了企业生产的发展，使生产者可以进一步增强对非成员同类企业的竞争能力。[①]

因此，关税同盟所创造的市场扩大效应引发了企业规模经济的实现。这种效应与幼稚

① 胡静寅. 国际经济学［M］. 北京：机械工业出版社，2017：135.

产业保护论有某些相似之处，因而比较适合一些国内市场狭小或比较依赖对外贸易的国家。然而必须指出的是，未加入关税同盟的小国也能通过向世界其他国家出口商品而克服国内市场狭小的缺点，取得规模经济的好处，但绝不会像加入关税同盟这样获得全方位的好处。

规模经济效应的另一个好处是利用市场扩大的优势来刺激投资和应付越来越激烈的竞争。也就是说，关税同盟的建立有可能刺激非成员在关税同盟成员内建立生产设施，以绕开强加在非成员产品之上的歧视性贸易壁垒，这就是所谓的保护区或自由贸易区。

3.促进竞争效应

经济学家西托夫斯基（T. Scitovsky）认为，竞争的加强是影响欧共体发展的最重要原因。他认为在关税同盟形成前，各成员多已形成了垄断的市场结构，长期以来几家企业瓜分国内市场，攫取超额利润，阻碍技术进步。建立关税同盟后，各国企业均面临其他成员同类企业的竞争，由此促进了商品流通，打破了独占，经济福利得以提高。这是因为高额关税会促进垄断，使一两家大公司统辖为数较多且效率低下的小生产者，他们宁愿用高价来排挤小企业，而不肯提高产量。如果关税税率较低，则大公司为了抢占有利的竞争地位，不得不增加研究与开发投入，促进技术进步。小企业也会因此进行联合和合并，降低成本，提高生产效率。

一般来说，区域经济集团的建立加强了市场竞争，提高了市场的透明度，从而导致资源配置效率改善，增强了比较价格作为相对稀缺性指标的可靠性。即使在寡头垄断的市场结构下，在产品差异和规模经济存在的条件下，市场竞争也将降低寻租、串谋等滥用非市场力量所带来的社会成本，并将刺激公司改组和产业合理化，推动先进技术的广泛使用，从而提高经济效益和增进社会利益。

4.刺激投资效应

关税同盟的建立将引起专业化生产企业的生产规模扩大、竞争程度增强和对技术进步的迫切追求。所有这些都成为吸收投资、刺激投资的重要因素。如果成员因为组建关税同盟而增加国民收入，则投资又会随着收入和储蓄的增长而增长。关税同盟不仅刺激国内投资增长，还存在吸引国外投资的可能性。一方面，成员资本将会重新配置，以提高投资回报率；另一方面，非成员资本可能由于关税同盟内较高的收益率而被吸引过来。同时，关税同盟的贸易转移效应可能会促使那些原先以其出口产品供应同盟国市场，而现在受到贸易歧视的非同盟国生产者，以到同盟国开办企业的方式来代替贸易。一般说来，对外直接投资要比对外商品贸易更为优越。

但是，也有一些学者认为，关税同盟建立后，由于受贸易创造效应影响的产业会减少投资，而且外部资金投入会使成员的投资机会减少，降低投资收益率等原因，关税同盟内部的投资不一定会增加，上述效应并不存在。

5.资源配置效应

就一个关税同盟内部来说，其市场趋于统一，在其范围内的资本、劳动力、技术等要素可以在成员内自由流动，提高了要素的流动性。在要素价格均等化定理的作用下，资本、劳动力和技术从边际生产力低的地区流向边际生产力高的地区，从而人尽其才、物尽其用，并增加就业机会，提高劳动者素质。资源的优化配置还能促使企业家精神在关税同盟成员之间传播和发扬，导致管理创新和制度创新。这些都将使要素配置更加合理，提高要素利用率，降低要素闲置的可能性，从而实现资源的最佳配置。

当然，关税同盟的建立还会产生某些负面影响。如关税同盟的建立可能会拉大成员不同地区之间经济发展水平的差距。关税同盟建立以后，资本逐步向投资环境比较好的地区流动，如果没有促进地区平衡发展的政策，一些国家中的落后地区与先进地区的差别将逐步拉大。

第7章思政窗

本章小结

1.要素的国际流动是个越来越重要的问题，涉及的范围很广，国际经济理论研究的重点集中于劳动力和资本的国际流动方面。

2.不同类型的劳动力国际流动的具体原因和社会经济影响是不同的。从微观经济角度看，劳动力国际流动的收益肯定大于成本；否则，劳动力就不会自愿流动。从宏观资源配置角度看，劳动力输出国的总产出将下降，劳动收益率将提高，而资本收益率将下降。劳动力输入国的总产出将提高，劳动收益率将下降，而资本收益率将提高。

3.资本的国际流动主要包括直接国际投资和间接国际投资两大类，大量的较成熟的理论研究集中于直接国际投资。从要素配置效率和要素收益率角度来看，资本输出国的总产出将下降，资本收益率将提高，而劳动收益率将下降；资本输入国的总产出将提高，资本收益率将下降，而劳动收益率将提高。从世界范围来看，世界总产出将提高，这是资本要素自由流动提高世界资源配置效率的结果。

4.经济一体化是指在加入一体化的成员之间减少歧视和消除贸易壁垒的商业政策。特惠贸易协定只在特定的成员中降低贸易壁垒。自由贸易区在成员之间消除所有的贸易壁垒，但每个成员与非成员之间保留自己的壁垒。关税同盟则更进一步，对同盟外的贸易也采取共同的贸易政策。共同市场允许劳动力和资本在成员之间自由流动。而经济联盟可以做到可以协调，甚至可以统一各成员的货币和财政政策。完全的经济一体化不仅实现经济政策的完全统一，而且实现政治制度的协调统一。

5.关税同盟的静态效应主要有贸易创造和贸易转移效应。当成员自己生产被另一个成员低成本进口商品替代时就产生了贸易创造效应。当从同盟外某国进口的低成本商品被成员内某国的高成本商品替代时，就发生了贸易转移效应。除了静态效应以外，结成关税同盟的国家会竞争加剧、经济规模扩大、投资得到刺激、经济资源得到更好的利用，因而会获得明显的动态效应。

关键术语

资本国际流动　国际借贷　劳动力国际流动　人才流失　对外直接投资　跨国公司　经济一体化　自由贸易区　关税同盟　共同市场　贸易创造效应　贸易转移效应

基本训练

一、简答题

1.简述资本国际流动的动因及主要形式。

2.跨国公司对外直接投资的作用有哪些？并进行简要评述。

3.什么是经济一体化？它有哪几种类型？

4.简述关税同盟的静态效应。

5.论述欧盟、北美自由贸易区、东盟这三大经济体的特点与区别。

二、案例分析题

材料一　　**2019年中国对外直接投资的特点**

2020年9月16日，商务部、国家统计局和国家外汇管理局联合发布《2019年度中国对外直接投资统计公报》(以下简称《公报》)，正式公布2019年中国对外直接投资统计数据。

《公报》显示，2019年中国对外直接投资主要呈现以下特点：

(1) 对外直接投资流量蝉联全球第二，存量保持全球第三。2019年中国对外直接投资1 369.1亿美元，同比下降4.3%，流量规模仅次于日本。2019年年末，中国对外直接投资存量达2.2万亿美元，次于美国和荷兰。

(2) 投资覆盖全球188个国家和地区，对“一带一路”沿线国家的投资稳步增长。截至2019年年末，全球80%以上国家（地区）都有中国的投资。在“一带一路”沿线国家设立境外企业超过1万家，2019年当年实现对外直接投资186.9亿美元，同比增长4.5%。

(3) 投资领域多元化，八成存量集中在服务业。2019年，中国对外直接投资涵盖国民经济的18个行业大类，超七成投资流向租赁和商务服务、制造、金融、批发和零售业四大行业。2019年年末，中国对外直接投资存量的八成集中在服务业。

(4) 中央企业和单位对外直接投资较快增长，地方企业存量占比超四成。广东、上海、山东位列2019年地方对外直接投资前3名。

(5) 对东道国税收和就业贡献显著，对外直接投资的双赢效果凸显。2019年境外企业向投资所在国缴纳的各种税金总额达560亿美元，雇用外方员工226.6万人。对外直接投资带动出口1 167亿美元，占中国货物出口总值的4.7%。

材料二　　**中国发布跨国公司在华投资报告　宣誓扩大对外开放决心**

2019年10月19日，中国商务部国际贸易经济合作研究院在青岛发布《跨国公司投资中国40年报告》，回顾跨国公司作为重要参与者、见证者、受益者，在中国改革开放40多年进程中的成长、贡献和作用，展示中国对外开放实现互利共赢的决心和信心。

该报告称，跨国公司投资是中国改革开放的具体体现之一。中国改革开放伊始，包括跨国公司在内的境外企业就开始进入中国进行投资经营，投资规模从小到大、投资水平由低到高、投资区域从沿海到内地，形成了一道独特且靓丽的风景线。

报告将跨国公司投资中国分为起步（1979—1991年）、快速进入（1992—2001年）、中国成为跨国公司投资的重要目的地（2002—2012年）、新常态下跨国公司投资高质量发展（2013年以后）4个阶段，见证改革开放40余年间跨国公司投资在中国的迅猛发展。

1978年，中国确立改革开放的基本国策。1979年7月，《中华人民共和国中外合资经营企业法》（2020年1月1日废止）颁布实施，当年就建立了200余家外商投资企业。到1985年，批准建立的外商投资企业达到了3 000余家，年均实际使用外资8.7亿美元。

截至2018年年底，中国累计设立外商投资企业96.1万家，实际吸收外商投资2.1万亿美元，成为全球最大的外商投资东道国之一。

报告指出，跨国公司投资对中国贡献良多。目前，外商投资企业占全国企业数不足3%，但贡献了近一半的对外贸易、1/4的规模以上工业企业产值和利润、1/4的税收收入，地位和作用举足轻重，不可或缺。

资料来源　［1］王文博．2019年我国对外直接投资流量蝉联全球第二［EB/OL］．(2020-09-17)［2020-11-02］．https://baijiahao.baidu.com/s?id=1678049445076970928&wfr=spider&for=pc．［2］刘宝森，徐冰，孙晓辉．中国发布跨国公司在华投资报告　宣誓扩大对外开放决心［EB/OL］．(2020-10-19)［2020-11-02］．http://www.huaxia.com/sd-tw/jrsd/qlsk/2019/10/6248974.html.

问题：

（1）结合材料一，简要说明我国对外直接投资的现状及特点。

（2）跨国公司在当今世界经济中占有举足轻重的位置，它们的活动对世界经济的发展有着相当重要的作用和影响。结合材料二，试举例论证社会主义国家发展跨国公司的重要性。

第2篇　国际金融理论

第8章
国际收支

学习目标

学完本章，你应该能够：

◎掌握国际收支与国际收支平衡表的概念；

◎了解国际收支平衡以及不平衡；

◎描述国际收支平衡并解释它们与经常账户余额之间的关系；

◎明晰调节国际收支失衡的方法；

◎利用经常账户余额将国民收入核算扩展到开放经济中。

引例

2020年中国国际收支运行评价

一、在国内经济稳定恢复支撑下，国际收支保持基本平衡

2020年，新冠肺炎疫情全球蔓延，严重冲击全球经济和国际贸易，我国疫情得到有效控制，稳外贸、稳外资等政策措施积极推进，经济发展稳定恢复，有效促进了国际收支基本平衡。我国经常账户顺差有所增加，继续处于合理均衡区间；非储备性质的金融账户项下资金有进有出，总体呈现逆差。外汇储备规模稳定在3.2万亿美元左右，全年余额波动主要受汇率折算、资产价格变化等非交易因素影响（如图8-1所示）。

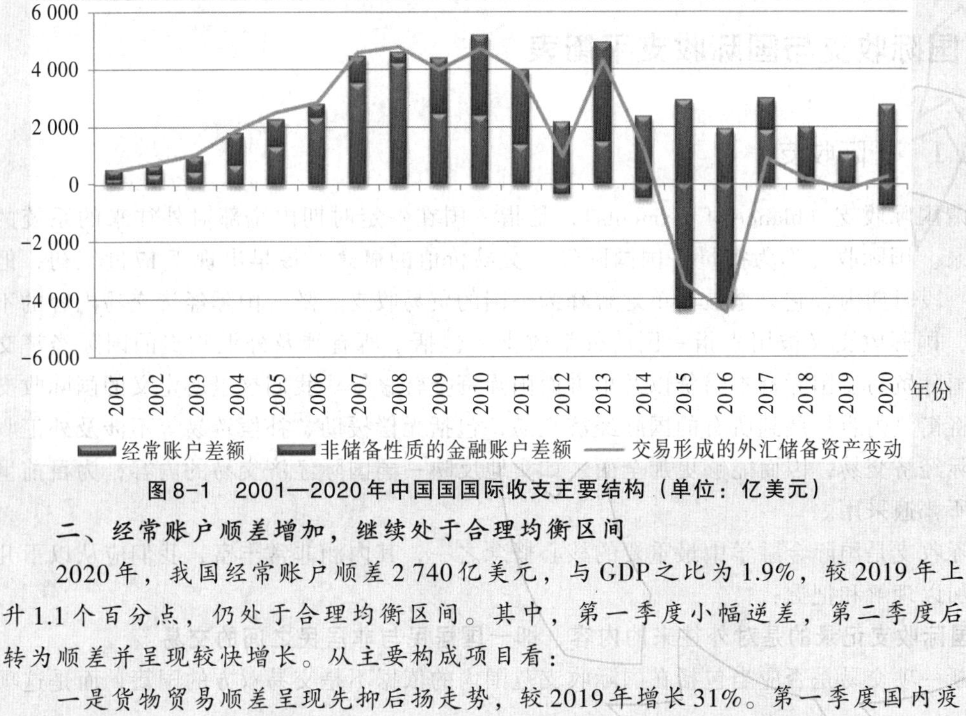

图8-1　2001—2020年中国国国际收支主要结构（单位：亿美元）

二、经常账户顺差增加，继续处于合理均衡区间

2020年，我国经常账户顺差2 740亿美元，与GDP之比为1.9%，较2019年上升1.1个百分点，仍处于合理均衡区间。其中，第一季度小幅逆差，第二季度后转为顺差并呈现较快增长。从主要构成项目看：

一是货物贸易顺差呈现先抑后扬走势，较2019年增长31%。第一季度国内疫情暴发影响对外生产供给，顺差规模明显回落；第二至四季度我国产能率先恢复并填补全球供需缺口，防疫物资及“宅经济”出口逆势增加，国际大宗商品价格回落，降低进口成本，货物贸易顺差快速回升。

二是服务贸易逆差下降44%，主要是居民跨境出行受限，旅行支出显著下降49%。

三、跨境双向投融资活跃

一方面，外国来华各类投资（主要包括直接投资、证券投资、存贷款等其他投资）5 206亿美元，较2019年增长81%。其中，来华直接投资增长14%，体现了疫情背景下我国经济稳步恢复、营商环境不断优化，对外资保持长期吸引力。来华证券投资增长73%，主要是金融市场开放稳步推进、中国债券逐步被纳入全球主要债券指数，人民币资产更受青睐，境外投资者持有的境内债券快速增长。

另一方面，我国对外各类投资5 983亿美元，增长1.1倍。其中，对外直接投资下降20%，下半年走势趋稳；对外证券投资增长87%，说明境内主体境外投资渠道不断拓宽，有效满足居民多元化配置境外资产的需求；跨境存贷款、同业拆借等对境外其他投资3 142亿美元，起到了平衡跨境资本流入的作用。

资料来源　国家外汇管理局《2020年中国国际收支报告》。

国际收支是国际经济领域的一个重要课题，它常被作为国际金融研究的起点。在国际经济关系中，国与国之间贸易、经济、政治、文化等方面的往来通常会引起相互间的债权、债务关系以及货币收支关系。而国际收支平衡表作为一种统计报表，系统地记载了一个特定时期内，一国与世界其他地方的所有经济交易，这些统计数据为分析和理解一国经济运行提供了有力的经验支持。本章重点介绍国际收支的概念、国际收支平衡表的账户分类以及对国际收支状况的分析。

8.1　国际收支与国际收支平衡表

8.1.1　国际收支

所谓国际收支（blance of payments），是指一国在一定时期内全部对外往来的系统的货币记录。国际收支作为衡量一国国际经济交易价值的概念，最早出现于17世纪初，但在很长一段时期内，它只是被简单地解释为一国的贸易收支。随着国际经济交易内容的不断扩大，国际收支又被用来指一国的外汇收支，包括了所有涉及外汇收支的国际经济交易，如国际贸易、国际资本借贷以及单方面国际资金转移等。我们这里所定义的国际收支概念，将衡量内容扩展到所有的国际经济交易，包括无偿援助、补偿贸易等不涉及外汇收支的国际经济交易，因而能够更加全面、如实地反映一国国际经济交易的内容，为目前世界各国所普遍采用。

国际收支是国际金融学中最重要的核心概念之一，其内涵非常丰富，我们应从以下几个方面加以理解和把握：

1. 国际收支记录的是对外往来的内容，即一国居民与非居民之间的交易

判断一项交易是否应当包括在国际收支范围内的依据不是交易双方的国籍，而是这项交易是否发生在一国居民与非居民之间。所谓居民，是指在一国（或地区）的居住期限达一年以上的经济单位；否则，即为该国（或地区）的非居民。居民与非居民都包括个人、企业、政府以及非营利组织。个人居民一般是指已有一年以上的时间在一国（或地区）内从事经济活动的自然人。据此，移民属于其工作所在国的居民，逗留时间在一年以上的留学生或旅游者也属于所在国的居民，而外交人员一般被认为是他们自己国家的居民，是所在国的非居民。企业居民是指在一国注册成立、大规模从事生产经营活动的经济单位。据此，国内企业设在国外的分支机构是本国的非居民，跨国公司的子公司属于经营活动所在国的居民。一国的政府机构以及非营利组织是所在国的居民。国际货币基金组织及世界银行等国际组织是所有国家的非居民。

2.国际收支是系统的货币记录

国际收支以交易为基础，但与货币支付之间没有必然联系。一些交易可能并不涉及货币支付，但未涉及货币支付的对外往来也须折算成货币加以记录。国际收支中的交易包括以下类别：

①交换，即交易一方向另一方提供一定的经济价值（包括货物、服务和收入等实际资源和金融资产）并从对方得到价值相等的回报。交换是国际收支中最大量和最重要的交易。

②转移，即交易一方向另一方提供了经济价值但未得到相等价值的补偿物，这类交易在记账时用转移来表示。

③移居，即一个人将其住所搬迁至另一国（或地区），这时，这个人所拥有的可移动的有形资产随之搬迁到新经济体，而其不可移动的资产变为新经济体对原经济体的债权。移民对其他经济体（不包括新经济体）的债权、债务转化为新经济体的对外债权、债务，对新经济体的债权、债务则不再作为其对世界其他任何经济体的债权、债务。

④其他根据推论而存在的交易。在一些情况下，可根据推论确定交易的存在并记录在国际收支中。例如，一国外子公司或分支机构的收益中包括对外直接投资者应得的那部分收益，若这部分收益用于再投资，则必须在国际收支中加以记录，以反映直接投资者在国外子公司或分支机构投资额的增加，尽管其间并未涉及资本或劳务在两国间的流动。

3.国际收支是一个流量概念

当人们提及国际收支时，总是需要指明是属于哪一段时期的。这一报告期可以是一年、一个季度或一个月，但通常以一年为报告期。

4.国际收支是一个事后概念

国际收支一般是对过去的一个年度内已发生的事实进行记录。

8.1.2 国际收支平衡表

在一个报告期内，一国居民所从事的国际经济交易是大量且多种多样的，要系统了解一国国际收支状况及其变化，就必须对它们进行收集和整理，并编制国际收支平衡表。国际收支平衡表是反映某个时期内一个国家或地区与世界其他国家或地区间的经济交易的统计报表。国际收支统计以权责发生制为统计原则，并采用复式记账法。按照国际货币基金组织章程的规定，各成员都必须按期向其报送本国的国际收支平衡表。为便于各成员编制国际收支平衡表，并使各国国际收支平衡表相互间具有可比性，国际货币基金组织出版了

《国际收支和国际投资头寸手册》第六版（BPM6）。

1. 国际收支平衡表的特定账户分类

根据国际收支发生原因的不同，即不同类型的国际经济交易，国际收支平衡表包括经常账户、资本和金融账户以及净误差与遗漏。

（1）经常账户

经常账户（current account）是指对实际资源的国际流动行为进行记录的账户。经常账户是国际收支平衡表中最基本、最重要的账户，它表现了一个国家（或地区）自我创汇的能力，影响和制约着其他账户的变化。经常账户细分为货物和服务、初次收入以及二次收入账户。

①货物（goods）是指经济所有权在我国居民与非居民之间发生转移的货物交易。贷方记录货物出口，借方记录货物进口。货物账户数据主要来自海关进出口统计，但与海关统计存在以下主要区别：

一是国际收支中的货物只记录所有权发生了转移的货物（如一般贸易、进料加工贸易等贸易方式的货物），所有权未发生转移的货物（如来料加工或出料加工贸易）不纳入货物统计，而纳入服务贸易统计。

二是计价方面，国际收支统计要求进出口货值均按离岸价格记录，海关出口货值为离岸价格，但进口货值为到岸价格，因此国际收支统计从海关进口货值中调出国际运保费支出，并纳入服务贸易统计。

专栏 8-1

三是补充部分进出口退运等数据。

四是补充了海关未统计的转手买卖下的货物净出口数据。

五是调整了因特殊代工模式和计价方式差异造成的口径差异。

②服务（services）包括加工服务，维护和维修服务，运输，旅行，建设，保险和养老金服务，金融服务，知识产权使用费，电信、计算机和信息服务，其他商业服务，个人、文化和娱乐服务，以及别处未提及的政府服务。贷方记录提供的服务，借方记录接受的服务。

③初次收入（primary income）是指由于提供劳务、金融资产和出租自然资源而获得的回报，包括雇员报酬、投资收益和其他初次收入。

雇员报酬是指根据企业与雇员的雇佣关系，因雇员在生产过程中的劳务投入而获得的酬金回报。

投资收益是指因金融资产投资而获得的利润、股息（红利）、再投资收益和利息。但金融资产投资的资本利得或损失不是投资收益，而是金融账户统计范畴。

其他初次收入是指将自然资源让渡给另一主体使用而获得的租金收入，以及跨境产品和生产的征税和补贴。

④二次收入（secondary income）是指居民与非居民之间的经常转移，包括现金和实

物。其包括个人转移和其他二次收入。贷方记录我国居民从非居民处获得的经常转移，借方记录我国向非居民提供的经常转移。

（2）资本和金融账户

资本和金融账户是对资产所有权在国际流动的行为进行记录的账户。它包括资本账户和金融账户。

①资本账户（capital account）指居民与非居民之间的资本转移，以及居民与非居民之间非生产、非金融资产的取得和处置。贷方记录我国居民获得非居民提供的资本转移，以及处置非生产、非金融资产获得的收入；借方记录我国居民向非居民提供的资本转移，以及取得非生产、非金融资产支出的金额。

②金融账户（financial account）是指发生在居民与非居民之间、涉及金融资产与负债的各类交易。根据会计记账原则，当期对外金融资产净增加记录为负值，净减少记录为正值；当期对外负债净增加记录为正值，净减少记录为负值。金融账户细分为非储备性质的金融账户和储备资产。

非储备性质的金融账户包括直接投资、证券投资、金融衍生工具和其他投资。

直接投资是以投资者寻求在本国以外运行企业获取有效发言权为目的的投资，包括直接投资资产和直接投资负债两部分。相关投资工具可划分为股权和关联企业债务。股权包括股权和投资基金份额，以及再投资收益。关联企业债务包括关联企业间可流通和不可流通的债权和债务。

证券投资包括证券投资资产和证券投资负债，相关投资工具可划分为股权和债券。股权项下包括股权和投资基金份额，记录在证券投资项下的股权和投资基金份额均应可流通(可交易)。股权通常以股份、股票、参股、存托凭证或类似单据作为凭证。投资基金份额指投资者持有的共同基金等集合投资产品的份额。债券指可流通的债务工具，是证明其持有人（债权人）有权在未来某个（些）时点向其发行人（债务人）收回本金或收取利息的凭证，包括可转让存单、商业票据、公司债券、有资产担保的证券、货币市场工具以及通常在金融市场上交易的类似工具。

金融衍生工具又称金融衍生工具和雇员认股权，用于记录我国居民与非居民金融工具和雇员认股权交易情况。

其他投资是指除直接投资、证券投资、金融衍生工具和储备资产外，居民与非居民之间的其他金融交易。其包括其他股权、货币和存款、贷款、保险和养老金、贸易信贷和其他。

储备资产是指我国中央银行拥有的对外资产，包括货币黄金、特别提款权、在国际货币基金组织的储备头寸、外汇储备、其他储备资产。

（3）净误差与遗漏

国际收支平衡表的编制采用复式记账法，因而所有账户的借方总额与贷方总额应相等，但由于各种原因，国际收支平衡表会出现净的借方余额或贷方余额。这些原因可能包括：

一是数据来源不同。不同账户中的统计数据可能来源于不同的申报单位，如海关、银行或企业。

二是资料收集不完整。一国货币当局不可能完整、准确地记录居民与非居民间的一切交易活动，如跨国公司的资金调拨或走私。

三是人为因素，如企业虚报。

为满足复式记账法的要求，故人为设置“净误差与遗漏”（net errors and omissions），以最终轧平国际收支平衡表。

2. 记账原理

国际收支平衡表遵循“有借必有贷，借贷必相等”的复式记账法，即任何一笔国际经济交易，都将以相等数额记录两次：一次记在借方；一次记在贷方。借方记录用负号（-）表示，贷方记录用正号（+）表示。通常，借方表示经济体实际资源或对外资产持有量的增加，而贷方表示实际资源或对外资产持有量的减少。记入借方的项目包括：反映进口实际资源的经常账户；反映对外资产增加或负债减少的资本和金融账户。记入贷方的项目包括：反映出口实际资源的经常账户；反映对外资产减少或负债增加的资本和金融账户。具体说来，则有：

①出口商品属贷方项目，进口商品属借方项目；

②本国居民为非居民提供服务或从外国取得投资及其他收入属贷方项目，非居民为本国居民提供服务或从本国取得收入属借方项目；

③本国居民收到的外国单方面转移属贷方项目，本国居民对外国的单方面转移属借方项目；

④外国居民获得本国资产或对本国投资属贷方项目，本国居民获得外国资产属借方项目；

⑤非居民偿还本国居民债务属贷方项目，本国居民偿还非居民债务属借方项目；

⑥储备资产减少属贷方项目，储备资产增加属借方项目。

对以上记账惯例，有两大经验法则：

一是凡是引起本国从国外获得货币收入的交易记入贷方，凡是引起本国对国外货币支出的交易记入借方，而这笔货币收入或支出本身记入借方或贷方；

二是凡是引起外汇供给的交易记入贷方，凡是引起外汇需求的交易记入借方。

3. 国际收支平衡表的编制举例

下面以甲国为例，列举6笔交易来说明国际收支平衡表的特定账户分类以及复式记账法。

【例8-1】甲国企业出口价值100万美元的设备。

这一出口行为导致该企业在海外银行存款的相应增加。设备出口使甲国在货物项下产生了100万美元的进账，应记入贷方。货款支付使得甲国在国外的资产增加了，应记入借方。因此，这笔交易可记为：

借：在外国银行的存款　　　　100万美元

　贷：货物出口　　　　100万美元

【例8-2】甲国居民到外国旅游花费30万美元，这笔费用从该居民的海外存款账户中扣除。

甲国居民的旅游支出应记录在服务项的借方，而甲国对外资产的减少应记在贷方。这笔交易应记为：

借：服务进口　　　　30万美元

　贷：在外国银行的存款　　　　30万美元

【例8-3】外商以价值1 000万美元的设备投入甲国，兴办合资企业。

外商设备进口应记录在货物项下的借方，对外负债的增加应记入金融账户下的贷方。这笔交易应记为：

借：货物进口　　1 000万美元

　贷：外国对甲国的直接投资　　1 000万美元

【例8-4】甲国政府动用外汇库存40万美元向外国提供无偿援助，另提供相当于60万美元的粮食和药品援助。

甲国40万美元外汇储备的减少应记入储备资产项下的贷方，粮食和药品援助使甲国在货物项下产生60万美元的出口，应记入贷方。同时，因无偿援助属于单方面转移，需在二次收入项下借记100万美元。这笔交易可记为：

借：二次收入　　100万美元

　贷：储备资产　　40万美元

　　　货物出口　　60万美元

【例8-5】甲国某企业在海外投资获得利润150万美元。其中，75万美元被用于当地的再投资，用50万美元购买当地商品运回国内，25万美元调回国内结售给政府，以换取本国货币。

甲国居民从外国取得投资收入150万美元应记入贷方；75万美元被用于当地的再投资反映甲国对外资产的增加，应记入借方；50万美元购买当地商品运回甲国相当于进口，应记入借方；25万美元调回国内结售使得甲国储备资产增加，应记入借方。因此，这笔交易应记为：

借：货物进口　　50万美元

　　储备资产　　25万美元

　　对外长期投资　　75万美元

　贷：海外投资利润收入　　150万美元

【例8-6】甲国居民动用其在海外存款40万美元购买外国某公司的股票。

甲国居民海外存款的减少意味着对外资产的减少，应记入其他投资项下的贷方；同时，该居民购买了外国股票意味着对外资产的增加，应记入证券投资项下的借方。

借：证券投资　　40万美元

　贷：在外国银行的存款　　40万美元

上述6笔交易所构成的国际收支状况如表8-1所示。

通过上面的理论分析和实例分析，我们可以对国际收支平衡表的记账原则做如下的总结：

①按复式记账法，在国际收支平衡表中记入借方的账户包括反映进口实际资源的经常账户、反映资产增加或负债减少的金融账户；记入贷方的账户包括反映出口实际资源的经常账户、反映资产减少或负债增加的金融账户。

②对国际收支平衡表中单个账户进行汇总，可能会产生贷方和借方数字不等的情况。若贷方大于借方，则差额被称为这个账户的收支顺差（或盈余），用正号表示；若贷方小于借方，则差额被称为这个账户的收支逆差（或赤字），用负号表示。

③国际收支平衡表的最终差额恒等于零，这是由复式记账法所决定的。平时，我们可

表 8-1　　交易构成的国际收支状况

项　目	差　额	贷　方	借　方
一、经常账户	-870	310	1 180
1.货物	-890	100（1）+60（4）	1 000（3）+50（5）
2.服务	-30		30（2）
3.初次收入	+150	150（5）	
4.二次收入	-100		100（4）
二、资本和金融账户	+870	1 110	240
1.资本账户			
2.金融账户			
直接投资	+925	1 000（3）	75（5）
证券投资	-40		40（6）
其他投资	-30	30（2）+40（6）	100（1）
储备资产	+15	40（4）	25（5）
国际收支总计	0	1 420	1 420

能经常听到国际收支“逆差”或“顺差”这样的术语，既然国际收支平衡表的最终差额恒等于零，那什么才叫“国际收支不平衡”呢？我们将在8.2部分回答这个问题。

④国际收支平衡表中的每个账户，都反映了一定性质的经济行为。不同账户之间有密切的联系，也就是说不同性质的经济行为之间有着密切的联系。所以，国际收支平衡表是一种非常特殊的报表，通过对它的分析，可以了解一国国际经济交往的概况。它不仅是一种重要的统计工具，也是一种重要的政策分析工具。

4.国际收支平衡表实例分析

表8-2是2020年我国的国际收支平衡表。

表 8-2　　2020年中国国际收支平衡表　　单位：亿美元

项　目	差额	贷方	借方
1. 经常账户	2 740	30 117	-27 377
1.A 货物和服务	3 697	27 324	-23 627
1.A.a 货物	5 150	24 972	-19 822
1.A.b 服务	-1 453	2 352	-3 805
1.A.b.1 加工服务	127	132	-5
1.A.b.2 维护和维修服务	43	77	-34

续表

项　目	差额	贷方	借方
1.A.b.3 运输	−381	566	−947
1.A.b.4 旅行	−1 163	142	−1 305
1.A.b.5 建设	46	126	−81
1.A.b.6 保险和养老金服务	−70	54	−123
1.A.b.7 金融服务	10	43	−33
1.A.b.8 知识产权使用费	−292	86	−378
1.A.b.9 电信、计算机和信息服务	59	389	−330
1.A.b.10 其他商业服务	198	702	−504
1.A.b.11 个人、文化和娱乐服务	−20	10	−30
1.A.b.12 别处未提及的政府服务	−11	25	−36
1.B 初次收入	−1 052	2 417	−3 469
1.B.1 雇员报酬	4	147	−144
1.B.2 投资收益	−1 071	2 244	−3 315
1.B.3 其他初次收入	16	26	−10
1.C 二次收入	95	376	−281
1.C.1个人转移	4	42	−38
1.C.2 其他二次收入	91	334	−244
2. 资本和金融账户	−1 058		
2.1 资本账户	−1	2	2
2.2 金融账户	−1 058	−6 263	5 206
2.2.1 非储备性质的金融账户	−778		
2.2.1.1直接投资	1 026	−1 099	2 125
2.2.1.2证券投资	873	−1 673	2 547
2.2.1.3金融衍生工具	−114	−69	−45
2.2.1.4其他投资	−2 562	−3 142	579
2.2.2储备资产	−280		
2.2.2.1货币黄金	0		
2.2.2.2特别提款权	1		
2.2.2.3在国际货币基金组织的储备头寸	−19		
2.2.2.4外汇储备	−262		
2.2.2.5其他储备资产	0		
3.净误差与遗漏	−1 681		

注：由于四舍五入，数值有尾差。

资料来源　国家外汇管理局。

首先，从复式记账法的角度来理解一下这张国际收支平衡表。在表中，经常账户的余额由贷方减借方的差来表示，符号为正，数值是2 740亿美元，表明经常账户盈余2 740亿美元；非储备性质的金融账户余额为-778亿美元，表明资本和金融账户亏损778亿美元。这两部分的余额总计是1 962亿美元，它是国际经济交易中自发产生的。非自发性的储备资产余额为-280亿美元，意味着2020年国际经济交易使我国的储备资产（以外汇为主）增加了280亿美元，这个余额是被动产生的。经常账户余额、非储备性质的金融账户余额与储备资产账户余额之和，即净误差与遗漏，在该表中为-1 681亿美元，表明2020年我国国际经济交易事项在净流出方面少统计了1 681亿美元。整张国际收支平衡表的借贷双方是平衡的。

理论上，经常账户余额和非储备性质的金融账户余额之和，应该就是储备资产的变动额。但在实际的统计中，由于储备资产余额与经常账户余额、非储备性质的金融账户余额的统计渠道不同，难免形成统计的净误差与遗漏。净误差与遗漏并不是实际统计的结果，而是为了使国际收支平衡表平衡而设置的账户，其实际来源可能包括统计误差和资本外逃等。

其次，从国际收支结构来看，我国经常账户收支顺差的主要来源是货物和服务项目，差额为3 697亿美元；货物和服务项目中，货物收支为顺差，服务收支为逆差，表明我国经济发展水平相对较低，主要依靠实际货物的出口来获取顺差。在非储备性质的金融账户中，顺差主要来自直接投资和证券投资，反映了我国吸引外资从事直接生产的政策和对外国资本进入本国金融市场的管制状况。

最后，考察一下表中国际收支的经济意义。进入21世纪以来，我国国际收支连续多年在经常账户和储备资产以外的资本和金融账户上保持顺差，即所谓的“双顺差”，其结果是以外汇储备为主要内容的储备资产不断增加。一方面，由于外汇数量的充裕，外汇市场上外汇的价格有下降的趋势，人民币则逐步升值，这会对我国经济的总量和结构产生一定影响。另一方面，当将外汇向中央银行结算人民币时，中央银行在购入外汇的同时，需要按照汇率发出等量的人民币，导致基础货币增加。尽管中央银行可以采用公开市场操作、发行央行票据、提高法定存款准备金率和利率等手段来冲销因购入外汇而发行大量货币的影响，但货币政策的独立性会因此而受到威胁。[①]

8.2 国际收支的平衡与失衡

8.2.1 国际收支平衡

若国际收支账户的净差额为零，则表示国际收支平衡；反之，若净差额不为零，则表示国际收支失衡。当国际收支失衡时，若净差额为正数，即贷方总额大于借方总额，则称国际收支状况为盈余（surplus）或顺差；反之，若净差额为负数，即贷方总额小于借方总额，则称国际收支状况为赤字（deficit）或逆差。如表8-1所示，经常账户呈现赤字（其差额为-870万美元），而资本和金融账户呈现盈余（其差额为+870万美元），因此，总体上来看，甲国的国际收支差额为零，表示国际收支平衡。由此可以发现，从原则上讲，国

① 姜波克. 国际金融新编［M］. 上海：复旦大学出版社，2008：22-23.

际收支平衡表的最终差额都将恒为零，因为国际收支平衡表是根据复式记账法进行记录的，每一笔交易都同时进行借方记录和贷方记录。可见，国际收支平衡表上所显示的这种平衡仅是形式上的平衡，缺乏实际经济意义。于是，西方经济学家提出了国际收支均衡的概念。

国际收支均衡是比国际收支平衡更深刻的一个概念。在西方国际收支理论中，对国际收支均衡的理解主要有3种代表性观点：

1.自主性项目差额为零观点

这是对国际收支均衡的一种最常见的理解。这种观点将一国国际收支平衡表上的各种经济交易按自主性交易（autonomous transaction）和调节性交易（accommodating transaction）的不同性质划分为自主性项目和调节性项目，而把国际收支均衡定义为自主性项目差额为零。所谓自主性交易，是指个人和企业为某种自主性目的而从事的交易，如贸易、投资、旅游等。而调节性交易是指为弥补国际收支不平衡而发生的交易，如为弥补国际收支逆差而向外国政府或国际金融组织借款、动用外汇储备等。

2.市场均衡观点

这种观点认为，一国经济交易基本上是通过外汇市场进行的，外汇市场均衡是国际收支均衡的基础。外汇市场均衡又分为日常交易的供求均衡和实际所需的供求均衡。前者任何时候都是均衡的，而后者不一定能达到均衡。只有实际所需的外汇供给等于实际所需的外汇需求，才算真正实现了外汇市场供求均衡，从而达到国际收支的均衡。

3.全面均衡的观点

所谓全面均衡是指国内经济处于均衡状态下的自主性国际收支平衡，即国内经济处于充分就业和物价稳定下国际收支自主性项目差额为零。全面均衡不仅是外汇市场的供求均衡，而且是相互关联的国内外各个市场（如商品、服务等市场）的供求均衡；全面均衡所涉及的不仅包括流通领域，而且包括生产领域在内的整个宏观经济的均衡。全面均衡的观点无疑是完整而理想的，但缺乏现实可操作性，尤其是关于自主性项目和调节性项目的精确区分成为统计上的技术难题。例如，一国货币当局因自主性交易不均衡而向私人金融机构借款，从本国角度来看，应属调节性交易；但从对方国家来看，这一资本流出是为追逐利润，应视为自主性交易，这样就出现了国与国之间的不一致。尽管存在统计操作上的困难，一国的国际收支还是应以追求全面均衡为目标。

8.2.2 国际收支不平衡的口径

如前所述，国际收支平衡表是根据复式记账法编制的，一笔国际经济交易将会产生金额相同的一笔借方记录和一笔贷方记录，故借方总额与贷方总额最终必然相等。但就每一个具体项目而言，借方和贷方经常是不相等的，双方进行冲销后，会产生一定的差额。从政策分析的需要来看，对国际收支状况的衡量主要运用以下4种差额：

1.贸易收支差额

贸易收支差额是指货物和服务进出口贸易之间的差额。这是对国际收支状况进行分析时运用得比较多的一个传统的衡量口径，有关商品贸易的数据也容易迅速收集。尽管货物和服务账户仅仅是国际收支平衡表中经常账户下的一部分，但由于这一差额能够反映一国的产业结构、产品质量以及国际竞争力，因此对这一差额的分析具有重要意义。

2.经常账户差额

经常账户差额是指包括货物、服务、收入和经常转移等流量的借贷方净差额。它反映了实际资源在国与国之间的转让净额。若一国经常账户出现盈余，则意味着由于有货物贸易、服务贸易以及单方面转移等的贷方净额，该国的海外资产净额增加了。换句话说，经常账户盈余表示对外净投资。反之，若一国出现经常账户赤字，则意味着由于输入相对较多的货物、服务和对外赠予，该国的对外投资减少了，也可以说该国的资本形成利用了国外储蓄。经常账户差额能够综合反映一国的进出口状况（包括无形贸易），因而是衡量国际收支状况的重要指标，并被视为制定国际收支政策和产业政策的重要依据。

3.资本和金融账户差额

资本和金融账户差额是该账户下资本转移、直接投资、证券投资和其他投资交易以及储备资产交易的差额。对资本和金融账户差额的分析有助于理解一国财富的变动及变动途径。

假设不存在净误差与遗漏，根据复式记账法，国际收支平衡表中所有国际经济交易的借贷方净额应为零，即经常账户差额与资本和金融账户差额之和为零，一个账户出现赤字或盈余，必然伴随另一账户出现盈余或赤字。因此，在某种意义上，经常账户与资本和金融账户之间的关系表现为利用金融资产的净流入为经常账户赤字融资。影响金融资产流动的因素有很多，这些因素主要是指影响国外和国内资产的收益率和风险的各种因素，包括利率、直接投资和其他投资的回报率、预计的汇率走势以及税收方面的规定等。

当不存在自发性金融资产的净流入或净流入不足时，利用储备资产为经常账户赤字融资不失为一种办法，尤其是当利用这种办法为外汇收支的季节性或暂时性变化提供融资时可起到较好的缓冲作用。但由于一国储备资产存量有限，故使用储备资产为经常账户赤字融资也具有其局限性，此时就需要采取调整国际收支的措施或实施吸引外资的政策。

4.综合差额

综合差额又称总差额，是指经常账户与资本和金融账户中排除储备资产交易的差额。这一概念综合反映了一国自主性国际收支的状况，是全面衡量和分析国际收支状况的重要指标。通常人们所讲的国际收支盈余或赤字就是指综合差额。

综合差额为正，则储备资产增加；反之，综合差额为负，则储备资产减少。由于负的综合差额将可能导致储备资产的耗尽，故通常认为负的综合差额是不可取的。但是，综合差额持续过高从而储备资产持续增加，对一国经济也不尽有利。这是因为：

第一，储备资产的持续增加需要中央银行不断增加投放基础货币，由此将可能引发通货膨胀；

第二，储备资产的收益率通常低于长期投资的收益率；

第三，在浮动汇率制下，储备资产可能会蒙受贬值损失。

上述衡量国际收支状况的4种差额各有侧重，均难以独自表现国际收支状况的全貌，应根据需要来选用一种或几种指标来进行分析。

专栏8-2

8.2.3 国际收支不平衡的类型

若一国出现了国际收支不平衡的情况，我们应深入分析原因，然后对症下药。导致国际收支失衡的原因多种多样，有经济因素，也有非经济因素；有来自内部的因素，也有来自外部的因素；有实物方面的因素，也有货币方面的因素等。只有认清导致国际收支失衡的性质和原因，才能采取正确的措施和手段，以实现国际收支的平衡与均衡。根据原因的不同，可将国际收支不平衡分为以下几种类型：

1.临时性不平衡

临时性不平衡是指由短期、非确定或偶然因素所引起的国际收支不平衡。临时性不平衡主要包括季节性不平衡和偶然性不平衡。

由于生产、消费的季节性变化，一国的进出口也会随之变化，但季节性变化对进出口的影响并不一样，因而会造成国际收支的季节性不平衡。例如，在以农产品为主要出口产品的发展中国家，其国际收支失衡就常常表现为季节性不平衡。这些国家的农业部门往往根据季节的需要来进口化肥、机械设备和燃料，或在收获之前，必须进口食物以满足消费的需要，因而其贸易的季节性变化十分明显。

无规律的短期灾害所引起的国际收支失衡被称为偶然性不平衡。例如，洪水、地震等自然灾害造成谷物歉收而减少了谷物出口。偶然性不平衡对国际收支的影响是一次性、暂时性的。

临时性不平衡一般程度较轻，持续时间不长。在浮动汇率制下，临时性不平衡有时根本不需要政策调节，市场汇率的波动就能将其纠正。在固定汇率制下，一般也只需暂时动用储备资产便能加以克服。

2.结构性不平衡

结构性不平衡是指国内经济结构、产业结构不能适应世界市场及其变化而发生的国际收支不平衡。它通常反映在货物和服务账户上。结构性不平衡包含两层含义：

第一层含义是指经济结构和产业结构变动的滞后和困难引起国际收支不平衡。世界各国由于自然资源和其他要素禀赋的差异而形成一定的国际分工格局，这种国际分工格局随要素禀赋和其他条件的变化而变化。如果一国的经济结构、产业结构不能随国际分工格局的变化而及时调整，便会出现结构性不平衡。

第二层含义是指由于一国进出口商品所面临的特定的收入弹性或价格弹性引起国际收支不平衡。具体来说，若一国出口商品需求的收入弹性小，而进口商品需求的收入弹性大，或出口商品需求的价格弹性大，而进口商品需求的价格弹性小，则容易引起国际收支失衡。后一层含义的结构性不平衡在发展中国家表现得较为突出。

3.货币性不平衡

货币性不平衡是指在一定汇率水平下，由一国货币价值与物价水平变化所引起的国际收支不平衡。也就是说，货币性不平衡主要是由通货膨胀或通货紧缩所引起。一国货币供应增长过快，将带来国内物价水平的上升，使该国出口货物价格相对高昂，而进口货物价格相对便宜，从而该国的出口受到抑制，进口得到鼓励，并进而导致其经常账户收支恶化，国际收支出现赤字；反之，则会发生与上述情况相反的结果，即国际收支盈余。第二次世界大战后，工业化国家虽然避免了20世纪30年代那样的严重危机，却远没能抑制住有效需求过高造成的物价上涨。物价上涨在发展中国家更加严重。西方经济学家一般认为，物价上涨是导致第二次世界大战后国际收支失衡最重要的原因之一。

4. 周期性不平衡

周期性不平衡是指由一国经济周期波动所引起的国际收支不平衡。由于受经济周期的影响，市场经济国家会周而复始地出现繁荣、衰退、萧条、复苏4个阶段。在不同阶段，价格水平的变化、生产和就业的变化等都将对国际收支状况产生不同的影响。

从经常账户来看，当一国处于衰退阶段时，国内社会总需求将下降，进口需求也相应下降，则经常账户往往出现顺差；反之，当一国处于繁荣阶段时，经常账户则可能出现逆差。

从资本和金融账户来看，经济繁荣阶段投资前景看好，资本流入增加；萧条阶段投资前景暗淡，资本流出增加。第二次世界大战前，资本账户在各国国际收支中所占比重一般并不突出，故一国国际收支在经济周期的萧条阶段往往出现顺差，而在经济周期的繁荣阶段表现为逆差。但随着第二次世界大战后资本和金融账户地位的日益突出，国际收支的顺差或逆差与一国经济周期的萧条阶段或繁荣阶段之间不再必然存在这种简单的对应关系。

5. 收入性不平衡

收入性不平衡是一个较为笼统的概念，可理解为由于一国国民收入相对快速增长，导致进口增长超过出口增长而产生的国际收支不平衡。引起国民收入相对快速增长的原因是多方面的，如周期性的、货币性的原因，或经济正处于高速增长阶段。

6. 投机性和保值性不平衡

投机性和保值性不平衡是指在浮动汇率制下由利率或汇率变动所引发的国际收支不平衡。这种类型的不平衡多产生于短期资本流动。在短期资本流动中，投机性资本流动和保值性资本流动占有相当大的比重，且均对利率或汇率的变动非常敏感，但前者是为了投机牟利，后者是为了资本保值。投机性和保值性资本流动具有数量大、突发性等特点，通常在一国面临货币贬值、外汇管制、政治动荡或战争威胁时发生。自20世纪90年代以来，投机性和保值性不平衡表现尤为突出，是造成一国国际收支不平衡的重要原因之一。

8.2.4 国际收支调节的必要性

从上面的介绍可以看到，按贸易收支差额、经常账户差额、资本和金融账户差额、综合差额衡量，国际收支的不平衡经常发生。有的国家发生的频率高、程度严重，有的国家发生的频率低、程度较轻；根据口径不同，同一个国家收支差额的性质也会改变。国际交往的主体（企业、居民、政府）成千上万，影响交往的因素也成千上万，以各种口径衡量国际收支不平衡是必然的。在实践中，一国在任一特定年份中的国际收支都不可能做到正好收支相等，有些国家甚至会发生连续的收支逆差或顺差，而对国际收支的调节又会对国内经济的其他变量产生影响。于是，当国际收支失衡时，是及时采取措施进行调节，还是允许国际收支差额在一定范围内延续或波动，就成了一个需要选择的问题。

从国际收支余额和其他经济变量的比例来看，如果收支余额与其他经济变量的比例在一个可以接受的范围内，譬如，国际贸易赤字占GDP的比例在2%以内，外债余额占外汇储备的比例在50%以内，并且能够长期保持而不再继续增长，那么这种收支状况就是能够持续的。只要经济维持增长、经济效率不断提高，一定程度的国际收支差额会随时间的推移而得到改善，或者，在未来可以通过成本较低的调节而得到消除，不至于对经济稳定造成影响。

从国际收支与经济增长的角度来看，经济增长依赖资本积累，而资本积累又来自本国的储蓄。如果一国的储蓄率较低，经济又要以较高速度增长，就需要超出本国储蓄水平的投资，从而出现经常账户的逆差以及资本和金融账户的顺差。也就是说，特定的国际收支状况是特定的经济发展要求和发展阶段的反映，而且在国际收支顺差或逆差不至于危害经济稳定的前提下，保持一定时期内的收支逆差或顺差，可能比长时间的国际收支平衡更有利于经济增长和居民福利水平的提高。第二次世界大战后各国的经验表明，尽管存在连续的逆差或顺差，但其中有些国家仍然同时经历了经济的稳定和增长。

8.3　国际收支不平衡的调节

8.3.1　国际收支不平衡的自动调节机制

国际收支不平衡的自动调节是国内经济变量变动对国际收支的反作用过程。

1.国际收支不平衡的自动调节机制的分类

我们选择几个重要的机制加以介绍。

（1）货币–价格机制

货币–价格机制的较早阐述者是18世纪英国哲学家和经济学家休谟，其论述被称为价格–现金流动机制。货币–价格机制与价格–现金流动机制的主要区别是货币形态。在休谟的时代，金属铸币参与流通，而在当代，完全是纸币流通。不过，这两种机制论述的国际收支自动调节原理是一样的。

当一个国家的国际收支发生逆差时（顺差情况正好相反），意味着对外支付大于收入，货币外流，在其他条件既定下，本国物价水平下降，由此导致本国出口商品相对便宜，进口商品相对昂贵，出口相对增加，进口相对减少，贸易收支因此得到改善。货币–价格机制的调节过程如图8–2所示。

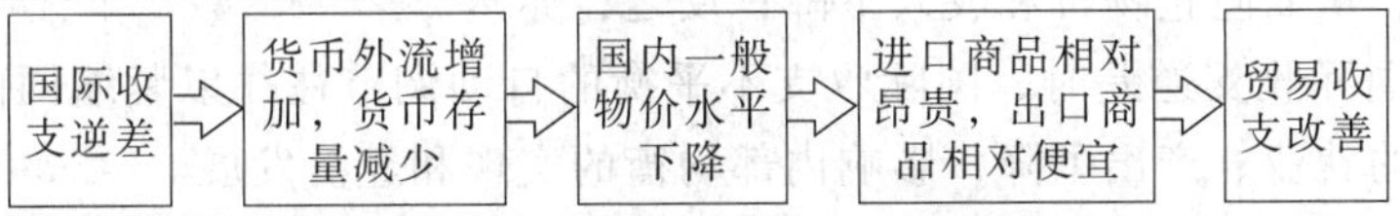

图8–2　货币–价格机制调节过程

图8–2描述的是国内货币存量与一般物价水平变动对国际收支的影响。货币–价格机制的另一种表现形式是汇率（而不是一般价格）水平变动对国际收支的影响。当国际收支发生逆差时，对外支出大于收入，外汇的需求大于外汇的供给，本国货币贬值，由此引起本国出口商品价格相对下降、进口商品价格相对上升，从而出口增加、进口减少，国际收支得到改善。这一过程可描述如图8–3所示。

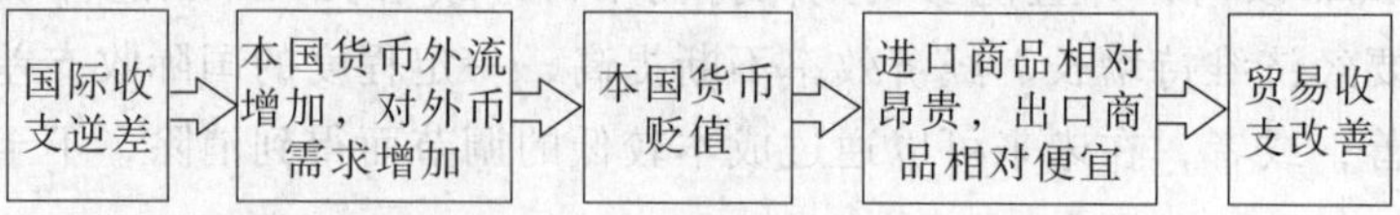

图 8-3　货币-价格机制的另一种表现形式

（2）收入机制

当国际收支逆差时，对外支付增加，国民收入水平下降。国民收入下降引起社会总需求下降，进口需求下降，从而贸易收支得到改善。收入机制的自动调节过程如图 8-4 所示。

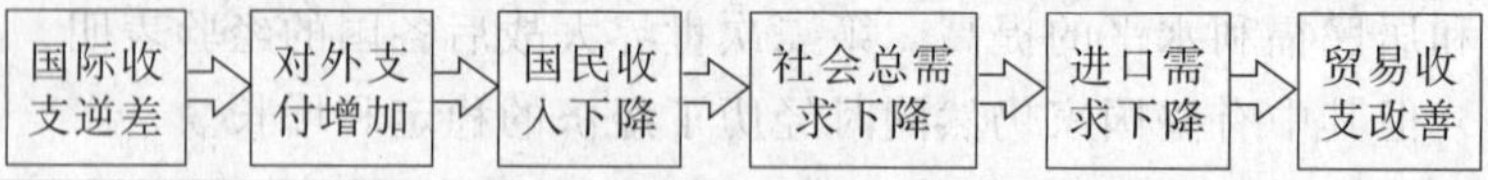

图 8-4　收入机制的自动调节过程

国民收入下降不仅能改善贸易收支，而且能改善经常账户收支以及资本和金融账户收支。国民收入下降会使对外国服务和金融资产的需求都不同程度地下降，从而整个国际收支得以改善。

（3）利率机制

利率机制与货币-价格机制和收入机制一样，也是在自由经济的假定下存在的。当国际收支发生逆差时，本国货币的存量（供应量）相对减少，利率上升；利率上升，表明本国金融资产的收益率上升，从而对本国金融资产的需求相对上升，对外国金融资产的需求相对减少，资金外流减少或资金内流增加，国际收支改善。

2. 国际收支不平衡自动调节的局限

首先，只有在纯粹的自由市场经济中，自动调节才能产生理论上所描述的作用。现代经济中的各种干扰会使自动调节机制的作用下降甚至失效。譬如在国际收支发生逆差时，国家如果要通过扩大国内信贷刺激国内经济发展，就不会降低货币供给，利率水平也不会上升，从而资金不会流入本国。

其次，典型的国际收支不平衡自动调节需要在金本位制下才能发挥作用。在信用货币本位制下，当国际收支出现逆差、本国货币减少时，货币当局只要发行纸币就能避免国内货币存量减少，从而阻止物价和收入下降；反之，亦然。

最后，在国际收支逆差时，国际收支不平衡的自动调节往往以紧缩国内经济为代价，这会造成国内的就业、产出下降，影响内部均衡的实现和经济发展。

8.3.2　国际收支不平衡的政策调节工具

如前所述，在现代经济中，国际收支自动调节机制的作用大大削弱了，这就需要政府出面，对市场进行干预，以便实现国际收支平衡。政府对国际收支进行调节的手段多种多样，基本上可以分需求型政策、供给型政策、融资型政策、道义与宣示型政策以及各种政策之间的搭配。

1.需求型政策

需求型政策主要包括支出增减型政策和支出转换型政策。

（1）支出增减型政策

支出增减型政策（expenditure-changing policy）是指改变社会需求或支出总水平的政策，主要包括财政政策和货币政策。这类政策通过改变社会总需求或总支出水平，来改变对外国商品、服务和金融资产的需求，达到调节国际收支的目的。财政政策是政府利用财政收入、财政支出和公债对经济进行调控的经济政策，它的主要工具包括财政收入政策、财政支出政策和公债政策。货币政策是中央银行通过调节货币供应量与利率来影响宏观经济活动水平的经济政策，它的主要工具是公开市场业务、利率以及法定存款准备金率。财政政策与货币政策都可以直接影响社会总需求，由此调节内部均衡；同时，社会总需求的变动可以通过边际进口倾向影响进口和通过利率影响资金流动，由此调节外部平衡。紧缩性的财政政策和货币政策具有压低社会总需求和总支出的作用。当社会总需求和总支出下降时，对外国商品、服务和金融资产的需求也相应下降，从而使国际收支逆差得到改善；反之，扩张性的财政政策和货币政策具有增加社会总需求和总支出的作用。当社会总需求和总支出增加时，对外国商品、服务和金融资产的需求也相应增加，从而国际收支逆差增加（或顺差减少）。

（2）支出转换型政策

支出转换型政策（expenditure-switching policy）是指不改变社会总需求和总支出而改变需求和支出方向的政策，主要包括汇率政策、补贴和关税政策以及直接管制政策。所谓改变方向，是指将国内支出从外国商品和服务转移到国内的商品和服务上来。本国货币的贬值、对进口商品和服务课以较高的关税，都会使进口商品和服务的价格相对上升，从而使居民将一部分支出转移到购买进口替代品上来。有的教材把直接管制列为一种单独的国际收支调节政策，它既不属于支出增减型政策，也不属于支出转换型政策。实际上，直接管制也是一种支出转换型政策。汇率和关税政策通过改变进口商品和进口替代品的相对价格来达到支出转换的目的，而直接管制是通过改变进口商品的相对可获得性来达到支出转换的目的。直接管制包括外汇管制、进口许可证管制等形式。国际经济组织和经济学理论多半不赞成采用直接管制，但在国际收支发生较严重的困难时，发达国家和发展中国家都程度不同地采用过直接管制。

2.供给型政策

供给型政策主要包括产业政策和科技政策。产业政策和科技政策旨在改善一国的经济结构和产业结构、增加出口商品和服务的生产、提高产品质量、降低生产成本，以此达到改善国际收支的目的。供给型政策的特点是长期性，在短期内难以有显著的效果，但它可以从根本上提高一国的经济实力和科技水平，从而为实现内部均衡和外部平衡创造条件。

3.融资型政策

融资型政策主要包括储备资产的使用和国际信贷便利的使用。从一国宏观调控的角度看，它主要体现为国际储备政策。对外部不平衡调控的首要问题往往是选择融资还是调整。如果国际收支不平衡是由临时性的、短期性的冲击引起的，就可以用融资方法弥补，避免调整的痛苦；如果是由中长期因素导致的，就势必运用其他政策进行调整。融资型政策与需求型政策之间具有一定的互补性与替代性。比如，当国际收支发生逆差时，一国政府既可以采取需求型政策来加以调节，也可以采用融资的办法或两者相结合的办法来加以调节。在逆差既定的情况下，较多使用融资型政策，便会较少使用需求型政策；反之，较多使用需求型政策，便可较少使用融资型政策。总之，融资型政策是在短期内利用资金融通的方式来弥补国际收支赤字、实现经济稳定的一种政策。

4.道义与宣示型政策

道义与宣示型政策是指政府在经济和行政手段之外所采取的、没有强制约束力的收支调节政策，如政府的指导谈话、发言等。道义与宣示型政策的效果一方面取决于政府号召力和公信力的大小；另一方面与国际收支不平衡的持续性有关，长期的收支不平衡不可能仅仅通过道义与宣示手段来消除，而必须配合经济本身的调整。

由于每一种调节政策都存在调节成本，一般要将这几种政策进行有效的搭配。

第8章思政窗

本章小结

1.国际收支是指一国在一定时期内全部对外往来的系统的货币记录。它体现的是一国的全部对外经济交往，是货币的、流量的、事后的概念。国际收支平衡表是反映某个时期内一个国家或地区与世界其他国家或地区间的经济交易的统计报表。国际收支统计以权责发生制为统计原则，并采用复式记账法。国际收支平衡表包括经常账户、资本和金融账户以及净误差与遗漏。

2.按交易动机划分，国际收支不平衡是自主性交易的不平衡。按口径划分，国际收支不平衡的口径有贸易差额、经常账户差额、资本和金融账户差额以及综合差额。按国际收支不平衡的性质分，国际收支有临时性、结构性、货币性、周期性、收入性、投机性和保值性的不平衡。国际收支不平衡是经济发展过程中常见的现象，对连续巨额的国际收支逆差或顺差必须进行调节。

3.国际收支不平衡的调节可以分为自动调节和政策调节。自动调节机制包括货币-价格机制、收入机制、利率机制。国际收支不平衡的自动调节机制只适用于完全的自由市场经济。

4.国际收支不平衡的调节政策分为需求型政策、供给型政策、融资型政策、道义与宣示型政策。需求型政策可分为支出增减型政策（主要是财政政策、货币政策）与支出转换型政策（主要是汇率政策、补贴和关税政策以及直接管制政策）。供给型政策主要包括产业政策和科技政策。融资型政策主要体现为国际储备政策。

关键术语

国际收支 国际收支平衡表 经常账户 资本和金融账户 外汇储备 净误差与遗漏 国际收支平衡 自主性交易 补偿性交易 贸易收支 基本账户 综合账户 临时性不平衡 结构性不平衡 货币性不平衡 收入性不平衡 周期性不平衡 预期性不平衡 货币-价格机制 收入机制 利率机制 支出转换型政策 支出增减型政策

基本训练

一、简答题

1.国际收支平衡表是按什么方法编制的？其各账户之间有什么关系？

2.简述国际收支不平衡的类型。哪些因素会导致国际收支的不平衡？

3.国际收支自动调节的机制有哪几种？什么环境会使自动调节机制失效？

4.观察中国2020年的国际收支平衡表。讨论：为什么中国的国际收支会在经常账户与资本和金融账户上都出现盈余？这种盈余带来了什么样的后果？是否能够持续？

5.讨论国际收支平衡表中净误差与遗漏的可能来源。

6.自己设计5笔国际交易，涉及经常账户、资本和金融账户，并以此编制一张国际收支平衡表。

二、案例分析题

材料一　　　　2020年中国国际收支运行环境

2020年，新冠肺炎疫情全球蔓延，世界经济出现严重衰退，国际金融市场大幅波动。面对复杂严峻的国内外环境，我国经济运行稳定恢复，成为2020年全球唯一实现经济正增长的主要经济体。

1.全球经济经历严重衰退后缓慢恢复

2020年上半年，全球经济深度萎缩，部分发达经济体经济增速加速下滑，其中美国第二季度GDP环比折年率下降31.7%，巴西、印度、俄罗斯、南非等新兴经济体第二季度GDP均为负增长。下半年，全球经济逐步复苏，第三季度美国、欧元区、日本、英国GDP分别同比下降2.9%、4.3%、5.7%和8.7%，降幅较第二季度显著收窄；第四季度由于疫情反复，多国收紧疫情防控措施，经济复苏速度放缓。国际货币基金组织预估2020年全球经济下降3.5%。

2.主要发达经济体实施超宽松货币政策

为应对疫情冲击带来的经济衰退，主要发达经济体央行均大幅降息，一些经济体已将政策利率降至零利率或负利率区间，并扩大货币政策操作规模，美联储、加拿大央行和日本央行扩大回购协议规模，并延长期限。此外，部分发达经济体央行在2020年陆续开展货币政策框架评估，其中美联储在8月完成评估后宣布修订货币政策框架，实施平均2%的通胀目标。

3.国际金融市场出现大幅波动

2020年第一季度，疫情冲击导致全球金融市场陷入恐慌，风险资产及黄金等传统避险资产均遭到抛售，引发价格下跌，多国股市数次熔断，新兴经济体货币贬值。第二季度后，随着主要经济体政府出台大规模刺激政策，市场情绪趋于缓和，金融市场明显修复。2020年美元指数先扬后抑，上半年最高接近103，但全年下跌7.1%至90下方；新兴市场货币指数（EMCI）下跌5.8%，美国标准普尔500指数、欧洲斯托克50指数和MSCI新兴市场指数分别上涨16.3%、下降5.1%和上涨15.8%，标普高盛商品指数（S&P GSCI）下跌6.1%。持续宽松的货币环境推动全球金融市场强劲反弹，与脆弱复苏的实体经济基本面脱节，风险隐患加大。

4.国内经济运行稳定恢复

面对突如其来的新冠肺炎疫情和复杂严峻的外部环境，在以习近平同志为核心的党中央领导下，我国统筹疫情防控和经济社会发展取得重大战略成果，经济运行逐季改善，逐步恢复常态，对外开放水平进一步提高，脱贫攻坚战取得全面胜利，“十三五”规划主要目标任务胜利完成。国家统计局初步核算，2020年我国GDP为101.6万亿元，按可比价格计算，较2019年增长2.3%，其中，第二至四季度的GDP同比分别增长3.2%、4.9%、6.5%；居民消费价格指数较2019年上涨0.2%。

资料来源　国家外汇管理局《2020年中国国际收支报告》。

材料二　　　　　2020年中国国际收支主要状况

第一，经常账户和非储备性质的金融账户呈现“一顺一逆”。我国经常账户顺差2 740亿美元，非储备性质的金融账户逆差778亿美元。

第二，货物贸易顺差扩大。我国货物贸易出口24 972亿美元，较2019年增长5%，进口19 822亿美元，略降0.6%；贸易顺差5 150亿美元，增长31%。

第三，服务贸易逆差收窄。服务贸易逆差1 453亿美元，下降44%。其中，运输项目逆差381亿美元，下降35%；旅行项目逆差1 163亿美元，下降47%，体现了新冠肺炎疫情蔓延下跨境旅行支出萎缩的影响。

第四，初次收入呈现逆差。初次收入逆差1 052亿美元。投资收益为主要项目，逆差1 071亿美元。我国对外投资的收益为2 244亿美元，外国来华投资的利润利息、股息红利等合计3 315亿美元。

第五，二次收入保持小幅顺差。二次收入项下收入376亿美元，较2019年增长45%；支出281亿美元，增长80%；顺差95亿美元，下降8%。

第六，直接投资顺差增加。直接投资顺差1 026亿美元，较2019年增长1倍。我国对外直接投资（资产净增加）1 099亿美元，下降20%；境外对我国直接投资（负债净增加）2 125亿美元，增长14%，说明外资对我国疫情防控成效高度认可，并看好国内经济发展前景。

总体来看，我国正在加快构建以国内大循环为主体、国内国际双循环相互促进的新发展格局，积极促进内需和外需、进口和出口、引进外资和对外投资协调发展，有利于我国国际收支保持基本平衡。

资料来源　国家外汇管理局《2020年中国国际收支报告》。

问题：

（1）结合材料二，简要说明2020年我国国际收支的特点。

（2）结合材料一、材料二，简要阐述中国何以成为2020年全球唯一实现经济正增长的主要经济体。

第9章
国际收支调节理论

学习目标

9.1
弹性论
9.2
乘数论
9.3
吸收论
9.4
货币论
9.5
结构论

本章小结
关键术语
基本训练

学习目标

学完本章，你应该能够：

◎简述国际收支调节理论的概念；

◎掌握各国际收支调节理论的推导过程；

◎解释国际收支吸收论中贬值所带来的各种效应；

◎描述国际收支货币论是如何解释国际收支失衡的原因；

◎明晰不同理论之间的对比。

引例

人民币汇率弹性增强　外汇市场保持平稳运行

国家外汇管理局2021年3月26日发布的《2020年中国国际收支报告》（以下简称《报告》）显示，2020年，我国统筹推进疫情防控和经济社会发展取得重大战略成果，国内经济稳定恢复，高水平双向开放稳步推进，人民币汇率弹性增强，外汇市场保持平稳运行。

《报告》显示，2020年年末，境内外市场人民币对美元汇率一年期历史波动率分别为4.2%和5.1%，较年初分别提高0.5和0.6个百分点，处于历史较高水平；期权市场隐含波动率分别为4.7%和6.4%，较年初分别上升0.9个和1.7个百分点，有弹性的人民币汇率发挥了调节宏观经济和国际收支自动稳定器的作用，有效释放了外部冲击的压力。

随着人民币汇率双向波动弹性增强，企业积极采用人民币计价结算、外汇衍生品交易、进出口自然平衡等多种方法管理汇率风险。外汇衍生品市场服务实体经济的作用进一步增强。

此外，2020年，境内外期权市场风险逆转指标（看涨美元/看跌人民币期权与看跌美元/看涨人民币期权的波动率之差）先升后降，总体保持稳定，年末分别为0.7%和1.3%，显示市场对人民币没有明显的升值或贬值预期。

《报告》认为，2021年，全球新冠肺炎疫情仍在持续，国际经济金融运行中的不稳定、不确定因素依然存在。但国内经济长期向好的基本面没有改变，我国将巩固拓展疫情防控和经济社会发展成果，加快构建以国内大循环为主体、国内国际双循环相互促进的新发展格局，坚持推动金融市场高水平双向开放，保持人民币汇率在合理均衡水平上的基本稳定，有助于维护国际收支基本平衡。

资料来源　马玲.《2020年中国国际收支报告》显示：人民币汇率弹性增强　外汇市场保持平稳运行［EB/OL］.（2021-03-29）［2021-04-30］. https://www.financialnews.com.cn/sc/wh/202103/t20210329_215119.html.

国际收支调节理论是关于一国国际收支均衡以及国际收支与国民经济均衡的调节手段、调节机制和调节效应的理论。较早的国际收支理论起源于重商主义学说。重商主义盛行于16至17世纪，其基本观点是视货币（金银）为财富的唯一形式，认为只有对外贸易才能增加一国财富，强调国家应干预经济生活，以在对外贸易中保持顺差，让金银流入国内。此后，休谟提出的价格-现金流动机制成为金本位制下颇具代表性的国际收支理论。20世纪30年代至70年代是国际收支调节理论繁荣发展并形成理论体系的阶段。20世纪30年代金本位制崩溃后，各国实行浮动汇率制，于是国际收支弹性论和乘数论应运而生；20世纪50年代至60年代，随着凯恩斯主义的盛行，国际收支吸收论风靡一时，在西方学术界占据了主导地位；20世纪60年代末至70年代初，货币主义盛行一时，因而国际收支货币论广为流传；到了20世纪80年代初期，又出现了国际收支结构论。

9.1　弹性论

弹性论（Elasticity Approach）侧重分析货币贬值取得成功的条件及对贸易收支的影响，强调国际收支调节机制中的价格效应。这一理论最早由马歇尔提出。他本人处于金本位制年代，认为贸易项是最重要的，因此在对国际收支的分析中更加注重贸易项。马歇尔提出了“价格的需求弹性”概念，并在1923年将局部均衡分析方法延伸到国际贸易领域，提出“进出口需求弹性”的概念，但他对国际收支的弹性分析比较分散，没有形成系统的理论。1937年，英国经济学家琼·罗宾逊（John V. Robinson）在研究汇率波动与进出口之间的关系时，以马歇尔的局部均衡分析为理论基础，在考虑进出口需求弹性的同时还引入了进出口供给弹性，正式提出了国际收支调节的弹性理论。1944年，美国经济学家阿巴·勒纳（Abba P. Lerner）提出了著名的马歇尔-勒纳条件。[①]

9.1.1　假定条件

①贸易商品的供给具有完全弹性；

②不考虑资本流动，国际收支等于贸易收支；

③其他条件（包括收入、利率、偏好等）不变，只探讨汇率变化对贸易收支的影响，汇率采用直接标价法。

根据以上假设前提，弹性论认为，汇率变动通过国内外产品之间相对价格的变动来影响一国进出口的供给和需求，从而作用于国际收支。

9.1.2　马歇尔-勒纳条件

如图9-1和图9-2所示，D_f、D_h分别表示本国对进口商品的需求曲线和外国对本国出口商品的需求曲线，S_f、S_h分别表示本国进口商品的供给曲线和出口商品的供给曲线，P为用外币计价的商品价格。

汇率的贬值使本国商品在外国市场变得相对便宜，而外国商品在本国市场变得相对昂贵。这将诱发本国居民将需求由外国商品转向本国商品，从而减少进口需求（即D_f曲线左移）；同时，外国居民将减少对自己国内商品的需求，增加对本国商品的需求（由A点至

① 阙澄宇. 国际经济学［M］. 6版. 大连：东北财经大学出版社，2017：236-238.

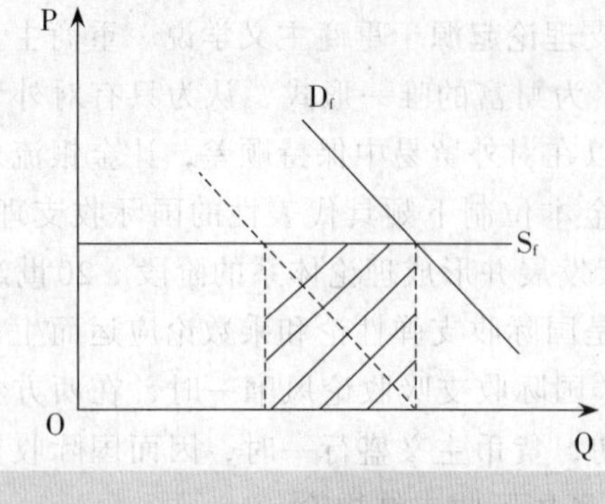

图9-1　进口商品的需求和供给曲线

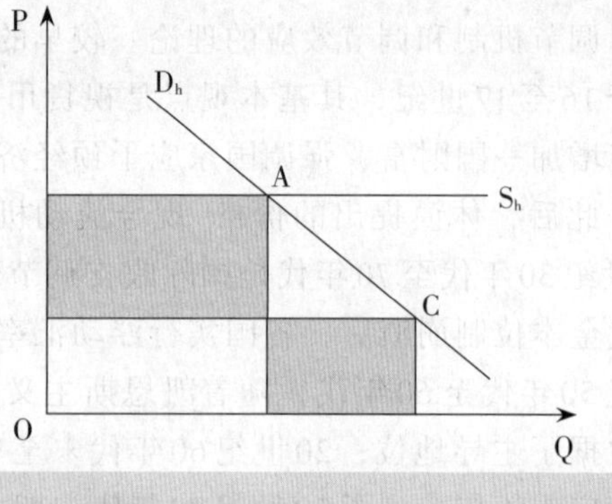

图9-2　出口商品的需求和供给曲线

C点）。因此，本币贬值后，本国进口数量随进口需求的减少而减少，用外币计价的进口商品价格不变，进口额就将下降。本国出口数量随出口需求的增加而增加，但以本币表示的出口商品价格下降，因而出口额可能上升，也可能下降。综合进出口额所得到的国际收支状况是否因汇率贬值而改善，取决于进出口数量的变动与其价格变动之间的关系，即取决于进出口需求价格弹性的大小。

X表示以本币表示的出口额，M表示以外币表示的进口额，B表示以外币表示的贸易收支差额，则有：

$$B = X/E - M \tag{9-1}$$

对汇率E求导，得：

$$\frac{dB}{dE} = -\frac{1}{E^2}X + \frac{1}{E}\cdot\frac{dX}{dE} - \frac{dM}{dE}$$

$$= -\frac{X}{E^2}\left(1 - \frac{dX/X}{dE/E} + \frac{ME}{X}\cdot\frac{dM/M}{dE/E}\right) \tag{9-2}$$

$$= -\frac{X}{E^2}\left(1 - \epsilon_x - \epsilon_m\right)$$

式（9-2）中，ϵ_x为出口商品的需求弹性，ϵ_m为进口商品的需求弹性。当$\epsilon_x + \epsilon_m > 1$时，$dB/dE > 0$，国际收支改善；当$\epsilon_x + \epsilon_m = 1$时，$dB/dE = 0$，国际收支不变；当$\epsilon_x + \epsilon_m < 1$时，$dB/dE < 0$，国际收支恶化。$\epsilon_x + \epsilon_m > 1$即为马歇尔-勒纳条件（Marshall-Lerner Condition），是本国货币贬值能够带来国际收支改善的必要条件。值得强调的是，马歇尔-勒纳条件的假设前提是进出口商品的供给弹性无穷大，即进口和出口商品的供给曲线为水平线（在20世纪30年代资源未充分利用的情况下这一假设是合理的）。如果进口和出口商品的供给曲线不是水平的，本币贬值后，本国进口数量随进口需求的减少而减少，但进口价格就不会保持不变。进出口数量也不会单纯取决于进出口商品的需求弹性，而是由进口商品的供给弹性（η_m）和需求弹性、出口商品的供给弹性（η_x）和需求弹性所共同决定。本币贬值能够带来国际收支的改善决定于：

$$\frac{\epsilon_x\epsilon_m\left(\eta_x + \eta_m + 1\right) + \eta_m\eta_x\left(\epsilon_x + \epsilon_m - 1\right)}{\left(\eta_x + \epsilon_x\right)\left(\eta_m + \epsilon_m\right)} > 0 \tag{9-3}$$

式（9-3）被称为毕肯戴克-罗宾逊-梅茨勒条件（Bickerdike-Robinson-Metzler Condition）。显然，马歇尔-勒纳条件仅仅是毕肯戴克-罗宾逊-梅茨勒条件的一个特例。

9.1.3　J曲线效应

在实际经济中，即使在马歇尔–勒纳条件成立的情况下，贬值也不能马上改善贸易收支。本币贬值对贸易收支状况产生影响的时间可划分为3个阶段：货币合同阶段、传导阶段、数量调整阶段。在第一、第二阶段，贸易收支可能恶化，只有到第三阶段才可能有 $\epsilon_x+\epsilon_m>1$，贸易收支才能改善。

在贬值开始后的一段时间，贸易收支可能恶化。这是因为：

第一，已签合同的影响。在贬值前已经签订的贸易合同仍要按原定的价格和数量执行。贬值后，凡以外币定价的进口，折成本币后的支付将增加；凡以本币定价的出口，折成外币后的收入将减少。也就是说，在贬值前已签订但在贬值后仍执行的贸易合同下，出口数量不能增加，以冲抵出口外币价格的下降，进口数量不能减少，以冲抵进口价格的上涨，于是贸易收支在贬值后一段时期内趋于恶化。

第二，在贬值后签订的贸易合同下，出口增长仍要受认识、决策、资源、生产周期等的影响。在进口方面，进口商有可能认为现在的贬值是以后进一步贬值的前奏，从而加速订货。

基于以上原因，贬值之后贸易收支有可能首先恶化，经过半年到一年的时间，在出口供给和进口需求做了相应的调整后，贸易收支才慢慢开始改善。整个过程用曲线描述出来，形如字母J。如图9-3所示，贬值后贸易收支先是恶化，逆差扩大，经过一段时间后才逐步改善。因此，在马歇尔–勒纳条件成立的情况下，这种贸易收支对贬值的时滞效应被称为J曲线效应。

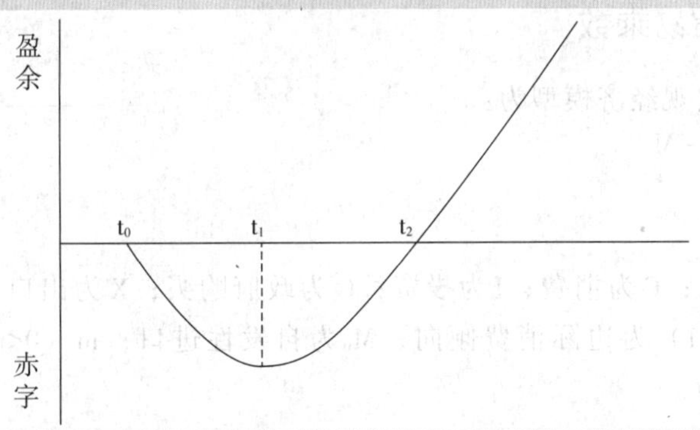

图9-3　J曲线效应

9.1.4　对弹性论的评价

弹性论提出货币贬值对改善一国国际收支的积极作用，有一定的现实意义，对政府制定宏观经济政策具有重要影响。但该理论也有很大的局限性：

一是该理论建立在局部均衡分析的基础上，只考虑汇率变动对一国贸易收支的影响，而实际上其他条件并非不变。

二是该理论没有涉及国际资本流动。在资本流动规模巨大的今天，其局限性就表现得非常突出。

三是该理论是一种比较静态分析。在现实世界中，本币贬值对贸易收支的影响是一个动态过程（本币贬值不仅会通过相对价格变动影响贸易收支，还会通过国民收入、货币供应量、绝对价格水平等诸多经济变量的变动对贸易收支产生巨大影响）。

四是在应用该理论时，也可能会存在技术上的困难，弹性的估计是一个比较复杂的问题。

9.2 乘数论

在20世纪30年代至40年代，以罗伊·福布斯·哈罗德（Roy Forbes Harrod）、劳埃德·梅茨勒（Laoyd Metzler）、弗里茨·马克鲁普（Fritz Machlup）等为代表的经济学家运用凯恩斯的乘数理论（Multiplier Theory）揭示了国际收支的收入调节机制，以此形成了国际收支的乘数论。其基本观点是：进口是国民收入的函数，任何自主性支出的变动都会通过乘数效应引起国民收入变动，进而影响国际收支状况。

9.2.1 假定条件

①假定非充分就业，供给具有完全弹性，从而进出口和收入的变动不会改变价格水平；

②不考虑国际资本流动，贸易收支差额就是国际收支差额；

③汇率、价格、利率等变量不变，只考虑国际收支的收入调节机制。

9.2.2 对外贸易乘数

开放经济下的宏观经济模型为：

$$\begin{aligned} &Y = C + I + G + X - M \\ &C = C_0 + c \cdot Y \\ &M = M_0 + m \cdot Y \end{aligned} \tag{9-4}$$

式中：Y为国民收入；C为消费；I为投资；G为政府购买；X为出口；M为进口；C_0为自发性消费；c（$0<c<1$）为边际消费倾向；M_0为自发性进口；m（$0<m<1$）为边际进口倾向。均衡国民收入为：

$$Y = \frac{1}{1 - c + m}(C_0 + I + G + X - M_0) \tag{9-5}$$

由于边际储蓄倾向$s = 1 - c$，故式（9-5）又可转变为：

$$Y = \frac{1}{s + m}(C_0 + I + G + X - M_0) \tag{9-6}$$

考虑出口变动对国民收入的影响：

$$\Delta Y = \frac{1}{s + m}\Delta X \tag{9-7}$$

式（9-7）意味着出口增加将导致国民收入倍数增加。$\frac{1}{s + m}$被称为对外贸易乘数，边际储蓄倾向和边际进口倾向之和越小，对外贸易乘数将越大。

9.2.3　国际收支的收入调节机制

国际收支差额B为：

$$B = X - (M_0 + mY)$$

$$= X - M_0 - \frac{m}{s+m}(C_0 + I + G + X - M_0) \qquad (9\text{-}8)$$

由式（9-8）可以看出，一方面，一国出口的增加可直接改善其国际收支状况；另一方面，由于对外贸易乘数的作用，出口增加将导致国民收入水平的提高，继而带来进口的增加，从而间接导致国际收支状况的恶化。因此，一国出口变动对国际收支状况的综合影响（包括直接影响和间接影响）为：

$$dB = dx - \frac{m}{s+m}dX = \frac{s}{s+m}dX \qquad (9\text{-}9)$$

分析式（9-9）可知，一国出口的增加可改善其国际收支状况，但由于$0 < \frac{s}{s+m} < 1$，因而国际收支改善的程度比出口增加的程度要小。

再来看一国国内自主性支出A（如自主消费、自主投资、政府自主支出等）的变动对国际收支状况的影响：

$$dB = -\frac{m}{s+m}dA \qquad (9\text{-}10)$$

由式（9-10）可见，当一国国内自主性支出增加时，该国国际收支将趋于恶化，但恶化的程度要小于国内自主性支出的增加额。

一国出口或国内自主性支出的变动，对该国国民收入以及国际收支状况的影响见表9-1。这表明，一国可通过实施需求管理政策来调整国际收支。当一国国际收支出现赤字时，当局可实施紧缩性财政和货币政策，国内支出减少，国民收入降低，进口减少，从而国际收支得到改善；当一国国际收支出现盈余时，可实施扩张性财政和货币政策，国内支出增加，国民收入提高，进口增加，从而国际收支盈余得以减少。

表9-1　**出口与国内自主性支出变动的影响**

项　目	dY	dB
dX	$+\frac{1}{s+m}$	$+\frac{s}{s+m}$
dA	$+\frac{1}{s+m}$	$-\frac{m}{s+m}$

9.2.4　对乘数论的评价

乘数论基于凯恩斯宏观经济理论，重点阐述了对外贸易与国民收入之间的关系。弹性论只考虑了货币贬值的直接效果，而乘数论进一步分析了货币贬值的间接效果，即通过国民收入的变化，进一步影响国际收支的状况。[①]鉴于此，一些西方学者如哈伯格（A. C. Harberger）等将弹性论的价格效应与乘数论的收入效应结合起来，提出了更富有现实意义的贬值改善国际收支的条件——哈伯格条件（Harberger Condition）：$\epsilon_x + \epsilon_m > 1 + m$。

① 倪晓宁，陈晨．国际经济学与国际经济分析［M］．北京：旅游教育出版社，2018：225-227．

乘数论也存在不足：

一是乘数论仍属于局部均衡分析，假定非充分就业以及汇率、物价等不变，而如果国内处于充分就业，则增加出口将形成通货膨胀，结果将大为不同；

二是与弹性论一样，乘数论没有考虑国际资本流动，这与现实相差较大；

三是该理论建立在凯恩斯乘数原理的基础上，未能考虑货币因素和价格因素的作用。

9.3 吸收论

20世纪50年代初，詹姆斯·米德（James Meade）、西德尼·亚历山大（Sidney S. Alexander）等经济学家以凯恩斯宏观经济理论为基础，从一国国民收入与支出的关系出发，研究国际收支问题，提出了国际收支的吸收论（Absorption Approach）。20世纪50年代初，英、法等西欧国家都曾先后使本币贬值，但其国际收支并未得到明显改善。对此，一些经济学家认为弹性论过分重视贬值的相对价格效应，而忽视了贬值的收入效应。亚历山大等还认为经济中的总弹性非既定，更难测定，只能用于事后分析，因此弹性论应予舍弃。随着弹性论缺陷的不断暴露以及凯恩斯主义的流行，吸收论应运而生。该理论在国际收支理论与凯恩斯宏观经济理论之间建立了全面的联系，标志着国际收支理论进入了成熟发展阶段。其基本观点是：国际收支差额由国民收入与国内吸收之间的差额决定，若想改善国际收支，必须相对增加收入和减少吸收。

9.3.1 基本理论框架

假设国际收支为贸易收支，宏观经济恒等式为：

$$Y = C + I + G + X - M \tag{9-11}$$

整理得：

$$X - M = Y - (C + I + G) \tag{9-12}$$

令B为国际收支差额，A为吸收，则有：

$$B = Y - A \tag{9-13}$$

式（9-13）表明当国民收入等于吸收时，国际收支平衡，而国际收支盈余是吸收小于收入的表现，国际收支赤字则是吸收大于收入的表现。因此，要改善国际收支，最终要通过两条渠道——增加收入和减少吸收，或者更一般地说，相对吸收应提高收入。

吸收论具有强烈的政策含义，它认为国际收支调节属于政策调节，主张运用宏观需求管理政策，包括汇率调整，或者增加收入，或者减少支出，或者兼顾两者，以改善国际收支状况。

专栏 9-1

9.3.2　货币贬值效应分析

若国际收支发生赤字，亚历山大将吸收A分为两部分：自主性吸收A_d和诱发性吸收$c\cdot Y$（c为边际吸收倾向）：

$$A = c\cdot Y + A_d \tag{9-14}$$

将式（9-14）代入式（9-13），整理得到：

$$B = (1-c)Y - A_d \tag{9-15}$$

取增量形式，有：

$$dB = (1-c)dY - dA_d \tag{9-16}$$

由式（9-16）可以看出，贬值能否改善国际收支，取决于以下3个方面：

一是贬值如何影响收入，这反映在dY上；

二是收入变化如何影响吸收，这主要反映在c上；

三是贬值如何直接影响吸收，这由dA_d反映。

1.贬值对收入的影响

（1）闲置资源效应

若贬值国存在尚未得到充分利用的资源，则贬值将通过出口增加、进口下降把增加的需求引入生产过程，带来收入的增加；若资源已被充分利用，则贬值达不到增加收入这一效果。

（2）贸易条件效应

一国货币贬值通常将造成贸易条件恶化，使实际收入下降。

（3）资源配置效应

马克鲁普认为，虽然贬值会恶化贸易条件，但由于贬值影响资源配置（在贬值过程中，资源从国内生产率相对较低的部门向生产率相对较高的出口部门转移），生产率的提高可以抵消贸易条件的恶化，这样贬值的净结果是提高实际收入，从长期看更是这样。当闲置资源效应很小时，贬值的资源配置效应更显重要，总就业可以不变，但通过更加有效地利用资源，产量仍可增加。

通过以上分析可以看出，贬值通过闲置资源效应和资源配置效应增加了收入dY，其对国际收支产生的影响为$(1-c)dY$，显然，只要边际吸收倾向$c<1$，则收入增加可使国际收支改善。此外，贬值通过贸易条件效应使收入下降。设收入下降的程度为t，吸收会随着收入下降而减少ct，因而贬值由于贸易条件恶化对国际收支的影响为$(1-c)t$，显然，只有$c>1$才会使国际收支改善。由此可见，闲置资源效应和资源配置效应与贸易条件效应有相互冲抵的作用，贬值对$(1-c)dY$的最终效果是不确定的。

2.贬值对吸收的直接影响

（1）现金余额效应

这是最重要的直接贬值效应。贬值会引起进口品和本国生产的贸易品的价格上升，在货币供应量不变的情况下，将使人们以货币形式持有的财富即现金余额的实际价值下降。这样，公众为了将实际现金余额恢复到愿意持有的水平，就会减少各项开支即减少吸收，或出售证券，引起利率上升，再度减少吸收，从而使国际收支得到改善。

（2）收入再分配效应

贬值引起的价格上升将带来收入的再分配，由于各收入阶层的边际吸收倾向不同，这将会影响吸收。一般来说，物价上涨所造成的收入再分配有利于利润收入者，不利于固定收入者，而前者的边际吸收倾向较低，后者的边际吸收倾向较高，因而收入再分配的结果是吸收总额减少，贸易收支得到改善。

（3）价格幻觉效应

假设货币收入与价格同比例上升，即使实际收入没有变化，但如果人们有货币幻觉，只注意价格的上升，因而减少消费，增加储蓄，一国的吸收总额也会随之减少。

（4）其他效应

如果预期价格将进一步上升，则人们提前购买商品和服务；进口资本品的价格上升，将形成对投资开支的抑制；本国商品的本币价格上升对消费者支出会产生抑制作用等，这些效应对贸易收支的影响可能有利，也可能不利。

9.3.3 对吸收论的评价

吸收论采用一般均衡分析方法，将一国国际收支的决定和变动与整个宏观经济状况结合起来进行分析，相比弹性论和乘数论采用局部均衡分析法是一大进步，有助于人们深入认识国际收支的失衡和均衡的性质。[①]该理论具有强烈的政策搭配寓意，如当国际收支逆差时，在贬值的同时，若国内存在闲置资源，则应采用扩张性财政政策来增加收入（扩大生产和出口）；若已充分就业，则应采用紧缩性政策来减少吸收。

但弹性论也不可避免地存在一些缺陷：

一是该理论建立在国民收入核算会计恒等式基础之上，并没有对收入与吸收为因、贸易收支为果的观点提供令人信服的逻辑分析，收入与吸收会影响贸易收支，但贸易收支也会反过来影响收入与吸收。

二是假定贬值是出口增加的唯一原因和要素的转移机制运行顺畅，这与现实差距较大。

三是在贬值分析中，吸收论完全没有考虑贸易品和非贸易品的相对价格在调整过程中的作用。事实上，在贬值后，贸易品价格相对非贸易品价格上升，必然会导致资源的再分配；若此时资源已接近充分利用，则贸易的改善主要依靠吸收的减少。但若所减少的主要不是进口支出和对出口产品的支出，而是对非贸易品的支出，那么贸易收支又如何能获得改善呢？显然，贬值引起的贸易品相对价格上升在这一过程中的作用是不可忽视的，所需要的正是将从非贸易部门释放出来的这部分生产资源引导到出口产品和进口替代品的生产上。

四是吸收论是一个单一国家模型，在贸易分析中不涉及其他国家，所获结论无法完全令人信服。

五是吸收论忽略了资本流动在国际收支中的作用。

9.4 货币论

弹性论、乘数论及吸收论均强调商品市场流量均衡在国际收支调整中的作用，而货币论（Monetary Theory）强调货币市场存量均衡的作用。20世纪60年代末70年代初，蒙代

① 萨尔瓦多. 国际经济学［M］. 刘炳圻，译. 12版. 北京：清华大学出版社，2019：476-477.

尔、哈里·约翰逊（Harry Johnson）以及雅各布·弗兰克尔（Jacob Frenkel）等人将货币主义学派的理论向国际经济领域延伸和扩展，发展了国际收支的货币论。

货币论在两方面显著不同于传统的国际收支理论：

一是传统理论仅注重经常账户交易，而货币论将国际资本流动也作为考察对象，强调国际收支的综合差额，而不仅仅是贸易收支差额。

二是传统理论注重对线上项目的分析，而货币论主张从线下项目分析，自下而上地分析国际收支，视线上项目差额为线下项目交易的结果，而不是相反。

9.4.1 假定条件

①假设一国经济处于长期充分就业的均衡状态，其实际货币需求是收入、价格和利率的稳定函数；

②货币供应量的变化不会影响到实物产量；

③假设购买力平价长期内成立，即存在一个高效率的世界商品市场和资本市场，由于完全自由的套买、套卖和套利活动，使得“一价定律”得以成立，一国价格水平等于世界市场价格水平，一国利率水平等于国际资本市场利率水平。

9.4.2 国际收支失衡的原因

货币论的基本观点起源于货币市场均衡分析，即$M_s = M_d$。

M_d为名义货币需求，可表示为：

$$M_d = Pf(y, i) \tag{9-17}$$

式中：P为价格水平；y为收入；i为利率。

M_s为名义货币供给，可表示为：

$$M_s = m(D + R) \tag{9-18}$$

式中：D表示国内创造部分，即中央银行的国内信贷；R表示国外的部分，即经由国际收支获得的盈余（国际储备）；m为货币乘数。为简化起见，令m = 1，得到：

$$M_s = D + R \tag{9-19}$$

在货币市场均衡条件下，则有：

$$M_s = M_d = D + R \tag{9-20}$$

由式（9-20）可知，当货币供给由于国内信贷（D）的紧缩或扩张而小于或大于货币需求时，国际储备（R）就会增加或减少，以使货币供给等于货币需求。具体说来，当国内货币供给通过国内信贷扩张而增加时，货币供给就会大于货币需求，这时人们手中所持有的现金余额高于所期望持有的水平，多余的货币就要寻找出路，人们会将多余的部分用于购买国外商品和债券，由此形成国际收支逆差；反之，当国内货币供给通过国内信贷紧缩而减少时，货币供给就会小于货币需求，在价格不变的情况下，人们将通过减少对国外商品的消费、变卖国外证券来弥补货币供应的缺口，于是形成国际收支顺差。[①]由此可见：国际收支逆差实际上就是一国国内的名义货币供应量超过了名义货币需求量，而国际收支顺差实际上就是一国国内的名义货币需求量超过了名义货币供应量；国际收支顺差或逆差是一国货币市场供求失衡的反应，国际收支从根本上看是一种货币现象。国际收支问

① 杜宽旗. 国际经济学［M］. 北京：人民邮电出版社，2017：119.

题反映的是实际货币余额需求对名义货币供应量的调整过程，当国内名义货币供应量与实际经济变量决定的实际货币余额需求相一致时，国际收支便处于平衡状态。

9.4.3 国际收支失衡的调节

1.一国国际收支的失衡现象是暂时的，可通过货币调节机制自行消除

如当货币供给大于货币需求（$M_s>M_d$）时，国际收支将出现逆差，国际储备就会减少，货币供给将下降，直到货币需求与货币供给均衡（$M_s=M_d$）时为止；反之，国际收支失衡现象不可能长期存在下去。

2.贬值若要改善国际收支，名义货币供应量就不能增加

在充分就业的情况下，贬值引起国内外商品价格的变动，贬值国的国内价格上涨，升值国的国内价格下跌。物价变动意味着实际现金余额的变动，贬值国的现金余额减少，因而压缩开支，而升值国的余额增加，因而将扩大投资和消费。实际现金余额的变化将通过贸易收支差额而逐渐消失，即由贬值国的贸易盈余弥补短缺的现金余额，由升值国的赤字压缩过多的现金余额，从而恢复均衡。可见，贬值若要改善国际收支，名义货币供应量就不能增加。因此，从长期来看，货币供应量是影响国际收支状况的关键因素。

3.在浮动汇率制下，国际收支失衡可以立即由汇率的自动变化而得到纠正

当一国国际收支由于货币供应过多而出现逆差时，该国货币会自动贬值，人们所持有的实际货币余额下降，于是减少支出，名义货币需求量将上升，直到将过度的货币供给量完全吸收，国际收支将自动恢复均衡。由此可见，在固定汇率制下，国际收支失衡表现为国际储备的流出、流入，一国在长期内丧失了控制货币供应和国内货币政策的自主权；在浮动汇率制下，国际收支失衡由汇率的自发变动加以纠正，不发生国际储备的流出、流入，一国货币当局不会丧失货币政策的自主权。

9.4.4 对货币论的评价

货币论的主要贡献在于唤醒了人们在国际收支分析中对货币因素的重新重视，是国际收支理论分析重心的一次重大转移，其研究焦点集中于货币层面。相应地，货币论在政策主张上把国际收支的货币调节放在首位，强调货币政策的运用，认为只要保证货币供应的适度增长，就可以保持国际收支平衡，这在高度货币化的当代社会具有实际意义。

货币论的主要缺陷表现在：

一是过于强调货币因素对国际收支的影响，忽视了对收入水平、支出政策等实物因素的分析。实际上，商品流通决定货币流通，故不应当仅仅从货币市场出发分析国际收支失衡的原因及其调节。

二是各假设条件，如货币需求函数相当稳定、货币供给量的变化不影响实物产量、一价定律等未必成立。

专栏9-2

9.5 结构论

结构论（Structual Approach）的相关分析散见于20世纪50年代至60年代的西方经济学文献中。赞成结构论的经济学者大多数在发展中国家或发达国家中从事发展问题研究，因此，结构论的理论渊源同发展经济学紧密相关。英国萨塞克斯大学的保罗·史蒂芬（Paul Stephen）爵士、英国海外发展署的托尼·克列克（Tony Klick）、英国肯特大学的瑟沃尔（A. Thirwall）以及英国曼彻斯特大学的一批经济学家，都是结构论的积极倡导者和支持者。

9.5.1 基本理论

在货币论流行的20世纪70年代中期，当时国际货币基金组织的理论权威、研究部主任雅克·波拉克（Jacques Polak）将货币论的主要精神结合到了国际货币基金组织的国际收支调节规划中，使之成为国际货币基金组织制定国际收支调节政策的理论基础。成员在国际收支发生困难而向国际货币基金组织借款时，必须按照国际货币基金组织的国际收支调节规划的要求制定相应的调节政策。由于货币论的政策核心是紧缩需求，以牺牲国内经济增长来换取国际收支平衡，因而众多成员在执行了国际货币基金组织的国际收支调节规划后，经济活动普遍受到压制，有的甚至因过度削减预算和货币供应而导致经济社会动荡。

在这一背景下，结构论有针对性地提出，国际收支失衡并不一定完全是由国内货币市场失衡引起的。货币论乃至以前的吸收论都是从需求角度出发对国际收支调节进行研究，但忽视了供给因素对国际收支的影响。结构论认为，国际收支逆差尤其是长期性的逆差既可能是由长期性的过度需求所引起的，也可能是由长期性的供给不足所引起的，而长期性的供给不足往往是由经济结构问题所引起的。具体来看，引起国际收支逆差或长期逆差趋势的结构问题有以下几种表现形式：

1.经济结构老化

由于科技、生产条件和世界市场的变化，一国商品失去了原有的在世界市场的竞争力，而该国国内经济结构不能适应这一变化，由此造成出口供给长期不足，导致国际收支可能出现逆差。

2.经济结构单一

这可能从两方面导致国际收支出现逆差：

一是出口商品单一，其价格易受国际市场价格波动的影响，使国际收支状况不稳定。

二是经济发展长期依赖进口，进口替代选择的余地几乎为零。

3.经济结构落后

这是指一国出口商品的需求收入弹性小，但进口商品的需求收入弹性大，而出口商品的需求价格弹性大，但进口商品的需求价格弹性小。出口商品的需求收入弹性小意味着别国经济和收入的相对快速增长不能导致该国出口的相应增加，而进口商品的需求收入弹性大反映出本国收入的相对快速增长，却导致进口的相应增加。在这种情况下，将发生国际收支的收入性逆差，而非收入性顺差。出口商品的需求价格弹性大意味着本国出口商品价格的相对上升将导致出口数量的相应减少，而进口商品的需求价格弹性小反映出外国商品价格的相对上升，却不能导致进口数量的相应减少。在这种情况下，货币贬值不仅不能改善国际收支，反而将恶化国际收支。

9.5.2 政策主张

结构论认为国际收支失衡是由经济结构所导致的，而结构不平衡既是长期经济增长速度缓慢和经济发展阶段落后所引起的，又成为制约经济发展和结构转型的瓶颈。结构论认为，一国经济政策的重点应是改善经济结构和加速经济发展，以此来增加出口商品和进口替代品的数量及品种。主要手段包括增加投资、增加储蓄、改善资源的流动性，使劳动力和资本等要素顺利地从传统行业流向新兴行业。

9.5.3 对结构论的评价

结构论既然是作为传统的国际收支理论特别是货币论的对立面而提出的，自然受到了许多批评。批评者认为：

第一，国际收支的结构性失衡与进出口商品的特点有关。若一国的出口商品没有能够满足国际市场需求的特点，那么其需求收入弹性就会较小，这类问题与其说是缺乏价格竞争力，还不如说是缺乏非价格因素的竞争力。

第二，国际收支的结构性失衡与现实和愿望之间的差距有关。国际收支失衡有事先和事后两种不同的概念。事先的概念是指国际收支失衡的压力。若是财政和货币政策适当，就可能避免事后失衡的发生。

第三，国际收支制约力是到处存在的，这对维持一国经济的长期均衡发展和世界货币金融秩序是十分必要的。

结构论讲的实际上是经济发展问题，而不是国际收支问题。经济发展政策对国际收支失衡的调节常常是行之无效或收效甚微的。

第9章思政窗

本章小结

西方具有代表性的国际收支调节理论包括弹性论、乘数论、吸收论、货币论和结构论。弹性论运用局部均衡分析法指出，进出口商品的需求弹性必须满足一定条件，货币贬值才能起到改善贸易收支的作用。乘数论的基本观点是：进口是国民收入的函数，任何自主性支出的变动都会通过乘数效应引起国民收入变动，进而影响国际收支状况。吸收论特别重视从宏观经济的整体角度来考察贬值对国际收支的影响，指出贬值引起国际收支改善的条件是国内边际吸收倾向小于1。货币论的核心思想是，国际收支是本国居民意愿持有货币和实际货币供给的差额。在国际收支发生逆差时，应注重国内信贷的紧缩和货币供给的减少。结构论认为，国际收支逆差尤其是长期性的逆差既可能是由长期性的过度需求所引起的，也可能是由长期性的供给不足所引起的，而长期性的供给不足往往是由经济结构问题所引起的。

关键术语

马歇尔-勒纳条件　弹性论　乘数论　吸收论　货币论　结构论　J曲线效应

基本训练

一、简答题

1.简述国际收支弹性论。

2.解释国际收支吸收论中贬值所带来的各种效应。

3.国际收支货币论是如何解释国际收支失衡的原因及其调节的？

4.是否可以用一些生活中的常识对几种国际收支调节理论加以概括（如弹性论和“薄利多销”具有相似的意义）？

5.请在老师的帮助下，系统整理弹性论、吸收论、货币论关于本币贬值对国际收支调节产生正面效果的条件，并加以比较。

6.根据你的观察，我国近年来采用什么样的国际收支调节政策？效果如何？我国的实际情况与你所学到的各种国际收支调节理论相比，在前提和运用方面存在怎样的异同？

二、案例分析题

材料一　　新冠肺炎疫情全球蔓延下我国经常账户运行保持稳健

2020年新冠肺炎疫情全球蔓延，发达国家制造业活动受阻，而我国产能率先修复，经常账户顺差逆势增加，表现出较强的稳定性，体现了贸易结构优化和出口市场多元化的效果。从相对规模看，我国经常账户顺差与GDP之比为1.9%，继续处于合理均衡区间。未来，随着全球经济贸易活动逐步恢复，国内经济结构持续优化，我国经常账户保持平衡的基础将进一步巩固。

（一）疫情蔓延对全球主要经常账户顺差国产生不同影响

2020年我国经常账户顺差规模逆势增加，在全球表现相对稳健。近年来全球经常账户顺差和逆差国别分布集中度较高，美国、英国、加拿大、法国等发达国家是主要的经常账户逆差国，德国、日本、中国是主要的经常账户顺差国。新冠肺炎疫情背景下，2020年，我国经常账户顺差2 740亿美元，较2019年增长1.7倍，其中货物贸易顺差增长31%；德国经常账户顺差2 674亿美元，较2019年收窄8%，其中货物贸易顺差收窄13%；日本经常账户顺差1 667亿美元，收窄11%。

我国经常账户顺差与GDP之比仍处于合理区间，由2007年的9.9%降至2019年的1%左右，低于其他主要的经常账户顺差国。近年来，我国经常账户顺差从较高规模逐步趋向基本平衡，体现了国内经济结构的合理优化，也为全球经济再平衡做出积极贡献。2020年，我国经常账户顺差与GDP之比小幅升至1.9%，仍低于德国（7.0%）、韩国（4.6%）、意大利（3.6%）、日本（3.3%）、俄罗斯（2.2%）等主要的顺差国，说明当前我国经常账户保持平衡的内部基础依然稳固。

（二）贸易结构和出口市场差异决定了主要国家经常账户顺差的不同走势

我国率先实现复工复产，有效填补全球供需缺口。2020年2月我国制造业采购经理人指数（PMI）出现短暂回落，3月起总体运行在荣枯线上方；同时，全球新冠肺炎疫情蔓延影响国外经济活动，3月日本、德国PMI出现衰落，直至8、9月份才逐步恢复。我国具有生产供给能力领先恢复的时间优势，使得部分外贸订单向我国集中转移。2020年，德国、日本货物贸易出口受疫情冲击分别回落9%和11%，而我国出口逆势增长4%。

我国出口商品种类齐全、产业链条完备，抗冲击能力较强。从出口商品结构看，电脑、手机、纺织服装、家具家电等生活必需品占我国商品总出口的近四成，这种结构与疫情背景下全球防疫物资和“宅经济”需求攀升吻合，相关商品2020年出口增长9%，成为拉动出口增加的主要因素。同时，近年来我国机电、电子、高新技术产品等出口也稳步提升，充分说明国内产业门类齐全，韧性和稳定性较强。相比而言，德国、日本的汽车、机械等主要出口商品全球需求萎缩，且生产依赖全球产业配套，受影响较大。

我国出口市场更加多元化，可以更好分散外部环境变化的风险。我国前三大出口市场为美国、欧盟、东盟，2020年相关出口占我国总出口的比例分别为17%、15%和15%。德国近70%出口集中在法国、荷兰、意大利等欧洲国家，美国作为其第二大出口市场占比为10%左右。受新冠肺炎疫情全球蔓延的影响，2020年德国对美国和欧洲出口分别下降14%和9%，而我国对美国、欧盟、东盟出口分别实现增长8%、7%和7%。

此外，跨境出行受限对我国服务贸易逆差收窄的影响更突出。旅行逆差是我国最主要的服务贸易逆差项目。2020年旅行逆差由2019年的近2 200亿美元下降至1 100多亿美元，对经常账户顺差增加的影响比较明显。德国旅行逆差规模较小，相关变动对其经常账户顺差的影响有限。日本是旅行净收入国家，跨境出行受限降低其旅行收入，拉低经常账户顺差。

未来，如果境外疫苗接种范围扩大并且效果显现，全球生产活动逐步恢复，世界经济平稳复苏，将进一步改善国际贸易环境；同时，我国经济结构调整持续推进，加快构建新发展格局，经常账户运行在合理区间的基础将更加巩固。

资料来源　国家外汇管理局《2020年中国国际收支报告》。

材料二　　如何看待我国国际收支平衡表金融账户逆差

2020年，我国国际收支延续新的平衡模式，即经常账户顺差，非储备性质的金融账户逆差，外汇储备规模保持基本稳定。理解这一变化，需要对国际收支的金融账户，特别是非储备性质的金融账户进行全新认识。

近年来我国国际收支形成自主平衡格局，储备资产基本稳定，使得经常账户与非储备性质的金融账户呈现镜像关系。在此格局下，经常账户呈现顺差，非储备性质的金融账户则呈现逆差；反之，经常账户呈现逆差，非储备性质的金融账户则呈现顺差。近年来，随着人民币汇率双向波动、弹性增强，市场主体的各类国际收支交易有进有出、有来有往，支持了当前经常账户小幅顺差、非储备性质的金融账户小幅逆差的国际收支自主平衡格局。

非储备性质的金融账户呈现逆差，主要是我国私人部门正在不断累积对外资产。我国国际收支平衡表金融账户下，对外净资产（资产变动-负债变动）增加用负值表示，对外净资产减少用正值表示。当对外资产增加额大于对外负债增加额时，流量上对外净资产将呈现负值。这可以理解为我国对外支付的资金大于从境外流入的资金，我国得以不断累积对外净资产。2020年，我国非储备性质的金融账户逆差778亿美元，主要在于我国私人部门对外各类投资较多，具体看：一是境内居民对外证券投资增加，多元化资产配置需求较强；二是对外直接投资总体理性有序；三是银行对外存贷款增多，主要是经常账户保持顺差使得境内外汇流动性相对充裕。同期，来华直接投资、证券投资、其他投资等全部对外负债均为净流入，对外债务未出现去杠杆的情况。可见，国际收支平衡表的各项目有顺差，也有逆差，最终结果是我国私人部门增加了对外净资产。

对外投资的增加带来收益，进一步扩充了我国的对外资产。随着我国综合国力的提升，我国对外投资不仅“走出去”，同时带来利润、利息和股息等投资收益。2000—2020年，我国对外投资收益由123亿美元增至2 244亿美元。这些对外投资收益，一方面成为经常账户收入的重要组成部分，另一方面增加了我国的对外资产。

现阶段我国国际收支平衡的内在结构较为合理。近年来，我国国际收支进入自主平衡时期后，经常账户总体表现为基本平衡、略有盈余的状态，决定了国际收支整体结构的稳健性；金融账户下也未出现持续、高频、大规模的资金净流出，金融市场开放吸引境外资本流入，境内主体持有的境外资产同步增多，跨境资本流动相对均衡，储备资产总体稳定。未来，我国经济结构优化、制造业转型升级、对外开放稳步推进等基本面保持不变，继续为国际收支自主平衡提供根本支撑。

资料来源　国家外汇管理局《2020年中国国际收支报告》。

问题：

（1）结合材料一，简要说明新冠肺炎疫情全球蔓延下我国经常账户运行保持稳健的基础原因。

（2）结合材料二，简要分析近年来我国国际收支经常账户与非储备性质的金融账户之间的镜像关系。

第10章
外汇与汇率

学习目标

学习目标

学完本章，你应该能够：

◎掌握外汇、汇率的含义及主要种类；
◎理解汇率的决定与变动；
◎了解外汇市场及主要外汇交易方式；
◎了解主要的汇率制度；
◎明晰汇率变动对经济的影响。

引例

疫情蔓延下我国外汇收支的特点

1.银行结售汇呈现顺差，跨境资金双向波动

2020年，银行结售汇顺差1 587亿美元，银行代客涉外收支顺差1 169亿美元。这主要是由于我国疫情防控有力、有效，稳步推动复工复产，对外贸易明显好于预期，进出口顺差增长，同时受全球疫情影响服务贸易逆差收窄。分阶段看，银行结售汇上半年顺差786亿美元，下半年顺差较上半年略增16亿美元；银行代客涉外收支第一季度净流出260亿美元，主要是受全球新冠肺炎疫情暴发及国际金融市场动荡的影响，第二季度以来为顺差。

2.售汇率稳中略降，企业外汇融资意愿总体稳定

2020年，衡量购汇意愿的售汇率，也就是客户从银行买汇与客户涉外外汇支出之比为65%，同比下降3个百分点。从外汇融资意愿看，一方面，截至2020年年末，我国银行的境内外汇贷款余额较2019年年末增加243亿美元，其中下半年下降281亿美元；另一方面，进口海外代付、远期信用证等跨境贸易外币融资余额下降168亿美元，其中下半年降幅为126亿美元。

3.结汇率保持平稳，市场主体持汇意愿总体增强

2020年，衡量结汇意愿的结汇率，也就是客户向银行卖出外汇与客户涉外外汇收入之比为64%，与2019年基本持平。截至2020年年末，企业、个人等主体境内外汇存款余额较2019年年末上升640亿美元。

4.市场主体风险中性意识有所增强

2020年，企业套保比率为17.1%，较2019年上升2.7个百分点。

5.外汇储备规模基本稳定

截至2020年年末，我国外汇储备规模为32 165亿美元，较2019年年末上升1 086亿美元。外汇储备规模变化主要受汇率折算和资产价格变化等估值因素的影响。我国外汇储备是全球金融市场的重要参与者和负责任的长期投资者，按照市场化原则在国际金融市场开展投资，尊重国际市场规则和行业惯例，维护和促进国际金融市场的稳定与发展。关于黄金储备，黄金兼具金融和商品的多重属性，一直是各国国际储备多元化构成的重要部分。我国的黄金储备在调节和优化国际储备组合的整体风险收益特性方面发挥了积极作用。

资料来源 国家外汇管理局。

国际货币作为在世界范围内发挥价值尺度、交易媒介、支付手段、价值贮藏等职能的等价物形式，就是我们通常所讲的外汇。而现代社会的一个显著特点就是国家之间的经济贸易往来越来越密切。除了传统的商品贸易外，资本的流动、资本在国际转移、国与国之间的债权和债务清算与支付，都无一例外地涉及两国以上货币的兑换，而不同货币之间的兑换比率就是汇率。汇率是开放经济运行中的核心变量，各种宏观变量及微观因素都会通过各种途径引起它的变动，而它的变动又对其他经济变量带来重要的影响，因此研究外汇与汇率的变动对全面、深刻地认识开放经济的运行特点有着重要意义。本章重点介绍外汇与外汇市场、汇率与汇率制度以及汇率决定理论。

10.1 外汇与外汇市场

10.1.1 外汇

在国际经济交易中，当需清偿对外债权和债务时，人们就必须把本国货币兑换成外国货币或把外国货币兑换成本国货币，由此便产生了外汇。

1.外汇的概念

外汇（foreign exchange）最初的含义是国外汇兑，即指不同国家进行货币交易的行为，这仅是动态意义上的外汇。而现在所使用的外汇一词是指以外国货币表示的、可用于清算国际收支差额的资产，这是外汇的静态含义。静态的外汇概念又有广义和狭义之分。

（1）广义的静态外汇

广义的静态外汇是指一切用外币表示的金融资产。在各国的管理法令中所沿用的就是这一概念。如《中华人民共和国外汇管理条例》第一章第三条规定：本条例所称外汇，是指下列以外币表示的可以用作国际清偿的支付手段和资产：①外国现钞，包括纸币、铸币；②外币支付凭证或者支付工具，包括票据、银行存款凭证、银行卡等；③外币有价证券，包括债券、股票等；④特别提款权；⑤其他外汇资产。

另外，国际货币基金组织从一国外汇储备的角度对外汇做了解释：外汇是指货币行政当局（中央银行、货币管理机构、外汇平准基金组织及财政部）以银行存款、财政部库券、长短期政府证券等形式所保有的在国际收支逆差时可以用作支付使用的国际支付手段或债权，其中包括中央银行之间与各国政府之间协议而发生的不在市场上流通的债券。实际上它已不是外汇的概念，而是外汇储备的概念，因为除一国货币当局以外的个人和机构持有的外币资产也是外汇。

（2）狭义的静态外汇

狭义的静态外汇是指以外币表示的、可用于进行国际结算的支付手段。因此，以外币表示的有价证券由于不能直接用于国际支付，不属于（狭义）外汇；同样，外国纸币（如美元钞票）不是（狭义）外汇，因为外国钞票只有携带回发行国，并贷记在银行账户上后才能成为外汇。从这个意义上讲，只有存放在国外银行的外币资金，以及将对银行存款的索取权具体化了的外币票据，才是外汇。具体来看，外汇主要包括以外币表示的银行汇票、支票、银行存款等。银行存款是狭义外汇概念的主体，这是因为各种外币支付凭证都是将对外币存款索取权具体化了的票据，还因为外汇交易主要是运用在国外银行的外币存款来进行的。人们通常所说的外汇一般是专对狭义的静态外汇而言的。

2.外汇的特点

并不是所有的外币都能成为外汇，比如以外币表示的有价证券及暂时存放在持有国境内的外币现钞由于不能直接用于国际支付，均不属于外汇。判断一种外币资产是否成为外汇一般有3个标准：

①可偿性，即该外币资产保证可以得到偿付；

②可兑换性，即该外币资产可以自由兑换为其他外币资产；

③国际通用性，即该外币资产在国际经济交易中能被各国普遍接受和使用。

在国际经济学领域，我们所提到的外汇一般是狭义概念。与广义的外汇相比，狭义的外汇更强调“可偿性”和“可兑换性”。

3.外汇的分类

按照不同的标准，狭义外汇可分成不同的种类：

（1）按是否可以自由兑换划分

①自由外汇，是指无须货币发行国批准，可以随时动用，自由兑换为其他货币，或向第三方办理支付的外汇。发达国家的货币就是自由外汇，它们基本上取消了外汇管制或外汇管制较轻，符合IMF第8条款，这些国家被称为第8条款国。

②记账外汇，又叫协定外汇或清算外汇，是指未经货币发行国批准，不能自由兑换成其他货币或对第三方进行支付的外汇。记账外汇一般用于易货贸易，形式上也可以是某一自由外汇，但只能在签订了政府间清算协定的国家间相互开立的专门账户中使用。

（2）按外汇的来源和用途划分

①贸易外汇，是指与商品进出口及其从属费用的收付相关的外汇。贸易外汇包括对外贸易中因收付贸易货款、交易佣金、运输费和保险费等发生的那部分外汇。贸易外汇是一国外汇收支的重要项目，在国际收支中占有极其重要的地位。

②非贸易外汇，是指与商品进出口以外的其他对外经常性往来相关的外汇，主要涉及侨汇、旅游、邮电、海关、银行、保险、对外承包工程等方面的国际收入和支出。随着经济国际化的发展，非贸易外汇收入在一国外汇收入中的比重不断提高。

（3）按交割期限划分

①即期外汇，又称现汇或外汇现货，是指在国际贸易或外汇买卖中即期进行收付的外汇，是在买卖成交后立即交割或在两个营业日内完成交割的外汇。

②远期外汇，又称期汇或远期汇兑，是指到约定日期依照合同规定的汇率进行交割的外汇。远期外汇的期限一般为1~6个月，也可长达1年。

4.外汇的作用

任何对外经济交往都离不开外汇。随着一国经济的不断对外开放，各行各业涉及外汇任务越来越多，外汇在国民经济中的作用变得越来越重要。外汇在国际经济交往中的重要作用表现在：一方面，它作为普遍接受的国际流通手段，极大地促进了开放经济下的商品和服务贸易的发展。同时，作为国际支付手段，它还起到调剂国际资金余额、加速国际资本流通的作用。另一方面，外汇储备是衡量一国经济实力的重要指标，表明了一国的潜在国际购买力和国际清偿能力。充足的外汇储备不但有利于提高一国的国际资信，还能增强政府对经济的自主调控能力。截至2020年年底，我国的官方外汇储备规模已经突破32 165亿美元。

10.1.2 外汇市场

国际资本的流动，无论是与贸易相关的结算，还是与证券投资和直接投资相关的跨境资本流动或是债务清偿，均需要进行货币兑换。这是因为几乎世界上每一个国家都有自己独立的货币和货币制度，各国货币相互之间不能流通使用。外汇市场就是为了适应各种货币的兑换或买卖的需要而产生的，它是联结国际商品市场、劳动力市场和金融市场不可缺少的纽带，而各国货币进行兑换的比率便是“汇率”。

1.外汇市场的概念

外汇市场（foreign exchange market）是进行外汇买卖的交易场所或网络，是外汇供给者、外汇需求者以及买卖外汇的中介机构所构成的买卖外汇的交易系统。它在实现购买力的国际转移、避免和防止外汇风险的发生、提供国际性的资金融通和国际清算方面发挥着重要的作用。

2.外汇市场的主要参与者

外汇市场上活跃着形形色色的参与者，既包括以外汇银行为主的金融类机构，也包括企业和个人，还包括一些监管组织以及中央银行等机构。总的来说，外汇市场参与者主要有以下几类：

（1）外汇银行

其是外汇市场的主体，主要包括专营或兼营外汇业务的本国商业银行、在本国的外国商业银行分行和其他经营外汇买卖业务的本国金融机构（如信托投资公司）等。

（2）外汇经纪人

其是指为外汇交易双方介绍交易以获取佣金的中介人，主要任务是利用其已掌握的外汇市场行情信息和他们与银行之间的密切关系，向外汇买卖双方提供服务，撮合其顺利成交。

（3）顾客

其是指与商业银行进行交易的一般客户，包括：

①交易性的外汇买卖者，如进出口商、国际投资商旅游者等；

②保值性的外汇交易者，如套期保值者；

③投机性的外汇交易者，如外汇投机商等。

（4）中央银行

其只与商业银行进行外汇交易，而不与一般客户进行外汇交易。在国际“游资”对本国外汇市场形成较大冲击时，中央银行常常入市进行干预，即在市场上外汇短缺时抛出外汇，在外汇供给过剩时买进外汇，以维持本国货币汇率的稳定。中央银行参与外汇交易会引起外汇储备的增减。

案例窗10-1

3.外汇市场的功能

（1）国际清算

国际经济交易需要债务人向债权人进行支付。如果债务人以债务国货币支付，那么债权人可能需要在外汇市场上将外币兑换成本币；如果债权人要求以债权国货币支付，则债务人就需要将本币在外汇市场上兑换成债权国货币再进行支付。由此可见，外汇市场为国际清算提供了便利。

（2）套期保值

套期保值是通过卖出或买入等值远期外汇，轧平外汇头寸来回避汇率风险一种外汇业务。例如，对进口商和出口商来说，由于汇率的变动，延期付款可会给双方都带来风险，通过外汇市场进行套期保值，即出口商卖出远期外汇、进口商买进远期外汇，就可以回避汇率风险。

（3）投机

外汇投机是投机者根据对未来汇率变动的预期，有意保持某种外汇的多头或空头，期望从汇率变动中赚取利润的交易行为。它的主要特征是投机者进行的外汇交易并没有相应的商业或金融交易背景。如果投机者判断正确，就可以获取巨额利润；但判断失误，就会遭受重大损失。

（4）授信

由于银行经营外汇业务，所以它有可能利用外汇收支的时间差为进出口商提供贷款。

4.全球主要的外汇市场

与那些在一国银行与居民范围内进行交易的“国内外汇市场”不同，国际外汇市场上各国银行或企业按规定均可参与外汇交易，而且交易的货币较多，交易规模较大，市场网络的辐射面较广。目前，世界上有30多个主要的外汇市场，它们遍布于世界各大洲的不同国家和地区。根据传统的地域划分，外汇市场可分为亚太地区、欧洲、北美洲三大部分。其中，重要的有欧洲的伦敦、法兰克福、苏黎世和巴黎，北美洲的纽约和洛杉矶，亚太地区的悉尼、东京、新加坡和中国香港等，伦敦、纽约和东京外汇市场集中了全球大部分的交易。这些外汇市场以其所在的城市为中心，辐射周边的其他国家和地区。由于所处的时区不同，各外汇市场在营业时间上此开彼关，陆续挂牌营业。它们相互之间通过先进的通信设备和计算机网络连成一体，市场的参与者可以在世界各地进行交易，外汇资金流动顺畅，市场间的汇率差异极小，形成了全球一体化运作、全天候运行的统一的国际外汇市场。在这些市场上买卖的外汇货币主要有美元、欧元、日元、英镑、瑞士法郎、加元、澳元、新西兰元等10多种货币，也有其他货币，但为数极少。部分国家和地区的货币名称及代码见表10-1。全球主要外汇市场的特点见表10-2。

表 10-1　部分国家和地区的货币名称及代码

国家和地区	货币名称	货币代码
中国	人民币	CNY
美国	美元	USD
欧盟	欧元	EUR
英国	英镑	GBP
日本	日元	JPY
澳大利亚	澳元	AUD
加拿大	加元	CAD
新加坡	新加坡元	SGD

表 10-2　全球主要外汇市场的特点

主要外汇市场	特　点
伦敦外汇市场	世界最大、最悠久的外汇交易中心；交易货币种类众多；外汇交易规模最大的为英镑兑美元的交易
纽约外汇市场	北美洲最活跃的外汇市场；世界第二大外汇交易中心；全球美元交易的清算中心
苏黎世外汇市场	有着悠久历史的外汇市场；世界第三大外汇交易中心；外汇交易规模最大的为瑞士法郎兑美元的交易
东京外汇市场	亚洲最大的外汇交易中心；世界第四大外汇交易中心；外汇交易 90% 以上是美元兑日元的交易
中国香港外汇市场	亚洲第三大外汇交易中心；人民币外汇交易的主要场所
新加坡外汇市场	“亚洲美元”市场的交易中心
法兰克福外汇市场	欧洲重要的外汇交易中心
悉尼外汇市场	大洋洲最重要的外汇交易市场；整个大洋洲最重要的金融中心

10.2　汇率与汇率制度

国与国之间的商品交易及其他经济往来必然会引起货币收付，当人们在进行货币收付时，必然会涉及货币兑换及兑换的比例问题。而这种国际货币收付必须按照一定的货币比价关系进行，这就产生了汇率的问题。如同其他商品价格一样，汇率既可以是在市场上自由决定，也可能由政府干预和管制形成，这取决于一国的汇率制度和管制措施。

10.2.1 汇 率

1.汇率的概念

国家不同，使用的货币也不同。当一种商品或服务参与国际交换时，就有一个把商品或服务以本国货币表示的价格折算成以外币表示的国际价格问题，这种折算是按汇率来进行的。所谓汇率（exchange rate），就是两种不同货币之间的折算比价，也就是以一种货币表示的另一种货币的相对价格。

表10-3提供了中国人民银行授权中国外汇交易中心公布的人民币汇率中间价。

表10-3　　中国外汇交易中心公布的人民币汇率中间价

日　期	USD/CNY	EUR/CNY	100JPY/CNY	HKD/CNY
2021-04-16	6.5288	7.8137	6.0072	0.84060
2021-04-15	6.5297	7.8245	5.9948	0.84081
2021-04-14	6.5362	7.8122	5.9985	0.84083
2021-04-13	6.5454	7.7968	5.9836	0.84203
2021-04-12	6.5578	7.8041	5.9772	0.84323
2021-04-09	6.5409	7.7943	5.9838	0.84096
2021-04-08	6.5463	7.7692	5.9590	0.84090
2021-04-07	6.5384	7.7632	5.9569	0.84077

资料来源　中国人民银行货币政策司。

2.汇率的标价方法

折算两种货币的比率，首先要确定以哪一国货币作为标准，这被称为汇率的标价方法，即汇率的表达方式。根据基准货币选择的不同，汇率的标价方法分为直接标价法和间接标价法。

（1）直接标价法

直接标价（direct quotation）法是指以一定单位（如1个或100个单位）的外国货币为标准，来计算应付多少的本国货币，相当于计算购买一定单位外币所应付本币的数量，所以也叫应付标价法。例如，2021年4月16日，我国银行间外汇市场1美元对人民币6.5288元，这一标价方法就是直接标价法。

在直接标价法下，若一定单位的外币折合的本币数额多于前一时期，则说明外币币值上升或本币币值下跌，称为外汇汇率上升；反之，如果要用比原来较少的本币即能兑换到同一数额的外币，则说明外币币值下跌或本币币值上升，称为外汇汇率下跌，即外币的价值与汇率的涨跌成正比。

（2）间接标价法

间接标价（indirect quotation）法又称应收标价法，它是以一定单位的本国货币为标准来计算应收若干单位的外国货币。2021年4月16日人民币汇率用间接标价法表示为1元人民币兑换0.1532美元。在间接标价法中，本国货币的数额保持不变，外国货币的数额随着本国货币币值的对比变化而变动。如果一定数额的本币能兑换的外币数额比前一时期少，则表明外币币值上升、本币币值下降，称为外汇汇率上升；反之，如果一定数额的本币能兑换的外币数额比前期多，则说明外币币值下降、本币币值上升，称为外汇汇率下跌，外币的价值和汇率的涨跌成反比。可以看出，汇率变动与直接标价法相反。为统一起见，本书未做特殊说明的汇率均采用直接标价法。

3.汇率的种类

汇率在实际应用中根据不同的标准有不同的分类。

（1）基准汇率与套算汇率

按照本币对不同外币确定汇率的顺序，可以将汇率分为基准汇率与套算汇率。

各国在制定汇率时必须选择某一国货币作为主要对比对象，这种货币被称为关键货币。根据本国货币与关键货币实际价值的对比制定出对它的汇率，这个汇率就是基准汇率（basic exchange rate）。一般来讲，美元是国际支付中使用较多的货币，目前各国都把美元当作制定汇率的关键货币，从而把本国货币对美元的汇率作为基准汇率。

套算汇率也称交叉汇率（cross exchange rate），是指两种货币通过各自对第三种货币的汇率推算出的汇率，即已知两种货币的汇率，经过计算可以得出第三种货币的汇率。计算套算汇率有两种情况：一是两种汇率的标价方法相同，此时应将相应数字相除；二是两种汇率的标价方法不同，此时应将相应数字相乘。

（2）固定汇率与浮动汇率

固定汇率（fixed exchange rate）是指由政府制定和公布并只能在一定幅度内波动的汇率。在金本位制度下，货币所代表的黄金是决定汇率的基础，此时汇率变化很小，基本上是固定的，因而称之为固定汇率。在第二次世界大战后到1973年的布雷顿森林体系，国际货币基金组织成员基本上实行固定汇率制度，即成员的货币都与美元挂钩，外汇汇率被限定在一定的界限内。

浮动汇率（floating exchange rate）是指由市场供求关系所决定的汇率，其涨落基本自由，一国货币市场原则上没有维持汇率水平的义务，但在必要时可以进行干预。外汇市场上，当外币供给超过需求时，外币贬值，本币升值，外币的汇率就下跌；反之，外币供给小于需求时，外币升值，本币贬值，外币的汇率就上浮。

（3）单一汇率与复汇率

单一汇率（single exchange rate）是指一种货币（或一个国家）只有一种汇率，这种汇率通用于该国所有的国际经济活动。

复汇率（multiple exchange rate）是指一种货币（或一个国家）有两种或两种以上汇率，不同的汇率用于不同的国际经济活动。复汇率是外汇管理的产物，曾被许多国家采用过。复汇率的一个特例是双重汇率，指一国同时存在两种汇率。

（4）实际汇率与有效汇率

实际汇率（real exchange rate）是指一种对名义汇率进行价格调整的汇率，就是把名义汇率中的物价因素扣除后得出的汇率。将名义汇率按外国物价指数与本国物价指数之比进行调整就得到实际汇率。实际汇率与名义汇率的这种关系可用公式表示为：

$$E_r = E \cdot \frac{P^*}{P}$$

式中：E_r是实际汇率；E是名义汇率；P^*是国外物价指数；P是国内物价指数。

有效汇率（effective exchange rate）是指各种双边汇率的加权平均。衡量一种货币的价值仅靠双边汇率是远远不够的。在外汇市场上，常常可以见到一种货币对某种外币的价值在上升，但对另一种外币的价值在下降。在此情况下，双边汇率无法充分说明这种货币在世界范围内的变动情况，因此要用有效汇率来综合衡量一种货币的变化情况。

（5）即期汇率与远期汇率

即期汇率与远期汇率是按时间来划分的。即期汇率（spot exchange rate）是指目前市场上两种货币的比价，用于外汇的现货买卖。远期汇率（forward exchange rate）是指当前约定，在将来某一时刻（比如1个月、3个月或6个月后）交割外汇时所用的两种货币比价，用于外汇远期交易和期货买卖。即期汇率与远期汇率通常在数值上是不一样的。当某种外币的远期汇率高于即期汇率时，我们称该外币的远期汇率为升水（premium）；反之，当某种外币的远期汇率低于即期汇率时，我们称该外币的远期汇率为贴水（discount）；当两者相等时，则称为平价（par value）。升水或贴水的幅度为远期汇率与即期汇率之差。在市场经济国家中，即期汇率与远期汇率一般是由外汇市场的供求关系和预期决定的，而在非市场经济国家，汇率水平的决定掺杂了许多政策和行政因素。

专栏10-1

10.2.2　汇率制度

汇率制度对一国经济乃至整个国际经济发展都有着非常重要的角色。汇率制度也是国际货币制度的有机组成部分。随着经济和金融的发展，汇率制度所引发的经济和金融危机也越来越受到各国的重视。

汇率制度（exchange rate system）也称汇率安排，是指一国货币当局对本国汇率水平确定、汇率变动的基本方式等问题所做的一系列安排和规定。汇率制度表明各国货币比价确定的原则和方式，包括货币比价变动的界限、调整手段以及维持货币比价所采取的措施等。各国的汇率制度是构成国际货币制度的主要内容之一。由于汇率的特定水平及其调整方式对经济有着重大的影响，并且不同的汇率制度本身意味着政府在实现内外均衡目标过程中需要遵循不同的规则，因此选择合理的汇率制度是一国甚至是国际面临的非常重要的问题。

按照汇率变动的方式，汇率制度一般可分为固定汇率制和浮动汇率制两种主要类型，同时包括介于固定汇率制和浮动汇率制之间的汇率制度，如可调整的钉住汇率制、爬行钉住汇率制、货币局制等。

1.固定汇率制

固定汇率制（fixed exchange rate system）是指政府用行政或法律手段确定、公布及维持本国货币与某种参照物之间的固定比价的汇率制度。充当参照物的可以是黄金，也可以是某一种外国货币或某一组货币。因此，货币的兑换比率受平价制约，只能围绕平价在很小的范围内上下波动。它有两层含义：一是货币汇率的平价相对固定；二是汇率变动的幅度相对固定。固定汇率制包括金本位制下的固定汇率制和纸币本位制下的固定汇率制。

（1）金本位制下的固定汇率制

金本位制下的汇率制度是一种严格的固定汇率制。在金币本位制下，各国没有专门制定和管理汇率的机构，国际对汇率也没有统一的安排和规定的制度。金平价也就是金币的含金量是决定各国货币之间汇率的基础，并且市场汇率被自动控制在黄金输送点的界限内，汇率变化的幅度很小，基本上是固定的。在这种固定汇率制下，由于各国的汇率相对很稳定，黄金能够顺利地发挥世界货币的职能，从而促进了国际经济贸易活动的稳定发展。但是，严格的固定汇率制使各国难以根据本国的经济发展需要执行有利的货币政策，经济增长受到较大的制约。

（2）纸币本位制下的固定汇率制

经过第一次世界大战和1929—1933年的经济大萧条的连续打击，西方各国经济遭到严重破坏，黄金在各国分布极不均衡，金本位制必然地崩溃了。自此，纸币流通制度开始走上历史的舞台。自第二次世界大战后至20世纪70年代，各国普遍实行纸币本位制下的固定汇率制。该制度是建立在1944年7月通过的布雷顿森林体系的基础之上，因而又被称为布雷顿森林体系的固定汇率制。这种固定汇率制的主要内容包括：①规定美元与黄金的兑换比例为1盎司黄金=35美元，而其他国家的货币汇率都钉住美元，形成“双挂钩”；②各国货币对美元的汇率只能在平价上下一定的幅度之内波动，如果波动超过规定的幅度，有关国家的货币当局有义务在外汇市场上进行干预。只有在一国的国际收支发生根本性的不平衡时，该国货币才被允许升值或贬值。因为各国汇率波动受到当局的控制，各国汇率可以保持相当程度的稳定。

布雷顿森林体系下的以美元为中心的固定汇率制与金本位制下的固定汇率制的本质区别在于：金本位制下的固定汇率制是以各国货币的含金量为基础，汇率的波动受到黄金输送点的限制；在布雷顿森林体系下，这种基础是通过协议人为建立起来的，各国的货币当局通过人为拟定的黄金平价来制定汇率，而且货币当局也可以通过外汇干预等手段维持本国汇率在人为规定的范围内波动。

2.浮动汇率制

浮动汇率制（floating exchange rate system）是在布雷顿森林体系崩溃后，主要西方国家从20世纪70年代开始普遍实行的一种汇率制度。浮动汇率制是指实际汇率不受平价的限制，随着外汇市场上供求状况的变动而波动的汇率制度。在外汇市场上，外国货币供过于求时，外国货币的价格就下跌，外币汇率就下跌，即外币贬值；外国货币供不应求时，外国货币的价格就上涨，外汇汇率就上浮，即外币升值。事实上，现在各国政府很难做到完全听任外汇市场决定汇率水平，而是或多或少地对汇率水平进行干预或指导。

按照政府是否干预来划分，浮动汇率制可分为自由浮动汇率制和管理浮动汇率制两种。自由浮动汇率制又称清洁浮动汇率制，是指政府对外汇市场不加任何干预，汇率完全由外汇市场上的供求状况决定。管理浮动汇率制又称肮脏浮动汇率制，是指政府为使本国货币对外的汇率不致波动过大，或使汇率向着有利于本国经济发展的方向波动，通过各种方式或明或暗地对外汇市场进行干预。目前各主要工业国所实行的都是管理浮动汇率制，绝对的自由浮动汇率制只是一种理论模式而已。

3. 可调整的钉住汇率制

可调整的钉住汇率制（adjustable pegging exchange rate system）是介于固定汇率制和浮动汇率制之间的一种汇率制度，主要实行于布雷顿森林体系下。它是指政府对外公布法定的平价和允许汇率上下波动的幅度，但同时保留在必要的情况下调整法定平价的权利，以利用货币贬值或升值来修正国际收支失衡。

政府对外公布法定的平价和允许汇率波动的幅度，就意味着要为此承担在必要时干预外汇市场，维持钉住汇率制的责任。布雷顿森林体系下，各成员根据自身情况拟定本国货币与美元的汇率平价，汇率的波动幅度限制在外汇平价上下1%的范围内；超过此限度，政府必须出面对外汇市场进行干预，以保持汇率稳定。但是当一国的国际收支出现根本性失衡时，政府可以对法定的汇率平价进行调整，通过货币的贬值或升值来消除持续的国际收支逆差或顺差。由此可见，可调整的钉住汇率制本质上仍是一种固定汇率制，但它引入了浮动汇率制灵活的调整方法，所以是包含了浮动因素的固定汇率制。

4. 爬行钉住汇率制

爬行钉住汇率制（crawling pegging exchange rate system）是指汇率可以做经常的、小幅度调整的固定汇率制。因为这一制度负有维持某种平价的义务，因此它属于固定汇率制。爬行钉住汇率制下的汇率波动幅度要小于一般的可调整的钉住汇率制。

一次性大幅度调整汇率平价不但会导致不稳定性投机，而且对实际经济部门造成较大冲击，爬行钉住汇率制正是为避免这一缺陷而设计的。在这种制度下，政府当局按一定的时间间隔，如按月，以预先宣布的数量或百分比对汇率平价做小幅度的连续性调整，直至达到均衡为止。例如，某国货币要贬值6%，在爬行钉住汇率制下，该国货币当局会将这一贬值分3个月进行，以每月月末贬值2%的连续性调整方式达到目标，而不是像在可调整的钉住汇率制下一次性贬值6%。

多次小幅度的汇率调整可以避免对经济的巨大冲击，操作得好甚至能对市场的实际汇率不形成明显的影响；同时，政府可以通过操纵短期利率的方式来抵消事先设计好汇率变动而带来的投机利润，从而阻止不稳定的投机行为。例如，政府在宣布将本国货币贬值2%的同时，将短期利率提高2%，以抵消套汇者可能获得的利润。应用爬行钉住汇率制的国家必须决定货币面值变更的频率和数量以及准许浮动的限制。实践显示，这一汇率制度在一些发展中国家（如智利、巴西、哥伦比亚等）运用得较为成功，但总体上为数并不多。

5. 货币局制

货币局制（currency board system）也称联系汇率制，是指在法律中明确规定本国货币与某一外国可兑换货币保持固定的兑换率，并且对本国货币的发行做特殊限制，以保证履行这一法定的汇率制度。在货币局制下，货币当局被称为货币局，而不是中央银行，这是因为在这种制度下，货币发行量的多少不再完全听任货币当局的主观愿望或经济运行的实际状况，而更多地取决于可用作准备的外币数量的多少。货币局制是目前比较流行的一种趋势，被誉为“装在瓶中的资信”。一些东欧国家实行的就是货币局制。

10.3 汇率决定理论

汇率决定理论的产生与发展是与商品经济的发展变化密切相关的。在中世纪，各国商品经济有了较大发展，货币制度也逐步健全，货币兑换开始经常化，于是人们就开始关注汇率问题。从那时到现在，货币制度经历了金属本位制及信用纸币本位制，我们可以从中追踪汇率决定理论的发展轨迹。

汇率决定理论主要研究的是一国汇率水平究竟受哪些因素影响，又是通过什么机制决定的。在开放经济条件下，汇率对一国经济发展有着重要的影响，各种宏观变量和微观因素会通过种种途径引起汇率变动，汇率变动反过来又会对这些变量产生影响。汇率决定理论随经济形势和西方经济学理论的发展而发展。几百年来，关于汇率决定理论的研究取得了诸多的成果，形成一些著名的学说和流派，主要包括购买力平价理论、利率平价理论、国际收支说、资产市场说等。

10.3.1 购买力平价理论

购买力平价理论（Theory of Purchasing Power Parity）（简称PPP理论）是汇率决定理论中最有影响的理论之一。购买力平价理论的渊源可追溯到16世纪西班牙萨拉曼卡学派对货币购买力的论述。瑞典经济学家卡塞尔在前人研究的基础上系统阐述了购买力平价理论，1922年在其代表作《1914年以后的货币与外汇理论》中提出了应以国内外物价对比作为决定汇率的依据。该理论强调经常账户对汇率的决定作用，将两国物价水平的变动与汇率变动联系起来。

1.购买力平价理论的假定前提

购买力平价理论暗含如下假定：

①市场完全竞争，商品是同质的；

②商品价格具有完全弹性，市场要素的变化均能及时反映到商品价格的变化上；

③不考虑运输成本、保险及关税等交易成本。

在这些前提假定下，本国价格水平就等于以本国货币表示的外国货币的价格与外国价格水平的乘积，这就是所谓的“一价定律”（Law of One Price）。一价定律是购买力平价分析的理论基础和前提。经济中的一价定律是指，在有无数交易者的完全竞争市场上，相同的交易产品或金融资产，经过汇率调整后，在自由贸易条件下，在世界范围内价格（扣除运输等费用）是相等的。因为在国际经济中，在自由贸易条件下，当出现违背一价定律的情况时，便存在套利的机会，套利者将会通过在不同市场低买高卖的做法，使得与一价定律背离的现象消除。

2.购买力平价理论的主要内容

购买力平价理论认为，一国居民之所以需要外国货币，是因为这种货币在其发行国具有对商品的购买力，一种货币价格的高低自然取决于它对商品购买力的强弱，因此决定汇率最基本的依据应是两国货币的购买力之比，而购买力变化是由物价变动引起的。这样，汇率的变动归根到底是由两国物价水平的相对变动所引起的。购买力平价有两种主要形式：一是从静态角度考察的绝对购买力平价；二是从动态角度考察的相对购买力平价。前者是指两国货币之间汇率变化是由两国通货膨胀率之差决定，它解释某一时点上汇率决定的基础；后者解释某一时段上汇率变动的原因。

（1）绝对购买力平价

绝对购买力平价（absolute PPP）是购买力平价理论的最典型形式，其基本观点是在某一时点上，两国的一般物价水平之比决定两国货币的交换比率。由于货币的购买力可表示为一般物价水平（通常以物价指数表示）的倒数。绝对购买力平价的公式可写为：

$$E = P_1/P_2 \tag{10-1}$$

式中：E为本国货币的即期汇率（直接标价法）；P_1为本国商品的价格水平；P_2为外国商品的价格水平。

当国内商品价格相对于国外商品价格上涨时，汇率E上升，本币贬值，外币升值；反之，当国内商品价格相对于国外商品价格下降时，本币升值，外币贬值。公式中的一般物价水平是指一国的价格总水平。卡塞尔指出，只有一个国家在市场上出售的全部商品的价格总水平才能代表可以购买的商品的价格水平。

（2）相对购买力平价

相对购买力平价（relative PPP）是在绝对购买力平价理论基础上发展起来的，是指在一定时期内，汇率的变化与该时期两国物价水平的相对变化成比例。如果用E_0代表过去或基期的汇率，E_t代表经过t时间调整后的汇率，$P_{A(0)}$代表A国基期物价指数，$P_{A(t)}$代表A国经过t时间后的物价指数，$P_{B(0)}$代表B国基期物价指数，$P_{B(t)}$代表B国经过t时间后的物价指数，则由相对购买力平价决定汇率的公式是：

$$E_t = E_0 \times \frac{P_{A(t)}/P_{A(0)}}{P_{B(t)}/P_{B(0)}} \tag{10-2}$$

如果假设$i_{A(t)}$为A国物价在经过t时间后相比基期物价水平上升的幅度（即通货膨胀率），$i_{B(t)}$为B国经过t时间后物价水平上升的幅度，则有：

$$\frac{P_{A(t)}}{P_{A(0)}} = 1 + i_{A(t)}$$
$$\frac{P_{B(t)}}{P_{B(0)}} = 1 + i_{B(t)} \tag{10-3}$$

这样，由相对购买力平价决定汇率的公式又可表示为：

$$E_t = E_0 \cdot \frac{1 + i_{A(t)}}{1 + i_{B(t)}}$$
$$\Delta E = i_{A(t)} - i_{B(t)} \tag{10-4}$$

式（10-4）即为相对购买力平价的一般形式。相对购买力平价意味着汇率的升贬值是由两国的通货膨胀率的差异决定的；如果一国的通货膨胀率超过外国，则本币将贬值。

3.对购买力平价理论的评价

购买力平价理论从货币的基本功能（购买力）出发，利用简单的表达式，对汇率水平和物价水平、汇率变动与两国通货膨胀率差异的关系给出了简单的描述。在实践中它为解释汇率变动、预测汇率走势提供了重要的依据，一直受到国际学术界的高度重视。购买力平价理论的合理性主要表现为：

①该理论通过物价与货币购买力的关系去论证汇率的决定及其基础，这在研究方向上是正确的。

②该理论直接把通货膨胀因素引入汇率决定的基础之中，这在物价剧烈波动、通货膨胀日趋严重的情况下，有助于合理地反映两国货币的对外价值。

购买力平价理论的缺陷主要表现在：

①该理论只考虑可贸易商品，没有考虑不可贸易商品，也没有考虑交易成本和贸易壁垒。

②该理论强调货币数量或货币购买力对汇率变动的影响，而忽视了生产成本、投资储蓄、国民收入、资本流动、贸易条件以及政治形势等对汇率变动的影响；同时，该理论忽视了汇率变动本身对货币购买力的影响。[①]事实上，货币的购买力只是影响汇率变动的重要因素之一，而不是全部。

③存在一些技术性问题，如一般物价水平指标的选取、样本商品的确定等。

④购买力平价理论比较重视国际收支中的经常账户特别是贸易收支，但对资本和金融账户的变化很少涉及。

10.3.2 利率平价理论

随着生产和资本国际化的发展，资本在国际流动越来越多，并日益成为影响汇率决定的一个重要因素，利率平价理论应运而生。凯恩斯于1923年建立了古典利率平价理论。继凯恩斯之后，英国经济学家保罗·艾因齐格（Paul Einzig）把外汇理论和货币理论相结合，开辟了现代利率平价理论。利率平价理论突破了传统的国际收支和物价水平的范围，从资本流动的角度研究汇率的变化，奠定了现代汇率理论的基础。

1.利率平价理论的内容

利率平价理论假定资本完全自由流动，而且资本流动不存在任何交易成本。在此基础上，利率平价理论认为，汇率的本质是两国货币的相对价格。在开放经济条件下，两国货币之间的汇率由金融资产市场上两国货币资产的收益来决定，理性的投资者将比较本国外国资产的投资收益率，据此制定投资策略，并产生对外币和本币的相对供求，进而决定两国汇率。当本国利率低于外国时，投资者为获得较高收益，会将其资本从本国转移到外国，以进行套利活动，获取利息差额。但他能否达到此目的，必须以两国货币汇率保持不变为前提条件，如果汇率发生对其不利的变动，他不仅不能获得较高收益，反而会遭受损失。为避免这种情况，投资者会在远期外汇市场，按远期汇率将其在外国投资所得收益卖出为本国货币，并将此收益同在本国投资所得收益进行对比。这种对比的结果便是投资者确定投资方向的依据。两国的投资收益相等时，国际资本流动才会终止。

基于以上分析，利率平价理论认为：两国之间的即期汇率与远期汇率的关系与两国的利率有密切的联系。与即期汇率相比，利率低的国家的货币的远期汇率会上升，利率高的国家的货币的远期汇率会下跌。远期汇率同即期汇率的差价约等于两国间的利率差。利率平价理论依据投资者行为的假设不同，可分为无抛补的利率平价和抛补的利率平价。

（1）无抛补的利率平价

投资者根据自己对未来汇率变动的预期来计算投资的预期收益，在承担一定汇率风险的情况下进行投资活动。在无抛补的套利中，投资者表现为风险中性的，他忽略了汇率变动，或认为汇率变动完全在其预期当中，因而他没有通过远期外汇合同来锁定未来兑换的

① 梁军，马宁，赵效娟. 国际经济学［M］. 北京：电子工业出版社，2013：270.

比率，即没有进行抛补操作。

现在我们考察1单位本国货币资金的投放。假设投资期限是1年，i是本国的利率，i^*是外国的利率，在资本自由流动的情形下，投资者有两种投资方式可供选择：

①在本国投资，获得本息总额为（1+i）；

②在外国投资，方法是先将本币按即期汇率e兑换为1/e单位外币，用外币投资，到期时获得投资本息总额$(1+i^*)/e$；如果投资者预期1年后的汇率是e_1，按此汇率再重新换成本币，预期的本息和为$(1+i^*)e_1/e$。令上述两种投资方式的本息和相等，可以得到如下关系：

$$(1+i^*)e_1/e=1+i \tag{10-5}$$

变形后可得如下公式：

$$(e_1-e)/e=i-i^* \tag{10-6}$$

式（10-6）就是无抛补的利率平价的表达式。其含义是，预期的汇率远期变动率等于两国货币利率之差。在无抛补套利的条件下，如果本国利率高于外国，则本币在远期将贬值。

（2）抛补的利率平价

投资者在从事套利活动时，往往会考虑到汇率波动的因素，在套利时做一个外汇掉期交易，利用远期外汇交易锁定未来交易的汇率，以图在保值的基础上获利，此时的套利被称为抛补套利。

在抛补套利直至达到平价的活动中，实际上隐含了这样一个交易过程：在外国利率高于本国的情况下，投资者为了追求高利差而进行投资。他买入了一笔即期外汇进行投资；同时，为了抵补未来收回投资时由汇率变动引起的风险，即刻卖出它的远期外汇。通常情况下，高利率货币的远期外汇表现为贴水，这是由投资者大量地卖出远期外汇（就是到期以本币的形式收回投资）而导致的，所以，投资者的投资利润为两国利差减去货币贴水的部分。另外，随着套利行为的不断进行，投资者的利润会越来越少，直至消失。除了上面所说的高利率货币通常表现为远期贴水外，另一个原因是资金从利率低的国家流入利率高的国家，会使低利率国家的资金减少，而利率上升；随着高利率国家资金供给的增加，其利率会逐渐下降，结果两国利差会逐渐缩小。

假定本国金融市场上1年期存款利率为i，外国金融市场上同种利率为i^*，即期汇率为e（这里采用直接标价法），远期汇率是e_f，则抛补的利率平价的一般形式为：

$$(e_f-e)/e=i-i^* \tag{10-7}$$

它的经济意义是：汇率的远期升贴水率等于两国货币利率之差。如果本国利率高于外国利率，则本币在远期将贬值；如果本国利率低于外国利率，则本币在远期将升值。

非抛补的套利行为和抛补的套利行为的差别在于：非抛补的套利行为在将资金由低利率货币转换为高利率货币时并不进行套期保值的操作。在这种情况下，将未来外币的投资收益兑换成本币采用的汇率就不是远期汇率，而是未来的即期汇率（e_1），但未来的即期汇率事先并不能得知，只能对其进行预测。抛补的套利行为在将未来外币的投资收益兑换成本币时采用的汇率是远期汇率（e_f）。

2.对利率平价理论的评价

利率平价理论从资本流动的角度指出了汇率与利率之间的密切关系，合理地解释了利率变动和资本流动对即期汇率和远期汇率变动的影响机制，发展了有关远期汇率决定的理论，具有重要的理论意义。同时，利率平价理论具有特别的实践价值，有助于我们正确认识现实外汇市场上汇率的形成机制，对实际操作外汇业务、预测远期汇率趋势、制定和调整汇率政策等都有重要的意义。

当然，利率平价理论也存在一些缺陷，主要表现在：

①利率平价理论没有考虑交易成本。而在现实中交易成本是很重要的因素。如果各种交易成本过高，就会影响套利收益，从而影响汇率与利率的关系。如果考虑交易成本，国家间的抛补套利活动在达到利率平价之前就会停止。

②利率平价理论假定不存在资本流动障碍，假定资本能顺利地、不受限制地在国家间流动。但实际上，资本在国家间流动会受到外汇管制和外汇市场不发达等因素的阻碍。

③利率平价理论假定套利资金的规模是无限的，故套利者能不断进行抛补套利，直到利率平价成立。但事实上，从事抛补套利的资金并不是无限的。这是因为与持有国内资产相比较，持有国外资产具有额外的风险。随着套利资金的递增，其风险也是递增的。套利还存在机会成本。套利的资金数额越大，则为预防和安全之需而持有的现金就越少，而且这一机会成本也是随套利资金的增加而递增的。

10.3.3 国际收支说

国际收支说的早期形式是1861年英国经济学家乔治·戈申（George J. Goschen）提出的国际借贷说。现代国际收支说产生于两次世界大战之间。20世纪70年代布雷顿森林体系崩溃后，该学说得到进一步发展。现代国际收支说在分析汇率决定时，从两个方面对国际借贷说进行了修正：一是将国际资本流动纳入汇率决定分析的框架；二是进一步应用贸易收支和国际资本流动的相关理论来分析汇率的决定问题。

1.国际收支说的主要内容

国际收支说是从国际收支变动对汇率影响的角度探讨汇率决定问题的，这一学说认为，汇率主要是由外汇市场的供求决定的，而外汇供求主要取决于一国的国际收支状况。当一国国际收支逆差时，该国的外汇需求大于供给，此时外汇汇率将上升，本币汇率下降；反之，该国货币的汇率将上升，外汇汇率下降。因此，国际收支说在分析汇率决定时，主要侧重于分析国际收支是如何决定和变动的。

一国的国际收支主要由经常账户、资本和金融账户组成，一国的国际收支状况取决于经常账户、资本和金融账户各自的收支状况，一国国际收支实现均衡的条件是经常账户、资本和金融账户的余额之和为零。如果用CA表示经常账户的差额，KA表示资本和金融账户的差额，则国际收支实现均衡时下列等式成立：

$$CA + KA = 0 \tag{10-8}$$

经常账户主要由商品与服务的进口和出口决定，进口主要是由本国国民收入（Y）、汇率（e）、相对价格（P、P^*）决定的；出口主要是由外国国民收入（Y^*）、汇率（e）、相对价格（P、P^*）决定的，从而影响经常账户收支的主要因素为：

$$CA = f(Y, Y^*, P, P^*, e) \tag{10-9}$$

资本和金融账户的收支取决于本国利率（i）、外国利率（i^*）、对未来汇率水平变化的预期（E_{ef}），即

$$KA=g(i,i^*,E_{e_f}) \quad (10\text{-}10)$$

综合起来，影响国际收支的主要因素及国际收支均衡条件为：

$$BP=h(Y,Y^*,P,P^*,i,i^*,e,E_{e_f})=0 \quad (10\text{-}11)$$

从而均衡汇率为：

$$e=k(Y,Y^*,P,P^*,i,i^*,E_{e_f}) \quad (10\text{-}12)$$

上式表明，影响均衡汇率变动的因素有国内外的国民收入水平、价格水平、利率水平以及人们对未来汇率的预期。所有这些因素都是通过影响外汇供求从而影响汇率的。各变量影响如下：

（1）国民收入水平

在其他条件不变的情况下，本国国民收入的增长会引起进口的增加。这导致对外汇需求的增加，国际收支出现逆差，从而引起本币贬值；外国国民收入的增长将带来本国出口的上升，外汇供给增加造成本币升值。

（2）价格水平

本国价格上升将引起实际汇率升值，本国产品竞争力下降，出口减少，进口增加，国际收支出现逆差，从而本币贬值；外国价格上升将引起实际汇率贬值，本国产品竞争力增强，出口增加，从而本币升值。

（3）利率水平

本国利率的提高将吸引大量的资本流入，从而产生国际收支顺差，本币升值；反之，外国利率的提高将造成本币贬值。

（4）对未来汇率的预期

如果人们预期本币在未来贬值，就会在外汇市场上抛售本币，购进外币，由此会造成本币即期的贬值；反之，如果人们预期本币升值，外汇市场上的操作会使本币在即期就升值。此外，由于一国的财政政策和货币政策也能影响其国民收入水平、价格水平和利率水平，故这两种政策也是影响汇率变动的因素。

2.对国际收支说的评价

①国际收支说指出了汇率与国际收支之间的密切关系。该理论运用供求分析方法将影响国际收支的各种因素纳入其中，分析这些因素对汇率水平的影响，有利于分析短期汇率的决定与变动。

②国际收支说不能被视为完整的汇率决定理论，因为它只是指出了汇率与其他宏观经济变量存在的联系。从国际收支看，影响国际收支的众多变量之间及其与汇率之间的关系是错综复杂的，国际收支说并没有深入分析各个变量之间的联系和相互作用，也没有得出具有明确因果关系的结论，因而它不是完整的汇率决定理论。

③国际收支说是关于汇率决定的流量理论，认为国际收支引起的外汇供求流量决定了汇率水平及其变动，但并没有进一步分析哪些因素决定了这一流量，这导致它很难解释现实生活中的某些经济现象。

10.3.4 资产市场说

20世纪70年代以来，随着国际资本流动日益频繁，非实物经济因素对汇率的影响越来越显著，汇率决定理论也有了新的发展。人们开始将汇率看成一种资产价格，即一国货币资产用另一国货币标价的价格，来分析汇率的决定和变动，从而产生了汇率决定的资产市场说。该理论在70年代末取代了汇率的国际收支流量分析，成为汇率理论的主流。

资产市场说是在国际资本流动高度发展的背景下产生的，因此特别强调金融资产市场均衡对汇率的影响。该理论认为均衡汇率就是两国资产市场供求存量保持均衡时两国货币之间的相对价格。当两国资产市场的供求失衡时，汇率就会发生变动，而汇率的变动又会消除资产市场上的超额供给或超额需求，有助于资产市场恢复均衡。资产市场说是将商品市场、货币市场和证券市场结合起来对汇率进行分析的。依据本币资产与外币资产可替代性的不同假定，资产市场说可分为货币分析法与资产组合分析法。

1.货币分析法

货币分析法假定国内外资产之间具有完全的替代性，市场上的均衡汇率是由不同国家之间货币总供给与总需求均衡时货币存量的对比关系所决定的。影响国内和国外货币供求的因素，如政府的货币政策、国与国相对经济增长率的差异等，会对货币市场均衡产生扰动，进而影响汇率，而汇率的调整又会促使国内外的货币市场达到均衡。根据对价格弹性的假定不同，货币分析法又可以分为弹性价格货币分析法和黏性价格货币分析法。

（1）弹性价格货币分析法——货币主义模型

汇率的弹性价格货币分析法形成于20世纪70年代中期，由以美国芝加哥大学哈里·约翰逊为首的一批经济学家所倡导，并由弗兰克尔、迈克尔·穆萨（Michael Mussa）等人加以系统阐述。该理论主要考察的是本国货币市场上货币供求的变动对汇率的影响。

该理论是在绝对购买力平价的基础上发展起来的，其特点是强调货币市场在汇率决定过程中的作用，把汇率看成两国货币的相对价格，而不是两国产品的相对价格。这里的“弹性价格”是指经济活动中的所有变量，如价格、工资、汇率等都可以自由地变动。

该理论认为，汇率是由货币市场上的存量均衡决定的，即由各国货币供给与需求的存量均衡所决定，当两国货币的存量同人们愿意持有的量相一致时，两国货币的汇率可达到均衡。购买力平价理论表明，汇率水平与国家间的物价水平有关。但什么因素决定一国的物价水平或通货膨胀率呢？货币主义认为从长期看，货币供给（货币增长率）决定了一国的物价水平（通货膨胀率）。因此，两国货币的相对供给差异，通过物价水平或通货膨胀率会影响到两国货币的比值，即汇率。从实际情况看，一国流通中的货币越多，其货币就会变得越“不值钱”，往往贬值。

货币主义模型将汇率视为一种资产价格，在一定程度上符合资本高度流动这一客观事实。该理论引入了诸如货币供应量、国民收入等经济变量，分析了这些变量的变动对汇率造成的影响，因而该理论能在现实生活中得到更广泛的运用。但是该理论也有明显的不足：它是以购买力平价为理论前提的，如果购买力平价在实际中难以成立，则该理论的可信性也值得怀疑。此外，该理论是以货币需求方程式为基础进行分析的，假定货币需求稳定，而这一点在学术界存在很大争议。

（2）黏性价格货币分析法——超调模型

弹性价格货币模型开创了汇率决定理论的货币分析法的先河，但该模型的基本假设决定了它无法解释汇率的易变性，特别是短期易变性。1976年美国经济学家鲁迪格·多恩布什（Rudiger Dornbusch）首先提出了汇率超调这一思想，其后弗兰克尔、威廉·布伊特（Willem H. Buiter）和米勒（M. Miller）等人进一步发展了该学说，该学说又被称为汇率的超调模型。[①]

黏性价格货币模型以弹性价格货币模型为基础，继承了其长期性的特征，即假定购买力平价在长期内有效。在分析汇率的短期波动上，黏性价格货币模型放弃了弹性价格货币模型有关价格灵活变动的假设，而是采用凯恩斯主义黏性的假定。该学说认为，在短期内，由于不同市场的调整速度是不同的，商品市场和资产市场并不是同时达到均衡的，资产市场的调整速度快于商品市场的调整速度，使得汇率出现超调，这就是短期内汇率容易波动的原因。而随着时间的推移，商品价格逐步调整到位，汇率也就从初始的均衡水平变化到新的均衡水平。黏性价格货币模型强调资产市场在短期汇率决定中的作用，而商品市场只在长期情况下才对汇率产生实质性影响。这一学说弥补了弹性价格货币模型缺乏短期分析的不足。

超调模型首次涉及了汇率的动态调整问题，创造了汇率理论的一个重要分支——汇率动态学。在研究方法上，超调模型是对货币主义和凯恩斯主义的一种综合，对开放条件下的宏观经济做了较为全面系统的论述，从而成为国际金融学中对开放经济进行宏观分析的基本模型之一。但是，超调模型是建立在货币主义模型分析基础上的，因而具有与货币主义模型相同的一些缺陷。

专栏10-2

2.资产组合分析法

汇率的黏性价格货币模型虽然对弹性价格货币模型做了修正和发展，更接近实际经济情况；但是它的某些前提假定，如国内外资产可完全替代，与实际情况还存在差异。在现实经济中，由于受多种因素的影响，国内和国外资产所面临的风险并不相同，投资者往往会通过持有国内和国外资产的某种组合来获得最大效用。因此，在一般均衡分析中，国内和国外资产市场的动态调整是不可忽视的，这就是汇率的资产组合平衡模型。汇率的资产组合平衡模型的理论基础是哈里·马科维茨（Harry M. Markowitz）创立的资产组合理论。1977年，美国普林斯顿大学教授威廉姆·布兰森（William H. Branson）在詹姆斯·托宾（James Tobin）的货币模型的基础上，建立了资产组合分析模型，以后经过许多人的研究，形成了多种形式的资产组合理论。

与货币分析法相比，资产组合平衡模型的根本特点是假定国内外的资产不具有完全的替代性，主张从收益-风险的角度来分析国内外资产市场的失衡对汇率的影响。在资产组合平衡模型中，个人和企业持有的金融资产不仅包括国内货币，还包括国内债券以及以外币表示的国外债券。为了追求利润最大化，个人和企业会根据其对风险和收益的权衡，选择使其达到最大满意程度的资产组合。

在国际资本完全流动的前提下，一国居民所持有的金融资产包括本国资产和外国资产两部分。当某种资产的供给存量发生变化，或者预期收益率发生变化，则资产组合发生不平衡，人们就会对各种资产的持有比例进行调整。在这一调整过程中，会产生本国资产与外国资产的替换，从而引起外汇供求量的变化，带来汇率的变化。图10-1表现了资产组

① DORNBUSCH. Expectations and exchange rate dynamics [J]. Journal of Political Economy, 1976, 84 (6): 1161-1176.

合平衡模型的调整过程。资产组合平衡模型将本国资产总量直接引入了分析框架，本国资产总量直接制约着各种资产形式的持有量，而经常账户的变动会影响到这一资产持有量。如此一来，该模型就将流量因素与存量因素结合了起来。

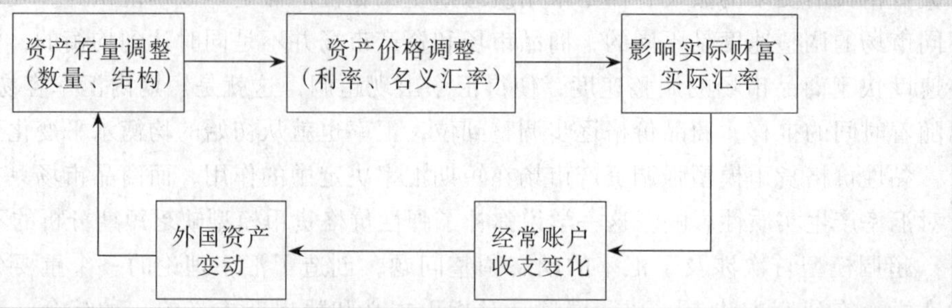

图10-1　资产组合平衡模型的调整过程

资产组合理论与货币主义理论的共同之处在于：两者都将汇率的决定引入资产市场中。所不同的是：

①货币主义理论认为，汇率是由两国相对货币供求所决定的，而资产组合理论认为汇率是由所有的金融资产存量结构平衡决定的。资产组合理论认为，由于有价证券是投资者投资的一个庞大市场，而且有价证券与货币之间有较好的替代性，因此有价证券对货币的供求存量会产生很大的影响。

②资产组合理论认为无抛补的利率平价是不成立的。这是由于外汇市场存在不可消除的巨大风险，投资者在关于投资于本国还是外国的有价证券的选择时，首先考虑的就是如何规避风险。而货币主义理论认为无抛补的利率平价是成立的。

③货币主义理论假设本国和外国的资产是完全可以替代的，而资产组合理论认为不同资产之间只能是部分替代，这主要是由于为了规避风险，投资者必须对资产进行合理的组合。

④货币主义理论并未将国际收支列为汇率的决定因素。而资产组合理论认为，由于汇率受经常账户收支的影响，因此，国际收支是决定和影响汇率变动的重要因素。

资产组合理论较之以前各种汇率模型更加完整和全面。其在分析中引入了风险收益、经常账户差额和财富等重要因素，这使得该理论更具现实意义。但是对它的实证检验较为困难，原因之一是模型中的变量难以度量，某些变量的粗略估计有可能扭曲了其他变量对汇率决定所起的真实作用。另外，变量之间的自相关也是影响检验结果的重要原因。

10.3.5　汇率决定理论的新发展

20世纪70年代以来，浮动汇率制成为世界汇率制度的主流，国际金融市场上的资金流动成了汇率形成的重要影响因素。由于浮动汇率制本身的特点，外汇市场上的汇率水平跌宕起伏，传统的汇率决定理论常常不能解释汇率的这种易变性。经过几十年的研究，汇率决定理论有了新的发展。其中，宏观均衡分析方法和外汇市场微观结构方法是汇率决定理论发展的两大思路。

1.宏观均衡分析方法

宏观均衡分析方法要回答的问题并不是市场上的汇率如何决定，而是市场上的汇率应该是多少，怎样的市场汇率能够使本国经济实现内外均衡。约翰·威廉姆森（John Williamson）于1983年提出的基本要素均衡汇率（fundamental equilibrium exchange rate，FEER）理论是此类研究的代表。FEER理论将均衡汇率定义为与宏观经济均衡相一致的实际有效汇率，其中宏观经济均衡包括充分就业、低通货膨胀率、可持续的经常账户余额、合意的净资本流动等。通过比较FEER与实际有效汇率，可以判断一国实际汇率偏离均衡汇率的失调程度。在FEER之后，又出现过行为均衡汇率、国际收支均衡汇率、自然均衡汇率、均衡实际汇率等诸多均衡汇率计算方法，它们计算所得的均衡汇率都是由宏观经济变量决定的，是规范的（normative）汇率，而非市场中的实际汇率。其含义是：当市场汇率达到某种均衡汇率水平时，能够实现该均衡汇率计算时所设定的均衡目标。这一思路反映了研究者对汇率与实体经济关系的重新关注。

2.外汇市场微观结构方法

传统的汇率决定理论认为汇率水平是由外汇市场上货币的供求关系决定的，只要研究清楚了供求，就能知道汇率。在此过程中，供给方和需求方是如何达成交易的，交易的路径、条件、方式等都被忽略了。外汇市场微观结构方法的主要思想是：汇率是由市场决定的，而市场上的汇率是在交易者的交易中决定的。所以，研究一定基本面条件和制度下各种交易者的行为，尤其是在外汇市场中处于核心的做市商的行为，就有可能揭示汇率决定的原因和路径。形象地说，传统的汇率决定理论将外汇市场视作一个“黑箱”，在黑箱一头输入“供给”和“需求”等宏观变量，就能从黑箱另一头获得决定好了的汇率水平；外汇市场微观结构方法则试图揭示，在黑箱中汇率是如何被具体决定的。

外汇市场微观结构方法的分支有很多，其代表人物有汉斯·斯托尔（Hans R. Stoll）、托马斯·何（Thomas S. Y. Ho）、阿尔伯特·凯尔（Albert S. Kyle）、莫琳·奥哈拉（Maureen P. O’Hara）等人。其中，比较典型有存货模型和信息模型。

（1）存货模型

在存货模型中，做市商要随时满足任意数量的外汇买卖要求，并对买卖要求报出价格。由于在有限的时期内，买卖的委托不一定是完全能够彼此抵消的，所以做市商就会被迫持有一部分头寸以应付交易。为此，做市商就会承担一系列的风险和成本，包括存货数额无法满足委托的要求而破产的风险、持有的存货偏离其期望的资产组合的成本等，从而做市商会要求买卖差价以补偿持有存货的成本和风险。

（2）信息模型

在信息模型中，市场中的交易者被分为知情交易者和不知情交易者。前者拥有不为人知的私人信息，知道资产（外汇）的真实价值，而后者不知道资产的真实价值，只能在与知情交易者交易的过程中设法获得信息。在信息模型中，做市商处于不知情的地位，他通过研究买卖委托的订单流（order flow）来猜测和学习信息，并根据猜测和学习到的信息来确定买卖差价。譬如，当做市商收到大量英镑买单时，他从中发掘的信息可能是：知情交易者认为当前英镑的价格低于真实价值，从而大量买入，据此，做市商会提高英镑的卖出价，英镑升值。

当然，现代汇率决定理论还有很多，如多国模型、政策偏好模型等，在此就不再赘述。

3.现代汇率决定理论发展的特点

（1）突破了传统的分析框架，引进新的变量

这种研究分成两个方向：

第一个方向是继续从传统的基本经济因素出发，寻找新的基本因素来对传统模型进行扩充，或是对其假定前提进行质疑和修正。经济学者一般充分利用宏观经济学、货币银行学等相关学科和一些边缘经济学学科的研究成果来构建自己的理论体系，重视政府行为的作用和影响。比如说，一些经济学者曾把财政政策等变量引入模型，研究国家的政策偏好和政策力度对汇率变动的影响。

第二个方向则突破了传统基本因素分析的框架，引进了预期、信息等全新的非基本因素的概念，甚至引进了外汇市场上用于实际操作的基本分析和技术分析等手段，并试图将其进行量化。

（2）与现实更加贴近

汇率决定理论更多地注重了对外汇市场参与者汇率预期的调查。同时，微观分析（包括外汇市场结构和外汇交易者的行为分析）成为汇率理论的研究重点。此外，由于汇率波动幅度增大和频率日益加快，虽然汇率均衡水平的确定仍是汇率理论的重要研究对象，但是已有越来越多的经济学者致力于对汇率波动的解释上，并提出了许多政策建议。

（3）大量使用了计量经济学和统计学工具

许多经济学者认为，传统的模型采用的是单一方程的简化形式，解释力不足。为此，现代汇率模型越来越多地引进了联立方程，从而能更好地体现多种经济变量变动对汇率水平的影响，以及这些变量之间的相互作用。

第10章思政窗

本章小结

1.国际货币基金组织对外汇的定义为：外汇是货币当局和行政当局以银行存款、财政部库券、长短期政府债券等形式保有的，在国际收支逆差时使用的债权。作为一国国际支付手段，外汇需要具有非本币性、普遍接受性、自由兑换性和可偿性。外汇极大地促进了各国国际贸易的发展和国际资本的流动，同时为各国货币当局提供了宏观经济调控的工具。

2.外汇市场是进行外汇买卖的交易场所或网络，是外汇供给者、外汇需求者以及买卖外汇的中介机构所构成的买卖外汇的交易系统。外汇市场的参与者主要包括外汇银行、外汇经纪人、顾客以及中央银行等。外汇市场在实现购买力的国际转移、避免和防止外汇风险的发生、提供国际性的资金融通和国际清算方面发挥着重要作用。

3.汇率是不同货币之间兑换的比率或比价，即以一种货币表示另一种货币的价格。按参照标准的不同，汇率的标价方法可分为直接标价法和间接标价法。除英镑、美元以外的世界大多数货币都采用直接标价法。

4. 汇率制度也称汇率安排，是指一国货币当局对本国汇率水平确定、汇率变动的基本方式等问题所做的一系列安排和规定。按照汇率变动的方式，汇率制度主要分为固定汇率制和浮动汇率制，同时包括介于两者之间的汇率制度，如可调整的钉住汇率制、爬行钉住汇率制、货币局制等。汇率制度也是国际货币制度的有机组成部分，对一国经济乃至整个国际经济发展都有着非常重要的角色。

5. 汇率决定理论主要研究的是一国汇率水平究竟受哪些因素影响，又是通过什么机制决定的。汇率决定理论主要包括购买力平价理论、利率平价理论、国际收支说、资产市场说等。购买力平价理论是一种历史非常悠久的汇率决定理论，强调经常账户对汇率的决定作用，将两国物价水平的变动与汇率变动联系起来。利率平价理论从资本流动的角度研究汇率的变化，奠定了现代汇率理论的基础。国际收支说考虑了国际收支对汇率的影响，认为国际收支状况决定着外汇供求，进而决定汇率。资产市场说是20世纪70年代末发展起来的汇率决定理论主流，特别强调金融资产市场均衡对汇率的影响。依据本币资产与外币资产可替代性的不同假定，资产市场说可分为货币分析法与资产组合分析法。

关键术语

外汇　汇率　即期外汇　远期外汇　外汇市场　直接标价法　间接标价法　固定汇率　浮动汇率　汇率制度　固定汇率制　浮动汇率制　购买力平价理论　利率平价理论　国际收支说　资产市场说　货币主义模型　超调模型　资产组合分析法

基本训练

一、简答题

1. 我国货币当局对外汇基本内容做出了哪些规定？外汇所具有的显著特点有哪些？
2. 简要说明外汇市场的种类及参与者。
3. 简要说明汇率的含义以及汇率的表示法。
4. 如何区分汇率的直接标价法和间接标价法？
5. 常见的汇率种类有哪些？请分析它们之间的异同。
6. 什么是固定汇率制和浮动汇率制？
7. 对购买力平价理论进行简单评价。
8. 请从利率平价角度解释汇率与利率之间存在的关系。
9. 试述国际收支说的主要内容。
10. 试述资产组合分析法的汇率变动与决定。

二、案例分析题

材料一　　　　　　　　　　我国外汇储备情况

2021年1月，我国外汇储备规模为32 107亿美元，较2020年12月下降59亿美元，降幅为0.2%；2021年2月，我国外汇储备规模为32 050亿美元，较1月下降57亿美元，降幅为0.18%。2021年3月，我国外汇储备规模为31 700亿美元，较2月下降350亿美元，降幅为1.09%。

2021年第一季度，我国外汇市场运行平稳，市场预期和交易保持稳定，外汇供求基本平衡。在国际金融市场上，受新冠肺炎疫情和疫苗进展、主要国家财政政策及货币政策预期等因素影响，美元指数上涨，主要国家金融资产价格总体下跌，国家债券价格有所下跌，全球股市总体上涨。外汇储备以美元为计价货币，非美元货币折算成美元后金额下降，加上资产价格变化等因素共同作用，该季度外汇储备规模小幅下降。

材料二　　我国国际收支口径的国际货物和服务贸易收入情况

2021年1—2月，我国国际收支口径的国际货物和服务贸易收入为32 419亿元，支出26 825亿元，顺差5 594亿元。其中，货物贸易收入为29 516亿元，支出23 039亿元，顺差6 477亿元；服务贸易收入为2 904亿元，支出3 786亿元，逆差883亿元。

按美元计值，2021年1—2月，我国国际收支口径的国际货物和服务贸易收入为5 011亿美元，支出4 146亿美元，顺差865亿美元。其中，货物贸易收入为4 562亿美元，支出3 561亿美元，顺差1 001亿美元；服务贸易收入为449亿美元，支出585亿美元，逆差136亿美元。

材料三　　我国外汇市场情况

2021年2月，我国外汇市场延续平稳运行态势。从主要指标表现看，银行结售汇顺差280亿美元，非银行部门涉外收支顺差332亿美元。其中，随着贸易项下集中结售汇的季节性因素减弱和消退，货物贸易结售汇顺差和货物贸易跨境收支顺差减少，外汇市场收支交易趋向平稳。

市场主体结售汇意愿总体稳定。2月，衡量结汇意愿的结汇率，也就是客户向银行卖出外汇与客户涉外外汇收入之比为67%；衡量售汇意愿的售汇率，也就是客户从银行买汇与客户涉外外汇支出之比为61%，与1月相比变化均不大。

跨境资本双向投资合理有序。2月，直接投资项下涉外收支顺差137亿美元，为跨境资本流入的主要渠道，显示外资看好国内市场和发展前景；证券项下双向投资更趋均衡，顺差32亿美元。

材料四　　我国外债情况

2020年第四季度我国外债规模稳步增长。截至2020年12月末，我国全口径（含本外币）外债余额为24 008亿美元，较2020年9月末增长925亿美元，增幅为4%。外债增长主要源于境外投资者增持境内人民币债券。从外债币种结构看，本币外债占比为42%，较2020年9月末上升3个百分点；从外债期限结构看，中长期外债占比为45%，较2020年9月末上升2个百分点。

资料来源　以上材料都来自国家外汇管理局。

问题：

（1）结合材料一，试分析我国现在外汇储备规模变动的原因以及今后外汇储备规模的发展趋势。

（2）结合材料二、材料三，简要分析我国外汇收支形势。

（3）结合材料四，试分析当前我国外债形势。

第11章 开放经济条件下的宏观经济政策

学习目标

学习目标

学完本章，你应该能够：

◎了解宏观经济政策工具的种类；

◎熟悉IS-LM-BP模型的原理；

◎了解固定汇率制及浮动汇率制下的宏观经济政策及其效果；

◎掌握有关国际经济政策协调的内容。

引例

疫情全球冲击堪比次贷危机，各国应对空间显著收窄

各种迹象表明，新冠病毒肺炎疫情对全球经济的冲击程度堪比次贷危机。从领先指标采购经理人指数（PMI）来看，2020年2月，中国制造业PMI下滑至35.7%的历史性低位，甚至比次贷危机最严重的时期更低。在2020年2月疫情尚未全球扩散的情况下，全球PMI已创近10年来的新低。随着国际疫情的加重，未来全球PMI及世界经济增速可能进一步走低。

为应对疫情等影响，美联储2020年3月初在非议息会议上意外宣布大幅降息50个基点。近20年来，除了2001年互联网泡沫破灭及"9·11"恐怖袭击事件的特殊时期以外，美联储的类似举措只发生在次贷危机时期。与次贷危机时期相比，当前全球化的程度显著提高，各国产业链的融合比以往更为深入。鉴于中国、日本、韩国等世界重要制造业国家都受到了冲击，本次疫情对世界经济的影响可能比次贷危机更为复杂。

当前，诸多经济体的总需求政策应对空间显著收窄。从货币政策来看，次贷危机时期美国和欧元区的政策利率尚在4%或以上，日本的政策利率也为正；但目前欧洲、日本的利率已多年为零甚至负利率，美国利率一再下降后与零利率的距离也已较小。越来越多经济体的国债收益率已到达零利率、负利率的非常规状态。如各主要经济体的央行继续推行量化宽松政策，其效果也可能边际递减。从财政政策来看，次贷危机时期各国政府的杠杆率尚处于较低水平，但次贷危机后各国政府负债率居高不下，这将在很大程度上影响其未来发力程度。各国财政在养老、医疗等方面的支出负担也高于以前，其依靠财政政策刺激经济的能力或大不如前。

展望未来，基于新冠病毒的传染特征，疫情的国际传播或将进入加速期，全球经济下行风险大，金融市场不确定性显著增强。

资料来源 伍戈. 疫情全球冲击堪比次贷危机，各国应对空间显著收窄［EB/OL］.（2020-03-10）［2021-04-26］. https://www.yicai.com/news/100541416.html.

在各国经济和金融的相互依存度日益提高的背景下，除了跨国资本流动从外部对各国产生的冲击外，一国自身因各种原因而发生的经济波动也很容易通过各种渠道传导到另一国。因此，不仅对跨国界的资本流动有必要进行国际协调和管理，而且对国与国之间的经济波动的传导也有必要进行国际协调。

11.1 内外均衡与政策搭配

11.1.1 政策目标

在封闭经济下，政府的宏观调节目标可概括为经济增长、充分就业和物价稳定；但是对开放经济而言，除上述目标外，还要关注国际收支的平衡。其中经济增长是一个长期动态的过程，因而短期目标只包括充分就业、物价稳定和国际收支平衡。[①]而上述三个目标又可分为两类：一类是内部均衡（internal balance），即国内经济处于充分就业和物价稳定状态；另一类是外部均衡（external balance），即国际收支达到平衡。

11.1.2 内部均衡与外部均衡

所谓内部均衡，是指国内经济中产品市场、货币市场和劳动力市场同时达到均衡，就是使宏观经济处于充分就业水平上，并且没有通货膨胀的压力，经济稳定增长。所谓外部均衡，是指开放经济中的国际收支平衡，既无国际收支顺差，也无国际收支逆差，常用BP曲线表示。英国经济学家詹姆斯·米德（James Meade）1951年在《国际收支》一书中最早提出了固定汇率制下的内外均衡冲突问题。[②]他指出，在汇率固定不变时，政府只能运用影响社会总需求的政策来调节内外均衡，这将会导致一国内部均衡和外部均衡之间的冲突，这种情况被称为米德冲突（Meade's Conflict）。于是在开放经济运行的特定运行区间，出现内外均衡难以兼顾的情况（见表11-1）。

表11-1 **固定汇率制下的内外均衡的搭配与矛盾**

项　目	内部状态	外部状态
1	经济衰退/失业增加	国际收支逆差
2	经济衰退/失业增加	国际收支顺差
3	通货膨胀	国际收支逆差
4	通货膨胀	国际收支顺差

1.内外均衡的一致与米德冲突

某一均衡目标的实现同时使得另一均衡目标的改善就是内外均衡的一致。在表11-1中，第2种和第3种情况意味着内外均衡的一致。如在第2种情况下，为实现内部均衡，显然要求政府采取增加社会总需求的措施，这会导致进口相应增加，在出口保持不变时，就会改善原有的顺差状态，使国际收支趋于平衡。在这种情形下，政府在采取措施实现内

① 徐彬．国际经济学教程［M］．北京：中国人民大学出版社，2012：262.
② 米德．国际收支［M］．李翀，译．北京：北京经济学院出版社，1990：116-125.

部均衡的同时对外部均衡的实现发挥了积极影响，因而是内外均衡一致的情况，是一种和谐状态。而表11-1中的第1种和第4种情况意味着内外均衡的冲突，即某一均衡目标的实现会同时使得另一均衡目标受到干扰和破坏，也就是米德冲突。如第1种情况，为实现内部均衡，政府应当采取增加社会总需求的措施，但这同时会导致进口的增加，使国际收支逆差更加严重。这表明政府在通过调节社会总需求实现内部均衡时，会使外部经济状况距离均衡目标更远，即此时内外均衡存在冲突。

2.米德分析的不足

米德分析的不足在于只考虑了固定汇率制下的情况。实际上，在浮动汇率制下，内外均衡冲突同样存在。由于在浮动汇率制下，政府不可能完全依靠外汇市场对国际收支的自发调节功能，在汇率变动受到一定管制的条件下，通过国内总需求的变动来实现内外均衡仍是常见的做法。因此，浮动汇率制下也会出现与固定汇率制下相似的内外均衡冲突现象。此外，在汇率波动剧烈的情况下，内外均衡之间的相互影响或干扰更加复杂，内外均衡冲突矛盾可能更加深化。

米德的分析也忽略了对资本因素的考虑。在现代经济中，国际资本流动是影响一国经济的一个重要因素，特别是在全球经济一体化背景下，活跃在国际金融市场的巨额资金会直接影响到国内宏观经济的运行，使各国国内经济政策受到更多的影响和制约，从而使一国同时实现内外均衡的目标变得更加困难。

从前面的分析中可以看出，内外均衡的根源在于经济的开放性。在开放经济条件下，各种变量之间的关联更加复杂，一国经济的内在稳定性与合理开放性之间的协调难度也越来越大。此外，内外均衡冲突的产生与某种特定的调控方式相对应，在开放经济条件下，单纯运用调节社会总需求这一封闭经济的政策工具是不足以同时实现内外均衡目标的，开放经济的调控需要有新的政策工具以及对政策工具有新的运用方式。

11.1.3 政策搭配理论

既然开放经济条件下的政策目标包括了内部均衡和外部均衡两部分，那么仍像封闭条件下一样单纯运用控制社会需求总量的政策进行调控会造成内外均衡之间的冲突。20世纪50年代以来，关于政策配合的丁伯根法则、斯旺模型和政策指派的有效市场分类原则等理论的出现发展了开放经济的政策搭配理论。

1.丁伯根法则

首届诺贝尔经济学奖得主简·丁伯根（Jan Tinbergen）最早提出了将政策目标和政策工具联系在一起的正式模型，提出一国可以运用独立的政策工具数目至少要与所要实现的经济政策目标数目相等，即要实现N个独立的政策目标，至少需要相互独立的N个有效的政策工具，即丁伯根法则（Tinbergen's Rule）。

具体而言，在政策工具与政策目标之间的关系中，政策目标可被看作未知数的解，政策工具可以被看作已知参数，只要未知数（政策目标）与参数（政策工具）之间有函数关系存在，就可以建立起众多未知数与众多参数之间函数关系的联立方程。只要独立的方程数目等于未知数的数目，则联立方程有唯一解存在。只要将已知的参数值代入，即可求得未知数的解。

丁伯根法则的政策含义是：在开放经济条件下，只运用支出增减政策通过调节支出总量的途径来同时实现内部平衡和外部平衡两个目标是不够的，必须增加新的政策工具搭配进行。

丁伯根法则对目标的实现需要假设前提：各种政策工具可以供决策当局集中控制，即通过各种工具的紧密配合来实现政策目标。但它没有明确指出每种工具在调控中是否应侧重于某一目标的实现，因而不能满足实际调控的需要。

2.斯旺模型

针对米德冲突的问题，1955年澳大利亚经济学家斯旺（T. Swan）进行了深入研究，提出了著名的斯旺模型（如图11-1所示）。图11-1中的纵轴表示实际汇率e，在直接标价法下，e的提高为本币贬值，e的下跌为本币升值。横轴表示国内支出A的增减变化，包括消费、投资和政府支出，也就是支出调整政策。EE曲线表示外部均衡，即能够使国际收支经常账户保持平衡的实际汇率e和国内支出A的组合点。其公式为：

X-M=0

或　B(e)=0

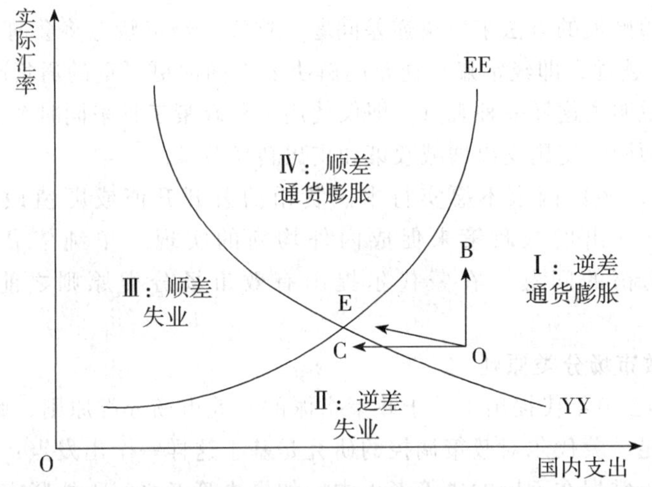

图11-1　斯旺模型

EE曲线的斜率为正，向右上方倾斜，这是因为本币贬值（e上升）时，国际收支状况改善，为维持平衡，国内吸收水平也必须相应提高，以便增加进口。所有EE曲线右边的点均处于逆差状态，即在现有的国内吸收水平下，相应的实际汇率水平不足以保持经常账户的平衡。所有EE曲线左边的点均处于顺差状态，即相应的实际汇率水平已经超过了保持经常账户平衡所需要的水平。

YY曲线表示内部均衡，即能够维持国内充分就业的所有实际汇率和国内吸收水平的组合。其公式为：

Y=C+I+G+B(e)

或　Y=A+B(e)

YY曲线向右下方倾斜，这是因为实际汇率e的降低（本币升值）将导致贸易逆差，从而使总吸收（A+B）小于充分就业的收入水平，国内出现失业。要恢复平衡就必须增加国内支出水平。所有YY曲线右边的点表示国内经济处于通货膨胀状态，即在现有的国际竞争力或实际汇率水平下，国内总支出水平已经超过了创造充分就业所需要的水平，从而导致了国内通货膨胀。所有YY曲线左边的点表示国内处于通货紧缩或失业状态，即总支出水平不足以形成充分就业。

只有在EE曲线和YY曲线的交点E处，一国才同时实现了内部均衡和外部均衡。EE曲线和YY曲线划分出4个区域：

区域Ⅰ：国际收支逆差，国内通货膨胀。

区域Ⅱ：国际收支逆差，国内失业。

区域Ⅲ：国际收支顺差，国内失业。

区域Ⅳ：国际收支顺差，国内通货膨胀。

政府在对宏观经济进行调节时，面临的情况相当复杂。假设一国经济由于某种原因陷入区域Ⅰ的O点，该状态既承受着通货膨胀压力，又存在经常账户的逆差。如果当局试图在维持汇率固定的条件下减少经常账户逆差，可以采取紧缩的宏观政策即通过紧缩国内支出来促使经济状态向C点移动。然而，政策实施后果是造成严重的经济衰退和大量失业。政府还可以采取货币贬值的方法来解决逆差问题。这样，经济状态将会向B点移动，其结果是离YY曲线越来越远，即经常账户逆差的解决要以国内更严重的通货膨胀为代价。综上所述，斯旺模型说明了这样一种观点，即仅使用一种政策工具来同时解决内外均衡问题是无法成功的，必须同时使用支出增减政策和支出转换政策。

从现实情况看，多数国家不愿实行本国货币的公开升值或贬值政策来实现对外均衡，而希望通过支出增减政策来促成内外均衡的实现。单纯依靠吸收政策是否能同时达到内外均衡的问题，在蒙代尔提出有效市场分类原则之前一直都未能得到解决。

3.蒙代尔的有效市场分类原则

蒙代尔于20世纪60年代提出了关于政策指派的有效市场分类原则，弥补了丁伯根法则和斯旺模型的不足。蒙代尔对政策调控的研究是基于这样一个出发点：在许多情况下，不同政策工具实际上掌握在不同的决策者手中，如果决策者之间不能紧密协调这些政策，而是独立地进行决策，就不能达到最佳的政策效果。由此，蒙代尔得出结论，如果每种政策工具都被合理地指派给某一个政策目标，并且在该目标偏离其最佳水平时按一定规则进行调控，那么在分散决策的情况下仍有可能实现理想目标。

关于每种政策工具应如何指派给相应的目标，蒙代尔提出了有效市场分类原则，即每一目标应当指派给对这一目标有着相对最大影响力，因而在影响政策目标上有相对优势的政策工具。政策工具指派不合理，则经济会不稳定，且离均衡点越来越远，这一原则实质上是比较优势理论在政策指派中的运用。

蒙代尔在其提出的政策配合说中首先假定：

①当一国出口既定时，国内支出的增加会使进口随之增加，经常收支恶化；如果国内支出减少，进口也会随之减少，经常收支会得到改善。

②资本流动的利率弹性较高。

③短期内充分就业的产量是一定的，国内支出仅受财政政策和货币政策的影响。

蒙代尔的政策分派模型如图11-2所示，图中纵轴r为利率，代表货币政策。横轴G为预算支出，代表财政政策。r沿纵轴向上运动表明实行的是紧缩性货币政策，G沿横轴向右运动表明一国实行的是扩张性财政政策。在IB曲线和EB曲线的交点E处，一国同时处于内部均衡和外部均衡。而IB曲线和EB曲线上每一点都只实现了一种均衡，即内部均衡或外部均衡。

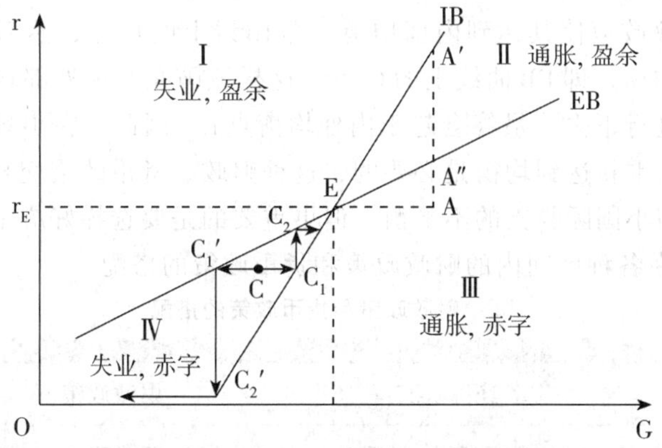

图11-2　财政政策和货币政策的配合

IB曲线显示了导致内部均衡的各种财政政策和货币政策的组合。IB曲线向上倾斜说明了扩张性的财政政策必须与紧缩性的货币政策共同作用才能实现内部均衡。例如，从图11-2中的E点出发，当一国的政府支出增加时，该国的总需求大于充分就业时的收入水平，出现了通货膨胀，如A点；此时要恢复内部均衡就必须提高利率，抑制投资，从而降低总需求。但若总需求下降过多，如超过A′点，则会造成失业。因此，IB曲线的右下方代表通货膨胀，左上方代表失业。

EB曲线显示了导致对外均衡的财政政策和货币政策的各种组合。它也是一条向右上方倾斜的曲线，说明应同时实施扩张性财政政策和紧缩性货币政策来达到对外均衡。如从E点出发，一国的政府支出上升，会刺激收入的上升，并促使出口增加，但政府支出的上升也导致了该国的国际收支恶化，如A点，要重新回到外部均衡必须实施紧缩性货币政策，调高利率，从而吸引外资的流入，平衡国际收支。但资本流入过多会产生国际收支顺差，如r的上升超过了A″点。因此，EB曲线的右下方代表对外逆差，左上方代表对外顺差。EB曲线比IB曲线较为平缓，是因为资本流动的利率弹性大于投资的利率弹性。财政政策和货币政策在实现内外部均衡中起到了不同的作用。扩张性的财政政策可以提高国民收入，增加一国的货币交易需求。如果该国管理当局提高货币供给以满足增长的需求，而保持利率不变，则财政政策只能影响国民收入水平，而不能影响利率水平。货币政策则可以通过改变货币供给和利率水平来影响投资和国民收入水平，并且影响国际资本的流动。因此，一国若要达到外部均衡，使用货币政策比财政政策要更有效。这样，根据有效市场分类原则，就应该运用货币政策来实现对外均衡，运用财政政策来实现内部均衡。如果反向操作，该国离内外部均衡就会越来越远。

蒙代尔认为有两种政策搭配方法：

一是对外使用财政政策，对内使用货币政策。这样的搭配只会扩大国际收支不平衡。

如图11-2中的C点表明国内存在失业和国际收支存在赤字，如果一国首先运用紧缩的财政政策来消除对外逆差，即C点移动到EB曲线上的C_1'点，然后运用宽松的货币政策来刺激需求，消除失业，使其移动到IB曲线上的C_2'点，这个国家离均衡点E就会越来越远。可见这种政策搭配是不恰当的。

二是对内使用财政政策，对外使用货币政策。仍以图11-2中的C点为例，一国首先运用扩张性的财政政策使其达到内部均衡，即IB线上的C_1点，然后运用紧缩性的货币政策使其达到外部均衡，即EB曲线上的C_2点。这样该国在实现外部均衡的同时更加接近内部均衡线，如此进行下去，最终会趋于内外均衡点E。因此，在出现内外部失衡时，运用正确的政策措施来重新达到均衡是必要的，这种财政、货币政策交替使用的方法能够实现良性循环，逐渐缩小国际收支的不平衡，但更重要的是要选择好应采取的财政政策和货币政策。表11-2为在各种区间内的财政政策和货币政策的搭配。

表11-2 **财政政策和货币政策的搭配**

区　间	经济状况	财政政策	货币政策
Ⅰ	失业/国际收支顺差	扩张	扩张
Ⅱ	通货膨胀/国际收支顺差	紧缩	扩张
Ⅲ	失业/国际收支逆差	扩张	紧缩
Ⅳ	通货膨胀/国际收支逆差	紧缩	紧缩

蒙代尔的有效市场分类原则为一国政府如何采用政策工具以实现内外均衡的宏观经济目标开辟了新的思路，它丰富了开放经济条件下的宏观经济调控理论。它与丁伯根法则一起确定了开放经济条件下的政策调控的基本思想，即针对内外均衡目标，确定不同政策工具的任务，并尽可能地协调，以达到内部平衡与外部平衡的一致。

11.2 IS-LM-BP模型

11.2.1 IS-LM-BP模型的基本含义

假定市场价格是给定的。

1.IS曲线——产品市场的均衡

（1）总需求的构成

消费：$C=C_0+cY_D$。消费是可支配收入的函数。其中，$Y_D=Y-T$，Y为收入，T为税收。

投资：$I=I_0-iR$。投资是利率的函数，R在产品市场上是外生变量，由货币市场决定。

政府支出：G。其在模型中被视为外生变量。

国外净需求：IM。假定IM受本国收入的影响，出口受汇率的影响，汇率在该模型中为外生变量。NX(Y)=EX(e)-IM(Y)，其中EX与汇率正相关，IM与收入正相关。

（2）IS曲线的表达式

总供给等于总需求：

$$Y=[c_0+c(Y-T)]+(I_0-iR)+G+[EX(e)-(IM_0+mY)] \tag{11-1}$$

利率表示为产出的函数：

$$R=\frac{1}{i}[(c_0-cT)+I_0+G+EX(e)-M_0]-\frac{1-c-m}{i}Y \tag{11-2}$$

（3）IS曲线的形状与变化

斜率：负值。i越高，即投资对利率的反应越灵敏，斜率越小，IS曲线越平缓（如图11-3所示）。

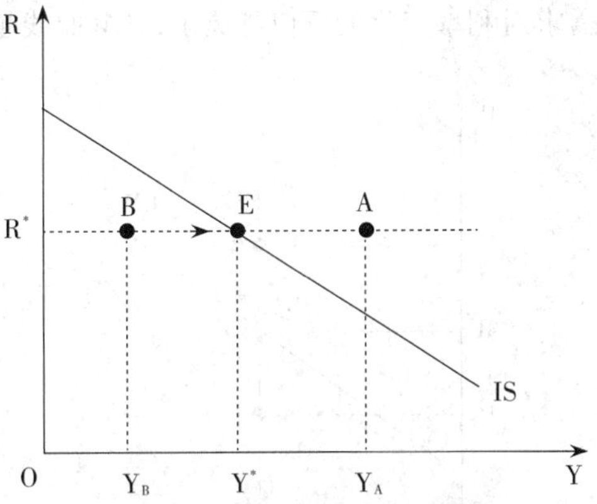

图11-3　IS曲线调整与变化

向均衡状态的调整：

A点意味着总供给大于总需求：A点与均衡点E点相比，利率均为R^*，故投资需求相同，政府支出和净出口也相同，只有消费需求不同。A点市场上的产品数量为Y_A，即总供给为Y_A，与E点相比总供给增加了（Y_A-Y^*），但总需求只增加了c（Y_A-Y^*），因此该点表示总供给大于总需求。

恢复均衡的过程是：通过存货调整实现均衡。由于价格是给定的，所以价格机制不起作用，数量调整通过合意存货机制实现。

B点意味着总供给小于总需求。

（4）IS曲线的移动

自发变量变化：所有自发变量（下标有0的变量）的提高都会使IS曲线右移，下降使IS曲线左移。

财政政策：支出（G）增加和税收（T）减少，会使IS曲线右移。

世界利率水平：汇率（e）提高，IS曲线右移。

2.LM曲线——货币市场的均衡

（1）货币需求的构成

交易性需求：$L_1=bY$。收入越高，交易性需求越高。

投机性需求：$L_2=-hR$。利率越高，投机性需求越低。

货币需求函数：

$L(Y,R)=bY-hR$

（2）LM曲线的表达式

均衡条件下货币供给等于货币需求：

$$\frac{M}{\overline{P}} = L(Y,R) = bY - hR \tag{11-3}$$

LM曲线的函数为：

$$R = \frac{b}{h}Y - \frac{1}{h}\cdot\frac{M}{\overline{P}} \tag{11-4}$$

（3）LM曲线的形状与变化

斜率：正值。货币需求对利率变化的反应越灵敏，LM曲线越平缓（如图11-4所示）。

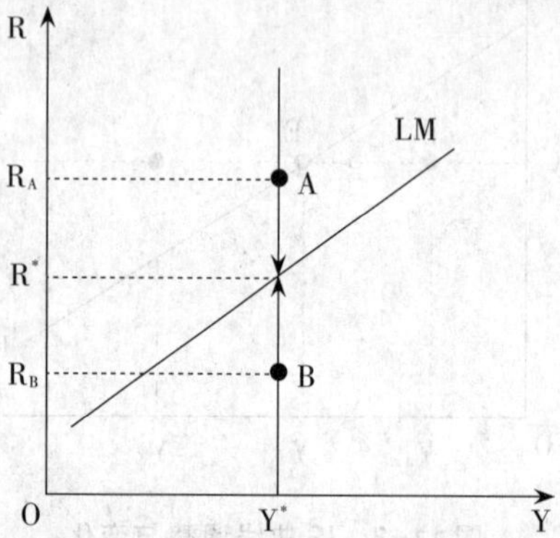

图11-4　LM曲线调整与变化

向均衡状态的调整：

A点意味着货币供给大于货币需求：A点对应的产出水平为Y^*，利率为R_A，当收入为Y^*时，均衡利率为R^*，R^*高于R_A，因此R^*点的货币需求低于R_A点的货币需求。故A点的货币需求大于货币供给。

恢复均衡的过程是：通过利率调整实现均衡。由于收入给定，所以货币市场通过投机性需求针对利率的调整来实现。

B点意味着货币供给大于货币需求。

（4）LM曲线的移动

货币政策：货币供给增加会使LM曲线右移；货币供给减少会使LM曲线左移。

3.BP曲线——国际收支的均衡

（1）国际收支平衡表的记账规则

凡是外国向本国支付的项目（收汇项目）都记入贷方，如出口货物与服务、本国银行接受外币存款、收取国外投资的资本金等；凡是本国向外国支付的项目（付汇项目）都记入借方，如对外投资、购买外国商品、在外国银行的存款等。

（2）BP曲线的含义

国际收支实现平衡时经常账户贷方余额等于资本和金融账户借方余额。

经常账户借方余额可近似等于净出口。

资本和金融账户贷方余额等于资本的净流出。

BP曲线上的任意一点都表示国际收支是平衡的，即净出口等于资本的净流出。

（3）BP曲线的表达式

净出口是产出与汇率的函数：

$$NX(Y)=NX(e)-IM(Y)=NX(e)-M_0-mY \quad (11\text{-}5)$$

净出口与产出成反比，汇率是外生变量。

资本净流出是利率差异的函数：

$$NF(R)=\sigma(R^*-R) \quad (11\text{-}6)$$

给定世界利率，本国利率越高，资本净流出越少。σ表示资本的流动性，σ越大，资本流动性越强。

净出口等于资本净流出时国际收支平衡：

$$NX(e)-IM(Y)=\sigma(R^*-R) \quad (11\text{-}7)$$

BP曲线的表达式：

$$R=R^*-\frac{1}{\sigma}[NX(e)-M_0-mY] \quad (11\text{-}8)$$

（4）BP曲线的形状与变化

斜率：正值。资本流动性越强，BP曲线越平缓。资本完全流动时，BP曲线为水平的；资本完全不流动时，BP曲线为垂直的（如图11-5所示）。

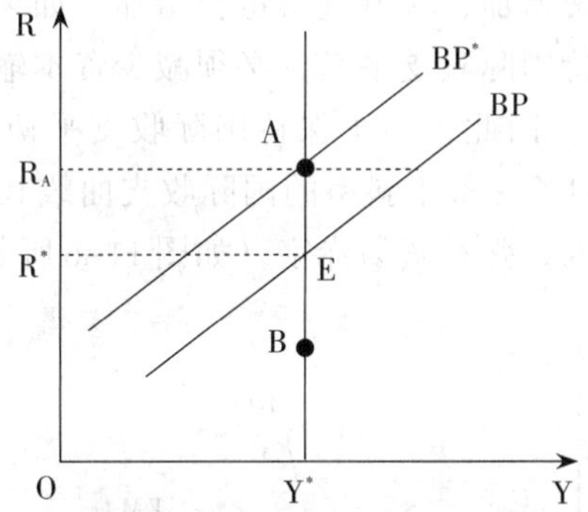

图11-5　BP曲线调整与变化

向均衡状态的调整：

A点意味着国际收支盈余：A点对应的产出水平为Y^*，与E点相同，故经常账户贷方余额与E点相同；A点对应的利率为R_A，高于E点对应的利率水平R^*，资本净流出较少，故资本账户借方余额低于E点：E点国际收支是平衡的，故A点的国际收支经常账户贷方余额高于资本账户贷方余额，因此国际收支是盈余的。

在固定汇率制下，国际收支失衡无法自动调整。

在固定汇率制下，国际收支盈余会导致本币升值，进而出口减少，BP曲线向右下方移动，直至恢复平衡。

B点意味着国际收支赤字。

（5）BP曲线的移动

自发变量变化：M_0提高，BP曲线向左上方移动。

汇率变化：汇率提高，本币贬值，BP曲线向右下方移动；在给定利率水平的情况下，资本账户借方余额给定，本币贬值，出口增加。出口增加后，必须提高产出，增加进口才能恢复平衡。因此，在给定利率的情况下，如果本币贬值，则需要更高的产出水平才能恢复国际收支平衡，故BP曲线向右下方移动。

同理，汇率降低，本币升值，BP曲线向左上方移动。

11.2.2 国际收支平衡

所谓国际收支平衡是指国际收支的经常账户、资本和金融账户收支相互抵销，余额为零。用BP表示国际收支差额，净出口（NX）函数可以代表经常账户，净资本流出（F）函数可以代表资本和金融账户。

$$BP=NX-F \tag{11-9}$$

当BP=0即NX=F时，国际收支平衡或外部均衡；当BP>0时，国际收支盈余或顺差；当BP<0时，国际收支赤字或逆差。

由于IS-LM模型没有涉及对外贸易和外资，因此，它基本上是对封闭式经济体系的阐述。如果加入国际收支均衡线（BP曲线）的内容，希克斯-汉森模型就发展成了IS-LM-BP模型了。这也是分析开放经济条件下国内外经济均衡的一个重要的经济模型。

该模型表示，由于外贸余额是收入的函数，资本和金融账户是国内利率的函数，假定国民收入上升，则会引起消费增加，接着进口也会增加。如果出口保持不变，就会产生贸易赤字。为了消除赤字，保持国际收支平衡，必须减少资本输出，增加资本输入，而资本的输入必须以高利率来吸引。因此，为了保持国际收支平衡，利率必须同国民收入同升降，于是在IS-LM曲线上增加了一条正斜率的国际收支曲线BP。BP曲线表明：收入增加，利率也上升，从而使资本流入，弥补贸易赤字（如图11-6所示）。

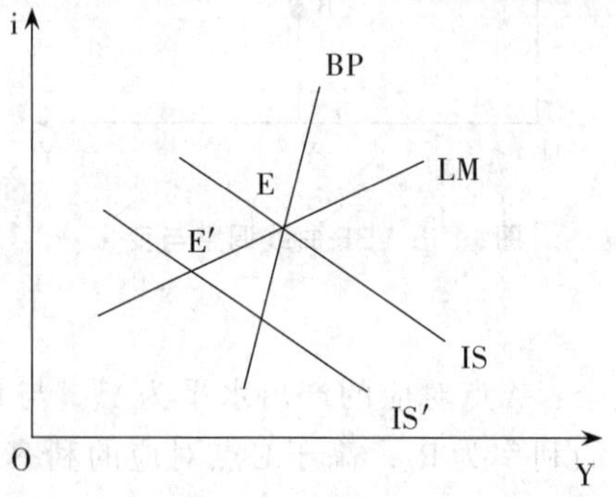

图11-6 IS-LM-BP模型

图11-6中IS曲线、LM曲线和BP曲线相交于E点，表明在E点，国内商品市场、资本市场和外汇市场处于均衡。如果投资下降，则使IS曲线移至IS′，并与LM曲线相交于E′点，在该点上，IS′=LM，却在BP曲线的左上方，说明国际收支有盈余。因为一国的投资（I）、出口（X）和政府支出（G）之和等于储蓄（S）、进口（M）和税收（T）之和，以方程表示为：

$$I+X+G=S+M+T \quad (11\text{-}10)$$

假定储蓄不变、投资下降，使S>I，也使T>G，这样就使(S+T)-(I+G)>0。但由于：

$$(S+T)-(I+G)=X-M$$

则：

$$X-M>0$$

反过来，如果LM曲线与IS′曲线的交点在BP曲线的右下方，则说明国际收支赤字。

11.2.3 开放经济下的IS-LM-BP模型

我们从一个简单形式的净出口方程开始：

$$NX=X-mY+vR$$

$$R=eP_f/P \quad (11\text{-}11)$$

式中：X是一个常数，代表包括国外收入作用在内的所有其他影响。需要注意的是，由于实际汇率的系数v是正数，所以实际贬值或实际汇率R的上升会改善贸易平衡。v越大，贸易平衡对实际汇率的反应越强烈。还要注意本国收入对贸易余额的影响：收入增加会使进口增加，从而使贸易收支恶化。系数m代表边际进口倾向，它反映收入增加1美元引起的进口增加量。

利用这一等式，商品市场的均衡条件变为：

IS曲线：

$$Y=\overline{A}+NX=\overline{A}+cY-bi+\overline{X}-mY+vR \quad (11\text{-}12)$$

或 $$Y=\frac{\overline{A}-bi+\overline{X}+vR}{1-c+m} \quad (11\text{-}13)$$

现在请注意，边际消费倾向（c）加上边际储蓄倾向（S）一定等于1，即c+s=1。

因此，用s替代式（11-13）中的1-c，我们得到：

$$Y=\frac{\overline{A}-bi+\overline{X}+vR}{s+m} \quad (11\text{-}14)$$

我们把1/(s+m)项叫作简单开放经济乘数。它反映的是在利率、国外收入和实际汇率既定的情况下，国内自发支出$\overline{A}$增加1单位对本国收入的影响。式（11-14）也说明了实际贬值对本国收入的影响：实际汇率R上升1单位会使本国收入增加v/(s+m)。贸易余额对实际汇率变动的反应越大，简单开放经济乘数就越大，本国收入增加得也越多。

下面考虑在浮动汇率制和资本完全流动的情况下，开放经济模型是怎样运行的。我们只是加入LM曲线，并假定$i=i_f$：

$$\frac{\overline{M}}{\overline{P}}=kY-hi_f \quad (11\text{-}15)$$

在式（11-15）中，我们已经进行了替换：$i=i_f$。于是我们可以根据式（11-15）决定均衡的收入水平为：

$$Y=\frac{1}{k}\left(\frac{\overline{M}}{\overline{P}}+hi_f\right) \quad (11\text{-}16)$$

可见，本国的实际货币供给和市场利率水平决定均衡收入水平。汇率调整使商品市场出清。把式（11-14）和式（11-16）联立，我们就可以求解均衡的实际汇率：

$$R=\frac{s+m}{kv}\cdot\frac{\overline{M}}{\overline{P}}+\frac{[(s+m)h+kb]i_f}{kv}-\frac{\overline{A}+\overline{X}}{v} \tag{11-17}$$

可见，财政扩张或$\overline{A}$的上升会引起实际汇率升值，而货币扩张会引起实际汇率贬值。

专栏11-1

11.3 固定汇率制下的宏观经济政策

宏观经济政策（macroeconomic policy）是指国家或政府有意识、有计划地运用一定的政策工具，调控宏观经济的运行，以达到一定的政策目标。宏观调控是公共财政的基本职责。所谓公共财政，是指为弥补市场失效、向社会提供公共服务的政府分配行为或其他形式的经济行为。从西方国家战后的实践来看，国家宏观调控的政策目标一般包括充分就业、经济增长、物价稳定和国际收支平衡等。在开放经济下，实现充分就业及国际收支平衡是经济的理想状态，即在内部和外部同时实现均衡。

11.3.1 政策环境与政策目标

1.政策环境

金本位制度下，参考物为黄金，各国货币规定含金量，铸币平价是汇率决定的基础，汇率围绕铸币平价上下波动，并受黄金输送点的制约。

第二次世界大战至1973年，纸币本位制度下，参考物为黄金、美元，此间的固定汇率制是通过国际协议人为建立起来的。各国货币当局通过虚设的金平价（固定比价）来制定中心汇率，而现实汇率通过外汇干预或国内经济政策等措施被维持在狭小范围内波动。

1973年至今，参考物多为各种主要货币，如美元、欧洲货币单位（1999年1月1日后为欧元）、特别提款权等。值得注意的是，1973年后，浮动汇率制诞生，一国采用固定汇率制，仅意味着该国货币与参考物（如美元）之间保持固定比价，与其他货币之间的汇率是否固定取决于美元与该货币之间的汇率是否固定。这有别于1973年之前的固定汇率制。

2.政策目标

一般来说，如果一国政府想保持固定汇率制，则要在公开市场上交易自己的货币。这是政府要保持外汇储备的原因。如果汇率高于固定汇率值，政府会用在市场上卖出本国的货币买入外汇，这样市场上对外汇产生更大的需求，本国货币贬值。如果汇率低于固定汇率值，政府要使用外汇储备，在市场上购买本国货币，导致本国货币升值。如果汇率的下降速度远快于政府对其的提升速度，外汇储备就会受到压力。

固定汇率制为国际贸易与投资提供了较为稳定的环境，降低了汇率的风险，便于进出口成本核算，以及国际投资项目的利润评估，从而有利于对外贸易的发展，对某些西方国家的对外经济扩张与资本输出有一定的促进作用，减少了经济活动的不确定性。一个想稳定其物价的高通货膨胀国家可以选择加入固定汇率体系来恢复央行的信誉。但是，在外汇市场动荡时期，固定汇率制也易于招致国际游资的冲击，引起国际外汇制度的动荡与混乱。[1]当一国国际收支恶化，国际游资突然从该国转移，换取外国货币时，该国为了维持汇率的界限，不得不拿出黄金和外汇储备在市场上供应，从而引起黄金的大量流失和外汇储备的急剧减少。如果黄金储备急剧流失后仍不能平抑汇价，该国最后有可能采取法定贬值的措施，从而使整个汇率制与资本体系的极度混乱与动荡。经过一定时间以后，外汇市场与各国的货币制度才能恢复相对平静。在未恢复相对平静以前的一段时间内，进出口贸易商对接单订货持观望态度，由此阻碍国际贸易的正常进程。

11.3.2 固定汇率制下的货币政策

1.资本不完全流动时的货币政策

货币政策主要影响LM曲线的移动，在固定汇率制下，BP曲线不移动。在图11-7中，BP曲线比LM曲线更陡峭，资本流动程度较低，假定BP曲线、LM曲线及IS曲线的交点A为经济均衡点，在该点处，经济处于内部和外部的均衡状态。如果政府实施扩张性货币政策，则LM曲线向右移动至LM_1的位置，则LM_1曲线与IS曲线的交点B为新的经济内部均衡点，此时B点位于BP曲线的下方，说明国际收支存在逆差。

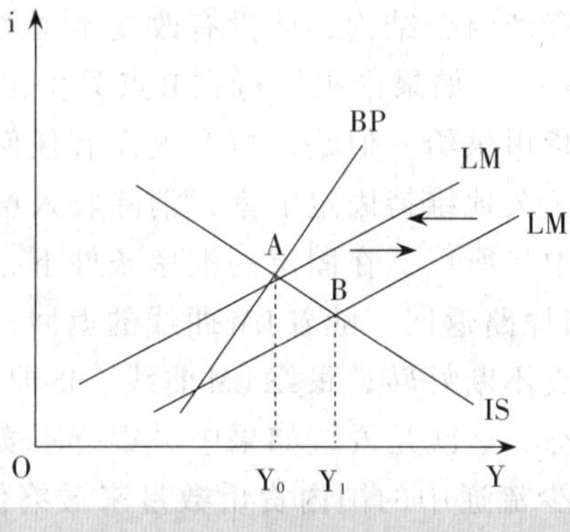

图11-7 固定汇率制下的扩张性货币政策（资本流动程度较低）

这时，货币当局要保持汇率稳定，那么需要动用其外汇储备来稳定外汇市场上的汇率。此时，国际收支存在逆差的原因一是利率下降导致资本外流，二是国民收入水平提高导致净出口减少。在这种情况下，内部均衡和外部均衡之间存在矛盾，扩张性货币政策使得国民收入水平由Y_0提高到Y_1，但导致国际收支逆差。

一般而言，固定汇率制下，货币扩张的效果和BP曲线、LM曲线的斜率大小无直接关系，无论BP曲线的斜率大于还是小于LM曲线的斜率，扩张性货币政策总是导致国际收支逆差的产生；相反，紧缩性货币政策会导致国际收支顺差的产生。

图11-8表示资本流动程度较高的情况。BP曲线比LM曲线更平缓，解释了在资本流动相对自由的情形下货币政策对收入和利率的影响效果。与图11-7所表示的相似，图11-8有同样的曲线移动过程。因为资本流动程度较高，所以LM曲线移动至LM_1的位置，使得利率降低，引起国内资本的大量流出；同时，增加的收入刺激了进口的增加，导致国

① 湛柏明. 国际经济学［M］. 上海：复旦大学出版社，2010：285.

际收支赤字。

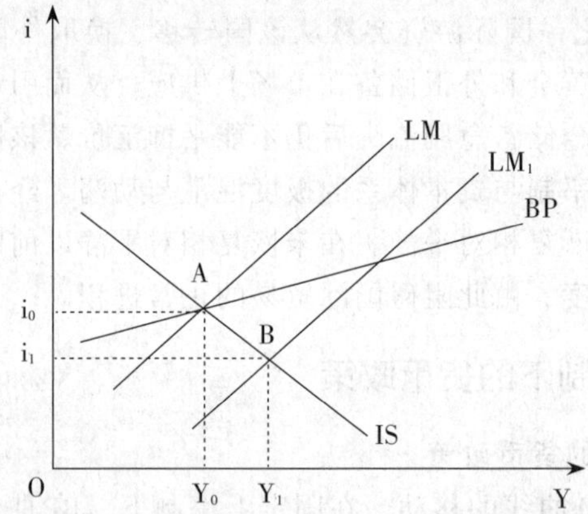

图11-8 固定汇率制下的扩张性货币政策（资本流动程度较高）

国际收支赤字的产生使本国货币有贬值的倾向，增加了国内对国外货币及资产的需求。为了保持汇率不变，在B点中央银行必须不停地卖出外汇储备来维持赤字带来的贬值压力。如果中央银行在B点卖出外汇，同时买入等值的国内金融资产，如政府债券等，这只是相对改变了它的资产组合结构，而没有改变本国的货币供给。中央银行的这一行为对LM曲线是没有影响的。如果中央银行在B点只卖出外汇，而不买入国内金融资产，就相当于减少了国内货币供给。但是，事实上没有任何一个政府有足够的外汇储备，能通过卖出外汇方式来长久地维持固定汇率，消除收入增加所带来的影响，并且忍受国际收支处于赤字状态之中。所以，在固定的汇率条件下，政府只能通过降低货币供给来减少收入，使LM曲线沿原路返回。随着LM曲线的返回，利率和收入变化带来的影响不断减少，这样，国际收支不断好转，最终LM曲线、IS曲线和BP曲线重新交于原来的A点，经济又恢复均衡状态。这就是说，如果中央银行不卖出外汇储备，在其他因素不变的情况下，可以通过减少流通中的国内货币数量来最终促使LM曲线再逐渐移回到A点。

2.资本完全不流动时的货币政策

如图11-9所示，在资本完全不流动的情况下，最初的均衡状态是点A。扩张性货币政策使LM曲线向右移至LM_1的位置，与IS曲线交于B点。在B点，国内收入增加，利率降低。收入的增加增大了对进口的支出，增大了对外汇或外国资本的需求。尽管利率降低了，但是在资本完全不流动的情况下，并没有引起多大的资本变动。B点位于BP曲线的右下方，说明国际收支出现赤字，本国货币有贬值的倾向。为了保持固定的汇率，中央银行需要卖出外汇，这就使国内的货币供给减少。货币供给的减少使LM曲线向左移动，以逐渐减小收入效应，改善国际收支逆差状况。LM_1曲线向左移动至LM曲线的位置，此时收入恰好恢复到原来的状态。LM曲线与IS曲线、BP曲线再次相交于原来的均衡点A。因此，在资本完全不流动的固定汇率制下，货币政策对收入是完全没有影响的。

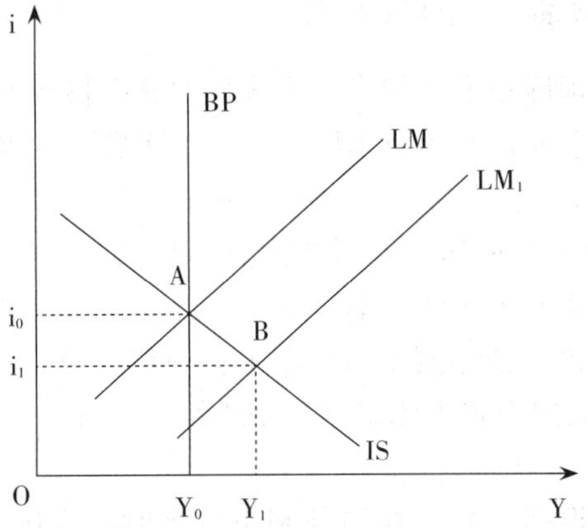

图11-9 固定汇率制下的扩张性货币政策（资本完全不流动）

3.资本完全流动时的货币政策

在资本完全流动的情况下，不抵补的利率平价条件成立，所以国内利率与国外利率相等。如图11-10所示，BP曲线平行于横轴。扩张性货币政策使得LM曲线向右移至LM_1，交IS曲线于B点。收入增加后，进口支出增多，同时降低利率，促使资本大规模流出，导致国际收支赤字。国际收支赤字使得本国货币产生贬值的倾向。为了维持汇率，中央银行被迫卖出外汇，使国内的货币供给逐渐减少到最初状态，逐步消除了利率和收入带来的影响，国际收支状况也逐渐好转，LM曲线逐渐移回至原来的位置，与IS曲线和BP曲线相交于均衡点A。如果在B点中央银行不仅卖出外汇储备，而且同时在公开市场业务中购买本国的证券资产，那么LM曲线的移回是可以被推迟的，但是这种延迟不可能是无限制的，因为本国的外汇储备会很快低于目标水平，本国也失去了利用审慎的货币政策工具来对经济进行调节的可能。如果中央银行采取不作为的态度，最终还是会因为流通中的货币量减少，在固定汇率制的自动调节作用下LM曲线左移至原来的均衡点。因此，我们可以得出结论：在资本完全流动的条件下，为了维持固定汇率制，货币政策对收入的作用是完全无效的。

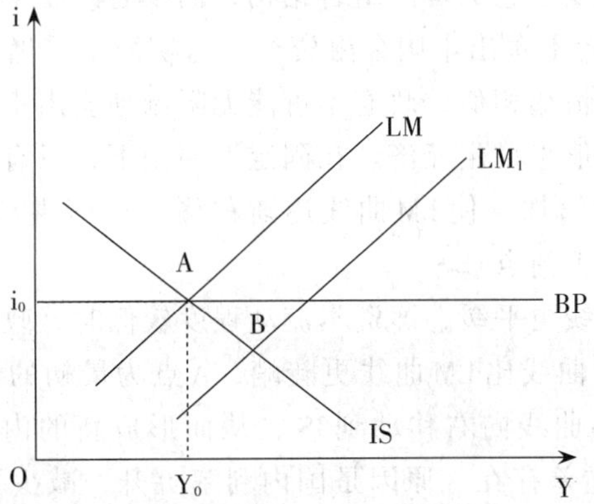

图11-10 固定汇率制下的扩张性货币政策（资本完全流动）

11.3.3 固定汇率制下的财政政策

资本账户主要记录国际投资和借贷。为分析方便，将从本国流向外国的资本量与从外国流向本国的资本量的差额定义为资本账户差额或净资本流出，并用F表示：

F＝流向外国的本国资本量–流向本国的外国资本量

如果本国利率高于国外利率，外国的投资和贷款就会流入本国，这时净资本流出减少。反之，如果本国利率低于国外利率，本国的投资者就会向国外投资，或向国外企业放贷，这时，资本就要外流，使净资本流出增加。一般来说，净资本流出是本国利率r与国外利率r_w之差的函数。假定净资本流出函数是线性的，有：

$$F=\sigma(r_w-r)$$

式中：σ>0，为常数。根据上式，在国外利率既定时，本国利率越高，流出的资本就越少，流入的资本就越多，即净资本流出越少；反之亦然。故F是r的减函数。在上式中，σ决定BP曲线的斜率。当σ的值较小时，BP曲线较陡峭，即资本流动性较低，资本流动量变化对利率变化的反应迟钝。相反，当σ的值较大时，BP曲线较平缓，即资本流动性较高，资本流动量变化对利率变化的反应灵敏。σ趋近于无穷大时，资本具有完全的流动性，BP曲线为水平线；σ趋近于0时，资本完全不流动，BP曲线为垂直线。BP曲线的斜率决定了调控政策的不同效果。

1.资本不完全流动时的财政政策

在固定汇率制下，当LM曲线比BP曲线更陡峭时，即资本流动程度较高时，政府实行扩张性财政政策（如图11-11所示）。在图中，A点为最初的经济均衡点，伴随着政府实行扩张性财政政策，IS曲线向右移动到IS_1，从而形成新的内部均衡点B。由于B点位于BP曲线上方，故有顺差存在。这种情况说明，尽管收入的提高会引起经常账户收支的恶化，但国内利率上升，减少了投资，在资本相对流动的条件下，引起大量短期资本流入，资本的流入大于收入提高所产生的增加的进口支出，最终导致国际收支出现盈余。国际收支盈余的产生，增大了对本国货币和资产的需求，使本国货币有升值的倾向。为了保持固定汇率不变，在B点中央银行必须不断地购买外汇。中央银行购买外汇或者同时卖出本国金融资产，只是相对改变了它的资产组合结构，而没有改变本国的货币供给，这种做法不会使LM曲线移动；或者不卖出本国金融资产，这实质上是增大了国内的货币供给。与资本相对不流动情况下的情形相似，政府不可能无限制地卖出本国金融资产，最后只能通过扩大货币供给或货币升值来稳定经济。在固定汇率制下，只有选择增大货币供给这一种形式。国内货币供给逐渐增加，使LM曲线逐渐右移，与IS_1曲线相交，直到交点落在BP曲线上为止，即达到新的平衡点C。

当LM曲线比BP曲线更平缓，即资本流动程度较低时，政府实行财政政策的效果正好相反。图11-12中，BP曲线比LM曲线更陡峭，A点为最初的经济均衡点。伴随着政府实行扩张性财政政策，IS曲线向右移动到IS_1，从而形成新的内部均衡点B。由于B点位于BP曲线右下方，故有逆差存在。原因是国内利率上升，减少了投资，在资本相对不流动的条件下，利率的提高不能引起大量短期资本流入，而且提高的收入刺激了进口支出，导致国际收支赤字的产生。国际收支赤字的产生增加了国内对国外货币及资产的需求，使本国货币有贬值倾向。为了维持固定汇率制，中央银行必须在B点卖出外汇，或者同时买入

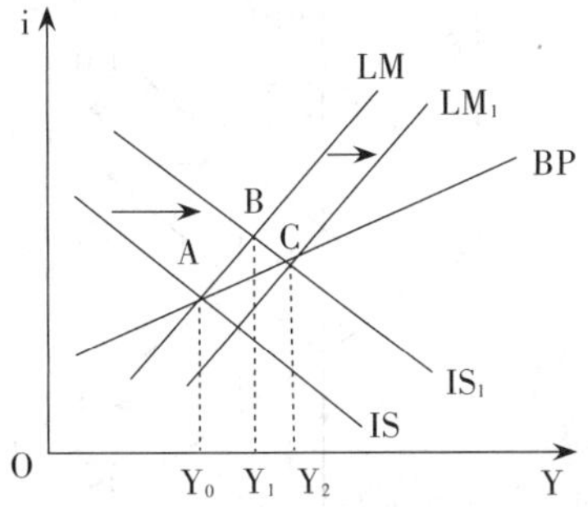

图 11-11　固定汇率制下的扩张性财政政策（资本流动程度高）

等值的本国金融资产，但这只是相对改变了它的资产组合结构，而没有改变本国的货币供给，这种做法不会使LM曲线移动；或者没有同时买入等值的本国金融资产，那么中央银行的行为减少了国内的货币供给。事实上，没有任何一个政府能够有足够的外汇储备，通过卖出外汇的方式来长久地维持固定汇率，消除增加收入所带来的影响，并且忍受国际收支处于赤字状态之中。所以最后政府还是只能通过或减少货币供给或货币贬值来稳定经济。在固定汇率制下，只有选择减少货币供给这一种形式使国内货币供给逐渐减少，使LM曲线逐渐左移，与IS_1曲线相交，最终交点落在BP曲线上，即达到新的平衡点C。

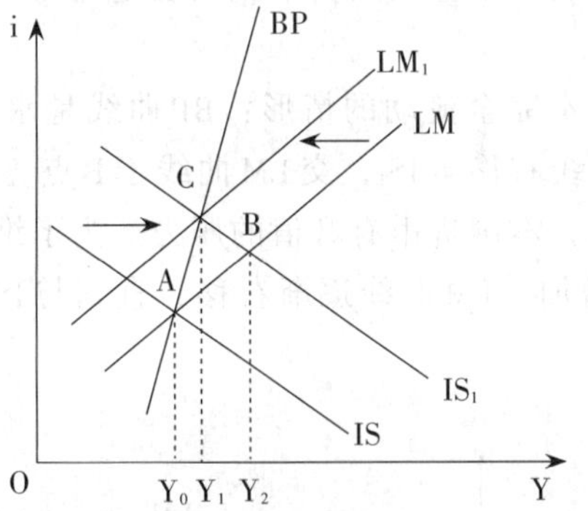

图 11-12　固定汇率制下的扩张性财政政策（资本流动程度低）

2.资本完全不流动时的财政政策

BP曲线垂直时，资本完全不流动，政府实行扩张性财政政策，效果如图11-13所示。从图中可看出：A点为最初的经济均衡点，伴随着政府实行扩张性财政政策，IS曲线向右移动到IS_1，从而形成新的内部均衡点B，国内收入和利率都相应地增大；同时，当经济开始扩张的时候，进口需求和外汇需求都增大。为了保持固定汇率不变，中央银行就要卖出外汇，于是，货币供给减少，使得LM曲线不断向左移动，而国内利率也渐渐提高，造成国内投资减少。当减少的投资恰好抵消了政府支出增大的部分时，LM曲线不再移动。因此，在资本完全不流动的情况下，增大政府支出的影响就是仅仅挤出了等量的国内投资，而收入和就业仍然保持在最初的水平。可见，在资本完全不流动的前提假设下，财政政策对刺激收入和就业是无效的。

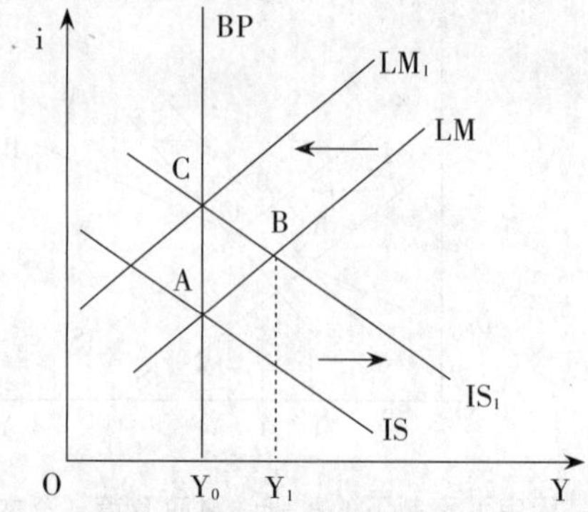

图 11-13　固定汇率制下的扩张性财政政策（资本完全不流动）

3.资本完全流动时的财政政策

这种情况与上述情形相似，只是因为国内利率与国际利率保持完全相同的状态，所以不存在国内投资被挤出的情形。由于国内或国外的金融资产可以完全替代，所以利率的微小变动就会引起短期资本的大规模流动，或从国内流向国外，或由国外流向国内。政府支出的增加会立即提高国内利率，刺激短期资本迅速流入，产生国际收支盈余。为了保持汇率固定不变，中央银行应该抛出本币，买进多余的外汇，这就扩大了货币供给。这种扩大会一直持续下去，直到这种利率效应被因资本流入及随之而来的货币供给增大而带来的影响所恰好抵消为止。

图 11-14 所表示的是资本完全流动的情形：BP 曲线是水平的，最初的均衡状态是点 A。扩张性财政政策使 IS 曲线右移至 IS_1，交 LM 曲线于 B 点。由于利率的提高导致资本的大规模流入，国际收支盈余，本国货币有升值的压力。为了维持固定的汇率，中央银行购买外汇，使国内货币供给增加，LM 曲线逐渐右移，直到与 IS 曲线和 BP 曲线相交于 C 点，即达到新的平衡点。

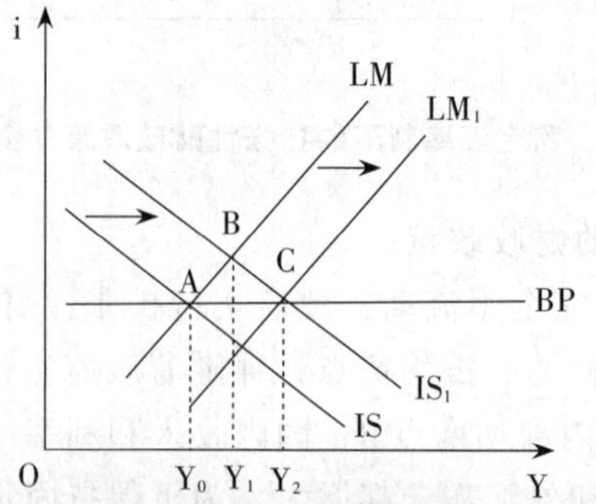

图 11-14　固定汇率制下的扩张性财政政策（资本完全自由流动）

在资本完全流动的固定汇率制下，因为不存在任何因利率提高而产生的投资挤出效应，财政政策对收入的作用是完全有效的。在资本完全流动的假设前提下，收入随着短期的资本流入而被充分提高了。通过上述对固定汇率制下的财政政策效果的分析，可以得到结论：除了资本完全不流动的情形以外，财政政策对收入的影响程度取决于资本流动的程度；资本流动的程度越大，财政政策的作用越有效。上述分析是从扩张性财政政策的角度分析。如果政府采取紧缩性财政政策，即政府减少支出和增大税收，则会使IS曲线向左移动，最终产生与扩张性财政政策相反的效果。

在本部分，我们解释了在固定汇率制下宏观经济政策的效果问题。当价格和汇率固定时，很明显，内部平衡目标和外部平衡目标的同时满足并不能得到保证。一般的均衡模型涉及货币层面、实业层面和国际收支。在不同的资本流动程度的假设前提下，汇率保持不变，财政政策的效果随资本流动程度的增大而明显增强；只有在资本完全不流动的情况下，财政政策才在刺激产出和就业方面无效。一般来说，货币政策对收入的影响是无效的。

11.4　浮动汇率制下的宏观经济政策

11.3部分我们讨论了固定汇率制下的宏观经济政策，即有关分析一直是在汇率由中央银行决定并且是固定汇率这个前提下进行的；在本部分我们将讨论浮动汇率制下的宏观经济政策，从中我们将看到两种不同汇率制度下的宏观经济政策效果的重大差别。

11.4.1　政策环境与政策目标

1.政策环境

自1973年以来，世界主要货币实行了浮动汇率制。除了主要货币实行浮动汇率制外，一些较小的国家实行了爬行钉住这种非常接近浮动汇率制的汇率安排，即不断调整汇率，以维持国际收支平衡。

不管资本是否完全自由流动，在自由浮动汇率制下，中央银行不再干预外汇市场，这意味着：

①本币的汇率会自动将本币在外汇市场上的供求调整到相一致的状态，即本币在外汇市场上的供求自动平衡。

②在浮动汇率制下，中央银行可以任意确定货币供给。在货币供给和国际收支之间不再存在固定汇率制下的联系，货币供给成了外生变量。

2.政策目标

概括而言，浮动汇率可自动调节国际收支，使一国经济达到对外平衡。这样汇率调节就完成了固定汇率制下政府必须考虑的内外平衡两个任务中的一个。所以在浮动汇率制下，政府的政策目标是通过宏观经济政策的实施实现充分就业和物价稳定。[①]

在浮动汇率制下，我们对宏观经济政策的分析方法有变化，这主要体现在：

第一，经济的主要调整机制不是由国际收支不平衡引起的货币供给的调整，而是由国际收支不平衡引起的汇率调整。

第二，我们假定汇率贬值能改善经常账户收支、提高国民收入（这就要求马歇尔-勒纳条件成立，而且边际吸收倾向小于1）。这就是说，汇率贬值能使BP曲线和IS曲线右移。

① 湛柏明．国际经济学［M］．上海：复旦大学出版社，2010：290.

11.4.2 浮动汇率制下的货币政策

1.资本完全不流动时的货币政策

如图11-15所示，扩张性货币政策会使LM曲线右移至LM′，在短期内，收入水平提高，利率下降，同时国际收支出现逆差。与固定汇率制下的情况不同，这时的国际收支逆差不会造成货币供给的减少（中央银行不再干预汇率），而会造成本币贬值（$e_1>e_0$）。本币贬值会使BP曲线和IS曲线右移，直至3条曲线同时相交于E″点为止。在新的经济平衡点E″上，汇率贬值，收入不仅高于期初水平，而且高于封闭条件下的收入水平。从图形上看，似乎E″点的利率水平与E′点的利率水平相比孰高孰低难以确定。其实，由于E"点的国际收支是平衡的，即有X-M=0，而该点处的私人消费与政府支出均未发生变化，故收入水平的提高必然意味着私人投资水平的提高；由于投资与利率是负相关的，这就当然要求利率水平比期初要有所下降。

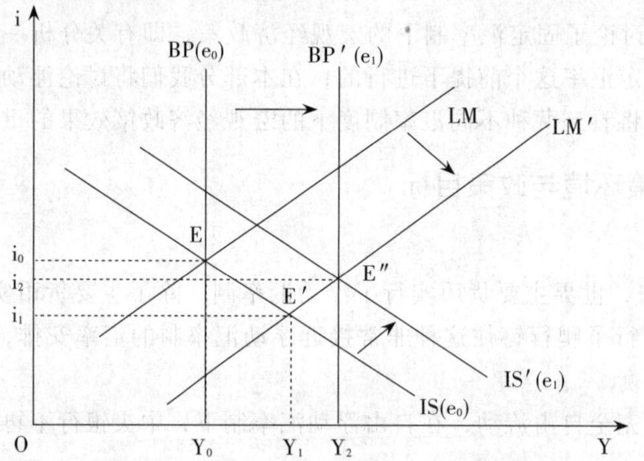

图11-15 浮动汇率制下的扩张性货币政策（资本完全不流动）

以上分析说明，在浮动汇率制下，当资本完全不流动时，扩张性货币政策会引起如下效应：在短期内，利率下降，收入上升，国际收支出现逆差；在中期内，本币贬值，收入进一步增加，利率水平有所上升，但仍低于期初水平，国际收支也恢复平衡。因此，此时的货币政策是比较有效的。

2.资本不完全流动时的货币政策

如图11-16所示，扩张性货币政策会使IM曲线右移至LM′，短期内导致收入增加，利率下降。对国际收支而言，一方面收入增加引起进口增加，经常账户恶化；另一方面，利率下降导致资本和金融账户恶化，因此，国际收支总体来说是恶化了，这就会引起本币贬值。在中期内，本币贬值使IS曲线和BP曲线同时向右移动，直至与LM′曲线共同相交于E′点。在新的均衡点上，收入进一步增加，本币贬值。但利率水平同期初相比难以确定，这要取决于各条曲线的相对弹性。如果利率比期初水平上升了，就意味着经常账户恶化，因为需要利率上升吸引资金流入，以弥补经常账户赤字。从经常账户本身来说即意味着贬值对其产生的扩大出口效应小于收入增加对其产生的进口增加效应。如果利率比期初值下降了，则情况相反。

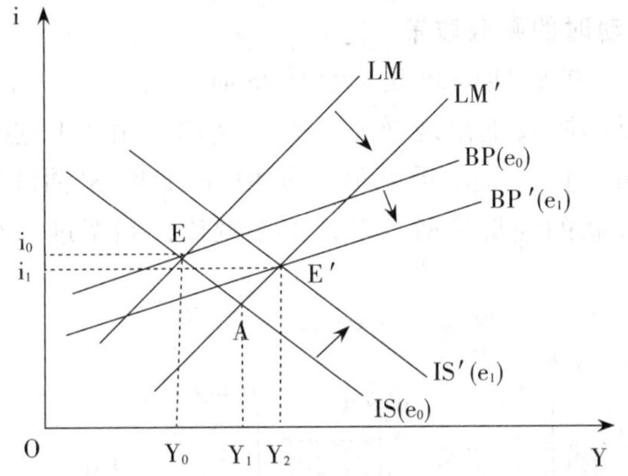

图11-16　浮动汇率制下的扩张性货币政策（资本不完全流动）

以上分析说明，在浮动汇率制下，当资本不完全流动时，扩张性货币政策会引起如下效应：在短期内，利率下降，收入增加，国际收支出现逆差；在中期内，本币贬值，收入进一步增加，利率水平有所上升，但仍低于期初水平，国际收支也恢复平衡。因此，此时的货币政策比较有效。

3.资本完全流动时的货币政策

如图11-17所示，扩张性货币政策使得LM曲线向右移动。当LM曲线稍微右移时，会造成本国利率下降，这会立即通过资本流出造成本币贬值，IS曲线随即向右移动；当LM曲线最终移动至LM′时，IS曲线也移动至IS′，且LM′曲线与IS′曲线的交点E′正好位于BP曲线上。由于此时资本完全流动，故经济实际上是沿着E点到E′点的轨迹运动的。在新的经济均衡点E′上，收入不仅高于期初水平，而且高于封闭经济下货币扩张后的水平，同时本币贬值。

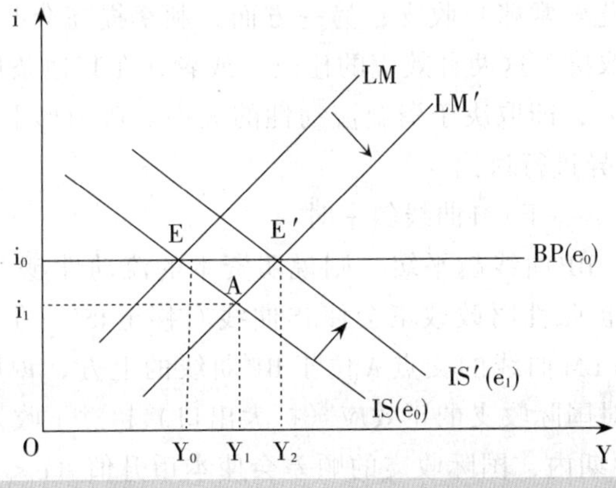

图11-17　浮动汇率制下的扩张性货币政策（资本完全流动）

所以在浮动汇率制下，当资本完全流动时，扩张性货币政策会引起本国货币贬值，收入增加对利率无影响。可见，此时的货币政策是非常有效的。

11.4.3 浮动汇率制下的财政政策

1.资本完全不流动时的财政政策

如图11-18所示，扩张性财政政策会使IS曲线右移至IS′，在短期内，收入水平提高，利率上升，同时国际收支出现逆差。在中期内，由于E′点位于BP曲线的右方，国际收支逆差使得本币贬值，而本币贬值会使BP曲线和IS′曲线同时右移，直至与LM曲线交于同一点E″。在新的经济平衡点上，汇率贬值，利率进一步上升，国民收入也进一步增加。

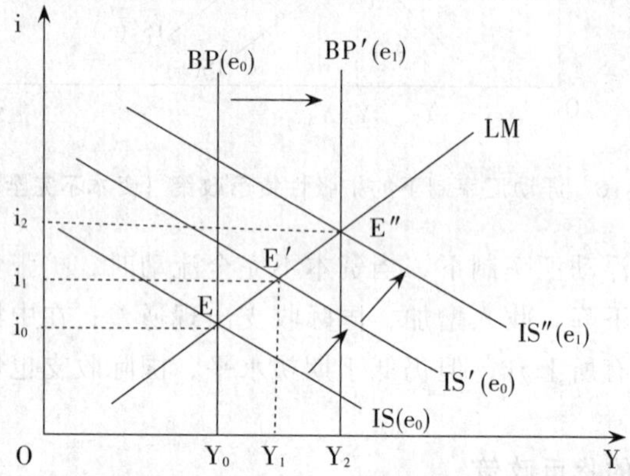

图11-18 浮动汇率制下的扩张性财政政策（资本完全不流动）

所以，在浮动汇率制下，当资本完全不流动时，扩张性财政政策会使得短期内利率上升，收入增加，国际收支逆差；在中期内，利率水平继续上升，收入也进一步增加，本币贬值，国际收支恢复平衡。此时的财政政策是比较有效的。

2.资本不完全流动时的财政政策

扩张性财政政策会同时提高收入与利率，这给国际收支账户带来的影响是双重的。一方面，收入提高会恶化经常账户收支；另一方面，利率提高会改善资本和金融账户收支。国际收支如何变化，取决于这两种效应的比较。或者，在其他条件不变时，取决于利率提高能吸引多少资金流入，即取决于资金流动性的大小。从图形上看，我们可以根据LM曲线与BP曲线斜率的差异进行讨论。

（1）当BP曲线斜率小于LM曲线斜率时

如图11-19所示，BP曲线越平缓，则说明资本的流动性越大，利率上升就能引起更大规模的资本流入。扩张性财政政策会使IS曲线右移至IS′，在短期内，收入水平提高，利率上升。IS′曲线与LM曲线的交点A位于BP曲线的上方，说明国际收支出现了顺差，也就是说，利率上升对国际收支的正效应（扩大出口）超过了收入增加对国际收支的负效应（进口增加）。在中期内，国际收支的顺差会使本币升值（$e_1<e_2$），IS′曲线与BP曲线随之左移，当IS″曲线、BP′曲线与LM曲线相交于E′点时，经济就达到了新的均衡。在新的均衡点上，本币升值，收入、利率都高于期初水平，但都低于封闭条件下财政扩张后短期均衡点A的情形。

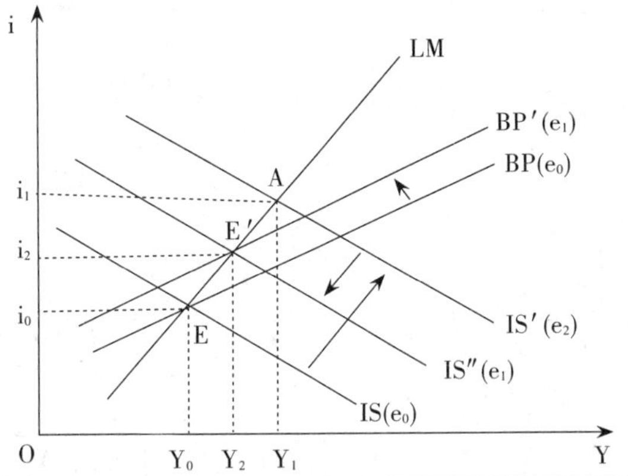

图11-19 浮动汇率制下的扩张性财政政策（一）（资本不完全流动）

（2）当BP曲线斜率等于LM曲线斜率时

如图11-20所示，扩张性财政政策使得IS曲线右移至IS′，IS′曲线与LM曲线的交点E′位于BP曲线上，这时的国际收支处于平衡状态。在新的经济平衡点上，此时的情况与封闭条件下相同，收入、利率都高于期初水平，汇率不发生变化。

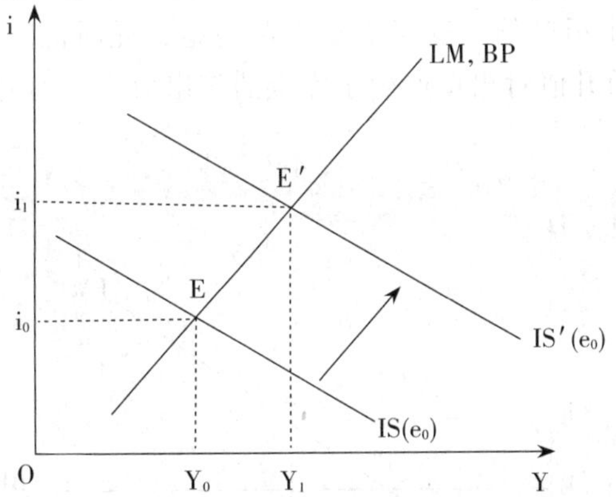

图11-20 浮动汇率制下的扩张性财政政策（二）（资本不完全流动）

（3）当BP曲线斜率大于LM曲线斜率时

如图11-21所示，扩张性财政政策使得IS曲线右移至IS′，收入增加，利率上升，此时IS′曲线与LM曲线的交点A位于BP曲线的右下方，说明短期均衡点存在国际收支逆差现象。在中期内，国际收支赤字必然造成本币贬值，这会引起IS′曲线与BP曲线同时右移。当IS″曲线、BP′曲线与LM曲线交于E′点时，经济达到新的均衡。在新的均衡点上，收入和利率水平又进一步有所提高。

根据以上3种情况的分析，在浮动汇率制下，当资本不完全流动时，扩张性财政政策会使得在短期内利率上升，收入水平上升，国际收支状况依据资本流动性的差异会有多种可能；在中期内，国际收支恢复平衡，但对汇率的影响必须根据资本流动性的不同而做具体分析，利率和国民收入依据资本流动性的差异也存在多种可能，但同期初相比，利率与

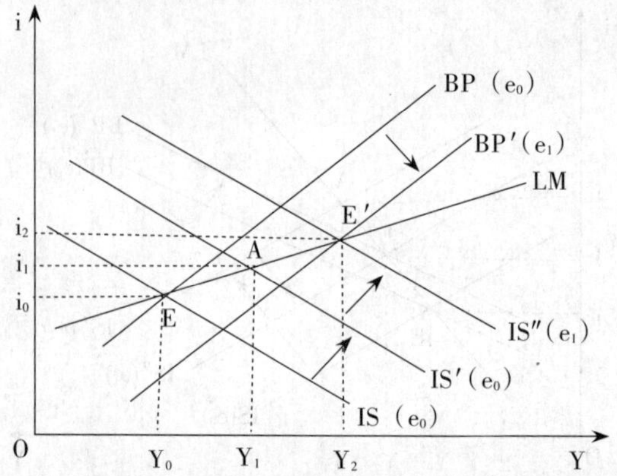

图11-21 浮动汇率制下的扩张性财政政策（三）（资本不完全流动）

收入水平均有所提高。因此，此时的财政政策还是比较有效的。

3.资本完全流动时的财政政策

如图11-22所示，扩张性财政政策首先使IS曲线右移，本国利率上升，利率的微小上升就会导致大量资本流入，从而造成本币升值；本币升值又会推动IS′曲线左移，直至返回原来位置，即利率水平重新回到世界利率水平为止。这时与期初相比，收入没有发生改变，利率也不变，但本币升值。这里需要强调的是，此时国民收入的内部结构发生了变化，财政政策通过本币升值对出口产生了完全的挤出效应，即财政支出增加规模等于出口下降规模。

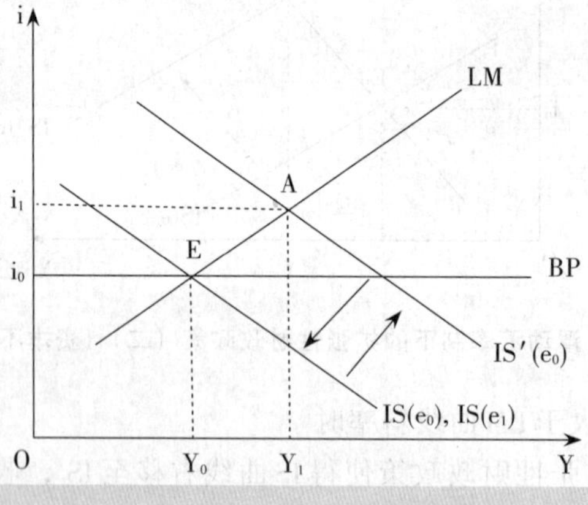

图11-22 浮动汇率制下的扩张性财政政策（资本完全流动）

因此，在浮动汇率制下，当资本完全流动时，扩张性财政政策会造成本币升值，但对收入和利率均不能产生影响，此时的财政政策是完全无效的。

11.5 国际经济政策协调

11.5.1 国际经济政策协调概述

国际经济政策协调的全称为"宏观经济政策的国际协调"，是指在各个国家、地区或国际组织之间，以发达国家、地区或国际经济组织为主体，就贸易政策、汇率政策、货币政策和财政政策等宏观经济政策进行磋商和协调，适当调整现行的经济政策或联合采取干预的政策行动，以缓解政策溢出效应和外部经济冲击对各国经济的不利影响，实现或维持世界经济均衡，促进各国经济稳定增长。国际经济政策协调的基础是各国经济的相互依赖和国际经济传递机制。

国际经济政策协调的本质是各国经济利益的协调。核心和目标是要调节经济全球化过程中国际共同利益和民族、国家利益的矛盾，实现世界经济和各国经济的有序运行，促进世界经济和各国经济的增长。所以，国际经济政策协调的作用在于：各国政府通过一定方式寻求各国经济利益的共同点，以相互依赖关系和经济传递机制为纽带，实现各国整体利益的最大化和各国内外经济平衡基础上的世界经济均衡。

1.国际经济政策协调的层次

第一，信息交换，包括各国政府间相互交流本国为实现经济内外均衡而采取的宏观调控的政策目标范围和侧重点、政策工具种类、政策搭配原则等信息，但仍在独立分散的基础上进行本国的决策。

第二，危机管理，是指针对世界经济中出现的突发性的、后果特别严重的事件，各国进行共同的政策协调，以缓解、度过危机。

第三，避免共享目标变量的冲突。共享目标变量的冲突是指两国面对同一目标采取的政策冲突。国家间的竞争性贬值就是典型的形式。

第四，合作协调中介目标。两国国内一些变量的变动会通过国家间的经济联系而形成一国对另一国的溢出效应，因此各国有必要对这些中介目标进行合作协调。

第五，部分协调，是指不同国家就国内经济的某一部分目标或工具进行的协调。

第六，全面协调，是指将不同国家的所有政策目标或工具都纳入协调范围，从而最大限度地获取政策协调的收益。

目前，国际经济政策协调有两种：

①充分考虑国际经济联系，有意以互利的方式调整各自的经济政策的过程。它包括了从相当有限的目标协调到宏观经济政策的一系列协调形式。

②有关国家在解决失业和通货膨胀的目标选择不一致时，在相互让步的基础上，就货币政策和财政政策进行国际协调，并达成某种妥协或临时默契，共同选择一个符合参与协调整体利益最大化的均衡点。

第二种协调相对于第一种协调更深入，不仅对一国经济的微观经济效益产生影响，还对一国的宏观经济变量如经济增长、通货膨胀、利率等产生直接影响，进而影响一国的经济结构。

2.国际经济政策协调的方式

国际经济政策协调的方式主要有两种：

（1）相机性协调

相机性协调（discretion-based coordination）是指根据各国国际收支的具体情况，在没有既定协调规则的条件下，通过各国之间的临时性协商确定各国应采取的政策组合。

相机性协调的优点是灵活性、时效性、针对性比较强。

相机性协调的缺点有两个：

一是可行性较差。每次政策协调行动实际上都是各国政府之间的一次讨价还价过程，不仅政策协调的决策成本很高，而且很难对各国政府真正形成制约作用。

二是缺乏可信性。相机性协调很难在缺乏明晰规则的情况下，通过一些临时性的措施来合理影响公众的心理预期，从而给政策协调带来相当大的不确定性。

相机性协调有如下分类：

①从地域上看，分为全球性的国际协调、区域性的国际协调；

②从协调所涵盖的内容看，分为综合性的国际协调、专门化的国际协调；

③从协调频率上看，分为经常性的国际协调、临时性的国际协调。

（2）规则性协调

规则性协调（rule-based coordination）是指通过制定明确的规则（包括原则、协定、条款及其他指导性条文等）来指导各国采取政策措施，从而达到国际协调的一种方式。

该协调方式具有如下的优点：

①规则清晰、明了，有利于协调各方理解、参考与执行；

②在较长时期内可保证政策协调的连续与稳定进行；

③这些规则一般都是通过全球性金融组织或其成员共同制定的，具有较高的权威性和可信性，受到更多的重视；

④主要协调方还可参与制定这些规则，在此过程中可以反映本国的情况，体现本国在金融监管协调上的思想、理念和价值观。

布雷顿森林体系和欧元区成员的政策协调都是规则性协调的典型案例。

3.国际经济政策协调的低效率

国际经济政策协调是在国家间利益发生冲突或无法确保相关国家的经济利益同时达到最大化的情况下，对这些国家的经济政策进行协调，以寻求各参与协调国家的整体利益趋于最大化。尽管经济相互依赖度较高的国家都有参与国际经济政策协调的愿望，理论也证明国际经济政策协调能给参与国带来收益，但在实践中，国际经济政策协调并不总是有效的，有时反而会带来严重的负面效应。导致国际经济政策协调低效的经济原因主要有以下方面：

（1）市场主体的理性预期

理性预期学说认为，市场主体的理性预期使政府制定的政策趋于无效，或者使政策效果偏离政府的预期。巴罗和戈登研究认为，时间不一致的政府行为的激励能够产生一个“通货膨胀偏差”。政府选择扩张性政策以刺激经济活动并减少失业，一旦这一点被认识到，国际经济政策协调只会加重协调双方的通货膨胀倾向，而不能达到预期的政策效果。

（2）经济运行的不确定性

国际经济政策协调有效的前提是各国政府对货币政策的作用机理和经济的运行方式具有基本的共识；否则，国际经济政策协调的效果只能是不确定的和低效的。

首先，如果各国政府对经济的运行机制和存在问题的看法不一致，它们就很难达成一致意见。

其次，不同国家的经济学者在为政府进行经济预测时所采用的计量经济模型不一样，各国对参与国际经济政策协调的成本和收益的估计就会不同。在这种情形下，国际经济政策协调的难度就会加大，即使双方政府能够达成协调方案，也会因为评价标准的不一致而导致协调低效。

最后，宏观经济是一个“噪声系统”，存在很多干扰因素和外生变量。政府经济政策的制定受认知过程的限制，对宏观经济模型的修正以及对政策制定过程的改良都十分缓慢，这样就不可避免地导致协调的困难和结果的低效。

（3）公共产品“搭便车”

国际经济政策协调是在具有不同利益的主权国家之间展开的，经济政策解决问题的出发点不同，使信守承诺成为问题的关键。

首先，国际经济政策协调是有成本的。如果在协调合作的体系内缺乏制度化的监督机制，政策协调所带来的经济福利的改善就可能具有类似公共物品非排他性的属性，导致一些参与国产生“搭便车”的动机。它们一方面声称同意政策合作，从而分享合作所带来的好处，另一方面逃避协调成本。当政策协调在多国之间进行时，违约动机会更强，很可能因为“搭便车”行为泛滥而导致政策协调失败。

其次，为保证协调的顺利进行，通常需要采用某种惩罚机制，以防止参与国违反其承诺。实际上不可能存在强有力的监督和惩罚方式对那些不履行协调责任的成员进行惩罚，导致协调组织内部各成员纪律松散，难以达到预期的协调目标。

（4）世界经济发展不平衡

国际经济政策协调常常在经济利益高度相关的国家之间进行，其政策目标和实施方案往往对协调参加国有利。但是，协调参加国所实行的合作政策很可能会对非协调参加国造成负面影响。这些非协调参加国就可能实施对协调参加国不利的经济政策，最终恶化协调参加国的状况，导致所谓的“第三国问题”。经济发展不平衡和经济实力的不对称性导致国际经济政策协调低效。不少经济学者认为，强势国家对弱势国家的压制可能是导致国际经济政策协调低效的主要原因。在现实经济中，国家之间经济实力的不同导致协调过程中的地位不一致。一般来说，小国的国际贸易额占国内生产总值的比重相对于大国来说更高，因此小国更容易受到大国经济政策的冲击，但又不能采取相应的报复措施。这就使得小国在政策协调的谈判中处于弱势地位。而大国常常从自身的利益出发，要求其他经济实力较弱的国家按照大国政策意图进行所谓的协调。这种协调违背了小国的意愿，导致协调效果不佳。

专栏11-2

11.5.2　国际经济政策的传导机制

在两国的蒙代尔–弗莱明模型中，两国的国民收入通过贸易收支发生联系，两国利率水平通过外汇市场发生联系，两国价格水平通过实际汇率发生联系。因此，从该模型中我们可分析出当一国为实现经济目标而实施某种宏观经济政策时，这一政策对别国经济的冲击会通过收入机制、利率机制及相对价格机制进行传导。

1.货币政策的国际传导

（1）固定汇率制下货币政策的国际传导

在本国扩张性货币政策下，本国的LM曲线向右平移至LM_1，产出增加而利率下降，均衡点由A点移到B点（如图11-23（a）所示）。国内产出的增加，从而收入增加，对外国产品的进口增加，因此使得外国出口增加，外国的IS^*曲线向右平移至IS_1^*，产出和利率均增加（如图11-23（b）所示）。但在固定汇率制下，假定本国采取钉住外国货币的汇率制度，则在本国利率低而外国利率高时，本国的货币将会贬值。为了维护固定汇率制，本国的中央银行将卖出外汇储备，保持汇率不变，从而本国的储备资产减少，LM_1曲线向左平移至LM_2，货币供给减少，本国货币紧缩，刺激了对外国产品的需求，外国的出口将进一步增加，IS_1^*曲线因出口增加而平移至IS_2^*。同时，外国因大量的资本流入，货币供给增加，LM^*曲线向右平移至LM_1^*。当新的均衡再次达成时，两国的利率再次相等，本国的均衡点在C点，外国的均衡点在F点，两国的产出均增加，而利率下降。

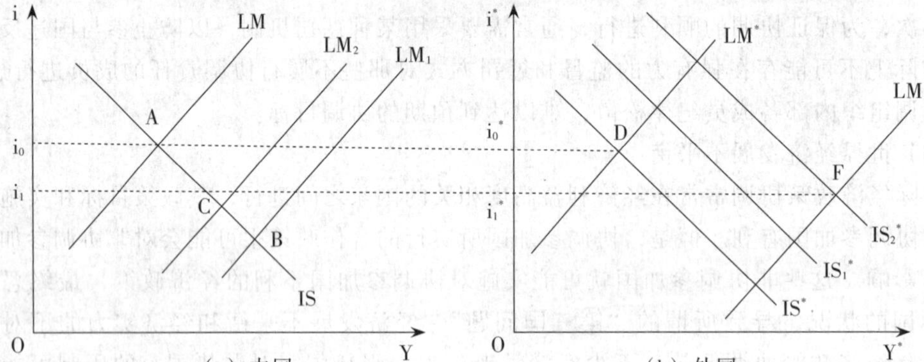

图11-23　固定汇率制下货币政策的国际传导

（2）浮动汇率制下货币政策的国际传导

初始均衡时，两国的利率相等，两国的均衡点分别为A点和D点。当本国实行扩张性货币政策时，LM曲线向右平移至LM_1，直接效应是本国利率下降，促进本国的产出增加，因此，本国的均衡点在扩张性货币政策下由A点移到B点（如图11-24（a）所示）。随着本国的产出增加，在本国进口倾向没有改变的情况下，外国的出口增加，使得外国的IS^*曲线向右平移至IS_1^*，外国的均衡点由D点移到E点，在本国扩张性货币政策下，外国的产出和利率均上升（如图11-24（b）所示）。但是B点和E点都不是两国最终的均衡。在浮动汇率制下，由于外国的利率比本国高，本国的资本流出使得本国存在暂时性的国际收支赤字，引起本币贬值；相反，外国存在暂时性的国际收支盈余，外国货币升值。本国货币的贬值，促进本国出口的增加以及减少对外国产品的进口，因此本国的IS曲线向右平移至IS_1，相应地，外国的IS_1^*曲线向左平移至IS_2^*，最终两国重新达到均衡时，两国利率再次相等，两国的均衡点分别为C点和F点。在本国扩张性货币政策下，本国产出增加，利率降低；外国产出减少，利率降低。本国的产出增加以外国的产出下降为代价，成为“以邻为壑”的货币政策。

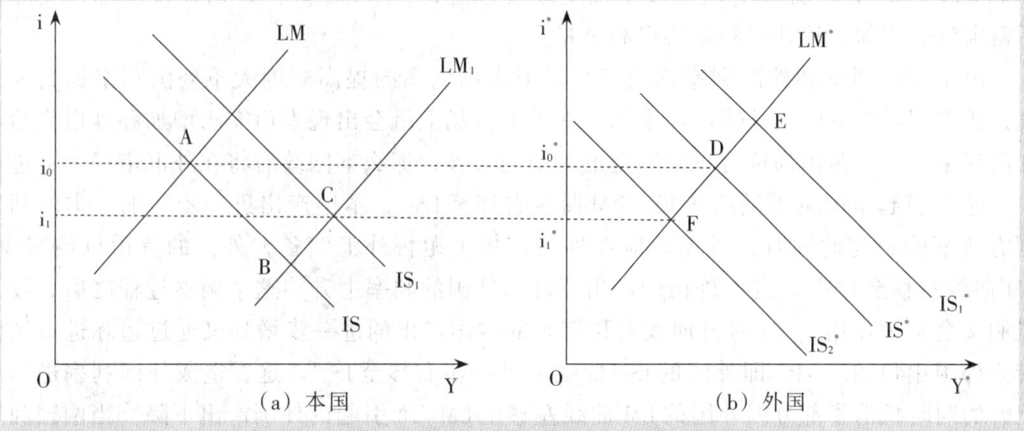

图11-24　浮动汇率制下货币政策的国际传导

上文对货币政策国际传导的分析仅仅停留在理论层面上。通过实证分析发现，外国的扩张性货币政策使得外币贬值，从而改善外国的贸易条件，出口增加，产出增加。本国因进口增加导致国际贸易收支的恶化，产出下降，即发生支出转换效应。外国的产出增加，收入增加，从而提高了对本国产品的需求，本国的出口在外国扩张性货币政策下有所增加，即发生收入吸收效应。因此，外国扩张性货币政策对本国的影响取决于这两种效应的相对强弱。

2.财政政策的国际传导

（1）固定汇率制下财政政策的国际传导

在图11-25（a）中，期初本国经济和外国经济均衡分别处于A点和D点。假定本国采用扩张性财政政策，引起本国IS曲线右移至IS′，本国产出增加至Y_1，利率上升至i_1。

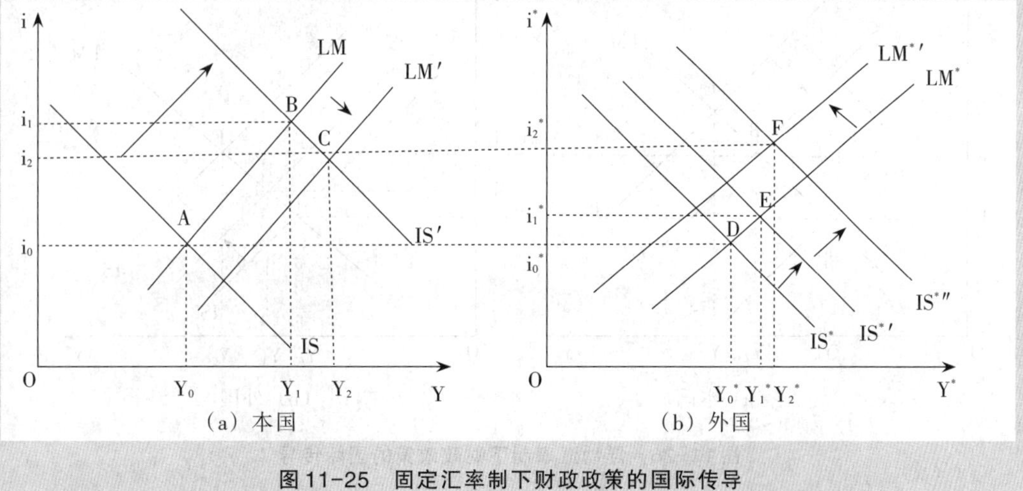

图11-25　固定汇率制下财政政策的国际传导

本国产出水平的增加会通过边际进口倾向引起本国进口（即外国出口）的增加，这会使外国的IS^*曲线右移至$IS^{*\prime}$，外国的产出水平增加至Y_1^*。一般来说，通过收入机制的传导所带来的外国收入的增加幅度小于本国因财政政策扩张所带来的收入的增加幅度。这在图11-25（b）中体现为IS^*曲线较小幅度地右移至$IS^{*\prime}$。由于外国产出规模增加，实际货币需求就会增加，故外国利率将提高至i_1^*。

由于本国利率和外国利率都提高了，但本国利率的提高幅度大于外国利率提高的幅度，所以国际资本将从外国流向本国，在外汇市场上就会出现本币需求增加和外币供给增加的现象。如果两国都负有维持固定汇率制的义务，那么本国政府将在外汇市场上买进外汇，这会引起本国货币供给扩张，LM曲线右移至LM′，本国产出进一步增加，本国利率则有所下降；与此同时，外国政府在外汇市场上抛售外汇储备，外国的货币供给减少，LM^*曲线左移至$LM^{*\prime}$，进而外国的产出下降，外国的利率上升。这个调整过程之后，收入机制又会发挥作用，本国LM曲线右移带来的本国产出的进一步增加又通过边际进口倾向带来外国出口的增加，即外国的$IS^{*\prime}$曲线又进一步右移至$IS^{*\prime\prime}$。这在造成外国利率进一步上升的同时抵消了部分因外国的LM^*曲线左移至$LM^{*\prime}$而引起的外国产出下降。当两国利率相等时，即$i_2=i_2^*$，以上的调整过程才能结束。此时，世界货币存量不变，两国利率相等时确定的世界利率高于本国财政扩张前的利率，两国产出都高于财政扩张前的产出。当考虑两国经济的相互影响时，在固定汇率制下，本国扩张性财政政策能促进两国的产出增加，同时使两国利率共同上升。

（2）浮动汇率制下财政政策的国际传导

在图11-26中，期初本国经济和外国经济分别处于A点和D点。假定本国采用扩张性财政政策，与在固定汇率制下的本国扩张性财政政策通过收入机制对本国经济和外国经济产生的影响一样，在浮动汇率制下这一政策也会引起本国IS曲线右移至IS′，本国产出增加至Y_1，利率上升至i_1。本国产出增加后，边际进口倾向使得外国的IS^*曲线右移至$IS^{*\prime}$，这样，外国的产出也增加到Y_1^*，外国利率小幅上升至i_1^*。虽然两国的利率水平都提高了，但本国利率水平提高得更多。

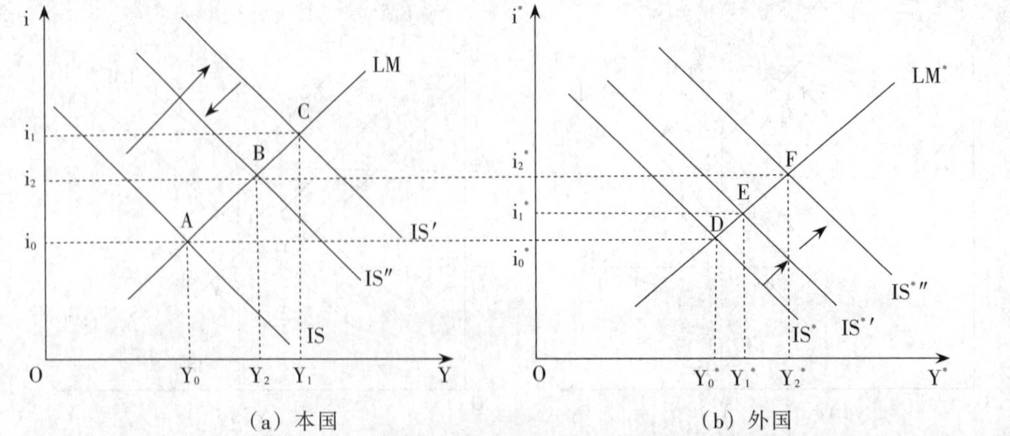

图11-26 浮动汇率制下财政政策的国际传导

由于本国利率水平高于外国利率水平，在利率机制的作用下，外国资本就会大量流入本国，从而导致本币升值、外币贬值。由于本币升值，本国产品的国际竞争力下降，本国出口就会减少，这会引起本国IS'曲线左移至IS''，本国利率随之下降，产出则有所减少；由于外币贬值，外国出口就会增加，导致外国的$IS^{*\prime}$曲线进一步右移至$IS^{*\prime\prime}$，外国产出也进一步增加，外国利率则继续上升。以上过程将持续到两国利率完全相等时为止。此时，世界利率比期初有所增加，本国和外国的国民收入都增加了。

当考虑到两国经济的相互影响时，在浮动汇率制下扩张性财政政策能同时刺激两国产出的增加。

首先，扩张性财政政策能带来本国产出的增加。与一国条件下相比，此时本国的财政政策对本国产出存在扩张效应。这是因为它会通过对国内利率的影响而导致世界利率水平提高，使得财政政策的扩张效应不会完全被本币升值效应抵消。

其次，浮动汇率制下的扩张性财政政策能明显促进外国产出的增加，即此时本国的扩张性财政政策对外国经济有正的溢出效应。这一溢出效应是通过本国收入机制和利率机制发挥作用的，即本国国民收入的增加通过本国进口的增加造成外国产出的增加，而本国更高的利率水平通过本币升值和外币贬值使外国出口增加，从而进一步提高了外国国民收入水平。因此，在浮动汇率制下，财政政策的溢出效应与货币政策的溢出效应正好相反。

专栏11-3

11.5.3　国际经济政策协调的实践

国际经济政策协调开始于20世纪50年代。在当时的布雷顿森林体系框架下，各国之间的汇率保持固定，大多数国家优先考虑内部均衡，除非在外部失衡问题非常严重的情况下才会考虑外部均衡。直到1973年固定汇率制崩溃后，世界各国面对浮动汇率制出现的种种问题，开始重视政策协调。简单来说，浮动汇率制下国际经济政策协调的实践可分为3个阶段。

1.第一阶段：1974—1979年

这一时期，各发达国家都面临布雷顿森林体系下的高通货膨胀和两次石油危机带来的经济衰退。当时各国政府的政策制定者均按照凯恩斯主义理论要求实行需求管理，以维持实际经济变量和通货膨胀率的稳定。在这一时期，发达国家每年都举行经济首脑会议商讨政策。因此，更为灵活的、相机抉择的政策协调形式取代了布雷顿森林体系下以规则为基础的政策协调形式。1978年的波恩首脑会议就是一个典型例子。1973年第一次石油危机后，各国政府纷纷通过减税来维持总需求水平。但由于工资刚性等原因，通货膨胀率和失业率仍然居高不下，并且出现了经常账户的严重失衡现象。为了解决这些问题，经过几年的争论，终于在1978年的波恩首脑会议上达成协定，日本和联邦德国采取扩张性财政政策，美国采取削减石油进口计划，以抑制石油价格上涨；同时，美国实施反通货膨胀措施。但该协定并未涉及货币政策的具体操作问题。由于波恩首脑会议的决定对各国政策制定者（尤其是美国和联邦德国）提出了具体要求，因此在政策协调史上具有重要意义，但后来的现实经济运行并未实现协定的预期目标。

2.第二阶段：1980—1984年

这一时期，各发达国家经济都出现了持续的高通货膨胀，如何有效地抑制通货膨胀成为当时各国政策制定者的首要任务。由于当时货币主义思想流行，各发达国家政府都以货币主义理论为指导，为了抵制本国的通货膨胀，都采取了紧缩性的货币政策，结果导致各国国内利率急剧上升，经济严重衰退。而发达国家经济的衰退又进一步导致了世界经济的衰退。可以说，这一时期内基本上不存在财政、货币政策的国际协调行为。

3.第三阶段：1985年以后

这一时期，发达国家的国际收支都出现了巨大不平衡：美国出现巨额贸易赤字，而联邦德国和日本出现了巨额贸易盈余。在美国和其他国家的利率不断降低的同时，美元却不断升值，这说明美元的升值实际上是一种投机行为。考虑到美元汇率不会持续维持，各国政策制定者同意进行政策协调，以逐步解决美元升值问题，避免美元汇率的硬着陆，引致金融危机带来的经济衰退。政策协调采取的主要方式仍是1974—1979年那种通过经济首脑会议协商的相机抉择形式。

1985年9月，西方五国（美国、英国、法国、联邦德国、日本）财长达成协议，采取联合干预措施使得各国货币有规律地对美元升值。到1986年1月，美元贬值了20%左右。1987年在巴黎再次召开七国首脑会议，根据当时汇率不稳定和美元汇率波动幅度过大等问题讨论了国际货币问题，提出共同干预货币市场的建议。通过货币金融领域的广泛合作，各国意识到宏观经济政策协调对促进经济增长、克服世界经济失衡的重要性。1985年的五国财长会议就认识到，要想达到某一政策目标，不仅需要本国国内政策的搭配，更需要有其他国家相应的政策支持。1986年东京首脑会议商定，七国集团财长每年至少会晤一次，考察各国经济政策目标的相容性。他们还将监督包括经济增长、通货膨胀、经常账户差额、汇率、货币供给增加、政府预算等在内的经济指标，作为各国制定政策目标的基础。1987年的《罗浮宫协定》描绘了以汇率目标区为基础的汇率合作前景，制定了一些有关货币、财政政策的目标：美国削减政府赤字；联邦德国减税；日本通过货币扩张来降低利率，并扩大政府预算支出等。《罗浮宫协定》签订后宏观经济政策的国际协调进程表明：政策协调一直向着协定所建议的方向迈进，但合作仍然是松散的。

第11章思政窗

本章小结

1.所谓内部均衡，是指国内经济中产品市场、货币市场和劳动力市场同时达到均衡，就是使宏观经济处于充分就业水平，并且没有通货膨胀的压力，经济稳定增长。所谓外部均衡，是指开放经济中的国际收支平衡，既无国际收支顺差，也无国际收支逆差，常用BP曲线表示。内外均衡的根源在于经济的开放性。内外均衡冲突的产生也与某种特定的调控方式相对应。

2.IS-LM-BP模型表示，经常账户余额是收入的函数，资本和金融账户是国内利率的函数。假定国民收入上升，则会引起消费增加，接着进口也会增加。如果出口保持不变，就会产生国际收支赤字。为了消除赤字，必须减少资本输出，增加资本输入，而资本输入必须以高利率吸引。因此，为了保持国际收支平衡，利率必须同国民收入同升降，于是在IS-LM曲线上增加了一条正斜率的国际收支曲线BP。该曲线表明：收入上升，利率也上升，从而使资本流入，由此弥补国际收支赤字。

3.宏观经济政策是指国家或政府有意识、有计划地运用一定的政策工具，调节控制宏观经济的运行，以达到一定的政策目标。宏观调控是公共财政的基本职责。公共财政是指为弥补市场失效、向社会提供公共服务的政府分配行为或其他形式的经济行为。从西方国家战后的实践来看，国家宏观调控的政策目标一般包括充分就业、经济增长、物价稳定和国际收支平衡等。在开放经济下，实现充分就业及实现国际收支平衡是经济的理想状态，即在内部和外部同时实现均衡。

4.国际经济政策协调是指在各个国家、地区或国际组织之间，以发达国家、地区或国际经济组织为主体，就贸易政策、汇率政策、货币政策和财政政策等宏观经济政策进行磋商和协调，适当调整现行的经济政策或联合采取干预的政策行动，以缓解政策溢出效应和外部经济冲击对各国经济的不利影响，实现或维持世界经济均衡，促进各国经济稳定增长。国际经济政策协调的基础是各国经济的相互依赖和国际经济传导机制。

关键术语

内外部均衡　米德冲突　斯旺模型　国际收支平衡　宏观经济政策　固定汇率制　浮动汇率制　财政政策　货币政策　马歇尔-勒纳条件　国际经济政策协调　相机性协调　规则性协调

基本训练

一、简答题

1.简述内外部均衡目标之间的关系。

2.开放经济条件下的政策工具有哪些？

3.如果BP曲线的斜率小于LM曲线的斜率，试分别讨论扩张性财政政策和扩张性货币政策的影响。

4.试比较在资本完全不流动、资本不完全流动和资本完全流动3种情况下货币政策的效果。

5.在资本完全流动的情况下，如果政府在实行扩张性货币政策的同时，配合以货币贬值的汇率政策，那么货币政策的效果如何？

6.试分析浮动汇率制下财政政策的国际传导。

二、案例分析题

2020年全球经济形势分析

2020年，百年一遇的新冠肺炎疫情重创全球经济。各国封锁措施一度使经济大面积停摆、失业率飙升，第二季度GDP跌幅普遍创历史极值；疫情缓解后解封重启经济虽然使第三季度GDP大幅反弹，但也造成疫情强烈反扑。一些国家被迫重新“禁足”，第四季度经济活动再次收缩；更多国家在“保生命”“保生计”之间的艰难平衡中更倾向于后者，但经济“带病上岗”，复苏势头明显减缓。

2020年全球经济萎缩4.3%，相当于2009年跌幅的7倍，为20世纪30年代经济大萧条以来最严重的衰退。不过，治疗情况的进展提升了人们对前景的期望，疫苗研发的积极进程更为结束新冠肺炎疫情带来了希望。2021年4月，IMF《世界经济展望》预计，2021年全球经济预计增长6%。本次复苏预计将很不平衡，将对世界经济格局演变产生深远的影响。

（一）美国经济遭受重创，但整体表现仍好于多数发达国家

美国作为世界头号发达国家，拥有先进的医药科技和医疗体系，这次新冠肺炎疫情防控却令人大跌眼镜。截至2021年4月24日，美国累计新冠肺炎确诊3 273万人，死亡585 003人，均为全球第一。

美国本土疫情2020年3月下旬大规模暴发。金融市场先知先觉，2月底美国股市就开始连番暴跌，国债收益率大幅走低，美元指数因流动性紧张而升至100点上方。为稳定市场，美联储于2020年3月上半月两次紧急降息50和100个基点，联邦基金利率降至0.25%的低点，并宣布采取不设上限的量化宽松措施；3月下半月先后推出15项货币政策工具，向市场注入流动性，并直接为实体企业提供信贷支持。超级宽松的货币政策下，美联储资产负债表在2020年上半年急剧膨胀，与美国GDP的比例从疫情暴发前的约20%快速升至35%上方。

2020年3月下旬，疫情对实体经济的冲击骤然显现：①初次申请失业金人数从3月第一周的21.1万猛增至最后一周的686.7万。②2月消费者信心指数为101，为2018年3月以来新高；但3月大降11.9点，4月再降17.3点，创2011年12月以来新低。为稳定经济，美国政府先后出台了4批总规模达2.6万亿美元的财政刺激措施。截至2020年9月30日，美国联邦预算赤字为3.132万亿美元，相当于GDP的16.9%，远超2009年9.8%的水平。

在史无前例的货币政策和财政纾困措施刺激下，美国股市在2020年3月底开始反弹，第二季度经济断崖式下跌的同时，纳斯达克指数却尽数收复失地，至6月超过前期高点，到2020年12月已比疫情前高点超过约28%。随着2020年5月经济重启，主要经济指标明显回暖，失业率从4月的14.7%降至11月的6.7%，GDP继第一、二季度分别环比下跌1.3%和9.0%后，第三季度大幅反弹7.4%。

但同时，美国疫情并未得到控制，2020年10月起新增病例和死亡人数又开始攀升，截至12月初升势未减，经济持续复苏前景由此蒙上阴影。2020年12月2日，美联储褐皮书称，在12个联储地区中，有4个地区近几周“几乎或全无增长”，其他地区仅出现温和增长。11月非农就业减少7.4万人，为5月经济重启以来首次减少。11月失业率下降0.2个百分点，也是5月以来最低降幅，6.7%的失业率仍显著高于年初3.5%左右的水平。随着前期居民补贴到期，新的财政刺激政策仍在两院悬置，11月消费者信心指数显著下滑4.9

个点。

美国经济复苏形势很大程度上取决于疫情控制情况。美国境内和海外新冠肺炎确诊病例数再度攀升，使未来数月经济复苏面临挑战。来自疫苗研发方面的积极消息虽然有益于经济中期增长，但重大挑战和不确定性仍然存在。只有当人们确信可以重新安全地从事广泛经济活动之后，美国经济才可能全面复苏。

也有分析认为，人们在很大程度上已经适应了居家生活，联邦政府也没有再次实施全面封闭措施的意愿，疫情的持续对经济活动的影响将显著小于疫情初期暴发时。

（二）欧洲经济或“二次探底”，复苏之路崎岖漫长

欧洲疫情暴发早于美国，各国政府为防控疫情采取的社会隔离措施也普遍严于美国。欧洲也出台了规模超过金融危机时期的宽松货币和财政刺激政策，但受限于欧盟和欧元区的成员集体决策机制，政策力度不及美国，出手速度也慢于美国。这些因素导致欧洲经济在疫情中的收缩幅度超过美国。

欧盟统计局数据显示，2020年第二季度，欧元区GDP环比断崖式下跌11.8%（全球金融危机期间最大降幅才3.1%）。其中，西班牙下跌21.5%，衰退最为严重；表现最好的德国也下降9.8%，高于美国同期9%的降幅；英国降幅高达19.8%，英国央行称之为300年来最严重的衰退。

经过大面积“封城”“禁足”，欧洲疫情一度得到较好控制，新增病例和新增死亡人数一度降至2020年春季高峰时期的10%和1%。经济也快速回暖，2020年第三季度欧元区GDP环比大增12.6%，英国反弹15.5%。

但放松隔离和重启经济也使疫情快速反弹，2020年夏季之后欧洲疫情再呈失控态势，新增病例连创新高，至11月已数倍于春季峰值（得益于治疗水平的提高等因素，新增死亡人数仍未超过前期峰值）。迫于“二次疫情”，英国、法国、德国、西班牙等主要欧洲国家11月相继重新实施“禁足”，但措施远不及春季严厉。

“二次疫情”及“二次封锁”下，欧洲经济复苏势头明显放缓。包括欧洲央行在内的权威机构认为，欧元区经济前景已经恶化。新冠肺炎病例增加以及相关防疫措施影响经济活动，第四季度欧元区GDP增速为-5.1%。

德国基尔世界经济研究所（IFW）预计，欧元区经济复苏步伐将明显放缓，特别是西班牙和法国，如果不能控制疫情，有可能进入二次衰退。如果西班牙衰退程度最终达到德国的两倍，任何复苏基金或救助计划都难以帮助其走出困境。欧洲南北经济鸿沟的扩大，还将增加欧盟国家在利益分配上发生冲突的危险，从而削弱成员国集体抵御风险的能力。

IMF、OECD和欧盟委员会等预计，2021年欧元区经济可望增长4.2%～5.2%；但这显然无法弥补其2020年6.8%的萎缩。乐观预计，欧元区最早要到2022年下半年之后才能恢复到其疫情前的经济产出水平。2008年全球金融危机后，欧元区经济复苏一度被欧债危机中断，前后共花了6年多时间才恢复到危机前的水平；美国花了3年时间恢复到危机前的水平。

（三）东盟经济遭疫情重击，但复苏势头强于欧美

2021年4月，IMF公布的《全球经济展望》显示，东盟新兴经济体GDP（以印度尼西亚、马来西亚、菲律宾、泰国和越南为统计口径）2021年预期增长6.7%，复苏势头好于欧美。

1.越南

越南经济表现在东盟堪称“一枝独秀”，是唯一保持正增长的国家。越南是中国以外最早发现确诊新冠肺炎病例的国家之一，但疫情控制堪称典范。除了2020年7月底发生一次涉及上百人、波及10个省份的输入性病例本地传染外，已前后两次百日未发生本土病例。2020年的越南经济如同被压缩的弹簧，压力最大的时候是第二季度，GDP同比仅增长0.39%，创最低纪录；但第三季度有明显起色，同比增长2.62%，10月后情况越来越好。新冠肺炎疫情得到有效控制是至关重要的因素。

2.泰国

泰国疫情控制也成效显著，但为防疫付出很大的经济代价。泰国旅游业占GDP比例约为1/5。泰国2020年4—9月一直禁止游客入境，10月有限开放入境旅游，只有1 201名入境游客，11月游客更少，只有681人。2020年7月以来频频爆发反政府示威游行，使泰国经济雪上加霜。前3个季度泰国GDP累计同比下降6.8%，降幅仅次于号称最“硬核”防疫的菲律宾。

3.菲律宾

菲律宾2020年3月即宣布进入为期6个月的全国紧急状态。但国情所限，严格的防控措施难以切实实行。前3个季度菲律宾的GDP累计同比下降9.7%，其中第二季度同比下降16.9%，第三季度降幅依然高达11.5%。

4.马来西亚

马来西亚2020年9月底以前日新增病例基本控制在百人以下，前期疫情防控可圈可点，但经济代价不菲。为帮助民众和企业渡过难关，政府推出了总额2 950亿林吉特（约合707亿美元）的经济刺激计划，其中财政注资450亿林吉特，相当于GDP的3%。尽管如此，第二季度GDP同比仍下降17.1%，为东盟国家同期最大降幅；第三季度降幅则大幅收窄至2.7%，显示了强劲的复苏态势。但进入第四季度，马来西亚疫情骤然暴发，日新增病例很快破千，居高不下。政府被迫强化“行动限制令”，为第四季度经济复苏蒙上阴影。

5.印度尼西亚

印度尼西亚疫情发生伊始，总统就以“踩刹车”“加油门”为比喻，要求防疫和经济两者兼得。疫情暴发以来，印度尼西亚两次实施“大规模社会限制”，又两次放松限制，重启经济。期间新增病例持续攀升，至今增势不减，但雅加达及周边大首都圈地区已放松至“社会限制过渡期”。印度尼西亚较松的防控至少对即期经济影响较小，2020年前3个季度GDP累计同比下降1.9%，经济表现仅次于越南。

总体而言，东南亚疫情不如欧美发达国家以及印度和巴西等国家严重。东盟国家多为外向型经济体，除本地疫情外，其2020年经济波动很大程度上受外部环境影响，经济波动与发达国家基本同步，除越南外，经济下滑幅度与欧洲相当。但基于其经济内生动力较强，预计疫情缓解后东盟复苏能力明显强于欧美。

（四）金砖国家（不含中国）恢复元气任重道远

作为发展中大国的代表，金砖国家分处世界不同大洲，发展条件不同，发展水平不一，产业结构各异，在此次疫情中的表现也有所差异。在疫情防控方面，除中国外，其他金砖国家都乏善可陈。在经济表现方面，据IMF 2021年4月发布的《全球经济展望》预计，除中国外，其他金砖国家2020年经济均大幅萎缩，2021年虽将恢复正增长，但与东盟新兴经济体不同，金砖国家2021年GDP增幅预计均不足以抵销2020年的下降。

1.印度：经济活动大范围停摆

印度自2020年3月25日起实施“封国”，经济活动大范围“停摆”。第一季度GDP还同比增长3.1%，第二季度急转直下，同比骤降23.9%，是全球降幅最大的国家，其间制造业产出一度腰斩。付出沉重代价的“封国”并未阻止疫情蔓延，第二季度末每日新增病例直逼2万。防疫、经济两头皆失，“人”“财”两空。

为稳定经济，印度从2020年6月8日起开始解封，之后疫情更猛烈暴发，至9月中旬日新增病例逼近10万，超过美国记录。不过“带病”重启的印度经济在第三季度明显回暖，同比降幅大幅收窄至7.5%，9月工业产出已同比转正。但是，2021年1月，印度确诊人数突破1 034万，死亡人数突破15万；3—4月，印度单日新增病例数暴涨20倍，单日死亡病例暴增17倍，“印度已然成为全球新冠肺炎疫情的流行中心”。

印度在疫情前的经济发展速度确实是比较快的。在过去10年中，除2020年外，印度GDP增长率大多保持在5%至8%之间，年均GDP增长率超过6%。然而，疫情以来，印度的GDP下降了7.7%，其连续40年的增长纪录被终止。在此情况下，摩根大通、花旗、IMF以及世界银行纷纷下调2021年印度GDP增长率预期。

2.俄罗斯：能源出口遭受重创

俄罗斯疫情自2020年3月上旬达到高点后一直未有实质性缓解，9月初再次恶化，新增病例数持续攀升。俄罗斯经济严重依赖油气收入。大疫之年全球油气需求萎缩，油气价格大降，重创俄罗斯能源出口。2018年和2019年，俄罗斯原油出口平均价格分别为每吨495美元和454美元，2020年3月以来均价跌至264美元，比2019年大降41.9%；同时天然气出口均价跌至每千立方米101.7美元，相比2019年出口均价186.8美元下跌45.6%。

俄罗斯2020年第二季度GDP同比下降8%，比第一季度骤降9.6个百分点；第三季度降幅收窄至3.6%。2020年俄罗斯GDP下降3.6%，IMF 2021年4月发布的《全球经济展望》预测俄罗斯2021年GDP增长3.8%。

3.巴西：出现近120多年来最大的经济衰退

巴西的新冠肺炎疫情很严重，每日更新的数据可参见新闻。在巴西的经济结构中，服务业占GDP约63%，在金砖国家中最高（俄罗斯为54%）。而受大范围关闭商业活动等社会隔离措施冲击最大的正是服务业。巴西2020年第二季度GDP同比下降10.9%，第三季度降幅收窄至3.9%，但11月疫情快速反弹，第四季度GDP降幅再度扩大。疫情以来，巴西旨在减缓新冠病毒传播的社会隔离措施导致从投资到家庭消费在内的经济活动瘫痪。经合组织有关数据显示，2020年第二季度，在全球31个发达经济体和新兴市场国家中，巴西在投资下降方面排名第4。巴西国家地理与统计局数据显示，巴西第二季度投资率同比下降15.4%。

2020年9月，巴西经济部所属的地理和统计研究院公布的统计结果显示，巴西第二季度GDP环比下跌9.7%，这是该研究院自1996年开始对全国GDP开展季度统计以来跌幅最大的一次。2020年巴西GDP同比下降4.1%。IMF 2021年4月《全球经济展望》预测巴西2021年经济将增长3.7%。

4.南非：问题积重难返，经济雪上加霜

南非疫情至2020年7月发展至高峰，日均新增病例破万；此后至9月上旬降至每日新增1 600例左右，并在此水平上保持了约两个月；11月上旬之后开始反弹，最新数据参见新闻。

南非经济已连续多年疲弱，高债务、高失业率等问题积重难返。疫情更使南非经济雪上加霜。据南非统计局数据，疫情暴发之前，南非GDP在2019年第三、四季度已连续萎缩，全年仅增长0.2%。2020年第一季度，南非GDP环比再降0.5%，第二季度更骤降16.4%，降幅在全球仅次于印度；第三季度经济反弹13.5%，但第三季度末失业率再创新高，达到30.8%。2020年南非GDP萎缩7%。IMF 2021年4月发布的《全球经济展望》预测2021年南非经济增长3.1%。

资料来源　陆晓明，吴丛司，李志兰. 2020年全球经济形势分析及2021年展望［EB/OL］.（2020-12-21）［2021-04-27］. https://baijiahao.baidu.com/s?id=1686669122457854825&wfr=spider&for=pc.

问题：

（1）结合上述材料，简要分析疫情当下，各国应如何应对经济衰退、系统性风险上升、全球性供需结构失衡和产业链重构等重大变化。

（2）我国应采取怎样的宏观经济政策，以促进国内经济复苏，推动对外贸易、产业协作方面的合作？

第12章 国际货币体系

学习目标

学习目标

学完本章，你应该能够：

◎了解国际货币体系的历史演变过程；

◎掌握有关国际货币体系的各项内容及所存在的问题；

◎明确金本位制和布雷顿森林体系的内容、作用、特征及局限性；

◎了解当前国际货币体系的特点与内容，掌握当前国际货币体系改革的主要方案；

◎理解并掌握国际货币体系的创新——欧洲货币一体化的进程、内容以及欧元的运作机制，并且能够理论联系实际，分析欧元启动的意义；

◎分析人民币国际化产生的影响及对国际货币体系改革的意义。

引例

国际金本位制的“恢复”

在第一次世界大战期间，各国政府实际上已经放弃了金本位制，开始印制钞票，以部分地弥补巨额的战争开支。因为劳动力与生产能力在战争期间遭受了严重的损失，因而当1918年第一次世界大战结束时，各国物价水平普遍很高。许多国家由于政府试图通过大量的公共开支来恢复经济而经历了严重的通货膨胀。那些政府仿照战时的做法，通过印制钞票来弥补其各项开支所需的费用，结果造成了货币供给与价格水平的急剧上涨。

美国1919年恢复金本位制。1922年在意大利热那亚召开的一次会议上，英国、法国、意大利、日本等国通过了一份全面恢复执行金本位制的行动纲领，同意各国中央银行紧密合作，共同配合实现外部平衡与内部平衡的目标。由于意识到世界的黄金供给量无法充分满足各国中央银行国际储备的需要，热那亚会议批准了一个局部的金汇兑本位制，即小国可以用一些大国的货币作为储备，而拥有这些货币的大国全部以黄金作为国际储备。

资料来源　朱彤，万志宏，于晓燕. 国际经济学［M］. 武汉：武汉大学出版社，2010：387-388.

面对当代国际金融关系的矛盾冲突，尤其是20世纪80年代以来旷日持久的国际债务问题，以及20世纪最后几年发生的国际金融的危机和动荡，如何改革现行的国际货币体系，使之能在尽可能大的程度上适应经济全球化趋势下世界经济的健康发展，客观上已成为世界各国共同关注的问题。立足现行国际货币金融体系基础进行改革的一种意见是，在现行的国际货币基金组织体系下继续推行金融自由化。其具体含义是：各国进一步开放金融服务业以及其他市场，减少政府管制，增加其透明度，并且力求凭借国际货币基金组织等国际金融机构来完成上述目标。

12.1 国际货币体系的历史演变

国际货币体系也称国际货币制度，是指各国政府为适应国际贸易与国际结算的需要，对货币的兑换、国际收支的调节等所做的安排或确定的原则，以及为此而建立的组织形式等的总称。国际货币体系的主要内容是：

①各国货币比价的确定，包括汇率确定的原则、波动的界限、调整的幅度等。

②各国货币的兑换性与对国际收支所采取的措施，如本国货币能否对外兑换以及是否限制对外支付等。

③国际储备资产的确定以及储备资产的供给方式。

④国际收支的调节方法，包括逆差国和顺差国承担的责任。

⑤国际金融事务的协调、磋商和有关的管理工作。

第一次世界大战前，资本主义国家普遍实行金本位制。当时，黄金在国际支付原则、结算制度与运动规律方面都是统一的，从而形成了国际金本位制。

国际货币体系的历史演变过程大致经历了以下几个阶段：国际金本位制、布雷顿森林体系以及牙买加体系等。

12.1.1 国际金本位制

国际金本位制是以黄金作为国际储备货币或国际本位货币的国际货币制度。

在金本位制下，黄金具有货币的全部职能，即价值尺度、流通手段、贮藏手段、支付手段和世界货币。英国是世界上最早的发达资本主义国家。1816年，英国颁布了《金本位制度法案》，开始实行金本位制，促使黄金转化为世界货币。19世纪70年代，欧洲和美洲的一些主要国家（如德国、丹麦、瑞典和挪威等）先后在国内实行了金本位制，成为国际金本位制形成的基础。国际金本位制大约最终形成于1880年。1914年第一次世界大战爆发时，国际金本位制结束。

国际金本位制是世界上首次出现的国际货币制度。在这种制度下，黄金是国际货币体系的基础。国际金本位制的特点是黄金可以自由铸造、自由兑换、自由输出和输入。由于各国对黄金发挥世界货币职能所规定的原则与采取的措施大都不同，国际金本位制的形成也没有在一个国际组织的领导与监督下拟定出要求各国共同遵守的规章，所以国际金本位制是松散的。

国际金本位制按货币与黄金的联系程度，可以分为金币本位制、金块本位制和金汇兑本位制。

1.金币本位制

金币本位制是金本位制的最早形式，亦被称为古典的或纯粹的金本位制，是19世纪末到20世纪上半叶资本主义各国普遍实行的一种货币制度。金币本位制是以黄金作为货币金属进行流通的货币制度。

金币本位制的特点是：

（1）法定货币含金量

法定货币含金量即将含有一定重量、成色的黄金金币作为本位币，在市场上流通，而各国货币都按所含的黄金量来确定彼此的比价。如20世纪初，1美元含金23.22格令，1英镑含金113.0016格令，则20.672美元或4.248英镑等于1盎司黄金的价值，并由此确定美元与英镑间的汇率，即1英镑=4.8665美元。

（2）自由铸造

任何人都可以自由铸造或熔化金币。

（3）自由兑换

市面上流通的其他金属辅币和银行券可以按法定比率自由兑换成金币或等量的黄金；同时，准许人们自由贮藏黄金。

（4）自由输出入

黄金可以自由地输出或输入本国。1880—1914年是金币本位制的全盛时期。相对其他货币体系而言，金币本位制是一种比较稳定的货币制度，汇率的波动幅度以黄金输送点为限。金币本位制下各国既可用外汇结算，又可直接运送黄金结算。当汇率对一国有利时，该国就利用外汇结算；否则，就改用输入或输出黄金的办法结算。黄金输送点限制了汇率的波动，汇率基本上保持稳定，从而有利于国际资本的流动，促进商品的流通和生产的发展，协调各国经济政策。

但是，金币本位制并非完美无缺。其主要缺陷在于以黄金为基础，一国的经济受黄金流出和流入的数量影响较大，且深受黄金供求关系的影响。事实上，到第一次世界大战前夕，国际货币体系已经形成金字塔形的格局，绝大多数的黄金被美国、法国、英国、德国、俄国所占有，这5个国家共占有世界黄金存量的2/3，使其能够操纵弱小国家的金融命脉，大大削弱了其他国家金币本位制的基础。这种状况不可避免地引起世界各国之间的利益冲突和经济矛盾。

到1913年，全世界约有60%的货币用黄金集中于各国中央银行，各国多用纸币在市面流通，从而影响货币的信用，而一些国家为了准备战争，政府支出急剧增加，大量发行银行券，于是银行券兑换黄金越来越困难，这就破坏了自由兑换的原则。在经济危机时，商品输出减少，资金外逃严重，引起黄金大量外流；各国纷纷限制黄金流动，黄金不能在各国间自由转移。由于维持金币本位制的一些必要条件逐渐遭到破坏，国际货币体系的稳定性也就失去了保证。第一次世界大战爆发后，各国停止银行券兑换黄金，并禁止黄金输出，同时出现严重的通货膨胀。战争期间，各国实行自由浮动的汇率制度，汇价波动剧烈，国际货币体系的稳定性不复存在，于是金币本位制宣告结束。

2.金块本位制

第一次世界大战时期，各帝国主义国家为准备战争，加紧对国内外黄金的掠夺以及大量发行银行券，使金币本位制的运转机制受到破坏。第一次世界大战改变了世界经济及政治面貌。战后，一些国家出现了严重的通货膨胀。这一时期，货币币值起伏不定，汇率变化无常，许多国家呼吁恢复金币本位制，但资本主义各国已经无力恢复金币本位制，相继建立起金块本位制。1922年在意大利热那亚召开的世界货币会议上决定采用“节约黄金”的原则，实行金块本位制和金汇兑本位制。

金块本位制（gold bullion standard）又称生金本位制，是指国内不铸造、不流通金币，只发行代表一定重量黄金的银行券（或纸币）来流通，而银行券（或纸币）又不能自由兑换黄金和金币，只能按一定条件向发行银行兑换成金块。

实行金块本位制的国家主要有英国、法国、美国等。在金块本位制下，货币单位仍然规定含金量，但黄金只作为货币发行的准备金集中于中央银行，而不再铸造金币和实行金币流通，流通中的货币完全由银行券等价值符号所代替，银行券在一定数额以上可以按含金量与黄金兑换。英国在1925年规定以银行券兑换黄金的最低限额为相等于400盎司黄金的银行券（约合1 700英镑），低于限额不予兑换。法国在1928年规定银行券兑换黄金的最低限额为21 500法郎，等于12千克黄金。中央银行掌管黄金的输出和输入，禁止私人输出黄金。中央银行保持一定数量的黄金储备，以维持黄金与货币之间的联系。

在金块本位制下，金币的铸造和流通以及黄金的自由输出入已被禁止，黄金已不可能发挥自动调节货币供求和稳定汇率的作用，金块本位制失去了稳定的基础。因此，金块本位制实际上是一种残缺不全的金本位制。

金块本位制的特点如下：

①金币仍作为本位货币，但市场不再流通和使用金币，而是流通纸币。

②国家储存金块，将其作为储备。

③不许自由铸造金币，但仍以法律规定纸币的含金量。

④纸币不能自由兑换金币，但在国际支付或工业用金时，可按规定的限制数量用纸币向央行兑换金块。

金块本位制与金币本位制的区别主要表现为以下几点：

①在金块本位制下，没有金币流通，国内只限流通银行券、纸币、辅币等价值符号。

②在金块本位制下，有限制的金块兑换代替了自由的金币兑换。

③在金块本位制下，买入金块制代替了自由铸造制。国家按一定价格购买黄金，由中央银行或政府集中储存。

3.金汇兑本位制

金汇兑本位制又称虚金本位制，一国货币一般与另一个实行金本位制的国家的货币保持固定的比价，并在后者存放外汇或黄金作为平准基金，从而间接实行了金本位制。

金汇兑本位制的特点是：

①国家无须规定货币的含金量，市场上不再流通金币，只流通银行券。

②银行券不能兑换黄金，只能兑换实行金币或金块本位制国家的货币，这些外汇在国外才能兑换成黄金。

③实行金汇兑本位制的国家，要使其货币与另一实行金币或金块本位制国家的货币保持固定汇率，通过无限制地买卖外汇来维持本国货币币值的稳定。

在金汇兑本位制下，国家虽规定了货币的含金量，但流通中的货币不能与黄金保持兑换，黄金已不能发挥自发地调节货币流通的作用，货币流通失去了调节机制和稳定的基础，从而削弱了货币制度的稳定性。如果纸币流通量超过了流通对货币的需要量，就会发生货币贬值。假如国家为弥补财政赤字而大量发行纸币，就会引起通货膨胀，导致物价上涨，影响经济的发展。而实行金汇兑本位制的国家，其货币与某大国货币保持固定比价，其对外贸易和金融政策又必然受到与之相联系国家的货币政策的影响与控制。因此，金汇兑本位制是一种削弱了的极不稳定的金本位制。

金块本位制和金汇兑本位制虽然都规定以黄金为货币本位，但只规定货币单位的含金量，而不铸造金币，实行银行券流通。所不同的是，在金块本位制下，银行券可按规定的含金量在国内兑换金块，但有数额和用途等方面的限制，黄金集中存储于本国政府。而在金汇兑本位制下，银行券在国内不兑换金块，只规定其与实行金本位制国家货币的兑换比率，先兑换外汇，再以外汇兑换黄金，并将准备金存于该国。金块本位制和金汇兑本位制在20世纪70年代基本消失。

专栏 12-1　　专栏 12-2

12.1.2　布雷顿森林体系

两次世界大战之间的20年中，国际货币体系分裂成几个相互竞争的货币集团，各国货币竞相贬值，动荡不定。在第二次世界大战后期，美英两国政府出于本国利益的考虑，构思和设计战后国际货币体系，分别提出了"怀特计划"和"凯恩斯计划"。"怀特计划"和"凯恩斯计划"同是以设立国际金融机构、稳定汇率、扩大国际贸易、促进世界经济发展为目的，但运营方式不同。建立布雷顿森林体系的关键人物是美国前财政部助理部长哈里·怀特，凭借战后美国拥有全球3/4黄金储备和强大军事实力的大国地位，他力主强化美元地位的提议力挫英国代表团团长、经济学大师凯恩斯。"怀特计划"成为布雷顿森林会议最后通过决议的蓝本。美英于1944年4月达成了反映"怀特计划"的《关于设立国际货币基金的专家共同声明》。

专栏 12-3

1. 布雷顿森林体系的主要内容

布雷顿森林体系是以美元和黄金为基础的金汇兑本位制，其实质是建立一种以美元为中心的国际货币体系，基本内容包括美元与黄金挂钩、国际货币基金组织成员的货币与美元保持固定汇率（实行固定汇率制）。布雷顿森林体系的运转与美元的信誉和地位密切相关。

布雷顿森林体系建立了国际货币基金组织和世界银行两大国际金融机构。前者负责向成员提供短期资金借贷，目的为保障国际货币体系的稳定；后者提供中长期信贷来促进成员经济复苏。

布雷顿森林体系的主要内容包括以下几点：

（1）美元与黄金挂钩

各国确认1944年1月美国规定的35美元1盎司的黄金官价，每1美元的含金量为0.888671克黄金。各国政府或中央银行可按官价用美元向美国兑换黄金。为使黄金官价不受自由市场金价的冲击，各国政府需协同美国政府在国际金融市场上维持这一黄金官价。

（2）其他国家货币与美元挂钩

其他国家政府规定各自货币的含金量，通过含金量的比例确定同美元的汇率。

（3）实行可调整的固定汇率制

《国际货币基金组织协定》规定，各国货币对美元的汇率只能在法定汇率上下各1%的幅度内波动。若市场汇率超过法定汇率1%的波动幅度，各国政府有义务在外汇市场上进行干预，以维持汇率的稳定。若成员法定汇率的变动超过10%，就必须得到国际货币基金组织的批准。1971年12月，这种即期汇率变动的幅度扩大为上下2.25%的范围，决定“平价”的标准由黄金改为特别提款权。布雷顿森林体系的这种汇率制度被称为“可调整的钉住汇率制”。

（4）各国货币兑换性与国际支付结算原则

协定规定了各国货币自由兑换的原则：任何成员对其他成员在经常账户往来中积存的本国货币，在为支付经常账户时可换回本国货币。考虑到各国的实际情况，协定做了“过渡期”的规定。

协定规定了国际支付结算的原则：成员未经国际货币基金组织同意，不得对国际收支经常账户的支付或清算加以限制。

（5）确定国际储备资产

协定中关于货币平价的规定，使美元处于等同黄金的地位，成为各国外汇储备中最主要的国际储备货币。

（6）国际收支的调节

国际货币基金组织成员份额的25%以黄金或可兑换成黄金的货币缴纳，其余则以本国货币缴纳。成员发生国际收支逆差时，可用本国货币向国际货币基金组织按规定程序购买（即借贷）一定数额的外汇，并在规定时间内以购回本国货币的方式偿还借款。成员所认缴的份额越大，得到的贷款就越多。贷款只限于成员用于弥补国际收支赤字，即用于经常账户的支付。

2.布雷顿森林体系的特点

①第二次世界大战后的国际货币制度不是按各国的铸币平价来确定汇率，而是根据各国货币法定金平价的对比，普遍地与美元建立固定比例关系。

②第二次世界大战前，黄金输送点是汇率波动的界限，自动地调节汇率。第二次世界大战后，人为地规定汇率波动的幅度，汇率的波动是在国际货币基金组织的监督下，由各国干预外汇市场来调节。

③在国际金本位制下，各国货币自由兑换，对国际支付一般不采取限制措施。在布雷顿森林体系下，许多国家不能实现货币的自由兑换，对外支付受到一定的限制。

④在国际金本位制下，国际储备资产主要是黄金。第二次世界大战后的国际储备资产则是黄金、可兑换货币和特别提款权，其中黄金与美元并重。在外汇储备上，第二次世界大战前包括英镑、美元与法国法郎；第二次世界大战后的国际货币制度几乎包括资本主义世界所有国家和地区的货币，美元是最主要的外汇储备。

⑤在国际金本位制下，各国实行自由的多边结算。第二次世界大战后的国际货币制度，有不少国家实行外汇管制，采用贸易和支付的双边安排。

⑥在国际金本位制下，黄金的流动是完全自由的；在布雷顿森林体系下，黄金的流动

受到一定的限制。第二次世界大战前，英、美、法都允许居民兑换黄金，实行金汇兑本位制的国家也允许居民用外汇（英镑、法郎或美元）向英、美、法兑换黄金；第二次世界大战后，美国只同意外国政府在一定条件下用美元向美国兑换黄金，不允许外国居民用美元向美国兑换黄金。

布雷顿森林体系以黄金为基础，以美元作为最主要的国际储备货币。美元直接与黄金挂钩，各国货币则与美元挂钩，并可按35美元1盎司的官价向美国兑换黄金。在布雷顿森林体系下，美元可以兑换黄金和各国实行可调节的钉住汇率制，是构成这一货币体系的两大支柱。国际货币基金组织则是维持这一体系正常运转的中心机构，它有监督国际汇率、提供国际信贷、协调国际货币关系三大职能。

3.布雷顿森林体系的作用

布雷顿森林体系有助于国际金融市场的稳定，对第二次世界大战后的世界经济复苏起到了一定的作用。

（1）维持了战后世界货币体系的正常运转

固定汇率制是布雷顿森林体系的支柱之一，不同于金本位制下汇率的相对稳定。在典型的金本位制下，金币本身具有一定的含金量，黄金可以自由输出和输入，汇价的波动界限狭隘。1929至1933年的经济大萧条引起了货币制度危机，导致金本位制崩溃，国际金融关系呈现出一片混乱局面。以美元为中心的布雷顿森林体系的建立，使国际金融关系有了统一的标准和基础，混乱局面暂时得以稳定。

（2）促进了各国国内经济的发展

在金本位制下，各国注重外部平衡，国内经济往往带有紧缩倾向。在布雷顿森林体系下，各国偏重内部平衡，危机和失业情形较之战前有所缓和。

（3）在相对稳定的情况下扩大了世界贸易

美国通过赠予、信贷、购买外国商品和服务等形式，向世界散发了大量美元，客观上起到提高世界购买力的作用。固定汇率制在很大程度上消除了由汇率波动引起的动荡，在一定程度上稳定了主要国家的货币汇率，有利于国际贸易的发展。

（4）对世界经济的恢复和发展起了一定的积极作用

其一，国际货币基金组织提供的短期贷款暂时缓和了第二次世界大战后许多国家的收支危机，促进了支付办法的稳步自由化。国际货币基金组织的贷款业务迅速增加，重点由欧洲转至亚、非、拉第三世界。

其二，世界银行提供和组织的长期贷款和投资不同程度地解决了成员战后恢复和发展经济的资金需要。

国际货币基金组织和世界银行在提供技术援助、建立国际经济货币的研究资料及交换资料情报等方面对世界经济的恢复与发展起到了一定作用。

（5）有助于生产和资本的国际化

汇率的相对稳定避免了国际资本流动引发的汇率风险，有利于国际资本的输入与输出；为国际融资创造了良好环境，有助于金融业和国际金融市场发展，也为跨国公司的生产国际化创造了良好的条件。

4.布雷顿森林体系的缺陷

由于资本主义发展的不平衡性，主要资本主义国家经济实力对比一再发生变化，以美元为中心的国际货币体系本身固有的矛盾和缺陷日益暴露。

（1）金汇兑本位制本身的缺陷

美元与黄金挂钩，享有特殊地位，加强了美国对世界经济的影响。

其一，美国通过发行纸币而不动用黄金进行对外支付和资本输出，有利于美国的对外扩张和掠夺。

其二，美国承担了维持金汇兑平价的责任。当人们对美元充分信任，美元相对短缺时，这种金汇兑平价可以维持；当人们对美元产生信任危机，美元拥有太多，要求兑换黄金时，美元与黄金的固定平价就难以维持。

（2）储备制度不稳定

这种制度无法提供一种数量充足、币值坚挺、可以为各国所接受的储备货币，以使国际储备的增长能够适应国际贸易与世界经济发展的需要。1960年，美国耶鲁大学特里芬教授在其著作《黄金与美元危机》中指出：布雷顿森林体系以一国货币作为主要国际储备货币，在黄金生产停滞的情况下，国际储备的供应完全取决于美国的国际收支状况：美国的国际收支保持顺差，国际储备资产不敷国际贸易发展的需要；美国的国际收支保持逆差，国际储备资产过剩，美元发生危机，危及国际货币制度。这种难以解决的内在矛盾，国际经济学界称之为特里芬难题，它决定了布雷顿森林体系的不稳定性。

（3）国际收支调节机制的缺陷

该制度规定汇率浮动幅度需保持在1%以内，汇率缺乏弹性，限制了汇率对国际收支的调节作用。这种制度着重于国内政策的单方面调节。

（4）内外平衡难统一

在固定汇率制下，各国不能利用汇率杠杆来调节国际收支，只能采取有损于国内经济目标实现的经济政策或采取管制措施，以牺牲内部平衡来换取外部平衡。当美国国际收支逆差、美元汇率下跌时，根据固定汇率原则，其他国家应干预外汇市场，这一行为导致和加剧了这些国家的通货膨胀；若这些国家不加干预，就会遭受美元储备资产贬值的损失。

5.布雷顿森林体系的瓦解

（1）维持布雷顿森林体系的基本条件

要维持以美元为中心的国际货币体系，保证双挂钩原则的实现，必须具备3个基本条件：

第一，美国国际收支保持顺差，美元对外价值稳定。一国货币的对外价值受其通货膨胀和国际收支状况等因素的制约。如果其他国家通货膨胀严重，国际收支恶化，该国与美元的固定比价难以维持，经国际货币基金组织同意后，则该国可以实行货币贬值，重新确立与美元的固定比价关系。但是，如果美国发生长期的、根本性的国际收支逆差，美元对外价值长期不稳定，美元就会从根本上丧失其中心地位，从而危及国际货币体系的基础。

第二，美国应有充足的黄金储备，以保持美元对黄金的有限兑换性。在布雷顿森林体系下，美国有按1盎司黄金等于35美元的价格兑换外国政府或中央银行持有的美元的义务，为了履行其兑换义务，美国必须保有充足的黄金储备，这是战后国际货币体系的基础。

第三，黄金价格维持在官价水平上。第二次世界大战后，美国黄金储备充足，如果市场价格发生波动，则美国可以通过抛售或购进加以平抑。但如果国际市场黄金价格大涨，美国或有关组织由于黄金短缺，无力在市场上投放黄金以平抑黄金价格，国际货币体系的基础也就随之动摇。

（2）布雷顿森林体系崩溃的原因

布雷顿森林体系崩溃的直接原因是：

①美元停止兑换黄金。在美国国际收支危机不断恶化的情况下，美国的黄金储备大量流失，美元的地位岌岌可危。1971年8月，美国实行"新经济政策"，停止履行外国中央银行可以用美元向美国兑换黄金的义务。"新经济政策"的实施意味着美元与黄金脱钩，支撑布雷顿森林体系的一大支柱已经倒塌。

②固定汇率波动幅度扩大。1973年西方国家达成协议，实行浮动汇率制。至此，支撑布雷顿森林体系的另一支柱，即各国货币钉住美元，与美元建立固定比价制度也完全垮台，布雷顿森林体系完全崩溃。

布雷顿森林体系崩溃的根本原因是：

①布雷顿森林体系本身存在不可解决的矛盾——清偿力与信心之间的矛盾，即特里芬难题。美国在布雷顿森林体系中有两项基本责任：一是保证美元按官价兑换黄金，维持各国对美元的信心；二是提供足够的国际清偿力。但信心和清偿力同时实现是有矛盾的。美元供给太多，就会有不能兑换成黄金的危险，即信心问题；相反，美元供应不足，则产生清偿力的问题。

②僵化的汇率制度不适应经济格局的变动。布雷顿森林体系把维护固定汇率制放在首要地位，成员在国际收支根本性不平衡时可以申请改变汇率。事实上，各国汇率很少变动。但伴随着世界经济格局的变化，各国国际收支的状况也相应变化。美国持续逆差，英、法两国逆差多于顺差，日本与联邦德国积累了巨额顺差。如果排除人为干预，则美元、英镑和法郎贬值，日元和马克升值是必然之举。但美国认为美元是基准货币，其他国家有责任维持汇率的稳定，因此美国主张盈余国货币升值。其他国家则认为美国赤字是其过度的财政赤字和通货膨胀所致，美国应对此负责。同时，没有任何盈余国愿意将货币升值，而使自己的国际竞争力下降。结果是可调整的固定汇率制成了固定汇率制。这种僵化状态违背了建立可调整的固定汇率制的初衷，矛盾的积累最终冲破了布雷顿森林体系的约束机制。当1973年美元危机再起时，一些当时仍实行固定汇率制的国家也放弃了固定汇率制，布雷顿森林体系彻底瓦解。

③主要发达国家通货膨胀程度悬殊。西方各国经济发展的不平衡决定了各国采取的赤字财政和扩张信用的规模各不相同，因此，表现的通货膨胀程度各不相同，反映的实际利率水平也不相同，因而进一步加剧了国际资本流动。

④解决国际收支平衡问题的能力有限。由于各国经济发展不平衡，汇率制度僵化，所以各国国际收支问题日益严重，大大超过了IMF所能够提供的财力支持。特别是在各条款中，发展中国家处于十分不利的地位，它们需要得到的贷款与实际得到的贷款相差甚远。此外，从全球范围看，除少数国家国际收支为顺差外，大部分国家都出现了累积性的巨额国际收支逆差，而大量的、持续的国际收支逆差对固定汇率制构成威胁，使其难以维持下去，最终崩溃。

12.1.3　牙买加体系

布雷顿森林体系崩溃以后，国际金融秩序又复动荡，国际社会及各方人士也纷纷探析能否建立一种新的国际金融体系，提出了许多改革主张，如恢复金本位制，恢复美元本位制，实行综合货币本位制及设立最适度货币区等，但均未能取得实质性进展。国际货币基金组织于1972年7月成立一个专门委员会，具体研究国际货币制度的改革问题，由11个主要工业国家和9个发展中国家共同组成。委员会于1974年6月提出一份《国际货币体系改革纲要》，对黄金、汇率、储备资产、国际收支调节等问题提出了一些原则性的建议，为以后的货币改革奠定了基础。1976年1月，国际货币基金组织理事会国际货币制度临时委员会在牙买加首都金斯敦举行会议，讨论《国际货币基金组织协定》的条款，经过激烈的争论，签订达成了《牙买加协议》；同年4月，国际货币基金组织理事会通过了《国际货币基金组织协定第二次修正案》，从而形成了新的国际货币体系。

1. 牙买加体系的主要内容

①实行浮动汇率制的改革。《牙买加协议》正式确认了浮动汇率制的合法化，承认固定汇率制与浮动汇率制并存的局面，成员可自由选择汇率制度。同时，国际货币基金组织继续对各国货币汇率政策实行严格监督，并协调成员的经济政策，促进金融稳定，缩小汇率波动范围。

②推行黄金非货币化。《牙买加协议》做出了逐步使黄金退出国际货币的决定，并规定：废除黄金条款，取消黄金官价，成员中央银行可按市价自由进行黄金交易；取消成员相互之间以及成员与国际货币基金组织之间须用黄金清算债权和债务的规定，国际货币基金组织逐步处理其持有的黄金。

③增强特别提款权（SDRs）的作用。提高特别提款权的国际储备地位，扩大其在国际货币基金组织一般业务中的使用范围，并适时修订特别提款权的有关条款；规定参加特别提款权账户的国家可以将特别提款权作为偿还债务的担保，各参加国也可用特别提款权进行借贷。

④增加成员基金份额。成员的基金份额从原来的292亿特别提款权增加至390亿特别提款权，增幅达33.6%。

⑤扩大信贷额度，以增加对发展中国家的融资。

2. 牙买加体系的主要特点

（1）黄金非货币化

这是指黄金与货币彻底脱钩，取消国家之间必须用黄金清偿债权和债务的义务，弱化黄金的货币作用，使黄金在国际储备中的地位下降，促成多元化国际储备体系的建立。

（2）多样化的汇率制度安排

国际经济合作的基本目标是维持经济稳定，而不是汇率稳定。牙买加体系允许汇率制度安排多样化，并试图在世界范围内逐步用更具弹性的浮动汇率制取代固定汇率制。

（3）以美元为主导的多元化国际储备体系

在牙买加体系中，可供一国选择的国际储备资产不单是美元，还可以是黄金储备、欧元、日元和英镑等国际性货币，以及国际货币基金组织的储备头寸、特别提款权。尽管如此，美元仍是各国外汇储备的主要组成部分。由此可见，原有货币体系的根本矛盾仍然没有得到解决。

（4）国际收支调节机制多样化

国际货币基金组织允许通过成员多种国际收支调节手段对国际收支不平衡进行相机抉择。国际收支调节手段主要包括：

①国内经济政策。国际收支作为一国宏观经济的有机组成部分，必然受到其他因素的影响。一国往往运用国内经济政策，改变国内的需求与供给，从而消除国际收支不平衡。比如在资本和金融账户逆差的情况下，可提高利率，减少货币发行，以此吸引外资流入，弥补缺口。需要注意的是：运用财政或货币政策调节外部均衡时，往往会受到“米德冲突”的限制，在实现国际收支平衡的同时，牺牲了其他的政策目标，如经济增长、财政平衡等，因而国内经济政策应与汇率政策相协调，才不至于顾此失彼。

②汇率政策。在浮动汇率制或可调整的钉住汇率制下，汇率是调节国际收支的一个重要工具。其原理是：经常账户赤字，本币币值趋于下跌，外贸竞争力增强，出口增加，进口减少，经济账户赤字减少或消失；相反，在经常账户顺差时，本币币值上升，削弱进出口商品的竞争力，从而减少经常账户的顺差。在实际经济运行中，汇率的调节作用受到马歇尔-勒纳条件以及J曲线效应的制约，其功能往往令人失望。

③国际融资。在布雷顿森林体系下，这一功能主要由国际货币基金组织完成。在牙买加体系下，国际货币基金组织的贷款能力有所增强，更重要的是，伴随石油危机的爆发和欧洲货币市场的迅猛发展，各国逐渐转向欧洲货币市场，利用该市场比较优惠的贷款条件融通资金，调节国际收支中的顺差和逆差。

④国际协调。这主要体现在：以国际货币基金组织为桥梁，各国政府通过磋商，就国际金融问题达成共识与谅解，共同维护国际金融形势的稳定与繁荣。

3.对牙买加体系的评价

（1）牙买加体系的积极作用

第一，多元化的储备结构摆脱了布雷顿森林体系下各国货币间的僵硬关系，为国际经济提供了多种清偿货币，在较大程度上解决了储备货币供不应求的矛盾。

第二，多样化的汇率安排适应了多样化的、不同发展水平的各国经济，为各国维持经济发展与稳定提供了灵活性与独立性，同时有助于保持国内经济政策的连续性与稳定性。

第三，多种渠道并行，使国际收支的调节更为有效与及时。

（2）牙买加体系的缺陷

第一，在多元化国际储备格局下，储备货币发行国仍享有“铸币税”等多种好处。同时，在多元化国际储备下，缺乏统一的、稳定的货币标准，这本身就可能造成国际金融局势的不稳定。

第二，汇率大起大落，变动不定，汇率体系极不稳定。其消极影响之一是增大了外汇风险，从而在一定程度上抑制了国际贸易与国际投资活动。对发展中国家而言，这种负面影响尤为突出。

第三，国际收支调节机制并不健全。各种现有的渠道都有各自的局限性，牙买加体系并没有消除全球性的国际收支失衡问题。

如果说在布雷顿森林体系下，国际金融危机是偶然的、局部的，那么在牙买加体系下，国际金融危机就成为经常的、全面的和影响深远的。1973年浮动汇率制普遍实行后，西方外汇市场货币汇价的波动、金价的起伏经常发生，小危机不断，大危机时有发生。1978年10月，美元对其他主要西方货币汇价跌至历史最低点，引起整个西方货币金融市场的动荡。这就是著名的1977—1978年的西方货币危机。由于金块本位制与金汇兑本位制的瓦解，信用货币在种类上、金额上都大大增加。信用货币占西方各货币流通量的90%以上，各种形式的支票、支付凭证、信用卡等种类繁多，现金在某些国家的通货中只占百分之几。货币供给量和存放款量的增长速度大大快于工业生产的增长速度，而且国民经济的发展对信用的依赖越来越深。总之，现有的国际货币体系被人们普遍认为是一种过渡性的、不健全的体系，需要进行彻底的改革。

12.2 国际货币体系改革

自牙买加体系建立以来，改革国际货币体系的呼声就没有停止过，特别是2007年的美国次贷危机引发全球金融危机后，更是激起了人们对改革国际货币体系的思考。全球金融危机的爆发及扩散凸显出国际货币体系的缺陷，致使改革的呼声此起彼伏。继俄罗斯2009年年初建议考虑创造一种新的储备货币之后，中国亦提出最终取代美元的"超主权储备货币"设想。从全球对"超主权储备货币"的关注程度可以看出，各方对美元处于垄断地位的国际货币体系的不满已经达到了新高度。二十国集团（G20）峰会是推动全球经济治理机制完善和改革的重要的国际性机制和制度性安排。中国借助2016年在杭州召开的G20领导人第11次峰会，为推动国际货币体系改革和完善提供中国方案。尽管现行的国际货币体系格局依然是美元主导的多元化格局，但由于缺乏黄金的约束，美联储作为世界的中央银行的同时又作为美国的央行，在面临角色冲突时，处于国际货币体系外围的发展中国家的利益常常受损。改革、完善现有国际货币体系，是世界经济平衡、包容、可持续和强劲增长的源泉动力与有效支撑。

12.2.1 牙买加体系建立后国际货币体系改革的历史进程

1.第一阶段——牙买加体系的建立及后续修订

《国际货币基金组织协定第二次修正案》对有关黄金、特别提款权和汇率的条款都进行了修改，对货币改革起了一定的作用。它建立了一个合法机构，以促进货币体系的改进，如各国广泛的汇率安排；它为成员确定一些目标，有助于决定将来变化的方向，如把物价稳定和经济增长作为稳定汇率体系的手段；它确定一个机构应对国际货币体系的种种问题，如监督各国的外汇政策；它要求把特别提款权作为主要国际储备资产等。但现在一般认为，设计图式的解决办法并不切合实际，现实情况需要一种以某种原则为依据、比较实用的分析。《国际货币基金组织协定第二次修正案》只是将实际发生的深刻变化部分予以合法化。该修正案为国际货币关系提供了最大限度的弹性，但它并未建立稳定货币体系的机构、制定自动制裁办法。鉴于此，理论界普遍认为现在的国际货币体系并不是一种"货币秩序"，现行的牙买加体系只是一种没有制度的制度。

2.第二阶段——百家争鸣

随着《牙买加协议》《国际货币基金组织协定第二次修正案》的签订，国际货币体系的改革告一段落。但是由于牙买加体系只是对既成事实的一种法律承认，各国可以根据自己的考虑和责任来履行其义务，因此，有关国际货币体系改革的争论不断，各种学派、国际组织不断提出其见解，可谓百家争鸣。

(1)《争取世界的生存——发展中国家与发达国家经济关系研究》

1980年，国际发展问题独立委员会发布的报告《争取世界的生存——发展中国家与发达国家经济关系研究》指出在当时货币混乱的情况下建立货币新秩序的重要性。报告认为，国际货币体系迫切需要改革的问题包括汇率制度、储备制度、调节程序。

①在汇率制度方面，应该以国际货币更大程度的稳定作为目标，降低主要货币汇率浮动后国际贸易和外债管理的难度和复杂度；提出要对国际货币市场的境外活动加以控制，加强国际货币基金组织对汇率的监督以及国际货币合作。

②在储备制度方面，国际货币体系不能建立在任何一种占统治地位的国家的货币的基础上，要使特别提款权最终成为国际货币体系中的主要储备资产。特别提款权的分配应公平有效，即将大部分新储备资产分配给发展中国家。

③在调节程序方面，顺差国和逆差国都得承担调节的责任。报告指出：新的国际货币体系要多元化，应让发展中国家发挥更大的作用。

报告具有一定的远见和进步意义，但是由于发达国家力图维持现有的国际货币体系，反对对国际货币体系进行结构性的改革，所以这份报告很难得以实施。

(2)《阿鲁沙倡议》

1980年，在坦桑尼亚阿鲁沙举行的“关于国际货币体系和国际经济新秩序的南北会议”提出了《阿鲁沙倡议》。该倡议指出国际货币体系必须进行根本性改革，才能执行真正的国际发展战略。《阿鲁沙倡议》要求在国际货币事务的管理中实行民主和普遍的原则；创立一种国际货币单位，用作国际交换的工具和主要储备；设立一个国际性的世界中央银行，并发行国际货币；改善国际货币基金组织的贷款设施、贷款条件和决策结构，以适应发展中国家的需要。该倡议所设想的国际货币单位是一种由若干商品的价格所确定的一篮子货币，这就要求初级商品国际价格的稳定，这是相当困难的。同时，建立国际性世界中央银行在技术上、政治上和经济上的条件都不成熟。

(3)《国际货币体系的运行》

1983年5月在威廉斯堡召开西方七国首脑会议时，首脑要求他们的财政部部长与国际货币基金组织总裁磋商，以确定改革国际货币体系的条件和召开一次高级国际货币会议的适当时机。十国集团的财长和中央银行行长的代表在经过一年半时间的讨论研究后，提出了题为《国际货币体系的运行》（Functioning of the International Monetary System）的报告，该报告获得十国集团财长和中央银行行长东京会议的批准，并提交给在韩国汉城（现改名为“首尔”）举行的国际货币基金组织国际货币制度临时委员会、国际货币基金组织与世界银行理事会年会。报告认为：《国际货币基金组织协定》中所体现的现行国际货币体系的基本结构是健全的，没有必要对其进行重大改革，只需要改善一些缺陷；在目前情况下恢复固定汇率制的条件还不成熟，以主要货币为基础的浮动汇率制是可行的；支持国际货币基金组织向国际收支暂时有困难的成员提供资助，但通常应由份额决定。这份报告主要反映了发达国家关于国际货币体系改革的观点，与前两份报告相比较可以明显地看出发达国家和发展中国家在这个问题上的分歧。

（4）《二十四国集团报告》

1984年9月，二十四国集团在《国际货币改革行动计划大纲》的基础上完成了《二十四国集团报告》，反映了广大发展中国家的基本立场。报告的主要内容包括：

①改革当前的浮动汇率制，对主要货币的汇价规定一个目标范围；

②加强国际货币基金组织对发达国家货币政策的监督，以支持世界经济尤其是发展中国家的经济增长，促进对称的调节过程；

③国际货币基金组织特别提款权的分配应与发展中国家对发展资金的需要相联系；

④放宽对发展中国家的贷款条件，增加发展中国家在国际货币基金组织中的投票权；

⑤重新安排发展中国家的国际债务等。

（5）特里芬计划

1982年曾提出布雷顿森林体系特里芬难题的美国经济学家特里芬发表题为《2000年的国际货币制度》的论文，进一步阐述了他的主张。特里芬建议实行集中的国际信用储备制度，在2000年完成。该制度主要包括以下几个方面：

一是各成员应将其货币储备总额的一定比例交给国际货币基金组织来管理，用国际货币基金组织的余额取代外汇储备余额。国际货币基金组织的信用储备等同于黄金，可广泛应用于国际支付、国际清算，成员必须无条件地接受国际货币基金组织的存款作为国际清算手段。

二是国际货币基金组织所持有的国际储备总量应由各国共同决定，并按世界贸易和生产发展的需要加以调整。

三是储备的创造可以通过对成员贷款、定期分配新的特别提款权或进入各国金融市场购买金融资产来实现。

四是储备中心建立后，就可以建立国际货币。这就要求主权国家接受集体制定的货币纪律，并放弃本国的货币主权。集中储备制最终将取代现行储备资产，实现全球的货币联合与稳定。特里芬一贯的思想就是建立“国际信用储备制度”，但从当前的国际经济金融形式来看，实现这一目标的可能性还很小。

（6）汇率目标区

汇率目标区（Exchange Target Zone）的主要倡议者是约翰·威廉姆森。这项计划试图减少引起内部目标和外部目标冲突的那些因素。发达国家先协商一组符合相互利益的实际有效汇率目标，不设想绝对固定这些汇率，而是各国都允许它的实际有效汇率在目标汇率上下一定幅度的目标区内变化。每个国家的目标汇率都按照这样的方式来确定，即估计这样一个汇率水平，在中期这样的时间跨度内，它能够协调外部和内部不平衡。如果汇率接近目标区的上限值或下限值，那么这就是一种信号，表明要采取政策来缓和或扭转汇率的走势，但又不绝对要求汇率必须保持在上限值和下限值之间。更确切地说，可以把目标汇率的上下限看成软边界，而非硬约束。

在汇率目标区制度下，最重要的政策工具将是货币政策，而不是财政政策。如果实际有效汇率向上限变化（本国货币实际贬值），则表明与外国相比，本国的通胀水平较高，利率的上升将有助于减缓通胀，并导致短期资本的流入，这样就减轻了本国货币贬值的压力。同样，实际有效汇率向下限变化（本国货币实际升值），则表明本国的宏观政策相对其他国家来说较紧，从而需要放宽货币政策才能实现内部和外部政策目标。

此时的国际金融关系，一方面是矛盾日益尖锐复杂，另一方面是合作日益兴旺发达。在货币领域，不但表现为货币危机频繁爆发，也表现为货币集团纷纷建立。1979年3月，由欧共体成员组成的欧洲货币体系正式成立。随着欧洲经济一体化的发展，欧洲货币一体化的进程十分迅速。

3.第三阶段——动荡与危机

从20世纪80年代末至90年代，全球经济与金融经历了有史以来最剧烈的动荡和最严峻的挑战。在国际金融危机频繁发生和全球经济一体化进程日益发展的大背景下，改革国际货币体系的呼声越来越高，并且其讨论范围也不再局限于国际货币体系本身，而是扩展到有关国际货币的各个国际金融领域。各国政府及专家也纷纷发表改革国际货币体系的建议。

英国政府建议将国际货币基金组织、世界银行、巴塞尔委员会和其他管理组织合并，共同创建一个永久性全球金融监管常务委员会，它的主要任务是确立和实施关于金融监管的国际准则。英国将推动各方面遵守由世界银行和国际货币基金组织颁布的关于财政政策、货币政策、公司治理和社会政策的法规。

法国政府建议将国际货币基金组织国际货币制度临时委员会转变为对国际货币基金组织具有最终决定权的议会实体。这个议会将由各国的财政部部长组成，定期召开会议，对涉及国际货币基金组织的战略问题（包括金融责任）进行投票决定。法国政府建议国际货币基金组织给予私人金融机构“信息披露特许权”。这个建议要求管理者严格管理制度，控制离岸金融中心的金融活动；成员应当缓慢和谨慎地开放其资本和金融账户，并在与国际货币基金组织“协商”的条件下保护成员自己免受非稳定资本流动的影响，订立“金融保护条款”。但这个建议并不详细。

美国建议建立临时金融机制。这个机制可以在国际货币基金组织延长某些国家的信贷限额时发挥“稳定作用”，这些国家是指那些还没经受过金融危机，但金融稳定性受到潜在威胁的国家。相对于具有高利率的短期资金而言，这个机制将给这些国家提供坚强的政策基础。

12.2.2 现行国际货币体系的缺陷及改革

回顾和反思2008年全球金融危机，核心问题依然是现行国际货币体系不合理，尤其是以美元作为单一国际货币，其恣意滥发是导致全球金融危机、实体经济和虚拟经济出现悖论和失衡的根本原因。为此，2008年全球金融危机发生以后，各类国际机构等非常明智地提出要改革和完善现有国际货币体系，通过进一步完善汇率制度、国际收支调节方式和国际储备资产构成等国际货币制度，确保全球经济增长，形成并完善国际投资和国际贸易的制度和保障。然而，时至今日，国际货币体系改革依然是“雷声大，雨点小”。

1.现行国际货币体系存在的问题

现行国际货币体系改革的核心问题是国际储备货币问题、汇率制度问题和各国在国际金融机构的话语权问题。

（1）国际储备货币问题

布雷顿森林体系之所以瓦解，其原因在于，国际储备货币的充足和人们对其信心的维持是难以兼顾的，即存在特里芬难题。虽然现行体系下出现了储备货币多元化的趋势，但仍然没有解决这一问题。美元依然主导着现行体系下的国际储备资产的供给和价值，发展中国家只能被动地接受发达国家输出的储备资产。国际货币体系的重心仍向美国等发达国家倾斜，发展中国家难以摆脱对美国等发达国家经济与金融的依赖。

（2）汇率制度问题

现行体系下的汇率制度，难以建立起稳定的汇率形成机制，存在发达国家对汇率制度的主动安排和发展中国家被动选择的矛盾。发达国家以市场经济充分发展为基础，一般实行浮动汇率制，并能左右国际汇率水平及其变动趋势。而大多数发展中国家由于其经济与金融发展的依附性，只能被动地选择钉住美元等少数几种货币的钉住汇率制，汇率缺乏弹性，且极具脆弱性，汇率水平难以反映发达国家和发展中国家的实际水平，削弱了汇率杠杆对经济发展的调节作用。在大规模无序的国际资本流动中，维持钉住汇率制的成本很高，破坏了发展中国家货币政策的独立性。

（3）各国在国际金融机构的话语权问题

国际货币基金组织有一项规定，有关国际货币体系改革的任何重要问题，如修改协定、调整份额等，必须有85%以上的投票权才能通过。而美国目前在IMF中的投票权是16.76%，欧盟作为一个整体拥有30%以上的投票权，美国和欧盟具有一票否决权，这增加了货币体系改革的难度。发展中国家在国际金融机构中难以发挥应有的作用，发展中国家的利益也难以得到体现。

现行国际货币体系依旧没有形成有效的协调与合作机制。在全球经济增长进一步放缓的背景下，各国国际收支更加不平衡。从理论上说，可以用调整汇率的办法来调节国际收支，但是浮动汇率制下汇率的过度频繁浮动，增加了市场上的不稳定，甚至恶化了各国的国际收支状况。同时，现行国际货币基金组织的贷款机制不合理，无法通过贷款解决国际收支逆差，绝大多数国家只能通过建立庞大的外汇储备库和引进短期资本来保证国际收支平衡，这又引发和加剧了全球金融危机以来国际资本无序流动和汇率异常波动。发展中国家积累了大量外汇储备，而这些外汇储备币种以美元为多，担心资产贬值，再用美元购买美国国债，不仅收益率非常低，而且再次被美国控制，进一步增加金融的不稳定性，最终导致恶性循环。

针对现行国际货币体系的诸多缺陷，国际社会对牙买加体系进行了一些改革，主要有：改革IMF的内部治理机构，增加发展中国家的份额和话语权；向发展中国家和转轨国家转移4.59%的投票权；成立金融稳定委员会，对全球宏观经济和金融市场上的风险实施监督；将G20峰会作为协商世界经济事务的主要平台；加强金融监管，制定新的《巴塞尔协议Ⅲ》，进一步严格银行资本金和流动资金的标准。

可以看出，上述的这些改革措施并没有从根本上解决现行国际货币体系所存在的诸多缺陷，国际货币体系急需进一步改革。

2.国际货币体系的未来发展

关于现行国际货币体系的未来前景，不同学者有不同的观点。巴里·埃森格林（Barry Eichengreen）认为，美国的双赤字不可持续，美元地位将下降，现行国际货币体系将逐步朝着国际货币多元化的方向演进。美国的经常账户赤字将使美元作为储备货币的吸引力下降，在可预见的未来，美元和欧元很可能分享国际储备货币的地位；20年后，人民币说不定也会是主要国际货币之一。蒙代尔认为，从长期看，国际货币体系内国家有可能整合成若干货币区（如分别以美元、欧元和日元为核心的货币区）。之后，只要有两个货币区的汇率保持稳定，就能“诱使”第3个货币区的货币加入这一“汇率稳定机制”，从而实现全球汇率的稳定。

可以看出，埃森格林认为国际货币体系会朝着多元化货币体系演进，蒙代尔认为货币体系会朝着区域化货币体系演进。这两种观点代表着国际货币体系两种不同的演进方向。一方面，从国际货币体系的发展历史来看，布雷顿森林体系解体以后，美元作为唯一的国际储备货币已经成为历史，取而代之的是以美元占主导，欧元、日元、英镑并存的多元化国际储备货币体系。中国领导人在G20峰会上也倡导建立多元化的国际货币体系；未来人民币也有可能成为国际储备货币。另一方面，在经济全球化的背景下，区域合作方兴未艾，区域货币一体化的进程加快。1999年成立的欧元区是区域货币合作的典范，东亚、北美等货币合作取得不同程度的进展。

综上所述，从中期和长期来看，国际货币体系朝着区域化、多元化方向发展，这也是由国际货币体系发展历史的内在规律决定的。

但从短期来看，国际货币体系改革的近景取决于全球经济失衡能否得到平稳的调节。全球经济失衡表现为以美国为代表的经常账户巨额逆差、以中国为代表的经常账户巨额顺差。产生这一失衡的根本原因在于美元本位制。美元作为世界货币，必须通过经常账户逆差向外输出美元，提供国际流动性。美国逆差，就会相应导致其他国家的顺差。拿中国来说，中国经常账户巨额顺差，拥有巨额外汇储备。为了保值和增值，中国只能将这些外汇储备用于投资美国的国债和财政部债券。巨大的资金供给又导致了美国国债利率和联邦基准利率长期处于低水平。美国国内的低利率水平促使美国国内资本流向经济增长速度快的新兴市场国家（如中国），这些资本同这些国家的廉价劳动力、资源等因素相结合的结果就是继续生产大量的国际产出和供给，从而产生更大的美国经常账户逆差。

所以，要调节全球经济外部失衡首先需要美国抑制资本流出和增加出口。抑制资本流出需要提高利率，增加出口需要取消高科技产品出口的限制。只有当美国高利率能提高美国国内的储蓄率又不抑制国内的产出时，世界经济的失衡才能调整过来。而这一过程只能依靠消费的下降，而投资不能下降。如果消费和投资同时下降，则会在长期内导致美国产出能力和产出水平的下降，会对美国的经济和世界的经济构成较大的冲击。那么怎么实现高利率条件下的消费下降和投资增加呢？关键是引导美国投资转向外部需求弹性较小的生产部门（高科技产品生产部门）。要使这一过程得以顺利进行，还需要美国取消高科技产品出口的限制。当这一限制取消后，由于发展中国家引进科学技术、购买高科技产品的愿望是十分强烈的，这样高科技部门的投资回报率会比较高，进而会吸引美国国内的资本流入这些部门。这样，大规模高科技产品出口的外需增长，势必会纠正美国的经常账户逆差，从而改善全球经济失衡。

像中国这样有大量经常账户盈余的国家，需要努力提高国内储蓄转化为投资的效率，以弥补外需下降造成的需求缺口。而国内储蓄转化为投资的效率提高依赖国内金融发展水平的提高。所以，一方面，这些国家要努力培育金融市场，加强银行业发展，培养金融人才，提高国内金融发展水平；另一方面，争取发达国家和国际组织（如IMF）提供切实基于国际合作的援助和指导，诸如在控制国际投机资本、提高银行经营管理水平等方面的帮助。

从上面分析可以看出，全球经济失衡的调节取决于逆差国和顺差国的通力合作。调节经济失衡是稳定现行国际货币体系的基础，也是进一步改革国际货币体系的基石。

3. 中国如何更有效地参与国际货币体系改革

随着中国已经成为世界第二大经济体和第一大贸易国，对外直接投资规模也在不断扩大，已经和世界经济深度融合。中国倡导改革和完善国际货币体系，既为世界经济实现强劲复苏发挥中国作用，也为中国经济发展营造更好的外部环境，增加中国在国际金融领域的话语权和影响力。

（1）建立健全全球宏观审慎管理，增强金融系统的稳定

宏观审慎管理是为了维护金融系统的稳定，防止金融系统对经济体系的负外部溢出而采取的一种自上而下的监管模式，以防范金融危机为目的。针对资本项下开放程度不同，中国的宏观审慎管理目标及政策措施要求，不能局限于基于发达国家资本项下完全开放条件下制定的《巴塞尔协议Ⅲ》。中国一直呼吁给予发展中国家金融稳定更多的保护；未来要特别强调协调发达国家和发展中国家的对外经济政策，增强各国政策的协调性和可预期性。

当前新兴市场经济国家和发展中国家的实际GDP占全球的近一半，如果建立的全球治理结构把新兴市场经济国家和发展中国家排斥在外，就不能对全球经济进行真正治理。2009年金融稳定理事会（FSB）取代金融稳定论坛（FSF），成为全球金融监管制度制定和协调的机构，负责全球金融系统性风险评估以及国际监管协调，并将成员扩充至G20全部成员。中国作为G20成员，与金融稳定理事会成员一直积极参与未来国际金融监管标准的制定与实施，并在标准制定的过程中发挥影响力。中国也一直在积极参与国际清算银行、巴塞尔委员会等国际金融多边组织的活动，进一步呼吁和加快全球金融监管体系的改革和完善。

（2）加速国内结构性改革，促进国际多边货币合作

中国要稳步推进人民币国际化，扩大货币互换的范围，提高贸易便利程度，逐步摆脱对美元体系的依赖，实现多层次货币合作，使人民币逐步成为国际性货币，并在区域层面与全球层面扮演更加重要的角色。积极地参加国际货币体系改革，离不开中国经济的结构性改革；只有进一步进行结构性改革，尤其是供给侧结构性改革，才能提高中国经济增长的可持续性，降低经济的对外依存度，缓解经济的内外部失衡，增强经济实力，在国际货币体系重建与全球金融监管体系改革中进一步彰显中国的话语权和中国方案的影响力。

中国已于2015年12月1日加入特别提款权的货币篮子，2016年10月1日正式开始生效。加入货币篮子提高了中国的国际声望，敦促中国减少对资本流动的管制，这将使人民币更加国际化，有助于中国对外投资，降低借贷成本。同时，人民币被纳入特别提款权货币篮子，会吸引更多国家的中央银行持有人民币。随着人民币更多地被用于跨境贸易和投资结算，人民币的定价能力增强。同时，促进中国A股市场被纳入全球指数的进程，未来人民币定价的股票、债券和其他资产可能会成为全球机构投资者必须配置的资产。

12.2.3 国际货币体系的创新——欧洲货币一体化

1. 最适度货币区理论

货币一体化包括区域货币合作、区域货币同盟和货币区3种不同的含义。

区域货币合作是指有关国家在货币问题上实行的协商、协调乃至共同行动，它在合作形式、时间和内容等方面都有较大的选择余地。

区域货币同盟是区域货币合作形式的深入发展，指通过法律文件（共同遵守的国际协议）就货币金融某些重大问题进行的合作。

货币区是货币一体化的一种高级表现形式，成员货币之间的名义比价相对固定，具有一种占主导地位的货币作为各国货币汇率的共同基础，主导货币与成员货币相互间可充分地自由兑换，存在一个协调和管理机构，成员的货币政策主权受到削弱。①

最适度货币区理论是国际经济政策协调理论的一个重要组成部分，其研究重心是加入货币区的标准及加入货币区的利弊分析。判断最适度货币区的单一指标有多种多样，主要包括蒙代尔提出的要素流动性、罗纳德·麦金农（Ronald I. Mckinnon）提出的经济开放性、凯南提出的低程度产品多样化、詹姆斯·伊格拉姆（James Ingram）提出的国际金融一体化程度、爱德华·托尔（Edward Tower）和托马斯·威莱特（Thomas Willett）提出的政策一体化程度以及哈伯勒（G. Harberler）和弗莱明（J. M. Fleming）提出的通货膨胀相似性等。

最适度货币区理论的单一指标从不同侧面反映了加入货币区的利弊，但单独强调其中任何一个标准难免失之偏颇，将它们加以综合，才能够对区域性货币一体化做出较为完满的解释和说明。也就是说，利用成本收益分析方法，当一国加入货币区的收益大于成本时，一国才会选择加入最适度货币区。

2.欧洲货币一体化概况

迄今为止，最令人瞩目的货币区演变是欧洲货币体系的发展。欧洲货币一体化的发展是在成员之间建立起一个“货币稳定区域”，使它们得以免受区域外金融不稳定的影响，区域内的固定汇率安排以及目前实现的欧盟成员单一货币方便了成员之间的经济交往和合作，从而为未来的国际货币体系改革和内外均衡矛盾的解决树立了一个可借鉴的榜样。

欧洲货币一体化的沿革根据欧洲货币一体化由低层次向高层次演进的过程，可分为4发展阶段：第一阶段（1960—1971年），跛行货币区阶段，即货币区没有一种占主导地位的货币作为各国货币汇率的共同基础，而仍需要以货币区以外的货币作为汇率基础；第二阶段（1972—1978年），联合浮动阶段；第三阶段（1979—1998年），欧洲货币体系阶段；第四阶段（1999年至今），欧洲单一货币阶段。②

（1）欧洲货币体系

欧洲货币体系主要有3个组成部分：

①欧洲货币单位（European Currency Unit，ECU），类似于特别提款权，其价值是欧共体成员货币的加权平均值，每种货币的权数根据该国在欧共体内部贸易中所占的比重和该国GDP规模进行确定。以这种方式计算出来的欧洲货币单位具有价值比较稳定的特点，而且该计算方法决定了在ECU的组成货币中，德国马克、法国法郎和英镑是最为重要的3种货币，其中又以德国马克所占的比重最大，马克汇率的上升或下降，对欧洲货币单位的升降往往具有决定性影响。欧洲货币单位的创设是欧洲货币体系与联合浮动的最大区别所在，其发行有着特定的程序。

欧洲货币单位的作用主要是：欧洲汇率机制的标准；决定成员货币汇率偏离中心汇率的参考指标；成员官方之间的清算手段、信贷手段以及外汇市场的干预手段。

②欧洲货币合作基金（European Monetary Cooperation Fund，EMCF），其主要作用是

① 黄卫平，彭刚．国际经济学简明教程［M］．3版．北京：中国人民大学出版社，2019：173-175.
② 姜波克．国际金融新编［M］．3版．上海：复旦大学出版社，2008：326-333.

向成员提供相应的贷款，以帮助它们进行国际收支调节和外汇市场干预，保证欧洲汇率机制的稳定。欧洲货币合作基金给成员提供的贷款种类因期限而有所不同，期限最短的45天以下（含45天）贷款只向欧洲汇率机制参加国提供；一般地，9个月以下的短期贷款用于帮助成员克服短期国际收支失衡问题：中期贷款的期限为2~5年，用于帮助成员解决结构性国际收支问题。欧共体通常在向成员提供贷款时附加一定的条件。

③欧洲汇率机制（Exchange Rate Mechanism，ERM），是欧洲货币体系的核心组成部分。根据该机制的安排，汇率机制的每一个参加国都确定本国货币同欧洲货币单位的（可调整的）固定比价，即确定一个中心汇率，并依据中心汇率套算出与其他参加国货币相互之间的比价。需要指出的是，并不是所有欧共体成员都参加了欧洲汇率机制。德国、法国、比利时、丹麦、意大利、荷兰、卢森堡和爱尔兰是该机制的初始参加国；英国虽然1973年就加入了欧共体，但直到1990年10月才加入欧洲汇率机制，而1992年9月它又与意大利一同退出这一汇率机制；西班牙和葡萄牙于1986年加入欧共体，但它们进入欧洲汇率机制的时间分别为1989年6月和1992年4月。在欧洲汇率机制中，通过各国货币当局在外汇市场上的强制性干预，各国货币汇率的波动被限制在允许的幅度以内。也就是说，如果两种货币的汇率达到允许波幅的上限或下限，则弱币国货币当局必须买人本币，以阻止其进一步贬值，相应地，强币国货币当局必须卖出本币，以阻止其继续升值，从而通过这种对称性的市场干预实现汇率机制的稳定。

（2）欧洲汇率机制的运行情况

欧洲货币单位是欧洲汇率机制的中心，各国货币间汇率以其与欧洲货币单位的中心汇率为基础，形成一个网状的平价体系（有人称之为平价网体系），从而为欧洲汇率机制规定了运行的框架。在平价网体系下，各国央行依据以下3道警告指示器，实施两种干预任务：

①最大波动幅度：＋2.25%。

②最大偏离界限：＋2.25%×（1-权数）。

③偏离警告线：＋2.25%×（1-权数）×75%。

由于最大允许波幅（即干预点）和偏离临界值的双重限制，欧洲汇率机制的干预方式有两种形式：边际干预和边际内干预。边际干预是指成员货币汇率波幅达到或接近最大允许波幅时，其货币当局应采取强制的市场干预，使汇率重新接近中心汇率。由于干预点的分布是对称的，所以边际干预也是对称的。边际内干预是指当成员货币汇率的波幅达到偏离临界值时，有关国家的货币当局应进行磋商，采取相应的预警措施，这是一种预防性的干预，不具备强制约束力，但对减少欧洲汇率机制内的汇率波动和推动欧洲货币一体化进程都有重要的意义。

不过，由于偏离临界值在成员之间的分布是不对称的，边际内干预也具有不对称的成分，或许当弱币已达到偏离临界值时，强币却没有收到预警信号：或许预警信号错误地发向一种“无辜”的货币，而使理应对这种偏离负责的货币未得到警告。

此外，还可能由于汇率波动过于剧烈，波幅提前达到干预点水平，使偏离临界值的预警作用无从发挥。各国货币当局在实施市场干预时，可以要求欧洲货币合作基金向其提供信贷支持，以帮助它们克服国际收支困难，增强干预市场的能力。

如果暂时不考虑1992年发生的欧洲货币体系危机，则欧洲汇率机制的运行还算基本成功。因为它促进了成员货币间汇率的稳定，有利于成员之间通货膨胀差异的缩小、经济政策的协调和经济状况的改善，扩大了欧洲货币单位在官方领域和私人领域的使用范围和使用程度，为最终发行单一货币创造了条件。

3.欧洲单一货币

（1）欧洲货币联盟的发展过程

《马斯特里赫特条约》（以下简称《马约》）是关于欧洲货币一体化的里程碑文献，其设计的最终目标是在欧洲联盟内建立一个负责制定和执行共同货币政策的欧洲中央银行并发行统一的欧洲货币。

为实现上述目标，《马约》规定了一个分3个阶段实施的货币一体化计划。

第一阶段：1990年7月1日—1993年12月31日，实现所有成员加入欧洲汇率机制，实现资本的自由流动，协调各成员的经济政策，建立相应的监督机制。

第二阶段：1994年1月1日—1996年12月31日，进一步实现各国宏观经济政策的协调，加强成员之间的经济趋同；建立独立的欧洲货币管理体系——欧洲货币管理局（EMI），作为欧洲央行的前身，为统一货币做技术和程序上的准备；各国货币汇率的波动在原有基础上进一步缩小，并趋于稳定。

第三阶段：1997年1月1日—1999年1月1日，最终建立统一的欧洲货币和独立的欧洲央行。

《马约》规定的成员进入第三阶段的条件（即成员的趋同标准）主要包括：

①通货膨胀率最多只能比欧共体3个最低国家的平均水平高1.5个百分点；

②政府长期债券利率最多只能比欧共体3个通货膨胀率最低国家的平均水平高2个百分点；

③财政赤字占国内生产总值的比重必须不高于3%；

④公共债务累计额必须不高于国内生产总值的60%；

⑤货币汇率必须维持在欧洲货币体系规定的幅度内，并且至少有两年未发生过贬值；

⑥成员中央银行的法则、法规必须同《马约》规定的欧洲中央银行的法则、法规相兼容。

此外，考虑到静态达标的实际困难，以动态趋势取代静态水平来评估各国是否有条件进入第三阶段。

（2）欧洲单一货币的可行性

关于欧洲单一货币的可行性，支持者认为单一货币可以降低成员在国际贸易及货币兑换方面的信息成本与交易成本，并可避免各国货币供应的政治化以及因国内选举而产生的所谓政治商业周期，而且有利于提高整个货币区经济的平均增长率，提高各成员运用金融交易调节国际收支的能力，降低它们干预外汇市场、管理外汇储备的成本；反对者则认为单一货币的实行，将损失各国进行汇率调整的自由度，削弱各成员的货币主权，而且对欧元区的顺利进行持怀疑态度。

欧洲联盟于1999年1月1日开始了启动欧元的步伐。从便利国际贸易与国际投资的角度分析，单一货币的实行对与欧盟经济关系密切的国家来说有着积极的影响。它们与欧盟国家相互之间的支付及兑换成本、进出口结算和投资收益预期的稳定性都将得到提高，对欧元区的汇率风险也可能有所减弱。

4.欧元对现行国际货币体系的作用及影响

欧元是第二大国际货币，在国际事务、全球投资和国际贸易的竞争中发挥着重大作用。然而，现阶段欧元只能弱化，而不能取代美元在国际货币体系中的主导地位。欧元的存在推动了欧洲的统一，促使欧盟各国整顿并严格管理自己的公共财政，努力营造稳定的经济环境；强化了欧盟内部的市场竞争，迫使欧洲金融市场的资产重组，进而推动了欧洲一体化发展。这无疑使欧元在国际货币体系中发挥举足轻重的作用，对美元造成巨大影响和压力。然而，美元在国际货币体系中的地位所产生的黏滞作用不会在短期内消失，短期的低迷与波动不会动摇美元作为世界上最主要国际货币的地位。

欧元对现行国际货币体系的影响具体表现在以下3个方面：

（1）对国际货币基金组织协调能力的挑战

从历史上看，IMF在协调其成员缓解1973年与1979年两次石油危机对世界经济的危害、救援1982年拉美债务危机、帮助发展中国家进行结构性改革并促进其经济稳定增长方面，表现出较强的协调能力；但在特别提款权、南北货币关系、IMF的贷款条件等问题上，其协调能力令人怀疑。可以肯定的一点是，欧洲货币联盟作为跨主权国家的国际货币机构尽管面临许多困难，但在保证欧元稳定方面依旧发挥着有效的协调能力。另外，在货币问题上，欧洲代替原发达国家内部美、日、德三极上德国的位置，大大增强了这一极的力量，从而使IMF在协调西方发达国家内部立场的问题上难度更大。

（2）对国际储备体系的挑战

欧元之前的多元化国际储备体系可以概括为美元主导下的美元、日元、德国马克、英镑、SDRs及其他硬货币并存的体系。欧元的产生与运作，对美元在国际储备体系中的主导地位及SDRs作为国际储备货币的地位，无疑带来严峻的挑战。从经济实力来看，统一货币后的欧盟国家的GDP在1996年占经合组织的38.3%，而美国只占32.5%，日本则占20.5%。因此，以这种经济实力为基础的欧元，在一定时期内有望在国际储备体系中挤占美元所占的一部分份额，并可能在中长期内动摇美元作为国际储备货币的主导地位，从而形成未来国际储备体系中非对称三极（美、欧两极强，日本一极弱）的局面。同欧元一样，SDRs也是一种国际清偿力，但SDRs天生就有缺陷。作为信用货币，欧元在天然禀赋上优于SDRs，这是因为：

①从货币的价值尺度的角度考察，虽然作为一篮子货币的SDRs的价值也很稳定，但从作为信用货币其价值所必须依靠的信用源泉来讲，统一的欧洲中央银行的作用，显然要比IMF在国际储备货币创造上的作用大得多。

②从货币的流通手段的角度考察，在非官方结算之中，SDRs的作用可以忽略不计。而欧元不一样，它不但可以用作非官方结算货币，还可以用作区域内统一的流通货币，欧元受非官方欢迎的程度将是SDRs所无法比拟的，至今未达到在其创立之初所设想的成为世界主要清偿力目标的SDRs，在欧元的挑战之下更加暴露出其内在缺陷性，从而动摇其作为储备货币的地位。

（3）挑战所谓“没有体系的体系”，为世界货币的发展起示范作用

汇率制度安排多样化、黄金非货币化以及国际经济政策协调艰难，是牙买加体系之所以被称为“没有体系的体系”的重要原因。欧元以其汇率稳定、跨国界的协调以及统一的中央银行对牙买加体系直接提出挑战。统一的欧元将是人类历史上第一次可用于非官方结算的跨国界信用本位货币的一种创造，它的诞生及其后的发展，为其他区域性经济合作组织货币一体化起到示范作用，也为未来统一世界货币的创造提供宝贵的经验。世界货币最

终的统一将建立在几大区域性国际货币基础之上，并在广泛的国际协调上与制度框架内执行其世界货币的职能。未来IMF货币的改革和区域内国际货币一体化发展进程相交织，最终会创造出一种完善的世界货币。尽管这个过程是漫长的，但这或许是未来国际货币体系演化的趋势。

12.2.4 国际货币体系改革与人民币国际化

1.人民币国际化进程概述

作为党的十四届三中全会改革决议中建立社会主义市场经济体制、市场在资源配置中占据基础地位的一部分，在汇率体制上，为达到逐步实现人民币自由可兑换的改革目标，1996年人民币实现了经常账户的可兑换。随着2001年中国加入WTO，人民币的资本账户也逐步放开。按照IMF在资本账户下43个科目的标准，人民币只有3个涉及资本主体行为的科目受到一定程度的管制，分别是：①对外直接投资需要审批；②中国资本市场有限制地对外开放；③包括个人和企业在内的居民对外负债有规模控制，需要审批。就中国资本市场而言，QFII和RQFII制度[①]后伴随着沪港通、深港通，以及正在研究的中国债券市场未来对外国投资者的开放，将促使中国资本市场基本实现全方位、多层次的开放格局。2008年全球金融危机后中国加快了人民币国际化的进程，尤其是2009年7月央行公布《跨境贸易人民币结算试点管理办法实施细则》标志着中国第一次全面正式的人民币国际化安排的开启。它为人民币深度地国际化、广泛地进入非中国居民的资产负债表开辟了道路。自“8·11”汇改[②]以来，人民币结束了长达近10年的单边升值趋势，汇率的波动转化为双边波动。从国际化的角度来看，这将减少套利空间，推进人民币作为国际货币功能的更好发挥。随后人民币正式加入特别提款权货币篮子，成为国际储备货币，迈出了国际货币的具有极大象征意义的一步。

2.人民币的输出机制

从人民币的输出路径来看，目前主要为以下3种：

（1）政府间的货币互换协议

自中国2008年与韩国签订第一笔人民币货币互换协议以来，截至2020年6月19日，与我国签订货币互换协议的有阿根廷、印度尼西亚、俄罗斯等39个国家和地区，总规模达到3.47万亿元人民币。对中国人民银行来说，在对方贸易商进口中国商品时表现为人民币的流出；反之，则表现为人民币的流入。这也是目前人民币进入域外非居民资产负债表的最主要的方式。

（2）地摊银行模式

这种模式主要存在于与中国与东南亚国家（如老挝、缅甸、越南等）之间，其推广依托于两国间的边境贸易总量，由民间自发形成，形式上不拘一格。总体来看，相对于第一种模式，其交易和结算规模较小，在几百亿元人民币上下。

（3）《内地与香港关于建立更紧密经贸关系的安排》下的港澳模式

从2004年1月1日起，中国香港银行开始试办个人人民币存款、兑换、银行卡和汇款

① 我国分别于2002年和2011年实施合格境外机构投资者（QFII）制度和人民币合格境外机构投资者（RQFII）制度。2019年9月10日，国家外汇管理局宣布，经国务院批准，决定取消QFII/RQFII投资额度限制；同时，RQFII试点国家和地区限制一并取消。

② 2015年8月11日，中国央行宣布调整人民币兑美元汇率中间价报价机制，做市商参考上日银行间外汇市场收盘汇率，向中国外汇交易中心提供中间价报价，这一调整使得人民币对美元汇率中间价机制进一步市场化。

业务，中国银行（香港）作为人民币业务的唯一清算行。随着中国内地与香港的经济联系日益密切，人民币在中国香港的使用范围也日益扩大，不仅用于经常账户，而且开始涉及资本和金融账户。2007年中国内地金融机构开始在中国香港发行人民币债券。2009年，中国财政部首次在中国香港发行人民币国债。

3.人民币国际化对解决现行国际货币体系困局的作用

由上述分析可知，现行国际货币体系是造成世界经济发展不平衡的重要因素。此外，利率、汇率的波动以及信用货币下央行的货币政策导致世界大宗商品价格的波动都不利于世界经济活动的交流和发展，而美国通过美元的霸权地位配合其军事威慑收割全世界的策略也不可持续。在这一体系下，长此以往美国将不得不面临长期的国际收支赤字、产业空心化和债务庞氏化的问题。这既是人民币国际化中的机遇，也是中国所面临的挑战。人民币国际化对于促进世界经济的平衡发展，实现各国互利合作和共赢，避免国际收支赤字、产业空心化和债务庞氏化的难题具有重要意义。人民币国际化主要可从以下3个方面解决当前国际货币体系的弊端：

（1）改善国际货币体系的治理格局

人民币作为国际货币，可以通过加强双边、多边和区域经济合作来改善国际货币治理体系，维护广大发展中国家的利益，促进世界经济发展的平衡。例如，通过金砖国家开发银行、金砖国家应急储备安排、亚洲基础设施投资银行等，在促进新兴市场国家经济金融稳定的同时，对现行国际货币体系形成有益的补充；利用G20、IMF等现有多边治理平台，加强新兴市场国家和发达经济体之间的政策沟通和协调，防范单一国家宏观经济政策对全球经济的外溢效应。中国与广大发展中国家具有广泛的共同利益和合作的空间，人民币在国际上的广泛使用将倒逼国际货币组织改革。2015年12月以后，随着人民币加入特别提款权货币篮子，IMF进行份额的改革，新兴国家在IMF中的份额有了普遍的上升，话语权有了部分提升。尽管美国在IMF中依旧享有一票否决权，但长期来看，国际货币体系正在朝着公正合理的方向变革、演进。

（2）维护发展中国家利益，促进世界经济的平衡发展

在国际收支不平衡的调节方面，牙买加体系下除了依赖IMF等国际货币组织的援助外，还可以使用汇率政策、利率政策以及双边的货币合作进行调解。从表面上看，这增强了各国在调解中的独立自主性；但实质上，在浮动汇率制下，广大发展中国家可采取的手段十分有限，最终的结果往往是汇率崩溃，金融市场动荡。随着人民币的国际化，广大发展中国家的利益将得到有效的保障。例如，1997年亚洲金融危机时，如果人民币作为国际货币，那么泰国政府和中国政府将可以通过货币互换的方式合作，使泰铢兑人民币保持相对稳定，在金融市场上通过三角套汇机制，使得做空泰铢的同时必须得做空人民币才行。此种货币互换形式的合作将使得广大发展中国家的风险暴露可能性极大地降低。

（3）减少金融市场和大宗产品价格的波动，促进世界经济交流

当前国际货币体系下，美元独大，美联储的一举一动都对全球资本的流动产生重要影响。当美联储降息扩表时，全球美元的流动性大增，大宗商品价格大涨，世界经济往往表现为通胀和宏观经济过热；当美联储加息缩表时，世界经济往往面临着通缩压力。倘若人民币成为国际货币而广泛进入各国居民、企业和政府的资产负债表，人民币的流动性平稳将取代美元的流动性过剩，人民币的流动性将补充美元的流动性紧缺。以大宗商品价格为

例，当美联储降息扩表时，美元计价的大宗商品价格将有上涨压力，与此同时人民币计价的大宗商品价格则保持平稳。由于外汇市场的价格调整富有弹性，而商品市场的价格调整富有黏性，因此在外汇市场上美元兑人民币将大幅贬值，而商品市场上价格调整相对缓慢。由此造成美元计价的大宗商品的价格上涨，但因为美元的贬值而波动幅度变小。

第12章思政窗

本章小结

1.国际货币体系也称国际货币制度，是指各国政府为适应国际贸易与国际结算的需要，对货币的兑换、国际收支的调节等所做的安排或确定的原则，以及为此而建立的组织形式等的总称。

2.国际货币体系明确规定了各国货币比价、各国货币的兑换性与对国际收支所采取的措施、国际储备资产的确定和供应方式、国际收支的调节方法以及国际金融事务的协调与磋商。第一次世界大战前，资本主义国家普遍实行金本位制，黄金在国际支付原则、结算制度与运动规律上相统一。

3.《牙买加协议》实行了浮动汇率制的改革，承认固定汇率制与浮动汇率制并存的局面，并推行黄金非货币化，增强特别提款权的作用，增加成员基金份额；同时，扩大信贷额度，以增加对发展中国家的融资。

关键术语

国际货币体系　国际金本位制　金币本位制　金块本位制　金汇兑本位制　布雷顿森林体系　牙买加体系　区域货币合作　区域货币同盟　最适度货币区　特里芬难题　欧洲货币一体化　人民币国际化

基本训练

一、简答题

1.3种国际金本位制的区别是什么？

2.结合布雷顿森林体系崩溃的过程分析该体系存在的主要缺陷。

3.《牙买加协议》的主要内容和特点分别是什么？

4.简述人民币国际化对现行国际货币体系改革的影响。

二、案例分析题

材料一　　人民币国际化的未来

从当前形势看，中国可以说是全世界基本面最健康的经济体之一，明显优于欧盟、美国、日本及大部分其他经济体。中国连续25年保持经常账户顺差，对外收支总体平衡；财政状况也比较稳健，政府债务负担（包括地方政府）过去10年虽然大幅度上升，但整体公共负债率仍然低于80%的国际警戒线，而且政府有巨大的国有资产做后盾（总额相当于GDP的100%）；由于中国储蓄率在全球名列前茅，相对而言，民众在面临新冠肺炎疫情的经济困难时更容易渡过难关；国家外汇储备稳居全球第一，规模逾3万亿美元，有足够的实力应对各种可能出现的外部冲击，维持人民币汇率的基本稳定。此外，得益于“降杠杆、防风险”的前瞻性调控举措，中国的财政与货币政策在过去几年都保持了比较大的克制和纪律性，因此在应对此轮全球危机时的政策空间更大。这些优势都有助于中国经济在今后数年平稳发展，为人民币国际化的进一步拓展和提升奠定坚实的经济基础。

在看到人民币国际化潜力的同时，我们也要充分认识到这一进程中存在的风险、挑战和障碍。具体来说，宏观经济大幅度波动、国内金融体系遭受冲击、货币超发与资产价格泡沫、“中等收入陷阱”、“中美脱钩”、“逆全球化”、地缘政治风险等，都有可能削弱全球投资者对人民币的信心。因此，我们要平衡好短期“稳增长”与中长期经济可持续发展的关系，以免杠杆率快速反弹导致系统性风险的再次积聚。如果我们能够比较平稳地度过这场全球性危机，实现经济与社会的平稳发展，危机之后，人民币国际化会获得市场的广泛认可。

当然，人民币在国际货币体系中重要性的提升只是从中长期来讲的一个可能性，不是必然的。人民币国际化应由市场决定、水到渠成。美元能否维持地位，取决于美国在新冠肺炎疫情过后恢复经济的能力，以及中长期能否保持美国在世界经济中的全面领先地位和竞争优势。同样，人民币地位能否长期稳固地提升，取决于中国能否坚持改革开放、转型升级的发展方向，能否保持经济的平稳增长，能否增强企业的全球竞争力，能否维护并改善国内外投资者对中国的投资环境、法制环境及软实力的信心。同时，我们需要加快一些技术性的基础设施建设，为人民币国际化向纵深发展铺平道路。例如，实现人民币在资本账户项下的完全可兑换、加速扩展人民币国际清算体系（中国跨境银行间支付系统（CIPS））等，都是人民币进一步国际化的必要条件。

资料来源　孙明春. 国际货币体系酝酿变局［EB/OL］.（2020-06-19）［2021-04-27］. https://baijiahao.baidu.com/s?id=1669895413098985170&wfr=spider&for=pc.

材料二　　人民币国际化与特里芬难题

从历史经验来看，任何一国主权信用货币在国际化过程中都会面临特里芬难题，即国际货币发行国在实现国内目标和履行国际货币职能之间往往存在两难抉择。在现行国际货币体系下，国际货币均扮演着国内货币与世界货币的双重角色，因而人民币实现国际化后也将面临这一难题。

1.初级阶段的特里芬难题

与美元相比，人民币在国际化过程中所面临的困境恰恰相反。美元已处于国际化的成熟阶段。为了应对金融危机和经济紧缩，美国通过扭曲操作和量化宽松政策大量发行美元，以刺激国内经济。然而，在开放经济条件下，这些美元并没有按照美联储的意愿流入实体经济，而是流向国外其他地区进行投机，这必然威胁到美元的币值稳定，影响到它作为国际货币的储备保值能力。而人民币的国际化之路也困难重重，不同的是人民币正处于国际化的初级阶段。为了鼓励人民币走出去，中国人民银行等部门自2009年起陆续出台了《跨境贸易人民币结算试点管理办法》以及海关报关、出口退税等配套措施，2011年又出台了《境外直接投资人民币结算试点管理办法》《中国人民银行关于境内银行业金融机构境外项目人民币贷款的指导意见》，2012年支持义乌地区开展个人跨境人民币结算试点，2013年大幅简化了跨境人民币各项业务流程，目前也在加大推动人民币国际化的力度。

长远而言，当人民币具备了接近美元和欧元的国际储备货币地位时，特里芬难题的影响也将越趋明显，即国内经济和货币政策与人民币作为国际储备货币所要承担的责任和义务之间存在矛盾。我们必须意识到，当人民币成为一种国际货币后，中国将会以本国收支逆差为代价来确保国际金融市场上流通足够多的人民币，以满足世界各国投资者对人民币的需求。然而，长期的国际收支逆差会提高我国的负债水平，降低人民币的实际价值，最终影响人民币的币值稳定性及国际信誉。持续多年的国际收支双顺差，使外汇储备水平较高。当前，这种冲突并不显著，但随着人民币国际化的深入推进，矛盾将显著增强。但是，由于国内贸易顺差大、通货膨胀率高、资产泡沫严重和地方债务危机严重等问题，中国人民银行需维持人民币升值预期和较高利率水平来加以应对，但是币值相对较高，明显不利于境内出口，也不利于境外非居民使用人民币，从而影响了它作为国际货币的投资和融资能力。

2.双盈余情况下的特里芬难题

关于人民币国际化要面对的特里芬难题，当前市场上普遍的理解是指人民币要成为国际性货币，成为全球广泛持有的价值储藏、交易媒介和记账单位货币，中国就需要通过经常账户、资本和金融账户的逆差向全球大量输出人民币。但在当前中国经常账户、资本和金融账户呈双盈余的情况下，不仅人民币难以大量输出，中国反而持有越来越多的外币，人民币国际化的要求与中国宏观经济结构和政策之间存在矛盾或两难局面。参考美元的经验，对人民币国际化过程中可能会出现的特里芬难题有如下的初步判断：

首先，中国是全球持有最多外汇储备、外汇占款影响国内货币政策最大的国家，在人民币刚刚开始走出去的情况下，中短期而言，即使是特里芬难题的初级形式也不会在人民币身上显现，我们所要面对的最大难题反而是美元和欧元存在的特里芬难题。

其次，要把人民币大规模推向国际，中国未必需要在经常账户上由盈转亏，可以参考美元的做法，以对外援助和对外投资等的方式达成。此外，即使中国在经常账户上保持顺差，也仍然可以实现人民币的“走出去”，因为当前中国外贸顺差主要从美国、欧洲获得，对亚洲区的贸易中国是逆差的。由于当前全球商品贸易市场是买方市场，中国在与亚洲区的贸易中有较多的主动权，可以通过要求以人民币支付，先把人民币推向亚洲区，在区域化上取得重要进展。

最后，长远而言，随着人民币国际储备货币地位的确立和提升，在超越现时的英镑和日元而仅次于美元和欧元之后，困扰美元和欧元的特里芬难题就会以更高级的形式在人民币身上体现出来。中国要承担人民币成为国际储备货币的种种责任和义务，如维持人民币币值稳定以保护持有者的利益、保证跨境资金的自由流动、容忍外币兑人民币贬值等。

资料来源　冯叔君. 人民币国际化过程中的特里芬难题研究［J］. 上海商学院学报，2018，19（4）：49-53.

问题：

结合材料一、材料二，简要阐述如何应对人民币国际化过程中可能出现的特里芬难题。

第13章
国际金融危机与应对

学习目标

学完本章，你应该能够：

◎了解不同类型的金融危机；

◎掌握有关金融危机的传播以及系统性风险；

◎了解5种典型金融危机案例的形成原因、政府干预措施及干预效果；

◎分析金融危机形成并爆发的共性，以及以往金融危机案例带给我们的启示及经验教训。

引例

国际金融危机

1994年和1995年的墨西哥，1997年的泰国、印度尼西亚、菲律宾、马来西亚和韩国，1998年的俄罗斯，1999年的巴西，2001年的阿根廷，2007—2009年的美国和英国，这些危机都是对世界经济造成困扰的例子。在这些危机发生之时，每次危机都被描述为一场意外，但事实证明，有充分的理由指出危机的发生具有一定规律性。这是为什么？与大多数商品和服务市场不同，金融市场的特点之一就是经济学家所谓的“不完全”。正是由于这些不完全的存在，我们不能保证市场对金融产品的配置是经济的或者是有效率的。此外，这种不完全往往使金融市场有些不稳定，表现为一种局面下的“繁荣”之后，往往出现另一种局面下的“萧条”。

资料来源　李倩芸. 历次金融危机回顾及启示［J］. 经营管理者，2017（24）：107.

在一个经济周期开始时，大多数借款者属于“套期保值”型借款者，当经济从扩张转向收缩时，借款者的盈利能力变弱，逐渐转变成“投机”型借款者和“蓬齐”型借款者，金融风险增大。因而金融体系具有内在的不稳定性，经济发展周期和经济危机不是由外来冲击或是失败的宏观经济政策导致的，而是经济自身发展的必经之路。1998年亚洲金融危机和2008年全球金融危机，是中国改革开放过程中遭遇的最大外部冲击，中国不但经受住了危机的冲击，而且加速了改革的进程，从而获得了长足的发展。回看和反思这两次危机，是中国深刻认识金融本质、重塑国家金融体系的重要契机。

13.1　金融危机的类型

金融危机是指金融资产、金融机构、金融市场的危机，具体表现为金融资产价格大幅下跌，或金融机构倒闭或濒临倒闭，或某个金融市场如股市或债市暴跌等。金融危机是金融领域的危机。由于金融资产的流动性非常强，因此，金融的国际性非常强。金融危机的导火索可以是任何国家的金融产品、市场和机构等。

系统性金融危机指的是那些波及整个金融体系乃至整个经济体系的危机，比如2007年爆发并引发全球金融危机的美国次贷危机。

金融危机的特征是人们基于经济未来将更加悲观的预期，整个区域内货币币值出现较大幅度的贬值，经济总量与经济规模出现较大幅度的缩减，经济增长受到打击，往往伴随着企业大量倒闭的现象，失业率提高，社会经济普遍萧条，有时候甚至伴随着社会动荡或国家政治层面的动荡。

金融危机有很多不同类型，包括恶性通货膨胀、国际收支平衡和货币危机、资产价格下跌、银行业危机、外债危机以及国内债务危机（见表13-1）。这些危机往往结合在一起发生，并不相互独立。了解金融危机所属的类别，是我们理解它的第一个重要步骤。

表13-1 **金融危机的类型**

类型	特 征	例 子
恶性通货膨胀	一国整体价格水平快速增长，通常定义为每年40%或更高	1998—2009年的津巴布韦
国际收支平衡和货币危机	为了应对国际收支平衡中出现的问题，国内货币价值大幅或快速贬值	1994—1995年的墨西哥和1999年的巴西
资产价格下跌	金融资产价格持续大幅下降	1990年的日本以及2007—2009年的美国
银行业危机	银行挤兑、合并、倒闭以及政府接管银行类金融机构等事件的发生	2001年的阿根廷
外债危机	对国外债权人的主权债务违约或者对此类债务的大规模重组	1982年的墨西哥
国内债务危机	对国内债权人的主权债务违约或者对此类债务进行大规模重组	1989年的阿根廷

资料来源 莱因哈特，罗格夫．这次不一样？800年金融荒唐史［M］．綦相，刘晓峰，刘丽娜，译．北京：机械工业出版社，2010：2-18.

1.恶性通货膨胀

恶性通货膨胀（hyperinflation）是指一国在一个时期内价格水平快速增长，通常定义为每年40%或更高。恶性通货膨胀往往与货币供给的快速扩张有关。据世界银行的数据，津巴布韦的通货膨胀率从1997年的18.7%一路升到2003年的431.7%，到2008年官方给出的通货膨胀率已是231 000 000%。一包香烟的价格在前一天晚上可能是25亿津巴布韦元，到第二天早上就变成了225亿津巴布韦元。2009年1月，津巴布韦央行更是印出了100万亿面值的津巴布韦元。同年4月，津巴布韦央行不得不放弃津巴布韦元，使用美元、英镑、南非兰特、博茨瓦纳普拉等货币作为法定货币。

2. 国际收支平衡和货币危机

国际收支平衡和货币危机涉及国内货币价值的大幅或快速贬值。事实证明，恶性通货膨胀往往导致货币崩溃。出现这种情况的原因是，随着通货膨胀程度的加剧，资产所有者会把以国内货币计价的资产换成以外币计价的资产，从而维持投资组合的价值。这就造成国内货币相对需求减少（相对于外国货币），国内货币价值受到下行的压力。由于所涉及的外币往往是美元，这个过程有时又被简称为“美元化”（dollarization）。一旦出现美元化的情况，即使通货膨胀水平有所下降，局面也很难逆转。①

3. 资产价格下跌

资产价格下跌通常是指金融资产价格持续大幅度下降。在通常情况下，资产价格下跌往往出现在资产价格大规模且持续上涨之后，人们通常将其称为“泡沫”（bubbles）。

资产价格下跌的经典案例之一是日本在1990年的情况（如图13-1所示）。该图显示了1981—1992年日本的股票和土地总价值，其中土地价值只考虑了东京的情况。1981—1989年，这两类资产的价值都增加了5倍。在高峰期，人们估计日本的土地总价值（东京以及全国其他地区）占全球财富的20%，是美国土地价值的5倍。截至1989年，大多数观察家预期日本的资产价值会不断增加，但是从图13-1中可以看出，在那一年后，资产价值迅速下降，泡沫破灭。自那时起，日本一直努力从1989年资产泡沫破灭的困境中恢复，但它还是经历了20年痛苦的缓慢增长，甚至商品和服务的价格都下跌。

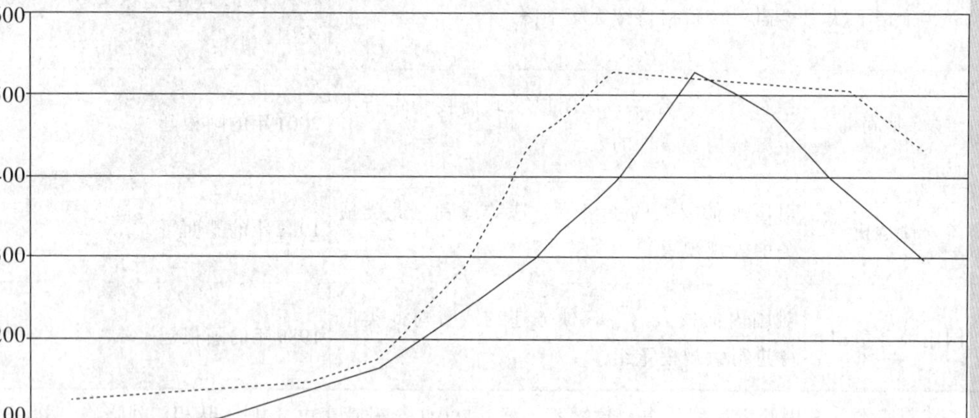

图13-1 1981—1992年日本的资产价格（单位：万亿日元）

资料来源 王益洋. 日本地价变动和股价变动相关性浅析［J］. 现代城市研究，1994（1）：38-40，46.

4. 银行业危机

银行业危机主要是指银行挤兑、合并、倒闭以及政府接管银行类金融资产等事件的发

① 莱因哈特，罗格夫. 这次不一样？800年金融荒唐史［M］. 綦相，刘晓峰，刘丽娜，译. 北京：机械工业出版社，2010.

生。在全球金融体系中，银行业是特别脆弱的一个部门。这主要是源于所谓的期限转换，即银行的职责是吸收短期借款并发放长期贷款（借短贷长），这使得银行业很容易出现挤兑现象。

在正常情况下，银行要持有足够多的流动性资源，此类资源要多到足以应对任何情况的取款激增事件。然而，当一家银行开始出现挤兑行为时，储户会对银行失去信心，出现大量挤兑行为。随着取款行为持续出现，银行被迫清算资产。在通常情况下，当银行被迫清算时，资产价格属于“甩卖”价，如果银行持有高度非流动性资产和异质性货款（例如，由于银行对本地商业的信息较其他投资者更为了解，所以向本地商业放出大量贷款），“甩卖”情况更加严重。在银行业出现系统性危机期间，以甩卖价清算资产的问题可以延伸到更大范围的资产……不同的银行往往持有大致相似的资产组合，如果所有银行同时出售资产，则市场流动性可能会完全干涸。此时，即使在正常时期属于相对具有流动性的资产，当银行最需要它们的时候，也会突然变得具有高度非流动性。[①]

对银行业的研究以及它在危机中发挥的作用为我们提供了一些洞见：

第一，银行业危机往往是由类似于土地价格、资本流入激增和金融部门自由化等因素引起的资产价格下跌或金融泡沫破灭造成的，所有这些因素都可以彼此协同运行。例如，2008年的全球金融危机中，所有这些因素似乎都做出了贡献。

第二，从历史来看，不论是在发达国家还是发展中国家，银行业危机的发生都是相当普遍的，并不限于发展中国家。

第三，银行业危机通常会带来长期低迷的经济产出和庞大的财政成本。

5.外债危机

外债危机主要涉及对国外债权人的主权债务违约或者对此类债务的大规模重组。这方面的典型案例是1982年的墨西哥。20世纪80年代，墨西哥的实际利率显著增加以及非石油类商品价格显著下降。这会增加借贷成本，同时减少出口收入。1982年8月，面对资本外逃，墨西哥政府宣布将停止对外债进行还本付息。随后，阿根廷和巴西也进入类似的债务危机和国际收支平衡危机。

对外债危机的研究[②]表明，此类危机往往由上一期大量资本流入引起（类似于银行业危机）。债务违约和债务重组发生在非洲（2000年的科特迪瓦、肯尼亚和津巴布韦，2001年和2004年的尼日利亚）、亚洲（2000年和2002年的印度尼西亚，2002年的缅甸）以及拉丁美洲（2001年的阿根廷，2003年的巴拉圭和乌拉圭，2004年的委内瑞拉，2008年的厄瓜多尔）。但是，从更广泛的时间段考察，外债危机可以追溯到20世纪70年代，当时此类情形广泛发生，甚至包括欧洲。

6.国内债务危机

国内债务危机主要是指对国内债权人的主权债务违约或者对此类债务的大规模重组。这一系列的危机未曾得到很好的重视和研究。事实证明，国内债务水平有助于解释大量外债违约和通货膨胀危机，一国政府会拖欠外债，以帮助支持国内债务重组。从历史来看，也有国家通过通货膨胀来降低国内债务的实际价值（价格调整）。在银行业危机和外

① 莱因哈特，罗格夫. 这次不一样？800年金融荒唐史［M］. 綦相，刘晓峰，刘丽娜，译. 北京：机械工业出版社，2010.

② 莱因哈特，罗格夫. 这次不一样？800年金融荒唐史［M］. 綦相，刘晓峰，刘丽娜，译. 北京：机械工业出版社，2010.

债危机中，上一期的资本流入往往是影响因素之一。

我们提到过，危机往往结合起来发生。例如，表13-1使用2001年的阿根廷作为银行业危机的案例，但当时该国发生的事情远不止这些，伴随着银行业危机的是货币危机。阿根廷政府在其国内债务和国外债务上都出现了违约，同时某些类型的资产价格出现下跌。因此，尽管表13-1有助于对不同类型的危机做一番整理，但是各类危机不应被看作一组独立事件，真正的国际金融世界比这些要复杂得多。

专栏13-1

13.2 金融危机传染与系统性风险

13.2.1 金融危机传染

从一国开始的金融危机会蔓延至其他国家，这被称为传染（contagion）。外部因素引起金融危机、金融危机国际传染并非近些年才出现的现象。1873年，德国和奥地利经济繁荣，吸引资本留在国内，对外信贷突然中止，导致美国杰·库克公司经营困难。1890年，伦敦巴林兄弟投资银行对阿根廷债权发生支付危机，加之当年10月纽约发生金融危机，伦敦一系列企业倒闭，巴林银行几乎于当年11月倒闭，只是在英格兰银行行长威廉·利德代尔牵头组织的银团担保基金救助下方才得以幸免，但英国对南非、澳大利亚、美国和其他拉丁美洲国家的贷款因此事而锐减，致使上述国家和地区的经济危机一直持续到1893年。1928年春，纽约股市开始繁荣，汲干了本可投向拉丁美洲的信贷源泉，导致上述国家和地区陷入经济萧条。中止发放海外信贷很可能加速海外经济衰退，后者又会反过来对导致这一切的国家产生影响。20世纪90年代，伴随着国际游资的膨胀，国际货币、金融危机频繁爆发。根据巴里·艾森格林和迈克尔·博多在2001年完成的一项研究，2001年随机挑出的一个国家爆发金融危机的概率都比1973年大1倍，国际货币、金融危机的传染性也大大增强，往往爆发不久就如同传染病一样迅速从最早爆发危机的国家或地区蔓延到其他国家和地区。对货币、金融危机传染机制的研究也迅速兴起。由于多种危机传染机制需要在资本和金融账户以及金融市场开放条件下才能实现，所以，在很大程度上，我国依靠资本和金融账户的适度管制和金融服务市场的低开放度而在1997年亚洲金融危机中幸免于难。时至今日，随着我国经济形势的变化，尽管我国资本和金融账户仍未完全开放，但是金融危机传染的风险已经大大增加。震撼国际金融市场的美国次贷危机给我们敲响了警钟，国际金融危机传染机制出现了新特点。

金融危机的传染途径主要有以下几方面：[①]

1.贸易传染机制

贸易传染机制是指一个国家的金融危机可以通过直接或间接贸易，恶化另一个与其贸

① 格伯. 国际经济学［M］. 周琰，译. 6版. 北京：中国人民大学出版社，2015：289-297.

易关系密切的国家的国际收支以及经济基础的运行状况。贸易传染机制主要是通过价格效应和收入效应得以实现的，即一国发生危机通常会造成货币贬值，这既增强了对直接或间接贸易国家市场的价格竞争优势，又使得国民收入相对减少，从而减少了对国外商品的进口。

贸易传染具体可分为贸易伙伴型传染与竞争对手型传染。前者是指货币贬值使得危机国出口竞争力增强，对其贸易伙伴国的出口增加而进口减少，导致贸易伙伴国的贸易赤字增加，外汇储备减少，从而经济情况恶化，产生金融危机。后者是指危机国使与其有着共同出口市场或共同出口产品的贸易竞争国的产品竞争力相对减弱，引发金融危机。更为严重的是，在这种情况下，其贸易竞争国的货币会竞相贬值，导致金融危机进一步扩散和加剧。

2.金融传染机制

金融传染机制是指一国金融市场缺乏流动性，导致另一个与其有密切金融关系的国家的金融市场缺乏流动性，从而引发该国的金融危机。其传染主要通过直接投资、银行贷款和资本市场等来实现。

金融传染具体可分为直接金融危机传染和间接金融危机传染。前者是指一个国家发生投机性冲击，导致本国市场流动性不足，通过金融中介清算其在有直接金融联系的另一国的资产，从而使得对方也产生流动性不足的压力。后者则是通过第三国实现的。第三国在两个资本市场无联系的国家都有投资，但由于其中一国产生了金融危机，会促使第三国重新评估自己的投资策略，并从这两个国家同时撤资，导致另外一个国家产生流动性不足。

3.预期传染机制

预期传染机制是指即使国家之间不存在直接的贸易、金融联系，金融危机也可能会传染。这是由于一个国家发生金融危机，另一些类似国家的市场预期也会发生变化，从而影响到投资者的信心与预期，进而导致投资者对这些国家的货币冲击，最终实现金融危机的蔓延与扩散。这种“类似”范围非常微妙，或经济基础相似，或政治与经济政策相似，甚至是文化背景相似。

预期传染机制主要是通过货币投机的示范效应和羊群效应来实现的。前者是指当一国发生货币危机时，投资者获得了这样一个重要信息：与发生金融危机国家具有相似政策和宏观环境的国家，在受到冲击时也会放弃固定汇率制。因此，投资者在这种情况下会加强对另一个环境相似国家的货币的冲击，从而实现金融危机的国际传染。后者是指市场上存在那些没有形成自己的预期或没有获得第一手信息的投资者，他们将根据其他投资者的行为改变自己的行为。这种羊群效应在被货币攻击性投资者利用时，将在国际货币危机传染中发挥乘数性的放大作用。

4.产业联动的传染机制

产业联动的传染机制是指世界各国的产业政策与产业结构虽不尽相同，但在鼓励本国出口产业发展方面是相似的，其结果是各国的出口产业和全球的生产能力都在急速扩大，出口产业把各国经济紧密地联系在一起。同时，一国出现的金融危机会沿着产业联动效应的渠道传向其他国家。

其传导机制主要是通过存货的加速原理和产业的结构性震荡两条途径发挥作用的。前者是指当出现经济衰退和消费需求下降时，生产企业的库存会大量增加。为了使存货降低到企业所能承受的水平，企业在短期内会大幅度减少生产，解雇工人，减少对供应商的原料采购。对供应商来说，这意味着存货超过正常水平，需要缩减生产，这反过来又会进一步减少消费需求。如此循环反复，更多的产业被卷入金融危机，并由此引发社会上信贷链条的断裂和金融危机的发生与蔓延。后者是指某些国家在产业结构方面与危机发生国十分相似，产业的碰撞使这些国家也出现了结构失衡状态，从而引发国际资本对这些国家的资本和货币市场进行类似的投机性冲击和规避性撤离，导致它们也出现严重的金融动荡。

金融危机从一国蔓延到另一国的概念实际上并不是针对“传染”给出的一个正式概念。更正式地说，我们需要考虑的是跨国界传播的内容究竟是什么。这里存在多种可能性，国际金融专家也存在不同的意见。一些常见的预警指标包括期望和信心的变化（羊群效应或“信息瀑布”）、资产价格（金融连通性）以及资本外逃（“突然停止”）。在我们大多数预期的情节中，传染并不总是发生。例如，1999年巴西雷亚尔的贬值过程就没有伴随传染的出现，2001年阿根廷货币发行局制度的消亡以及2001年土耳其里拉贬值等事件，都没有传染给其他国家。巴西、阿根廷和土耳其都是规模很大且地位重要的新兴市场，此类不具传染性的金融危机值得人们关注。

莱因哈特和韦格（2003）给出推动金融危机在国家之间传染的3个因果要素，分别是资本流入的突然停止、金融市场出现的突然公告以及高杠杆化金融机构。此外，乔伊斯和纳巴（Joyce & Naba，2009）表明，外资流入的突然停止可以和银行业相互作用，并引发银行业危机。因此，看上去外资流入突然停止、银行业危机以及传染等都可能相伴而生。通过避免过度借贷（过度借贷伴随开放资本市场的顺周期财政政策）、连续的信息共享、金融市场的审慎管理以及资本管制等方式，一国政府可以保护自己国家免受金融危机的传染。

专栏 13-2

13.2.2 系统性风险

有时，金融危机的传染如此迅速，并达到全球化的程度，影响世界金融体系。系统性风险（systemic risk）是指金融机构从事金融活动或交易所在的整个系统（机构系统或市场系统）因外部因素的冲击或内部因素的牵连而发生剧烈波动、危机或瘫痪，使单个金融机构不能幸免，从而遭受经济损失的可能性。系统性风险包括政策风险、经济周期性波动风险、利率风险、购买力风险、汇率风险等。系统性风险可以用贝塔系数来衡量。

系统性风险的特点是：对整个股票市场或绝大多数股票普遍产生不利影响。系统性风险造成的后果带有普遍性，其主要特征是几乎所有的股票均下跌，投资者往往要遭受很大的损失。正是由于这种风险不能通过分散投资相互抵消或者消除，因此又被称为不可分散风险。

系统性风险主要是由政治、经济及社会环境等宏观因素造成的，包括政策风险、利率风险、购买力风险和市场风险等。

1.政策风险

政府的经济政策和管理措施的变化，可以影响到公司利润、投资收益的变化；证券交易政策的变化，可以直接影响到证券的价格。而一些看似无关的政策变化，比如对私人购房的政策，也可能影响证券市场的资金供求关系。因此，经济政策、法规出台或调整，对证券市场会有一定影响；如果这种影响较大，则会引起市场整体的较大波动。

2.利率风险

市场价格的变化随时受市场利率水平的影响。一般来说，市场利率提高会对股市资金供求方面产生一定的影响。

3.购买力风险

由于物价的上涨，同样金额的资金未必能买到过去同样的商品。这种物价的变化导致了资金实际购买力的不确定性，被称为购买力风险或通胀风险。在证券市场上，由于投资证券的回报是以货币的形式来支付的，在通胀时期，货币的购买力下降，也就是投资的实际收益下降，也存在给投资者带来损失的可能。

4.市场风险

市场风险是证券投资活动中最普遍、最常见的风险，是由证券价格的涨落直接引起的。当市场整体价值高估时，市场风险将加大。对投资者来说，系统性风险是无法消除的，投资者无法通过多样化的投资组合进行防范，但可以通过控制资金投入比例等方式，减弱系统性风险的影响。

不同于简单的金融危机传染，系统性风险是一类罕见的事件。其特点体现在20世纪30年代的大萧条中，也体现在2008年的全球金融危机中，我们在后面会讨论这一主题。戈尔丁和沃格尔（Goldin & Vogel，2010）重点指出，归因于金融全球化的过程，系统性风险一直在增加。他们敲响了警钟，指出："全球金融是得到最多理解，而且制度最为发达的一类全球治理制度，但是这些金融机构还是未能预言、预防或了解该系统中特有的系统性风险，现在，它们必须指出前瞻性地管理未来系统性风险所需进行的结构性变革。"

13.3 金融危机案例

13.3.1 日本资产泡沫危机

1.形成的原因

从外部因素来看，美国主导的日元汇率政策导致日本的内外经济都受到严重影响。一方面，1985年9月签署的《广场协议》导致日元快速升值（1985年9月美元对日元汇率约为1∶240，1987年12月变为1∶1 202，日元大幅升值），导致日本出口大幅走弱（出口占GDP比例从1985年第三季度的14.23%降至1987年第四季度的9.2%）。另一方面，1987年2月七国集团为进一步阻止美元贬值而达成《卢浮宫协议》，要求日本在1989年5月前维持宽松的货币政策，导致市场普遍预期日本将长时间维系低利率，以避免产生美元危机，这种市场预期助长了日本国内的资本市场非理性投资行为。但是，催生日本资产泡沫的根本原因还是日本政府在外部国际压力之下，采取了不当的发展战略和政策措施，而当时日本的政治、金融制度方面的缺陷，纵容、助推了1987—1990年的资产泡沫。从金融危机演变的角度看，日本资产泡沫破灭的直接导火索是日本政府的货币紧缩政策和抑制地价上涨的政策。日本政府希望主动挤泡沫，使经济回归正常运行轨道，1989—1990年连续5次大幅加息。同时，大藏省在1990年3月启动房地产金融，实施总量控制的政策，出台《关于控制土地相关融资的规定》，减少对房企的贷款；1992年修改税法（新开征地价税，提高土地转让收入税率，提高个人长期持有土地的税率），以增加土地供给等。在此期间，日本政府并未预料到资产泡沫破灭会对经济产生如此巨大的负面影响。

从资产泡沫的形成机制来看，除了宽松的货币政策和积极的财政政策以外，当时日本自身也存在一定的问题。一方面，金融自由化（存款利率放开、汇率自由化、资本和金融账户开放）使得银行传统业务的盈利能力下降，驱使银行向有抵押资产的企业（如房地产和建筑业、非银行金融机构）贷款，所谓的“理财”资金运作很兴盛（浜野洁等，2015）。另一方面，日本当时的监管制度不健全，缺乏控制金融风险的经验，纵容了资产泡沫的产生。宽松的货币政策、积极的财政政策、监管不健全、金融自由化导致了激进的信用扩张，强化了居民、企业、金融机构、政府对牛市的预期；牛市预期又强化了激进的信用扩张，最终资金都涌入了股市和房地产，催生了资产泡沫。

值得注意的是，在日本资产泡沫的演化过程中，存在“乐观预期—信用扩张”的自我强化机制。具体而言，房价和股价上涨的预期使得居民、企业、金融机构都不断加杠杆投向股市和房市，导致信用不断扩张，而政府对信用扩张的纵容和不作为又强化了市场对牛市将持续存在的乐观预期。

在居民层面，一方面当时日本人口正处于适龄买房人口的高峰期，买房需求旺盛；另一方面，居民预期房价、股价上涨，不惜加杠杆（宽松的货币政策使得资金较为便宜）买房、炒股。

在企业层面，房价不断上涨和对房价不断上涨的预期，使得房地产相关企业通过向金融机构贷款不断增加投资，导致房地产企业负债高企。此外，在投资者的乐观预期之下，这些企业的盈利前景较好，它们通过发行股票从市场融资，助长了股市泡沫。

在金融机构层面，房价上涨和对房价上涨的预期，使得金融机构向房地产相关企业放贷的意愿加强，更多资金流向房地产（房地产相关抵押品价格上涨，获得贷款额度增加）；同时，股市的不断上涨使得金融机构在权益类资产上的配置比重不断增加，推高了股价，最终不断吹大资产泡沫。

2.政府干预措施

在货币政策方面，日本政府并未预料到连续加息的主动挤泡沫行为会对日本经济产生如此巨大的负面影响。因而，当其意识到泡沫破灭的严重性以后，日本政府也采取了相应的补救措施。日本央行随后在1991年3次调低基准利率，随后又进一步多次下调利率，到1993年年底，基准利率甚至已经低于日本央行主动挤泡沫前的水平（当时的基准利率为2.5%）。但是，由于市场的预期已经大幅反转，频繁地降息并没有遏制日本房价的暴跌。1993年日本6个主要城市的地价较1990年的最高值减少约40%，日本地价自1990年起进入了长达10年的下降时期。宽松的货币政策对实体经济的刺激作用已经失效，在基准利率陆续下调到接近于零的情况下，日本非金融企业的间接融资（向银行借款）和直接融资（在资本市场筹集资金）水平都一直在下降。非金融企业一直在偿还债务，而不是扩大再生产。其结果是，企业部门不再借钱，居民部门也不再消费，总需求萎缩，经济陷入持续萧条状态。①

在财政政策方面，1990年房价开始下跌后，日本政府最初以为仅是一次正常的经济波动，直到1992年3月后才开始加大财政支出的刺激力度。1993—1995年，日本政府主要采取积极的财政政策应对资产泡沫破灭对实体经济的冲击。1994年，日本政府进一步

① 辜朝明. 大衰退——如何在金融危机中幸存和发展［M］. 喻海翔，译. 北京：东方出版社，2008.

实施了4.5万亿日元的个人所得税一次性减税政策；1995年，又实行了3.5万亿日元的永久减税政策以及每年2万亿日元的特别减税政策。虽然1996年和1997年上半年日本经济出现复苏迹象，日本政府转为紧缩的财政政策，但由于1997年亚洲金融危机爆发，1998—2000年日本政府又转向积极的财政政策。长期积极的财政政策的直接结果就是日本政府的财政赤字连年累积，到2000年，日本中央政府债务占GDP的比例已经超过100%。

3.政府干预的效果

从前述分析可以看出，在货币政策干预方面，资产泡沫开始破灭时，日本央行多次调低基准利率，但由于资产价格快速下跌后市场预期已经反转，日本央行持续调低基准利率的做法既未能有效阻止资产价格的进一步下跌，也没有对实体经济产生显著的提振作用。对20世纪90年代资产泡沫破灭后日本的财政政策的效果，各界一直是存在争议的。很多学者认为日本经济之所以陷入长期萧条，与日本政府干预措施的不当密切相关。这一点从日本政府内阁的频繁变更可以看出：1990—2000年，政府内阁更换了7次。资产泡沫破灭后日本企业和个人的需求大幅度萎缩，政府支出的增加部分抵消了企业和个人需求的下降部分，使得日本GDP能够大致维持在原有水平，没有出现大规模的衰退。如果在此期间没有扩张性财政政策的支撑，则日本经济可能会出现大幅度的萎缩。[①]

13.3.2　亚洲金融危机

1.形成的原因

亚洲金融危机形成的根本原因是亚洲5国[②]存在如下问题：

①经济发展模式不可持续。这几个国家过度依靠外资发展外向型劳动密集型产业的经济发展模式，导致外债急剧增加、国内的股市和房地产资产泡沫以及经济持续增长动能不足。

②金融体系脆弱。这几个国家实行钉住美元的汇率制度，但外汇储备规模不足以维持钉住汇率制。

③资本和金融账户过早开放。

④国内利率显著高于国际尤其是日本的利率水平。

⑤缺乏监管和风险管理能力。

⑥国内政治腐败。利益集团通过金融部门套利，导致银行坏账大幅增加。

从外部冲击来看，一方面，拉美国家和中国等国家出口增加导致亚洲5国经常账户赤字、外汇储备来源不足；另一方面，作为亚洲国家主要债权国的日本大量撤资，导致资本持续外流。

如图13-2所示，随着国际投机者在远期市场和现货市场持续地、大规模做空泰铢，实行钉住汇率制的泰国在耗尽外汇储备以后，于1997年7月2日被迫宣布实行浮动汇率制，亚洲金融危机爆发。随后，国际投机者大量抛售东南亚国家货币。东南亚国家如菲律宾、马来西亚和印度尼西亚相继放弃钉住美元的汇率制度，本国货币大幅度贬值。而与东南亚经济密切相关的韩国和日本，由于其金融开放程度较高，也受到了东南亚金融危机的冲击，东南亚金融危机演变为亚洲金融危机。中国香港是国际投机者从东南亚国家获利后的攻击对象。由于中国香港金融管理局的应对得当和中国政府的支持，国际投资者未能得

① 辜朝明. 大衰退——如何在金融危机中幸存和发展［M］. 喻海翔，译. 北京：东方出版社，2008.

② 1997年爆发的亚洲金融危机，使东亚和东南亚国家深受其害，尤其是泰国、印度尼西亚、马来西亚、菲律宾和韩国。以下将这5个国家简称为亚洲5国。

偿所愿，铩羽而归。随后，国际投机者转而将目标瞄准俄罗斯，导致卢布贬值、股市暴跌。虽然俄罗斯最后稳住了汇率，使得国际投机者损失惨重，但其也付出了重大代价。俄罗斯无力偿债后宣布主权债务违约等事件也引发美国股市动荡。因此，亚洲金融危机对世界金融市场也产生了重大冲击。

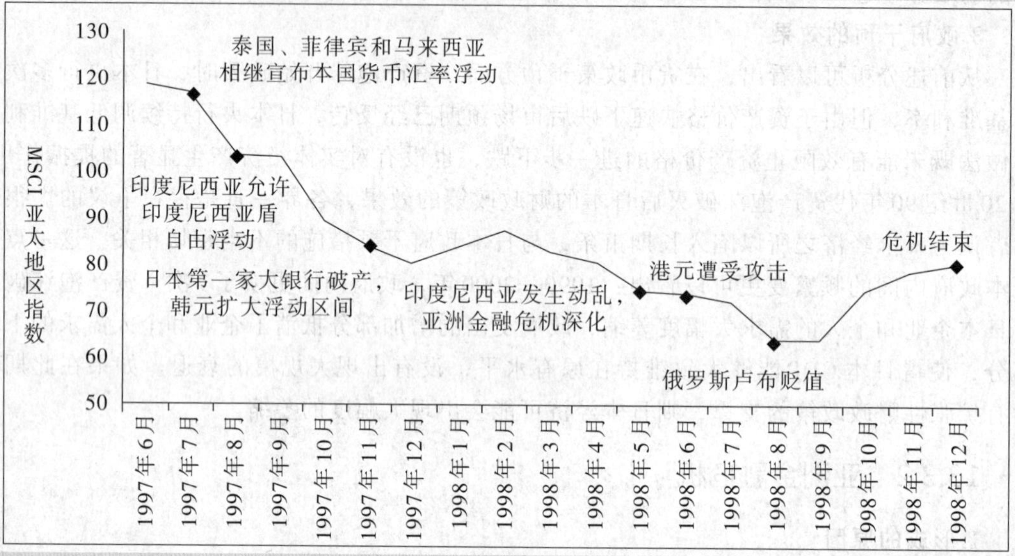

图13-2　亚洲金融危机演变的时间图

资料来源　沈联涛．十年轮回：从亚洲到全球的金融危机［M］．上海：上海远东出版社，2009.

2.政府干预措施

在危机的应对方面，亚洲5国在危机应急阶段都采取了保障银行存款、暂停破产银行业务等措施，以阻止危机进一步扩大；随后，在稳定和恢复阶段分别对金融部门的法规制定、风险管理、资产重组、监管等方面都做了全面的重新布局和整顿。纵观亚洲5国的危机干预措施，主要有以下特点：

第一，除马来西亚外，其他4国都向IMF寻求援助。

第二，IMF的援助计划对被援助国家提出了严苛的改革要求，对本国的金融独立性有一定影响，可能也对被援助国家的经济造成较为严重的短期紧缩效应。

第三，被援助的国家由开始的紧缩性财政政策转为稳健的财政政策。被援助的国家在危机爆发前财政都有所盈余。

第四，部分国家在亚洲金融危机时经历了政府的更迭，主要原因是前任执政者干预措施的失效。

第五，马来西亚是唯一没有申请IMF援助并且经济恢复较快、成功走出危机的国家。马来西亚的经济基础较好，金融体系较为薄弱，发生危机后，政府迅速制定了应对危机的政策。

3.政府干预的效果

亚洲5国政府干预效果各不相同，经济的恢复情况也有差异，主要表现在如下方面：

第一，亚洲5国在货币政策和金融体系重建方面的措施都很相似，干预效果不同的根源在于其经济基础、经济发展战略和政府执行力度的差异。

第二，政府换届之前的国家的干预措施基本上效果都不佳。

第三，政策干预效果的成败与投资者信心紧密相关。

亚洲金融危机的扩散与国际投资者的恐慌性资本流出有直接关系。亚洲国家之间的经济紧密相联，一旦有国家出现金融危机，出于审慎原则，资本就会大量从其他类似国家或者存在关联的国家中撤出，所以，稳定投资者信心非常重要。

13.3.3　美国次贷危机

1.形成的原因

2007年美国次贷危机的主要原因有：

①大稳健（great moderation）背景下，美国宏观经济和资本市场持续稳定，催生了民众对经济长期繁荣的过度乐观情绪。

②美国历届政府鼓励提高住房拥有率的政策导向以及长期低利率的宽松货币政策，使美国房地产泡沫开始泛起。

③金融去监管的大背景下，金融机构积极参与，竞先放松房地产市场贷款审核，推动资金大规模出表，以逃脱监管。金融机构激进地使用高杠杆借机谋利，助长了房地产泡沫的持续扩大。

④金融创新活跃。资产证券化产品多次对底层资产进行分割打包，导致次贷问题暴露时，市场无法对问题资产进行区别定价和隔离处置，是次贷危机蔓延及深化的重要导火索。

⑤底层资产相互嵌套的金融产品难以定价，严重依赖评级机构，使得评级机构对产品、机构的评级调整的顺周期效应被严重放大。

⑥危机前期监管机构对风险低估，危机爆发后，民众对华尔街强烈不满，美国国内党派政治体系制衡对立严重，弱化了政府的干预力度，深化了危机的破坏性。

次贷危机演变过程中的标普500指数走势如图13-3所示。

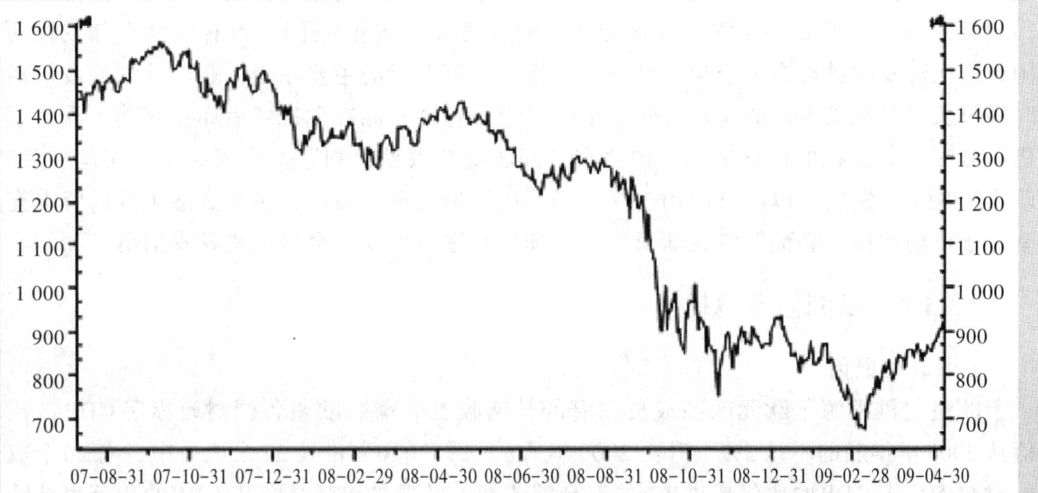

图13-3　次贷危机演变过程中的标普500指数走势

资料来源　Wind资讯。

2. 政府干预措施

在危机演变过程中，美国政府机构进行了持续的干预，但在各个不同的节点事件之间，政府干预的侧重点有明显区别。整个干预行动经历了如下过程：

①预判不足而被动干预，如处理巴黎银行基金赎回危机。

②危机爆发而暂时性干预。例如，2008年3月，美联储为贝尔斯登公司提供紧急资金，联邦政府接管“两房”、援助AIG等。

③危机持续恶化，干预能力不足，如囿于民意和政治压力，在制度约束下选择放任雷曼兄弟公司破产。

④在危机失控时获得足够应对权力后积极干预，如实施“问题资产救助计划”。

随着财政部的大规模注资和持续广泛地救助，以及美联储史无前例地推出诸多操作工具创新，扩大担保品范围，拓宽交易对象，为市场提供流动性支持，甚至积极主动地购买问题资产，来为不同层次、已经遭受冻结的金融市场解冻，促进金融市场的功能恢复。

从本质上看，次贷危机演变过程中的美国政府部门对危机的干预，是以政府信用担保了私人部门信用，最终化解了来自零售市场（居民）和批发市场（机构和交易对手）的挤兑压力，消解了市场恐慌，进而逐渐控制住危机。从这个角度看，在2008年10月3日美国国会通过“问题资产救助计划”以后，即使2009年2月推出的压力测试结果没有实际的乐观，最终也一定可以解决金融市场危机，差别在于金融市场稳定的时间可能会推迟。

3. 政府干预的效果

具体梳理危机演变各个阶段的政府干预行为，2006年第四季度次贷问题初步显现之时，美国财政部和美联储都认为次贷问题相对可控，可能只会造成一次经济的温和衰退，因而并未对问题的危害性给予足够重视。其后，即使在次贷抵押支持证券陷入流动性枯竭状态下（2007年8—10月），政府的干预也仍然是被动的适应性应对，而非前瞻性的干预。在此期间，干预行为主要侧重于敦促金融机构筹集更多资本，以私人部门协作来解决抵押支持证券的流动性枯竭问题，美联储也是适应性地提供市场流动性支持。这一阶段的支持很快被发现难以奏效。在危机深化最紧要的阶段（2008年9月），没有国会充分授权的美国政府无法及时进行有力干预，是危机失控并蔓延恶化的主要原因。救助计划的政治纠纷时间过长，对危机干预的应对及时性不够，干预行动只能在危机背后亦步亦趋，深化了危机的破坏性。危机的深化推动了国会在“问题资产救助计划”上达成共识。在危机后期，政府干预全面实施，以政府信用支撑市场信用，加之多轮救助，主要金融机构的资本充足率好于市场预期，恐慌情绪逐渐褪去，市场信心逐步恢复，金融危机基本消退。

13.3.4 欧洲债务危机

1. 形成的原因

欧债危机根源于欧元区各成员政府的长期收支失衡。欧盟各国财政赤字GDP占比均值从2008年年底的不足3%上升至2009年的6.9%；2010年欧盟27个成员中，有20个成员的财政赤字占GDP的比例超过3%的安全警戒线。欧盟的整体债务占GDP的比例也持续高于60%的警戒线，整体从2008年年底的65%攀升至2009年的74.7%，财政可持续性成为严重问题。

从外部原因看，美国次贷危机引发部分国家的资产泡沫破灭（爱尔兰和西班牙）、国内银行业遭遇重创（爱尔兰和意大利）、国际收支受到严重影响（希腊的旅游收入等大幅下滑），这些国家在持续的逆周期财政支出之后，长期的财政失衡导致财政脆弱性问题凸显。

在制度层面，欧元区的货币政策和财政政策二元结构矛盾是欧债危机的基础性制度问题。

从危机跨国蔓延的过程看，欧元区各国的金融市场互联互通，各国金融机构相互持有其他成员的债务（比如，意大利的主权债务被法国银行业大量持有，意大利主权债务风险引起法国兴业银行评级调降，进而对法国主权信用产生影响；西班牙国债的主要外国投资者是法国和德国，西班牙的主权债务问题会引起法国和德国的银行业问题），是欧债危机从主权债务危机演变为银行业危机的重要条件。外部评级机构的顺周期调级行为扩大和深化了危机的程度。危机爆发初期各成员对是否救助的分歧和危机蔓延过程中的干预应对失当，加深了危机的破坏性。

2.政府干预措施

欧债危机期间，欧洲各国和IMF进行了紧密的合作。随着危机的持续演变，政策干预经历了前期的对危机预计不足—成员之间存在显著分歧—确定有限力度救助—加大救助力度的同时敦促紧缩性财政政策改革—进一步展开大规模救助—危机缓和的过程。欧债危机的干预内容主要分为4个方面：

第一，直接为债务问题纾困。前期主要是在欧盟（以欧元区国家参与为主）和IMF的合作之下，共同出资成立总额达7 500亿欧元的临时性救助基金——欧洲金融稳定基金（European Financial Stability Facility，EFSF），2012年2月进一步建立规模更大的永久性援助基金——欧洲稳定机制（European Stability Mechanism，ESM），先后为陷入主权债务和流动性困境的希腊、爱尔兰和葡萄牙等重债国提供流动性支持、信贷支持和债务担保。

第二，要求各国在接受援助时进行紧缩性财政政策、改革，包括降低财政赤字率、削减福利性支出、确保未来财政可持续，以及重组本国银行、延长退休年龄等。

第三，协调债务重组，对希腊无力偿还的存量主权债务进行重组和减计。

第四，政治层面的反复谈判妥协。从前期严厉对待希腊债务偿付问题到后来相互做必要的妥协，欧洲央行购买了很多欧债。

欧盟最终通过ESM，以欧洲银行业承受损失为代价，达成希腊主权债务减计协议，防止希腊退出欧元区导致多米诺骨牌效应。随着各界对希腊退出的担忧逐步消失，以及直接货币交易（OMT）等干预措施的推行，欧洲金融市场也逐渐趋于稳定（如图13-4所示）。

3.政府干预的效果

尽管前期整个欧盟对欧债危机的应对存在明显问题，但随着危机的深化，欧洲各国和IMF开始全力应对，主要的干预政策——欧盟的EFSF/ESM救助和欧洲央行的OMT操作相互嵌套，具有较好的协同性，最终取得了较好的干预效果。EFSF和IMF的干预救助计划很好地将受援助国结构性问题的解决要求加入获得紧急援助的前提条件之中：受援助国家需要分步实施财政紧固计划，以获得欧盟、EFSF/ESM援助；同时，危机中后期欧洲央行开展OMT操作，其购买资产标的也要求是得到EFSF/ESM援助之后的相关国家债券。欧盟和欧洲央行将多项救助政策始终同欧元区亟须解决的核心问题挂钩联系，让问题国家付出必要的痛苦调整是必要的。这样的制度设计有利于防止问题成员获救助后囿于国内民众反对而难以兑现改革承诺，有助于克服未来潜在的道德风险；同时，有利于维系整个欧元体系的未来可持续性。

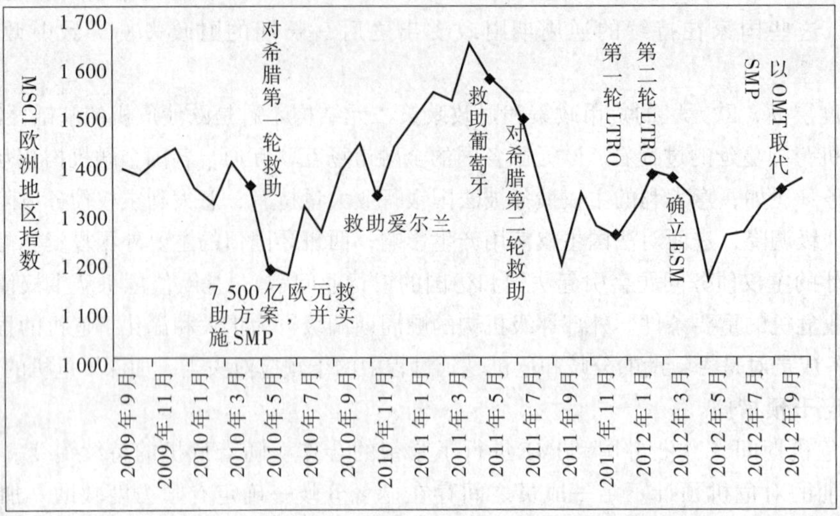

图 13-4　欧洲债务危机的政府干预

注：SMP是指欧洲央行的“证券市场计划”(Stock Market Plan)；LTRO是指欧洲央行的“长期再融资操作”(Long-Term Refinancing Operation)。

资料来源　Wind资讯。

13.3.5　中国A股股灾

中国A股股灾演变时间图如图13-6所示。

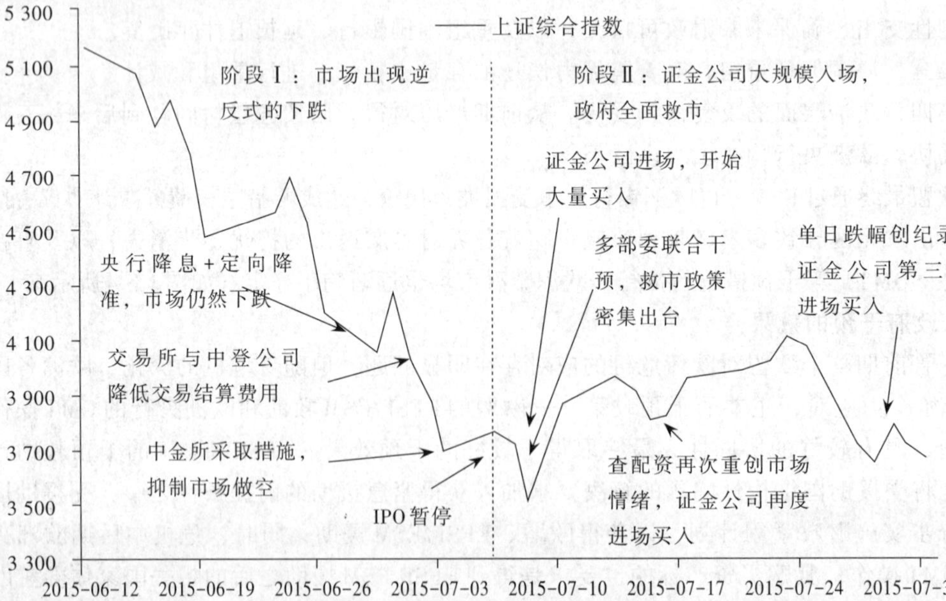

图 13-6　中国A股股灾演变时间图

资料来源　张艾华，郭佳琰．2015年A股股灾全记录［EB/OL］．［2020-11-03］．http://datanews.caixin.com/2015-07-08/100826978.html.

1.产生的原因

2015年中国A股股灾爆发的原因主要归结为如下方面：

第一，前期多重利好因素影响之下，投资者过高预期未来经济增长前景和股市上涨的可持续性，大幅增加杠杆，导致前期市场上涨过快，估值远远超过基本面可支撑的水平。利好因素包括：

①新一届领导上任后，市场对国企改革预期较高，舆论过分看好“改革牛”；

②经济下行压力下央行降息，释放市场流动性；

③“一带一路”倡议、互联网+等政策利好；

④放松房地产调控、地方债务置换等政策，有利于金融和房地产板块发展；

⑤监管竞争下资金出表、金融产品创新推动配资渠道多元化；

⑥官方和业界媒体的看多助推。

第二，指数高企时，央行降息预期落空，市场流动性紧绷。

第三，新股大规模入市，股市的流动性趋紧时冻结打新资金规模巨大。股灾发生前夕打新股采取预缴款制，两支大盘股——中国核电和国泰君安公司股票首发上市，这两轮新股发行分别冻结资金规模达4.7万亿元和6.7万亿元。

第四，杠杆资金规模巨大时，监管部门短期内强力清理杠杆，引发市场恐慌。

第五，市场极端情况时多空力量悬殊，股价下跌时缺乏避险对冲工具。

2.政府干预措施

2015年中国A股股灾中，市场经历了从下跌到暴跌再到趋稳的一个过程。在此期间，政府救市力度不断加大，从最初的不救市到部门层级的救市，再到国务院出面协调多个部委联合救市。本次危机演变的关键节点如下：

第一，市场由下跌转为暴跌，政府开始采取措施救市。

第二，市场继续下跌，政府救市政策全面升级。

第三，市场由暴跌转为趋稳，维稳政策继续执行。

股灾期间政府干预举措主要包括：

第一，补充市场流动性。央行为支持救市而降息、降准，并为证金公司等机构提供流动性支持。证监会暂停IPO也间接维持了市场流动性。

第二，以证金公司等为代表的国家队大规模买入股票，维稳市场。在市场暴跌过程中，投资者买入股票的动机匮乏，为使得市场止跌企稳，证金公司等使用大量资金买入股票，增强多方的信心。

第三，限制做空。证监会要求中金所采取举措打击期货市场上的恶意做空行为，优化相关合约及交易规则，并重点排查异常交易行为。同时，要求券商在参与救市时不能减持，并鼓励上市公司股东增持；财政部和国资委也给予配合，分别要求国有金融机构和央企不减持股票。另外，证监会严厉打击过度投机和恶意做空，公安部给予支持排查恶意卖空股票的线索。

第四，营造积极氛围。官方媒体积极发声稳定市场预期，证监会、中金所等部门也公布相关执法结果来促进市场稳定。同时，值得注意的是，在整个政府干预救市的过程中，清查场外杠杆并没有停止，这在某种程度上也加大了市场救市的难度。

3.政府干预的效果及启示

政府的干预明显可以分为两个阶段：

在政策干预前期，政府部门对于对股灾认知程度不足，由证监会主导救市的力量有限，采取的措施主要包括营造积极氛围、暂停IPO等间接维护市场流动性以及抑制做空等，对股市恐慌情绪的稳定作用有限。同时，股指快速下跌与杠杆账户爆仓之间的互相影响加大了救市的难度，且股指期货市场的做空行为加剧了市场恐慌情绪。另外，中国股票市场散户化的投资者结构也使得政府救市难度增加。多重因素共同影响之下，前期政府救市效果不及预期，市场也并未止跌企稳。

在政府干预后期，国务院主导、多部门联合参与救市，政府救市的强度全面升级。证金公司等代表国家力量的机构大规模买入股票，使得入市的资金量大增。多部委从各个层面进行全方位的协同救市，打击违法交易行为和抑制做空的力度也明显增加，使得市场信心增强。在上述强力政策的刺激下，市场趋于稳定，避免了爆发系统性金融风险。但市场快速完成了“牛市”向“震荡熊市”的转换，市场开始进入震荡中缓慢下跌的阶段。

中国A股股灾的干预也给类似的危机应对提供了几点启示：

第一，政府监管部门准确认识和评估危机的影响，是制定和实施有效干预政策的前提。监管部门对前期股指下跌的性质判断失误是危机初期未进行干预的重要原因。

第二，政府干预政策的力度足够大，足以平复市场恐慌，并提振市场信心，这是救市政策有效的重要条件。如果政策干预的力度过小，如股灾前期的干预政策那样，则不能达到有效救市的效果。

第三，对危机的应急干预与解决结构性问题之间的关系需要慎重平衡，否则会影响干预救市的效果。比如，救市初步起效时，监管部门再度重启配资清查，使得市场再次陷入恐慌，不得已再次进行强力干预，增加了救市的成本。

13.3.6　5次危机爆发共性及经验教训

1.危机爆发的共性

第一，高杠杆是重大危机爆发的共性因素。前4次国际危机都是因为本国的企业或者金融机构存在期限错配严重的债务高杠杆，且监管部门主动或被动地放任其发展，导致国内的资产泡沫严重。

第二，对风险爆发是否会演化成系统性危机的判断有很大难度。信息不完全，对风险传染机制的理解不够，会导致判断失误，进而导致危机干预失误。

第三，存在大规模的问题资产未被识别且难以分离定价。危机爆发前的金融市场具有相似特征，存在规模巨大的问题资产。

第四，资产抛售是危机传染的主要渠道。市场都存在资产价格螺旋式下跌的逆反馈效应。

第五，在某些情况下，从私人部门危机到主权债务危机的转变很快。

第六，在政策应对方面，重大危机爆发之初，政府部门往往存在明显的预判失误。

第七，危机爆发以后，市场影响力巨大的第三方机构的市场报告或者信用评级行为，可能成为助推危机恶化的重要因素。

2.经验教训

第一，对危机的传染链条和后果有清晰的认知，对救助的成本分摊较快达成共识，是危机干预政策有效的前提条件。

第二，需要事先建立危机应对、干预方案以及法律授权程序；否则，容易导致无法有效实施干预，或者引发过度干预的问题。

第三，重大危机发生以后，政府或央行如果过度担心道德风险而放弃救助，则会加剧危机。美国次贷危机中的雷曼兄弟公司破产处理、中国股股灾干预期间的场外配资清理等，都是值得汲取的教训。

第四，主导干预的主体必须要有足够的市场可信度，缺乏独立性会对央行发挥最后贷款人的功能形成制约。

第五，跨部门协作制定综合干预措施，同时在传染链条的各个环节发力，有助于快速控制危机。被动跟随式的干预可能推动危机蔓延到其他部门。

第六，干预政策的力度只有具备压倒性的优势，才能有效缓解市场的恐慌情绪。事实上，这些危机的历史表明，当干预主体的信用等级足够强、政策力度足够大时，政策的干预起效会更迅速，干预的整体成本也可能更低。

专栏13-3　　第13章思政窗

本章小结

1.金融危机是指金融资产、金融机构、金融市场的危机，具体表现为金融资产价格大幅下跌，或金融机构倒闭或濒临倒闭，或某个金融市场如股市或债市暴跌等。金融危机是金融领域的危机。由于金融资产的流动性非常强，所以，金融的国际性非常强。金融危机的导火索可以是任何国家的金融产品、市场和机构等。

2.一般而言，国际金融危机传染机制需在资本和金融账户、金融市场开放条件下才能实现。然而，美国次贷危机表明，即使在资本和金融账户不完全开放的市场中，危机传染风险也大大上升，国际金融危机传染机制开始呈现新特点。

3.重大危机的爆发至少具有如下共性：第一，高杠杆率。第二，信息不完全导致危机干预误判。第三，难以识别问题资产以对其实施分离定价。第四，资产抛售是危机传染的主要渠道。第五，私人部门危机转变为主权债务危机的进程加快。第六，重大危机爆发之初，政府部门存在明显误判。第七，危机爆发以后，市场影响力巨大的第三方机构的市场报告或者信用评级行为助推危机恶化。

关键术语

金融危机　系统性金融危机　银行业危机　传染　贸易传染机制　金融传染机制

预期传染机制　联动传染机制　系统性风险　美国次贷危机

基本训练

一、简答题

1.简述金融危机的类型及特征。

2.结合美国次贷危机的形成原因分析该次危机对美国及世界经济造成的危害。

3.系统性风险的主要类型是什么？

4.简述金融危机案例对政府实施政策干预的启示。

二、案例分析题

材料一　　　　　　**金融危机产生原理——两兄弟种粮**

《两兄弟种粮》的故事通俗地讲解了金融危机产生的原理。

很久以前，有一个地域辽阔、土地肥沃的荒岛，人们竞相前往圈地。有一家兄弟也去圈占了一处肥沃的土地。

第一年风调雨顺，两兄弟在各自的田间辛勤劳作，土豆和小麦都丰收了，兄弟俩各将收获的作物的一半与对方交换，每人都有土豆和小麦，生活过得很美好。

第二年不再风调雨顺了。哥哥种的土豆没有了收成，但是弟弟种的小麦基本未受到气候变化的影响，依旧有很好的收成。这时候，哥哥写了一张借条，向弟弟借了其小麦收成的一半。

第三年，哥哥本来是想用当年收获的土豆还弟弟的小麦，但是天公还是不作美，气候条件更恶劣，土豆颗粒无收。没有办法，哥哥只好厚着脸皮再次写了一张借条，向弟弟借小麦。

哥哥发现自己不忙也没关系，弟弟总会借小麦给自己。于是，尽管第四年气候很好，但是哥哥没有用心去打理自己的田地。哥哥看到周围的邻居种着大豆、梨、苹果等，灵机一动，对一个种苹果的邻居说："你看我家种植的小麦产量非常可观，你能不能先借些苹果给我，我给你写一张借条，以后用小麦交换？"种苹果的邻居不知道两兄弟独立经营，只知道他们家的小麦产量的确很大，想到小麦是赖以生存的主要粮食，就借出了苹果。哥哥见到此笔交易做成，迅即如法炮制，结果周围的邻居各自收到了哥哥的借条。

哥哥由此没有了种庄稼的心思，心里面打起了各种算盘。他盘算着要是弟弟不给小麦怎么办？这可是要用来和周围人进行交换的。于是哥哥在本应用来种土豆的土地一角搭建了一个炼铁的炉窑，制造了大刀，并将第一把制作完成的大刀挂在自家门口。

第五年，弟弟拿着哥哥写的借条，来哥哥家想取回自己多年想要的土豆。弟弟发现哥哥家门庭若市、人来人往，家门口和屋子里都挂着寒光闪闪的大刀。弟弟发现哥哥家的小麦不多，但是其他的农产品倒是不少。弟弟本来是想要回自己的土豆的，但是看到杀气逼人的大刀和其他农产品，心里想："哥哥虽然没有土豆，但是还是有其他作物的，应该还得起。"弟弟就不向哥哥提及自己的土豆，还收到了哥哥给自己的又一张借条。

在以后的日子里，弟弟手上的借条越来越多，哥哥的日子越来越舒服。哥哥索性在种土豆的地上盖起了房子，开了一家酒吧，提供了一个邻里、路人可以饮酒、聊天的休闲娱乐场所。于是，越来越多的邻居光顾哥哥的酒吧。某天，邻居们在酒吧聊天时了解到大家的借条都是那位哥哥欠的。

故事发展到这一步，问题就出来了。当大家都想要把手上原本认为有价值的"借条"变成自己应当享有的"果实"的时候，事情就闹大了。放大到国际经济运营中，国际金融危机也就发生了。

资料来源　栾润峰．从《两兄弟种粮》看眼前的金融危机［J］．中国高新区，2008（11）：110-111.

材料二　　金融危机以来国际贸易融资的新变化

融资是贸易的润滑剂。据WTO估计，大约80%~90%的全球贸易依赖各种形式的融资的支持。国际清算银行估计，大约1/3的全球贸易依赖以银行为中介的贸易融资产品。通常情况下，以银行为中介的贸易融资属于低风险金融产品；但随着金融危机造成的全球流动性收缩，全球银行贸易信贷供应受到重创。

（一）全球流动性紧缺导致贸易融资缺口加大

随着全球经济萎缩，贸易融资和借贷受到全球风险再定价的影响，短期贸易借贷利率水平飙升到高出LIBOR基准300~600个基点，远高于通常高出10~20个基点的水平。价格提高的同时，贸易信贷缺口也日益增加，2008年，主要的华尔街银行不能为高达1万亿美元的贸易提供融资支持。全球金融危机期间，信贷短缺导致的贸易下降大约占全部贸易降幅的15%~20%。亚洲开发银行估算，仅2013年全球未满足的贸易融资缺口大约在1.9万亿美元，其中亚洲地区缺口1.1万亿美元，仅印度和中国的贸易融资缺口就高达7 000亿美元。

（二）发展中国家贸易融资短缺现象尤为严重

当金融危机加剧时，流动性紧张问题进一步蔓延到发展中国家。这些国家的贸易客户面临信用证和其他传统贸易融资工具供应不足的问题。相比贸易进出口的下降，贸易融资的下降比例大约高出6%~8%。据国际清算银行估算，紧缩性金融环境、风险偏好降低及美元融资短缺都是造成贸易融资短缺的原因。这也说明，新兴和发展中经济体比发达经济体受贸易融资短缺的影响更深。

（三）贸易融资短缺在一定程度上影响了贸易增长

从2008年年底到2009年年底，全球贸易的下降速度超出全球GDP的下降速度，引起了关于贸易融资短缺是否影响贸易增长的讨论。大多数学者仍然认为需求萎缩是导致全球贸易萎缩的主要原因，争论主要集中在贸易融资短缺等其他因素在多大程度上加速了贸易的萎缩。由于缺乏全面的数据，具体明确的结论可能难以得出。

但是研究表明，在金融环境、贸易信贷和贸易之间确实有着相互影响的联系。从短期看，确实存在一定程度的贸易融资短缺；从长期看，贸易融资市场的结构性问题会影响到一部分贸易商特别是发展中国家贸易商贸易融资的需求。Auboin和Engemann对91个国家2005—2011年的季度贸易数据研究表明，贸易信贷每增长1%，该国的进口增长0.4%。

资料来源　张国红．金融危机后世界贸易恢复增长的主要动因及特征［J］．上海海关学院院报，2013（2）：1-10.

问题：

(1) 结合材料一，请回答：①金融危机到底是什么？②它是怎么发生的？③它会产生什么影响？

(2) 结合材料二，简要阐述国际金融环境、国际贸易信贷和国际贸易三者之间的联系。

主要参考文献

[1] EICHENGREEN. European monetary unification: Theory, practice, and analysis [M]. Cambridge, MA: MIT Press, 1997.

[2] HYMER. The international operations of national firms: A study of direct foreign investment [M]. Cambridge, MA: MIT Press, 1976.

[3] LINDER. An essay on trade and transformation [M]. New York, NY: John Wiley & Sons, 1961.

[4] MELITZ. The impact of trade on intra-industry reallocations and aggregate industry productivity [J]. Econometrica, 2003, 71 (6): 1695–1725.

[5] DORNBUSCH. Expectations and exchange rate dynamics [J]. Journal of Political Economy, 1976, 84 (6): 1161–1176.

[6] BALDWIN. Determinants of the commodity structure of U. S. trade [J]. American Economic Review, 1971, 61 (1): 126–146.

[7] VERNON. International investment and international trade in the product cycle [J]. Quarterly Journal of Economics, 1966, 80 (2): 190–207.

[8] POSNER. International trade and technical change [J]. Oxford Economic Papers, 1961, 13 (3): 323–341.

[9] PREBISCH. Commercial policy in the underdeveloped countries [J]. American Economic Review, 1959, 49 (2): 251–273.

[10] RYBCZYNSKI. Factor endowment and relative commodity prices [J]. Economica, 1955, 22 (88): 336–341.

[11] LEONTIEF. Domestic production and foreign trade: The American capital position re-examined [J]. Proceedings of the American Philosophical Society, 1953, 97 (4): 332–349.

[12] MACDOUGALL. British and American exports: A study suggested by the theory of comparative costs (Part Ⅱ) [J]. The Economic Journal, 1952, 62 (247): 487–521.

[13] MACDOUGALL. British and American exports: A study suggested by the theory of comparative costs (Part Ⅰ) [J]. The Economic Journal, 1951, 61 (244): 697–724.

[14] SAMUELSON. International factor-price equalization once again [J]. The Economic Journal, 1949, 59 (234): 181–197.

[15] STOLPER, SAMUELSON. Protection and real wages [J]. Review of Economic Studies, 1941, 9 (1): 58–73.

[16] 萨尔瓦多. 国际经济学 [M]. 刘炳圻，译. 12版. 北京：清华大学出

版社，2019.

［17］克鲁格曼，奥伯斯法尔德，梅里兹．国际经济学——理论与政策［M］．丁凯，汤学敏，陈桂军，等译．10版．北京：中国人民大学出版社，2016.

［18］格伯．国际经济学［M］．周琰，译．6版．北京：中国人民大学出版社，2015.

［19］李斯特．政治经济学的国民体系［M］．陈万煦，译．北京：商务印书馆，2009.

［20］李嘉图．政治经济学及赋税原理［M］．周洁，译．北京：华夏出版社，2005.

［21］斯密．国富论［M］．杨敬年，译．增订本．西安：陕西人民出版社，2001.

［22］格林纳韦．国际贸易前沿问题［M］．冯雷，译．北京：中国税务出版社，2000.

［23］林德特．国际经济学［M］．杨敬年，译．北京：经济科学出版社，1992.

［24］米德．国际收支［M］．李翀，译．北京：北京经济学院出版社，1990.

［25］黄卫平，彭刚．国际经济学简明教程［M］．3版．北京：中国人民大学出版社，2019.

［26］倪晓宁，陈晨．国际经济学与国际经济分析［M］．北京：旅游教育出版社，2018.

［27］杜宽旗．国际经济学［M］．北京：人民邮电出版社，2017.

［28］胡静寅．国际经济学［M］．北京：机械工业出版社，2017.

［29］阙澄宇．国际经济学［M］．6版．大连：东北财经大学出版社，2017.

［30］何国华．国际金融理论最新发展［M］．北京：人民出版社，2014.

［31］梁军，马宁，赵效娟．国际经济学［M］．北京：电子工业出版社，2013.

［32］黄卫平，彭刚．国际经济学教程［M］．2版．北京：中国人民大学出版社，2012.

［33］李洁．国际贸易与经济增长——基于技术转移视角的理论及中国的实证研究［M］．北京：中国社会科学出版社，2012.

［34］海闻，施建淮．国际经济学［M］．北京：高等教育出版社，2011.

［35］佟家栋．国际经济学［M］．3版．北京：高等教育出版社，2011.

［36］赵大平．国际经济学［M］．上海：立信会计出版社，2011.

[37] 孙定东，杨逢珉，张永安．国际经济学［M］．上海：上海人民出版社，2010.

[38] 湛柏明．国际经济学［M］．上海：复旦大学出版社，2010.

[39] 朱彤，万志宏，于晓燕．国际经济学［M］．武汉：武汉大学出版社，2010.

[40] 窦建华．国际经济学［M］．北京：科学出版社，2009.

[41] 姜波克．国际金融新编［M］．3版．上海：复旦大学出版社，2008.

[42] 胡曙光，门淑莲，张帆．国际经济学［M］．2版．大连：东北财经大学出版社，2007.

[43] 赵春明．跨国公司与国际直接投资［M］．北京：机械工业出版社，2007.

[44] 李荣谦．国际货币与金融［M］．3版．北京：中国人民大学出版社，2006.

[45] 李坤望．国际经济学［M］．2版．北京：高等教育出版社，2005.

[46] 信玉红．国际金融学［M］．北京：中国经济出版社，2005.

[47] 赫国胜，杨哲英，张日新．新编国际经济学［M］．北京：清华大学出版社，2003.

[48] 李天德．国际经济学［M］．四川：四川大学出版社，2002.

[49] 赵春明．非关税壁垒的应对及运用——“入世”后中国企业的策略选择［M］．北京：人民出版社，2001.

[50] 周小琳，吴翔，独孤昌慧．异质性企业贸易理论关于国际贸易基本问题的回答——一个文献综述［J］．经济问题探索，2015（9）：156-163.

[51] 武斐婕．构建有中国特色的国际经济学体系的思考［J］．高等财经教育研究，2015（1）：22-26.

[52] 陈钧浩．全球化经济的要素流动与国际贸易理论的发展方向［J］．世界经济研究，2013（11）：3-8，87.

[53] 隆国强．中国入世十周年——新的起点［J］．国际经济评论，2011（4）：103-113，5.

[54] 李婧．从跨境贸易人民币结算看人民币国际化战略［J］．世界经济研究，2011（2）：13-19，87.

[55] 卓骏，顾宇．完善对华反倾销预警信息交流机制的思考［J］．国际贸易问题，2008（9）：110-113，128.

[56] 那军．跨国公司技术创新要素的国际流动特性［J］．国际经济合作，2008（1）：36-40.

[57] 赵晓霞. 反倾销的跨国实证分析——基于宏观经济因素对反倾销立案影响的理解 [J]. 商业经济与管理，2007 (11)：56-62.

[58] 谢建国. 经济影响、政治分歧与制度摩擦——美国对华反倾销实证研究 [J]. 管理世界，2006 (12)：8-17，171.

[59] 樊纲，关志雄，姚枝仲. 国际贸易结构分析——贸易品的技术分布 [J]. 经济研究，2006 (8)：70-80.

[60] 杨小凯，张永生. 新贸易理论、比较利益理论及其经验研究的新成果——文献综述 [J]. 经济学（季刊），2001 (1)：19-44.

[61] 洪银兴. 从比较优势到竞争优势——兼论国际贸易的比较利益理论的缺陷 [J]. 经济研究，1997 (6)：20-26.